陆学艺全集

北京市陆学艺社会学发展基金会 编

第 8 卷

社会科学文献出版社
SOCIAL SCIENCES ACADEMIC PRESS (CHINA)

《协调好社会各阶层的利益关系，构建和谐社会不能剥夺劳动者》
原稿第一页

《社会分层与社会流动的研究是社会学研究的核心问题》原稿第一页

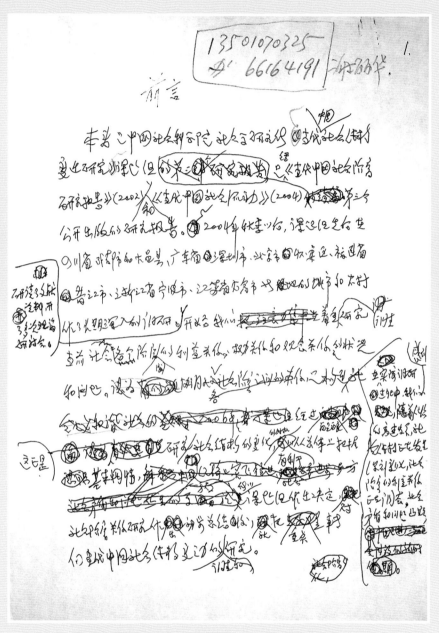

《研究当代中国社会结构的理论与方法》原稿第一页

第 8 卷　社会结构续论
（2004 ~ 2012）

本卷收录了陆学艺先生 2004～2012 年撰写和发表的关于社会结构研究的学术论文、调研报告、演讲稿、发言摘要、书序及学术书信。自 2002 年 1 月《当代中国社会阶层研究报告》出版后，《当代中国社会流动》和《当代中国社会结构》又分别于 2004 年和 2010 年出版，这标志着陆学艺主持的当代中国社会结构变迁系列研究的成熟。这一时期关于社会分层、社会流动和社会结构的代表性成果有：《当代中国社会阶层的分化与流动》《当代中国社会阶层结构的演变》《协调好社会阶层关系 构建和谐社会》《当代中国社会流动研究》《中国社会结构的变化及发展趋势》《当代中国社会结构研究》《中国社会阶级阶层结构变迁 60 年》等。这一时期，陆学艺还从落实科学发展观和构建社会主义和谐社会的高度，进一步深入研究和积极倡导统筹经济社会协调发展，代表作有：《树立和落实科学发展观 促进经济社会协调发展》《统筹经济社会协调发展是构建和谐社会的当务之要》等。

本卷目录

当代中国社会分层

经济与社会协调发展

区域社会结构与发展

当代中国社会分层

新中国社会阶层分析[*]

近日，中国社会科学院的"新中国十大社会阶层的划分和流动"的推出，在中国社会引起了强烈反响。因为它与每一个人都不无关系，因此人们对它的关注度极高。一时间，人们都不自觉地对照起自己"属于哪个阶层""属于老几"来。同时，人们对这一划分也有不少困惑的地方。尤其是新十大阶层的划分，对中国社会的传统观念有一个极大的冲击。为探讨这一课题，《观察与思考》的记者特地赶到北京，与负责这一课题的课题组组长、中国社会学会会长、中国社会科学院社会学研究所研究员陆学艺教授进行了对话。

为何要重新划分阶层

记者：我们记忆中最著名的阶级阶层划分是毛泽东在20世纪20年代的雄文《中国社会各阶级的分析》中。此后也有过各个时期的阶级阶层的划分。而这次由中国社会科学院社会学研究所推出的中国各阶层的分析，分出了十大阶层。为什么要推出这个"新中国十大阶层"的分析呢？

陆学艺：为什么要研究？不是我们要研究，而是中国社会经过几十年的变迁，尤其是改革开放以来，发生了很大变化的实际促使我们不得不去研究。特别是1992年以后，文化、经济、政治等都有巨大变化。所有制发生变化了，而所有制后面都是有人的。如果不分清中国人的实际状况，还是像原来的情况那样去制定政策，就会无的放矢。比如我们口头经常说要减轻农民负担，增加农民收入，但是现在农民的真实状况究竟是怎样的？

---

* 本文原载《观察与思考》2004年第18期，发表时间：2004年9月16日。该文系该刊记者专访陆学艺的访谈录。——编者注

如果不了解调查，不知道农民的人数、收入，不分析农民阶层的分化实际，那么我们的救济、税费政策的制定就是纸上谈兵。中国有 9 亿农民，如果每人减轻 100 元负担，就是 900 亿元；如果每人增加 100 元收入，也是 900 亿元。由此可见，对中国各阶层的了解和把握是多么重要！了解中国各阶层的实际状况，对制定中国全局式的各种政策，意义十分重大。

改革开放以来，我国经济发展势头良好，再翻两番的目标也是能够实现的。但就目前中国的情况来看，社会发展已经严重滞后于经济发展，经济社会发展并不协调，出现了贫富差距、失业人口增多、城乡和地区差距拉大、社会矛盾加剧、生态环境恶化等六大社会问题，而且，还有社会治安状况恶化、刑事犯罪率居高不下、贪污腐败屡禁不止、奢靡之风盛行、"三农"问题严重、黄赌毒黑泛滥等诸多社会问题。因此 2003 年 10 月，党的十六届三中全会提出了"坚持以人为本，树立全面、协调、可持续的发展观，促进经济社会和人的全面发展"，同时还提出要实现"五个统筹"发展。我们做这个研究当代中国社会阶层结构和流动的课题，就是想为经济社会发展和结构变化提供相应的骨架作支撑。

早在中共中央政治局委员李铁映同志任中国社会科学院院长的时候，就专门布置要对中国新阶层进行分析。江泽民同志在"七一"讲话①中提出了私营企业主阶层。这更加促使我们要对中国阶层进行新的研究。中国阶层出现了新变化，比如现在中国有 50 万个三资企业，有超过 500 多万的中层干部，你能像过去那样把他们划为买办阶级吗？企业主拥有生产资料，能把他们划分为榨取工人剩余价值的资本家、剥削阶级吗？因此我们必须面对实际情况进行新的社会阶层的划分。

新阶层划分的依据

记者：目前，你们把中国社会划分为十大阶层，按顺序排列是：国家与社会管理者阶层（拥有组织资源），经理人阶层（拥有文化资源和组织资源），私营企业主阶层（拥有经济资源），专业技术人员阶层（拥有文化资源），办事人员阶层（拥有少量文化资源或组织资源），个体工商户阶层（拥有少量经济资源），商业服务业员工阶层（拥有很少量三种资源），产业工人阶层（拥有很少量三种资源），农业劳动者阶层（拥有很少量三种资

---

① 指江泽民 2001 年 7 月 1 日《在庆祝中国共产党成立八十周年大会上的讲话》。——编者注

源），城乡无业、失业、半失业者阶层（基本没有三种资源）。请具体说说是依据什么来划分的？

陆学艺：原来的欧美也好，中国的毛泽东主席也好，都是以生产资料的占有为标准来划分的。我们进行了3年的实际调查，根据工业化国家和社会的实际情况，以社会职业为标准和基础进行划分，另外补充三点，即有权没有（拥有组织资源吗）、有钱没有（拥有经济资源吗）、有文化没有（拥有文化资源吗）。

国外的划分标准一般根据职业的不同，一般来说如果职业高，相应的三种资源也多，两者基本上是成比例的。但在中间，有时职业与三种资源的拥有量并不一致。

因此，在职业分类的基础上，我们又以人们对组织资源、经济资源和文化资源的占有状况来表现各社会阶层的基本特征。组织资源也可以被称为权力资源，主要指依据国家政权组织和执政党组织系统而拥有的支配社会资源（包括人和物）的能力；经济资源主要是指生产资料所有权、使用权和经营权；文化资源是指社会以证书或资格加以认可的知识和技能，也就是通常所说的学历文凭。

我们认为，在当代中国社会，这三种资源的拥有状况是各社会群体及成员在阶层结构中的位置以及个人的综合社会经济地位的标志。如果说职业类别是我们划分中国社会阶层类别的基础，那么，这些资源的占有情况则是我们确定各社会阶层的社会等级差别的依据。这一结论是基于课题组数年的社会调查得出的。在对大量个案访谈资料所作的分析中，我们可以发现，人们凭借其社会经验和主观感觉对人群进行的分类，主要依据的标准也是权、钱、文化。实际上，社会学者也常常采用这三类指标来研究当代社会的阶级阶层划分。我们也得出同样的结论：在当代中国，这三种资源的占有量决定着人们综合性的社会经济地位，决定着他人以及自身对本人的社会评价。

依据这三种资源的占有量来分析当代中国社会各阶层的社会经济差别，有助于深入理解目前的社会经济分化现象，把握资源配置的基本特征。

新十大阶层的雏形

记者：新十大阶层的雏形是怎样的？

陆学艺：我们花了6年时间专门研究了当代中国社会阶层结构，研究了社会分层和社会流动。

1999～2001年，我们重点研究了中国社会的分层问题。经研究发现，改革开放以来，中国社会已分化为十大阶层。凡是现代化社会阶层的基本构成成分都已具备，现代化的社会阶层位序已经确立，一个现代化社会阶层结构已经在中国形成。但是，这个现代化社会阶层还只是个雏形。我称它是"该大的还没大起来（中间社会阶层那时的调查结果只占15%左右，3年后的现在也只占19%左右），该小的没有小下去（农业劳动者还占44%）"。这是一个上面尖、下面大的洋葱头形状，还没有形成两头小、中间大的橄榄型。这种阶层结构并非合理的阶层结构。

2002年以来，我们研究了当代中国社会流动。研究结果表明，中国已经初步形成了一个现代社会流动机制的模式。为趋于合理，必须通过社会流动才可以达到。

记者：你们特地提出了一个"中间阶层"，并且认为这个阶层越大越好，为什么？

陆学艺：人们对中间阶层有个误解，说"现在什么都是经纪人在那里搞"。

国外把这个阶级叫作"中产阶级"，是一个阶级，是若干阶层的群体，而不是一个阶层，其中，中小企业主是主体。而我们的中间阶层包括科技人员、教授、记者、演员、私营企业主、农业大户、办事人员、商业服务人员等。这个阶层的特点是有一定文化、收入高、工作稳定。因为他们是社会较为稳定的力量，所以这个阶层越大对社会越有利。

目前，我们国家这个阶层规模还太小，只占19%，大致相当于日本20世纪50年代后期、韩国20世纪80年代初中期的水平。估计要到2020年我们才能达到38%左右，相当于日本20世纪80年代初期、韩国20世纪90年代的水平，那时社会就能高度稳定。

阶层格局变迁

记者：我从《中国青年报》所做的调查得知，有60%以上的人都认同你们所做的这个划分，但也听到不少不同意见。有些人说工农是国家的主体基础，怎么现在排到了倒数第2、第3位？

陆学艺：是的，这个新十大阶层的划分的确引起了许多人极大的兴趣。有一段时间在北京的公交车上也能听到人们对此的议论，有的对照自己属于哪个阶层，有的问朋友"你属于老几"。《中国青年报》为此专门做过调查，结果表明大部分人都认可这个划分，许多人都希望向上一个阶层迈进。

但是我们也听到不少非议。有人认为阶级分析才是马克思主义的，而阶层分析是"西方的"，意思是说阶层分析是非马克思主义的。我说马克思不是西方的吗？阶级分析是马克思主义的，阶层分析也是马克思主义的。阶级分析用的一个办法是占有生产资料的多少。为了革命，可以推翻占有生产资料多的这个阶级。阶层分析是从利益的角度出发。现在执政党占有了生产资料，再用那种阶级分析法就不行了。阶级关系是对立的，阶层关系是内部的。现在中国的所有社会阶层都在劳动者、爱国者这一范畴。

的确，工农是主体基础，但现在排在第8、第9位也符合实际。政治分析与学术分析不同。刚才已经表明了我们的划分依据和标准是什么，为什么会演变成现在这个结果，客观上就是市场经济发展分化的结果。市场经济决定分配制度，使每人的收入都不一样而把档次拉开了，还有资本等其他因素。现在的问题是"一次分配"的差距大，我们又缺少合理的"二次分配"。所谓"二次分配"，是国家的税收所得部分通过医疗保障、社会保障等对全民的再分配。如果这个分配好了，阶层差距就会拉小。国际上城乡差别比合理的范围在1∶1.5左右，而我们高达1∶6，全世界最高，很不合理。现在城乡差距继续拉大，人事制度、户籍制度、社会保障制度等不适应时代发展，这些都决定了工农主体位序会降到现在这个样子。

另外，我们国家正从农业社会向城市化社会转换，工业化是趋势，城乡差别是必然有的。如果不是这样，大家都不往城市、工业方向发展了？

开放的社会阶层结构

记者：社会科学文献出版社出版的、你们编写的《当代中国社会流动》研究报告研究了社会流动与社会阶层的关系，表明人们所处阶层不是一成不变的，是可以通过流动而改变的——20多年来，中国的职业结构渐趋高级化，相当多的人实现了向上流动。只要自己肯努力争取，就有向上流动改变地位的机会。因为人们存在希望，因此在心理上更多地认可这个社会结构，而很少以与之对立的状态出现。这种流动应该说是很关键的。

陆学艺：是的。说到流动，我们可以看由我们编写的《当代中国社会阶层研究报告》的续篇《当代中国社会流动》。它重点研究了这十大社会阶层是如何分化演变而成的，到底是哪些因素在影响一个人从社会低层向上流动。我们的研究表明，人们有不断进入更高社会阶层的希望。

举例来说，在我们课题组的研究中，工人和农民处于十大社会阶层的底部。那么，什么样的工人向上层流动，即从工人成为较高层级的办事人员、专业技术人员和组织负责人？

我们的调查发现，在工人阶层中，商业人员向上流动的机会较多，生产和运输工人居中，服务人员的机会最少。与一般工人相比，向上流动的工人受教育程度较高。在政治方面，向上流动者近 80% 是中共党员，而一般工人中的党员比例是 27.4%。

父亲的职业背景在工人的向上流动中扮演着重要角色。父亲如果是组织负责人、专业技术人员或办事人员，则其子女有更大的可能向上流动。组织负责人的父亲不能将子女提高到企业的较高层次，而只能达到中等层次。大型国有企业的高级负责人需要高水平的智能，父母的权力很难帮助子女突破智能方面的局限。

从生产和运输、商业岗位上下岗的工人，其受教育年数平均高于在岗工人。原因在于，很多企业裁减了学历较高，但体能、技能和勤力性（勤奋与努力程度）较低的城镇工人，由学历较低，但体能、技能和勤力性较高的农村户籍者代替。

比如再说到农民工，他们虽是弱势群体，但他们的社会地位、经济收入还是高于那些没有进城务工的农民的。绝大多数农村人口没有更多向上流动的机会和渠道。成为农民工，是他们主要的向上流动机会。虽然他们在城市里受到不公正的对待，但是，与农民相比，他们的地位有了很大改变。农民可以成为农民工，农民工可以成为小商业者，小商业者可以成为私营企业主。尽管改革开放以来，农民进行地域流动和外出打工的机会大大增加，但从社会流动角度来看，农业劳动者是上升流动机会最少的社会阶层。

这一现象在一定程度上源于导致城乡分割的户籍制度。当代中国的社会流动渠道还不畅通，计划经济时代留下来的一些制度性障碍，如户籍制度、就业制度、人事制度和社会保障制度等，仍在阻碍着人们向外流动以获得更高社会地位。这样，人们呼唤公正、合理、开放的现代化社会流动机制早日形成，而它也正处于形成过程中。

比如我们来看十大阶层中排在最前列的国家与社会管理者阶层的流动情况。我们的报告指出，专业技术人员和办事人员是国家与社会管理者的主要来源，而工人和农民成为国家与社会管理者的机会少得多，经理人员、私营企业主和个体工商户则基本没有机会。国家与社会管理者阶层的流入渠道在经济改革前后有一个重要的变化。在此之前，产业工人、商业服务业员工和农民都有一定的比例进入这一阶层，尤其是农民，略超过 1/10 的国家与社会管理者，其最初职业是农业劳动者。经济改革开始之后，商业服务业员工仍有一定比例进入此阶层，但产业工人和农民则基本上没有机会。改革开放前，有从农民中选拔干部的渠道，而在改革之后，这条路子基本被堵死，变为重视能力与学历。这是两个完全不同的机制。

而且，国家与社会管理者阶层在某种程度上是一个多进少出的阶层。人们流动进入此阶层后不想再流往其他阶层。

虽然 20 世纪 90 年代以来，干部流向经理人阶层和私营企业主阶层的比例略有上升，但这一流动还是微量的。掌握组织资源的人向掌握经济资源的阶层流动，这也反映出经济资源在人们的价值评价体系中的重要性逐渐上升。

再来看私营企业主阶层。我们发现，私营企业主家庭出身的分布，并没有明显的倾向性。这一阶层的成长较少依赖父辈和家庭资源。私营企业主中的绝大多数成员（78.1%）出身于农民家庭。不过，有两种情况会对一些人获得大私营企业主的地位有影响：一种是，某些国家干部和国有企业管理人员有权调配国有资源或享有经营上的特权，有助于其子女成为大私营企业主；另一种情况是，有些大私营企业主父辈曾是企业家，他们向子女传递经商创业的经验和价值态度，有助于子女在商界获得成功。但这些大私营企业主在整个私营企业主阶层中数量极少。

随着时间的推移，私营企业主阶层本身的社会构成也在发生变化，新加入的企业家越来越多地来自在传统体制中具有较大优势的阶层，而原本来自弱势地位阶层的业主，在私营企业主阶层中所占比例越来越低，他们中的相当一部分人可能已经被淘汰。这说明什么呢？这说明两个问题：一是随着市场体制的逐步完善，创办企业对业主个人的人力资本（学历水平、教育背景等）的要求会越来越高，拥有很少人力资本的人很难进入这个阶层，甚至原来已进入这个阶层但拥有较少人力资本的人，也逐渐难以适应新的市场关系；二是中国的市场化是渐进的市场化，传统体制内的优势很容易转换为体制外的优势，那些处于传统体制内优势阶层的人比其他人更容易成功。

记者：那么，按照你们的研究，如何才能形成一个公正、合理、开放的社会流动模式，促成一个同样公正、合理、开放的社会阶层结构呢？

陆学艺： 改革要继续。如果不深化改革，我们的经济发展很有可能会像拉丁美洲那样经不起考验。

公正、合理、开放的社会阶层结构，既是现代化国家的本质特征之一，也是建设现代化国家的基本条件，因而应该是在现代化国家发展的过程中逐步形成的。

要从现在的社会阶层的洋葱头型向合理的橄榄型转变，必须使中国形成一种公正、合理、开放的社会流动模式。

第一，必须继续深化体制改革，消除诸如户籍、就业、人事等方面的制度性障碍，使社会流动渠道更加畅通，使社会各类成员各得其所，人才脱颖而出。尤其要促使数以千万计的农村剩余劳动力向第二、第三产业转移，使社会结构中该缩小的社会阶层尽快地小下去。按照通常规律，社会流动越畅通，社会流动率越高，就越能调动各个阶层尤其是中低阶层的积极性，使他们充满希望，通过后致性规则即通过个人的后天奋斗，实现上升到更高层次的社会地位的愿望。这样的社会，就叫作开放性社会。总体而言，在封闭社会，先赋性规则（家庭出身、阶级成分等）是主要的社会流动规则，而在开放性社会，后致性规则（个人受教育程度等）是主要的社会流动规则。

第二，调整和创新社会政策，引导各种公正、合理的开放性流动机制成为稳定主导的机制，鼓励个人奋发努力，使中间阶层大起来。

第三，调整和创新公共资源配置机制，实现公共资源公平而合理的配置。

第四，制定正确的城市化战略，加快城市化步伐。城市化的一个重要功能是吸纳大量农村剩余劳动力转入第二、第三产业。

1980 年以来，在处于较为优势地位的国家与社会管理者、经理人员、专业技术人员等阶层中，代际继承性明显增强，代内流动明显减少，表现出多进少出的趋势。而处于经济社会位置较低阶层的子女，要进入较高阶层，其门槛明显增高，两者间的社会流动障碍在强化。再有，20 世纪 90 年代中期以来，经济资源、组织资源和文化资源有向上层集聚的趋势，大量原本只拥有其中一类或两类资源的人，到近些年则基本同时拥有这三种资源。这些倾向，对于形成公正、合理、开放的社会流动机制和社会阶层结构，可能会产生不利的影响。

与此同时，在当前中国的社会转型过程中，依然有一些既不合理又欠公平的制度歧视，如城乡义务教育资源分配的畸重畸轻、户籍制度造成的城乡隔离等问题需要进一步有针对性地解决。中国的经济发展正处于关键时期，我们应该意识到，经济持续发展要依据公平而合理的社会关系加以保障。只有进一步打破对社会成员流动的一些不公正的制度性歧视，中国社会的开放与公平程度才能更为提高。

只有把这些问题解决了，中国现代社会阶层结构才能健康成长。

记者：谢谢您作为这个课题组负责人接受我们的采访，也谢谢您作为《观察与思考》杂志顾问多年来对本刊的关心和支持。谢谢！

中国社会阶层的变迁与流动人口问题[*]

今天我讲的题目是"中国社会阶层的变迁与流动人口问题"。我今天要讲四个问题。第一个问题，研究社会分层与社会流动的重要意义。第二个问题，怎样分析当前中国的社会阶层，或者说怎样划分这些阶层，也就是划分这些阶层的标准是什么。第三个问题，对当前中国社会阶层结构的基本评价，或者说总体评价。第四个问题，讲中国社会阶层结构的演变前景如何，即将来如何演变。

一 研究社会分层与社会流动的意义

现在我讲第一个问题。第一，社会阶层结构是基本国情。我们为什么要进行社会阶层的分析和研究呢？按社会学家的观点来看，社会阶层结构或者说以前叫社会阶级结构，是社会的一个基本国情内容。研究社会阶层结构是了解基本国情的一个方面，作为一个执政党、一个国家的政府，是一定要了解的，一个国家要治理好、建设好、协调好，必须得对全体人员做一个具体的分析，我们要知道有哪些阶层，这些阶层是怎样一个状况，因为这是基本国情。原来我们认为经济结构、经济情况是基本国情。比如说我到这里来，你们提供给我的年鉴和统计公报，上面就反映出了广州市的人口数量和经济结构，GDP 中第一产业占 3%，第二产业占 43.4%，第三产业占 53.6%，一看就知道广州市的经济结构是现代化的结构了。但是因为没有广州社会阶层结构方面的研究，所以我现在还不清楚广州市的社会

---

* 本文源自陈建华主编《广州讲坛演讲录》第 1 辑，北京：商务印书馆，2005，第 237～252 页。该文系陆学艺于 2004 年 10 月 25 日主讲的"广州讲坛"（广州市委宣传部主办）第 16 讲的演讲速记稿，刊发于南方网，收入《广州讲坛演讲录》第 1 辑时有删节和调整。——编者注

阶层结构是怎样的，只知道广州总人口有多少、户籍人口有多少。

实际上，我们到一个地方去进行普查，一看经济结构就知道这里的发展阶段，是现代化了还是正在发展之中。其实，看一看社会阶层结构也就能知道这个地方是现代社会还是发展中的社会。从国际情况来看，光看经济结构还不够，比如阿根廷、巴西等这几个拉美国家，人均 GDP 都比我们高，有的 3000 美元，有的 4000 美元，有的 5000 美元了，但是一看它们的社会阶层结构就知道它们还不是现代化国家。依我看，要把社会阶层结构弄清楚，就等于弄清楚一个人的骨架是怎样的，这才是更本质的。

学经济的同志可能对我这个说法有一点异议了，我一会儿还会说。如果社会阶层结构没有现代化，仅仅经济上去是不行的。我现在用人均 GDP 来测算，广州的经济水平已经是现代化了，人均 GDP 已达到 5000 美元，今年可能要达到 6000 美元了，但是还有三四百万农民工，这个社会阶层结构肯定还不是一个现代社会的结构。从我昨天看到的数据来说，还不能判断广州就是一个现代社会。

第二，对阶级、阶层做研究是党的传统。我们党从搞革命开始，就很重视阶级分析和阶层分析。《毛泽东选集》的第一篇文章就是《中国社会各阶级的分析》，当时毛泽东对全国做了一个分析，从社会生产力、社会地位、社会利益来分析研究阶级，提出了团结谁、依靠谁、打倒谁是革命的首要问题。新中国成立之后，我们党从革命党变成执政党之后，基本是照搬了斯大林 1936 年提出的"两个阶级一个阶层"的理论框架，虽然也说阶级分析，但是停留在了土改时的成分论上，土改时把人定为什么成分就是什么成分，将阶级斗争和阶级分析抽象化了，直到 1978 年党的十一届三中全会之后才改过来。

第三，阶层结构对国家、地区、单位、个人都很重要、很有意义。我们现在正在搞经济普查，包括人口抽查，但是由于各种问题，我们对社会状况、社会结构和社会阶层的研究到现在还没有有计划、有系统地进行，也就是由政府来进行的全国调研还没有。据我了解，美国、英国、日本，它们都定期开展这方面的调查。日本每十年搞一次社会分层与社会流动的调查，由政府出钱，由以社会学家为主的专家组成调查团，从 1955 年开始，对全国进行调查，至今已经搞了五次，明年（指 2005 年）搞第六次。这个调查对于国家制定经济社会政策是很有必要的，国家可以通过它知道现在工人阶层、农民阶层以及其他阶层的状况，依此制定经济社会政策会更加符合实际，增强有效性。

多年来，我们比较注意对经济状况做研究分析，但对社会状况的研究比较少，由此引发了一些问题。我本来主要是研究农村问题的，从 20 世纪 90 年代初，国家就提出了要增加农民收入、要减轻农民负担，后来又提出要千方百计增加农民收入、千方百计减轻农民负担，这个口号喊了多少年，但是前几年负担就是下不来、收入就是上不去。为什么呢？因为，农民这个概念本身就有问题，如果按照户口来计算，中国有农业户口的农民还有 9 亿多，笼统地说增加农民收入，每个农民增加 100 元就是 900 多亿元；说减轻农民负担，每个农民减轻 50 元就是 450 多亿元，谁拿得起？所以政策就落不到实处。实际上这 9 亿多农民已经分化了、分层了，有的当了老板，有的当了个体户，有的当了专业户，很富，因此应对他们做一个分析，增加哪部分农民的收入，减轻哪部分农民的负担，得有一个方法。比如说珠江三角洲地区的番禺、花都等地方很多有农业户口的农民已经从事二、三产业多年了，有的已经很富了，有的农户养鱼养虾也已经很富了。我是地处苏南的无锡人，对这些地方的不少农民，不是增加他们收入的问题，坦率地说，我的兄弟、侄儿，现在当了家的，收入比我这资深教授的收入还高，难道还要减轻他们的负担？比如说今年粮食补贴 30 块钱一亩地，对苏南农民来说，本来人均也就是七八分地，补 30 块钱也没有什么用，只是一包高档烟的钱而已。但是今年我到黑龙江西北部地区农村调查，那儿人少地多，一家五口人就是两公顷地，也就是 30 亩地，补贴差不多就是 1000 元了，那个地方的农民还真是穷，大家都说温总理好、政府好，真正解决了问题。现在真正搞农业、种地的农民，占全国总劳动力的 42.9%，这是我们的一个调查得出的结果。现在将农业税去掉了，按省份逐个地去掉农业税的这种做法肯定得人心，如果照我们课题组的研究，首先应对人均年收入在 1000 元以下的农民免农业税。

我们做社会分层的研究，目的就是制定恰如其分的、实事求是的、能够解决问题的、符合实际的经济和社会政策。所以从国家、从地区、从单位、从个人来说，研究这些方面有一定的意义。从国家来说，我们认为可以分为十个阶层，当然这是我们的一家之言，可能是八个，也可能是十二个，这些阶层到底是怎样的状况，一个政策下去对哪个阶层有利、对哪个阶层不利，政策执行效果如何等，都应该知道。广州市有 900 多万人，加上外地人口可能要超过 1000 万人了，要弄清楚这 1000 万人到底有多少个阶层，状况怎样，这样制定的政策才可能符合实际，现在是笼统的，不行。

比如说今年粮食涨价，肯定对农民有好处，农民肯定高兴，但是粮价一涨，鸡蛋、蔬菜价格也涨了，城里面的低收入人群就有意见了，上次我们到一所大学里作报告，学生就提出饭菜价格太贵了。所以一种政策有无好处是针对不同层次的人而言。对于中等收入以上的人来说，粮价涨20%、30%可能都没有关系，但是对于低收入者，对那些月收入三四百元的人群而言，可能就有很大问题了。

从个人来说，了解了社会分层，知道自己在这十个阶层里处于什么地位，如果努力了，向上流动会流动到哪部分，如果不努力，会向下流动到哪里，都是非常必要的。研究社会分层不是我们国家才有的，在一般的现代化国家里都有这样的调查和研究，这是调查认识基本国情的一个方面。我们进行这样的研究，可以使我们摸清、摸准基本国情，为政府协调好、制定好正确的经济社会政策，协调好社会关系提供一定依据，推动社会前进，我们研究的基本目的就是这样的。

二　怎样分析当前中国的社会阶层

我们这十个阶层是怎么分析出来的呢？我们采取了什么方法？首先我想说一下社会阶层的分析跟阶级分析的关系。马克思也好，列宁、斯大林也好，毛泽东也好，他们当时搞阶级斗争、阶级分析，用社会学的术语来说，采用的是冲突论的理论，是研究这个阶级跟那个阶级的冲突关系。为了革命，要说清楚资本家是怎么剥削工人的，资本家和工人是对立的关系，是冲突的关系，工人之所以这么穷，是受到了资本家的剥削，所以马克思说工人卖给资本家的是整个劳动力，剩余价值被资本家拿走了，工人只得到了基本工资。工人是这样，农民也是这样，特别是在中国，得说清楚地主是怎样剥削农民的，地主剥削农民，农民要翻身，得起来跟共产党闹革命，推翻国民党政府。现在共产党是执政党了，《宪法》也修改了，我们现在处在社会主义的初级阶段，各个阶级要团结，要团结一切可以团结的力量，调动一切积极的因素，把国家建设好。如果我们采用阶级分析的方法的话，恐怕很多事都不太好办。比如说据国家工商总局的统计，全国的私营企业接近300万户，投资人接近700万人，这是很大一股力量了。对于这将近700万人的群体，我们叫他们什么好呢？如果采用阶级分析的办法，划分阶级的标准是看你有没有生产资料、占有多少生产资料，没有占有生产资料的叫无产阶级，占有生产资料的叫资产阶级，资本多的叫大资产阶级，资本少的叫中小资产阶级。现在这部分私营企业主里，当全国人大代表的有了，当全国政协委员的也有了。我当过十年全国人大代表，其间认识了不少老板，有些后来跟我一样都是全国人大代表。有些私营企业主当上了全国劳动模范，这要是按阶级分析的办法来说可是不行的。

说得再具体一点，我们对这部分人采用一个什么样的划分办法好呢？如果按阶级分析的办法，得叫他们资产阶级。这个帽子他们戴不戴、是否接受得了？叫他们新资产阶级不行，叫他们民族资产阶级也不行，荣毅仁当年是接受民族资产阶级这顶帽子的，现在像荣毅仁那样拥有大资本的人可不少了，称他们什么好呢？在 2001 年中国共产党建党 80 周年的时候，江泽民同志在"七一"讲话里说他们是新生的私营企业主阶层。

我本人还兼着中国私营经济研究会的副会长，那个时候我们还专门召开会议，把他们召集起来开座谈会。在"七一"讲话中，不光给他们加了私营企业主阶层的帽子，而且还说他们当中表现好的，承认《党章》又按照《党章》办事的同样可以入党。这些人非常高兴，他们对这次讲话十分拥护。实际上江泽民同志讲话之后，到现在私营企业主中新入党的也不多。后来我们中国私营经济研究会去调查，在这 700 万私营企业主中，已经是党员的私营企业主比例达到了 29%，超过了工人里党员的比例，我们开始还不相信。但经过分析发现，这些人原来很大一部分是 1992 年以后下海的，开头的时候是农民，农民里也有生产队长，也有党支部书记，他们本来就是共产党员，特别是 1992 年之后下海的，有不少是机关单位里的人，本来就是党员。1995 年之后国家实行企业改制，先是抓大放小，后来连中也放了，中小企业里的厂长、经理、老总、党支部书记变成了现在的私营企业主，但他们原来也是共产党员。还有 150 万乡镇企业里的村办、乡办集体企业，现在改制之后，厂长变成了老板，但他们原来也是共产党员。还有，比如说现在我们引进的外资很多，广东这边就特别多，这 20 年全国加起来已经到位的外资有 5500 亿美元，大概有 50 多万大小不等的三资企业，在这些三资企业里有不少中上层管理人员，按解放初的阶级划分法来划分的话，词可能不太好听了，叫"买办"。我们现在要划这部分人也不好办，我们把这部分人划成经理人员，经理人员阶层包括三部分人：一是国有企业经理，二是私营企业经理，三是三资企业的经理。

要像当年土改的时候搞阶级分析，可能现在不好做，因为经济社会形势变了，因为我们要分析研究的目的不同了，我们是执政党，地位变了，我们现在的历史任务是团结一切可以团结的力量，共同建设我们的国家，还是搞阶层分析比较稳妥。1957 年毛泽东在谈到正确处理人民内部矛盾时，说除了极个别矛盾之外，其他绝大多数矛盾都是人民内部矛盾。就是因为这样，我们划分出了十个阶层，从操作方式来说还是阶层分析比较好，而且阶层分析是一个系列，我们并不是讲冲突关系、斗争关系。阶级分析、阶层分析的对象都是 13 亿人口，但是分析的手段、方法，甚至目的、作用是不同的，我们现在的目的是建设我们的国家，更好地团结、更好地协调各个阶层之间的关系。

要对社会结构有一个仔细的分析、准确的认识，还是运用阶层分析为好。现在社会上关于阶层分析有三派。一派叫碎片派，代表人物是清华大学的李强同志，他认为现在我们国家正在变化之中，还没有形成明显的阶层关系，只是形成了一个又一个不同的利益群体，利益碎片化，还没有聚拢起来。另一派叫断裂派，代表人物孙立平原来是北京大学的，现在也到了清华大学，他认为，20 世纪 90 年代中期之后群体之间的利益关系是断裂的，20 世纪 80 年代的改革国家资源是扩散的，20 世纪 90 年代中期以后是集中的，集中到相当少数人手中，而且政治精英和政治精英相结合，政治精英又和文化精英相结合。比如说 20 世纪 90 年代中期以前知识分子的待遇没有改善，社会上的牢骚很多，甚至有人说搞导弹的不如卖茶叶蛋的，20 世纪 90 年代中期及以后情况改变了，脑体倒挂的现象改变了。而另一些弱势群体，如工人、农民的利益没有得到改善，有的还受到损害。同上述强势群体的差距越来越大，形成了断裂。还有一派是层化派，这一派认为社会群体之间的利益关系已经分成若干层。我们就是这样做的。

怎么搞阶层分析？怎样划分社会阶层？工业化之后，社会职业变化了，人们从事各种各样的职业。所以我们提出以职业分类为基础，以组织资源、文化资源、经济资源的占有情况为标准作为划分社会阶层的理论框架。

我们到工人、农民、知识分子中去调查访问，被调查者和被访问者被问到对社会上的人分等怎么看，我们做了 1 万多份的问卷，做了 1000 多人的访谈，最终结果显示，根据社会地位高低，社会分等可分为三类。第一类，我们用了一个词叫组织资源，就是有权没有，比如说市委宣传部部长有一定的组织资源，省长、市长有更多的资源。第二类，叫经济资源，也就是老百姓说的有钱没有，厂长、私营企业主有钱，就有经济资源。第三类，叫文化资源，就是有文化没有，有没有文凭、有没有职称是不一样的。

我们这么划分之后，就将社会上的人划分为十个阶层。十个阶层中第一个阶层是国家与社会管理者阶层，占就业人数的 2.1%，这部分人在城乡的比例是不同的，到了乡村就少了。第二个阶层是经理人员阶层，占就业人数的 1.6%。第三个阶层是私营企业主阶层，占 1%。第四个阶层是我们这一类的教授、医生等专业技术人员阶层，占 4.6%。第五个阶层是办事人员阶层，就是像一些办公室的主任、文书、会计、出纳等，这是国家机关、企业事业单位里都有的，这部分人所占的比例比较大，占 7.2%。第六个阶层是个体工商户阶层，占 7.1%，跟私营企业主是并列的，性质上都是占有生产资料，但雇佣的工人数是不同的，现在我们国家特有的私营企业主阶层是指雇工在八个人以上的，雇工在七个人以下的或者没有雇工的叫个体工商户。第七个阶层是商业服务人员阶层，是第三产业的员工，占 11.2%。第八个阶层是产业工人阶层，占 17.5%，也就是我们通常说的第二产业的工人，但跟工人阶级不是一个概念了。现在讲的工人阶级，实际上已经是一个政治概念，既包括工人，也包括干部、公务员、厂长、经理，还包括知识分子、专业技术人员等。第九个阶层是农业劳动者阶层，也就是我们所说的农民，指主要从事农业劳动并以农业获得主要收入的部分农民。这类农民现在占 42.9%。现在已经将农民工等常住在城镇的农业人口统计为城镇人口了。第十个阶层是城乡失业半失业者阶层，占 4.8%。从三种资源的占有方面来说，工人下岗了比农民还不如，只能享受国家最低生活保障。阶层其实是变化的，不像我们原来定的阶级，比如说爷爷定了是地主，孙子写出身还要写地主，现在我们定的阶层是根据三种资源的占有状况来确定的。你的职业变化了，对三种资源占有的状况变了，你的阶层也就变了。

三　对当前中国社会阶层结构的总体判断

总体判断是这样的，中国现在已经形成了现代化的社会阶层结构，但是要补充一句话，是一个现代社会阶层结构的雏形，意思是说还是一只刚刚出壳的小鸡，还没有长大。为什么这么说呢？第一，凡是现代社会有的社会阶层，我们社会里都有了，只是说形态不一样，多少不一样。现代社会的阶层成分应有的我们都有了。各个国家划分方法不一样，有的说有十二层，有的说有八层，有的说有七层，但是我们作为一个工业化现代化国家，该有的阶层成分都有了。第二，这十个阶层的位序都确定了，是根据三种不同的资源占有情况来排列的。一个阶层是一个台阶，在很多国家农民进城之后变成工人，得到工人的工作之后就得到了相应的工人待遇，而在我们国家不行，比如绝大部分的农民在广州、深圳干了一二十年了还是农民工，只是上了半个台阶。工人到第三产业，然后到小老板，然后到办公室人员，再到专业技术人员，那都是一个个的台阶。在这十个阶层中，如果要分高低的话确实有一定的高低，是一个一个连续的台阶。

真正发达的现代化社会阶层结构，应该是中间大、两头小的橄榄型社会阶层结构，我们国家现在还不是，我们还有不足的地方。所以我说第三个问题也就是第二个判断，一方面我们说现在我们已经是现代社会结构了，但另一方面我们又说我们现在的阶层结构还是跟现代社会的要求不相适应，其表现可以简单地概括为阶层的规模该大的没有大，该小的没有小。且不说我们要变成一个发达国家的橄榄型，我们现在的经济规模也应该是一个中间突出的结构。按照广州这样的经济水平，它的社会阶层结构应该是一个很像样子的橄榄型，但是因为农民工的问题还没有解决，所以阶层结构画出来还不是橄榄型。

由于现在工人和农民的比例偏大，总共占到60%多，当然最底层也是比较小的，占4.8%，第一个阶层又才占2.1%，所以现在我们国家还不是橄榄型的社会，还是像个洋葱头型的社会。第一、第二、第三、第四阶层中的一部分人是最高层次的人，处于社会顶层，是这个社会的精英，其中私营企业主、经理人员和国家管理者都在上面，所占的比例都很小，那是尖端，而第五、第六层即中间部分所占的比例不大，所以我们说该大的没有大起来。最下面4.8%是最底层的，是洋葱头的底部，农业劳动者、产业工人、商业服务人员分别占42.9%、17.5%、11.2%，加起来就是70%多了，该小的没有小下去。倒不是商业服务人员、产业工人的量大，量大的主要是农业劳动者。比如说广州GDP里第一产业只占3%，但是第一产业的从业人员超过10%~15%。就全国来说，2003年的GDP里第一产业仅占14.6%[1]，但是农业劳动者占42.9%，所以这个阶层穷就穷在这里了。照一般情况来说，我们的农业劳动者所占比例要低于25%~30%就比较合适了。为什么会出现这样的情况呢？因为我们现在的户籍制度、劳动就业制度、社会保障制度还没有进行应有的改革。

大家说的流动人口，就是农民工了。现在农民工的流动可以说是社会流动，社会流动和流动人口不是一个概念。我们说的社会流动是从农业社会向工业社会过渡，就是工业化的第二次浪潮，从农业人口转变为第二产业或服务业即第三产业的从业人口，是产业的变化、职业的变化。以前说的农民的移动，流民也好，移民也好，闯关东也好，那都是农民转到另一

---

① 国家统计局编《中国统计年鉴·2004》，北京：中国统计出版社，2004，第54页。

地去还是农民。现在不是这样了，现在从河南来的，从山东来的，从湖南来的，从四川来的，到广东来打工，当然也有少部分人在郊区种地，叫离乡不离土，但是大部分人是离乡又离土，比如说我们做过调查，打工妹、打工仔最多的是东莞，可能有 400 多万人，这些人是职业的变化。另外，这些人不是说倾家荡产了，家里没有办法生活了，而是家里还有土地，还有家，还有房子，还有老婆、孩子，还有父母亲在当地，他们是自己出来寻找职业、改善生活的，跟移民、流民不是一回事。

农民工的概念是社会学教授张雨林于 1983 年提出的，我们当时认为农民工这个提法很有中国特色。现在看起来这个特色不好，这套民工体制对国家不利，尤其对农民工最不利，对我们整个经济社会的发展不利。但是现在农民工有 1 亿多人了，农民工问题已经是一个大问题了，怎么改革户籍制度，从根本上改变农民工体制已经不是一句话的事了，这也牵涉改革的成本问题，但这个问题一定要解决。

我们现在正在搞工业化、城市化、现代化，从欧洲到美国再到亚洲，现代化过程都是农民离开土地到城里去当工人，同时也就成为市民，工业化、城市化、现代化是三位一体的，可现在我们是分开的，工业化已经达到发达国家的水平了，是制造业大国了，但是农民还占 70%，城乡还是二元分割的，这可不是中国特色。我是学哲学出身的，一般规律是不可以违背的，当初我们说这是中国特色，现在看来显然不是，农民工问题如果再这样继续下去，肯定不是好事。

从国家的角度来说，要培养技术工人也是一个大难题。一个制造业的大国、强国，按德国、日本的说法，高级技工一般应占到工人总数的 30%~35%，中级技工应占 50% 左右，初级工只应占 15% 左右，这样的格局才是一个现代化制造业强国。这里有一个第五次全国人口普查的数据，2000年在制造业工人队伍中，包括建筑业，有 57.5% 是农民工。大家都知道老板是不会花钱去培养农民工的，而工人要从初级工变成中级工、高级工是需要花钱培养的，现在好多行业没有技术工是不行的，很多企业都花大价钱去请高级技工，在深圳的很多行业是请香港技工白天过来做活，晚上再回去，现在招一个七八级的高级技工比招一个硕士还难，这就是 20 年来搞农民工制度的后果。

上半年，公安部请我们去谈户籍制度改革的问题。我跟他们说，如果你们将这件事办成了，可是积大德了。北京的外地人口有 300 多万，上海有外地人口 500 多万，这些外地人干了很多年了，就是不能解决户口问题。流动人口不是流民，他们本来可以不用流动的，比如广州需要这些人，他们在这里有事情可干了，不把他们的户口和就业、上学、社保、医保都挂起钩来，他们就负担不起。我调查过世界上的一些大城市，没有一个市长不欢迎别人来，别人来了以后至少可以在这里消费，退休的人来了就把退休金花在这里，对这里的第三产业就有好处了。但只有在我们国家，市长的权力最大，批个"同意迁入"可值大钱了。老外来了我们要给他们解释半天，给他们讲户口，讲农转非，讲户口可以卖钱，外国人瞪着大眼还是不清楚。

农民工就是这样，别看他们在广州等大城市不行，但在山旮旯里还是可以吹半天的，吹自己在大城市的所见所闻，而且每年还可以带几千块钱回去，他们在家里干一年可能也只有1000元钱。他们不是跟我们比，而是跟山里的生活比，他们见了世面，确实有些改变了，虽然他们没有当上工人，但是上了半个台阶，社会流动是往上的，因而社会可以保持稳定。现在政府提倡善待农民工，比如孩子可以上学，可以上保险，将来可以参加医保等，而且还不断地听到哪个地方可以改户口了，看到希望了，对这些农民工来说的确是上了半个台阶。

关于社会中间阶层，我在这里也给大家说一下。在我们国家的经济学家和社会学家中，经济学家占主流，二者的比例极不协调，不光是经济学发展得快而社会学发展得慢的问题。我看过一个数据，在2000年经济学本科以上的毕业生有7万人，而我们社会学本科以上的毕业生只有2000多人。在国外这两个学科都是大学科，由于种种原因，中国的社会学家还没有达到他们应该有的地位。

社会学家同经济学家话语权的比例也不当，经济学家经常把社会中间阶层和中等收入者混在一起讲，什么叫中产阶级或者社会中产阶层呢？有的经济学家讲：家里有两套房子，有汽车，年收入在5万元以上就是社会中间阶层。这个说法是不对的。社会中间阶层或者中产阶级同中等收入者是两个概念。首先，社会中间阶层不是一个阶层，而是若干个阶层的总称，在十个阶层里面，个体工商户前面那几个阶层中的多数人都是社会中间阶层，比如说中低层的干部、中小企业的经理、专业技术人员等。其次，社会学讲的社会中间阶层是职业概念而不仅是收入概念。从收入概念来说，在北京，像专业技术人员，一个月收入几千块钱，出租车司机也可以达到这样的水平，但是出租车司机不可能是社会中间阶层，因为有职业的界定。有产的中小私营企业主、私营企业者是社会中间阶层；专业技术人员、办事人员等白领也是社会中间阶层，这个社会中间阶层的人多了，国家就稳定了。在美国、日本、韩国，这个社会阶层所占的比例都很大，日本在 20世纪 70 年代有一个调查，结果显示将近 1 亿人自己认为自己是社会中间阶层。中产阶级或者说社会中间阶层的利益跟政府的利益是一致的，社会稳定对他们也是有好处的，国家上去了他们也上去了，国家经济不好他们也不好，所以这部分人在政治上基本上是认同执政党理念的。在我们国家，经济上，社会中间阶层是社会主义市场经济主体之一，是市场经济的组织者，积极地创造财富，另外他们又是稳定的消费者；文化上，这部分人是先进文化的创造者、生产者，同时也是文化产业的消费者，这部分人多了，社会就稳定了。

根据 1999 年的调查，我们国家社会中间阶层的规模只占整个社会阶层结构的 15% 左右，比例还是比较小的，这几年发展得比较快，据统计现在每年增加 1 个百分点，目前已经接近 20% 了。但是要变成一个稳定的社会，一般需要达到 40%。

四 中国社会阶层结构演变的前景

总体来说，我们现在正处于战略转型期，也处于我们国家历史发展的关键时期。近来，胡锦涛主席和温家宝总理反复提出，一是要抓住发展机遇，二是要很好地度过这个关键时期。搞得比较好，能够顺利地进入中等发达国家行列；搞得不好，就可能陷入社会秩序混乱、社会停滞的陷阱。这个阶段是关键时期，人均 GDP1000 美元到 3000 美元是一个平台，国际上不少国家出现问题都是在这个时候。党的十六大已经提出了今后经济要更加发展、科技要更加发达、文化要更加繁荣、民主法制要更加健全、社会要更加和谐、人民生活要更加殷实。到了 2003 年党的十六届三中全会，就提出了坚持以人为本，全面、协调、可持续发展的科学发展观，强调在经济发展的同时，要使经济社会更加协调。最近召开的党的十六届四中全会提出了要加强党的执政能力建设，构建社会主义和谐社会。我认为构建和谐社会主要应包括以下几个方面。一是经济社会要协调发展。现在我们经济发展在前，社会发展相对滞后，城市化严重地滞后于工业化，经济社会不是那么协调。二是社会结构特别是阶层结构一定要合理。我们现在的社会阶层结构不太合理，一个和谐社会一定要有一个合理的社会结构。三是社会各个阶层的关系要融洽。我们现在的阶层关系不是太融洽。比如说不光是广东这里，全国都一样，农民工的工资十几年不涨，现在还是三四百块钱一个月，还经常拖欠，甚至拖欠了很多年，现在查出拖欠农民工的工资已多达数百亿元。现在是社会主义初级阶段，应该提倡20世纪50年代毛泽东提出的"劳资两利"，有媒体说现在出现了民工荒，其实这不是真问题，而是假问题。如果真出现了民工荒的话，就不会有一亿多农民不能充分就业的问题了，现在农村有三分之一的劳动力就可以将现在的农业承担起来，怎么会有民工荒呢？只能说现在个别地区、个别行业、个别工厂、个别单位，那里的老板实在太狠了一点，赚钱赚得狠了一点，给工人一个月才发300块钱，有时还不发，而且常常要工人加班，十一二个钟点地干，工作环境又差。现在通信是很发达的，其他的农民工知道了这里的情况也都不来了。北京、上海都没有民工荒，主要是个别行业有这种现象，现在主要的问题是劳资关系紧张。

20世纪80年代我就到过深圳，那时候深圳的打工者平均一个月就有七八百块钱的工资，到2001年平均工资却只是588元，所以"儿子"的工资比"老子"还少。为什么搞成这样？跟我们没有处理好农民工与私营企业主的关系有关。这样长期的低工资，对国家和农民工都是不利的。所以我认为社会阶层的关系一定要和谐，一定要提"劳资两利"，政府在招商引资的过程中一定不能以降低工人的工资、降低土地的价格为条件。

总的来说，构建一个和谐的社会，经济社会应要协调发展，社会各阶层的关系要融洽，社会流动要畅通，社会要公平，社会要稳定有序，这里的稳定是一个积极的稳定，不能是消极的稳定。

如果按照国家的既定政策，继续深化改革，改革户籍制度、劳动就业制度、社会保障制度等，那么到2020年有可能会出现这样的结果，当然这是预测。

第一，城市化步伐加快。2003年城市化率是40.5%，[①] 以后16年中每年提高1个百分点，那么到2020年我们的城市化率达到55%～60%是可能的。

第二，就业结构日趋合理。我们2003年的经济结构是14.6∶52.2∶33.2，就业结构是49.1∶21.6∶29.3。[②] 现在农业劳动力偏离GDP30多个百分点。如果到2020年前，农业劳动力每年减少1个多百分点，到2020年降到30%

① 国家统计局编《中国统计年鉴·2004》，北京：中国统计出版社，2004，第95页。
② 国家统计局编《中国统计年鉴·2004》，北京：中国统计出版社，2004，第54、120页。

以下，非农产业的劳动力占 70% 以上，就业结构的比例就比较合适了。

第三，城乡差距逐步缩小。现在我们的城乡差距太大了，2003 年城市居民人均可支配收入是 8472 元，农民人均纯收入是 2622 元，[①] 城乡之比是 3.23:1，如果加上城市居民还有的其他隐性收入、福利、社会保障，城乡差距大致在 5:1 到 6:1 之间。理想的城乡差距名义上应该是 1.5:1，实际差距缩小到 2:1 就比较合理了。所以，我们要每年缩小 0.1 ~ 0.2 个百分点，控制在 2:1 到 1.2:1 之间。

第四，贫富差距要逐渐缩小。1978 年的基尼系数是 0.22，现在已经超过了 0.4，这是一个界限，国际上认为只要超过 0.4 社会就会不安定，一般学者认为我们现在是 0.458，最近中国人民大学社会学系在全国十个城市做了调查，认为城市居民间已经达到 0.524，这就很高了，所以一些城市不太安定，跟这个有关系。我们要争取到 2020 年缩小到 0.4 以下。

第五，扩大社会中间阶层的规模，这是构建和谐社会，使社会稳定、长治久安的社会基础。社会中间阶层在社会结构中所占的比例 1999 年是 15%，现在是 19% ~20%，希望每年提高 1 个百分点，到 2020 年能够到达 38% ~40%。有了这样的一个数据，社会就稳定了，中央提出的新概念——"和谐社会"是可以实现的。

最后我还要说一句话，我们的经济发展从总体来说，前景是光明的。我们要建设一个现代化的社会主义和谐社会、中等发达的社会主义国家，现在来看在经济层面上没有太大问题，我们已经走上了社会主义市场经济的轨道，而且我们国家也有调控的能力和经验，我觉得不会有太大的问题，GDP 再翻两番问题不大，但是社会结构要像我刚才说的那样进入理想状态，确实还要经过一番努力。现在我们国家召开的这几次会议，都是向前的，对此我是乐观的。

---

① 国家统计局编《中国统计年鉴·2004》，北京：中国统计出版社，2004，第 357 页。

培育形成合理的社会阶层结构是
构建和谐社会的基础[*]

党的十六届四中全会提出要构建社会主义和谐社会。这个新理念的提出，标志着我们党的工作进入了一个新的时期。社会主义和谐社会是我们正在进行的社会主义现代化建设的奋斗目标。这一目标既顺应了广大群众的民意，也适合当前我国经济社会发展的要求，因此一经提出，就受到全国各社会阶层人民的拥护，很快就在全国取得了共识。这是贯彻十六大精神、落实科学发展观的重要步骤，具有十分重要的意义。构建社会主义和谐社会是一项重大的历史任务，需要全党全国人民长期奋斗、多方努力才能逐步实现。就当前来说，要在经济持续健康稳定增长的条件下，构建一个与经济结构相适应的社会结构，协调好社会阶层关系应是最重要、最关键的任务。

我国目前正处在由农业、农村的传统社会向工业化、城市化、现代化社会转型的过程中，正处在由计划经济体制向社会主义市场经济体制转轨的过程中。改革开放以后，由于实行经济体制改革，我国加快了工业化的步伐。2004年，全国GDP达到136515亿元，人均1270美元。在GDP中，一产占15.2%，二产占53%，三产占31.8%。二三产业已占84.8%，经济发展已达到工业化中期发展的水平；[①] 但是2004年，我国的城市化率只有41.8%，如以农业、非农业人口划分，2003年我国农业人口仍占总人口的

---

　　* 本文原载《中国党政干部论坛》2005年第9期特别栏目"协调好社会阶层关系构建和谐社会笔谈（上）"，原稿写于2005年5月6日。发表时间：2005年9月6日。《民主》杂志2005年第10期《当前社会阶层分析与探讨》一文曾摘要刊发了该文部分内容。——编者注

　　① 《中华人民共和国2004年国民经济和社会发展统计公报》，国家统计局，http://www.stats.gov.cn/tjsj/tjgb/ndtjgb/qgndtjgb/200502/t20050228_30018.html。

70.8%，在 74432 万的总就业人员中，农业劳动者占 49.1%。[①] 从城乡就业结构看，中国还是城市化初期的社会结构。工业化中期的经济体制结构和城市化初期的社会结构同处于一个社会中，这是导致中国诸多社会矛盾的总根源。

自从原始社会解体以后，人类就进入了阶级社会，形成了由不同的阶级、阶层组成的社会结构。不同的社会发展阶段，有不同的经济结构和社会结构。一般而言，一个国家或地区的社会结构与这个国家或地区的经济结构是相对应的。中国原来是一个殖民地半殖民地、封建半封建的国家，新中国成立以后，经过土地改革和三大改造，到 1956 年，全国实行公有制，形成了由工人阶级、农民阶级和知识分子阶层组成的社会结构。虽然学术界对这"两个阶级，一个阶层"的说法仍存在争论，但在这个时期里，社会是实行单一的公有制，社会结构组成相对简化也是事实。改革开放以后，我国实行了以公有制为主体的多种所有制经济共同发展的基本经济制度。在社会变革中，工人阶级、农民阶级和知识分子阶层分化了，产生了诸如私营企业主、个体工商户、经理人员、农民工等新的社会阶层和群体，形成了新的社会结构。

有人把计划经济比喻为"鸟笼经济"。中国的经济是在不断的改革中发展的。我们拆开一个口子，经济向前发展一步，不断地拆，经济不断地发展。经济体制改革促进经济成长之快之好，超出了许多人的预料。1993 年，党的十四届三中全会决定建立社会主义市场经济体制，预计到 2000 年建立社会主义市场经济体制的基本框架，到 2010 年建立完善的社会主义市场经济体制。有学者估算，中国现在的市场化程度已经达到 70% 左右。现在改革已进入攻坚阶段，难度越来越大，但客观的事实还是，改革推进一步，经济就向前发展一步。实践表明，几十年来形成的计划经济体制已渗透到政治、社会、文化等方方面面，盘根错节，根深蒂固。我们在改革经济体制方面几乎投入了全部精力，相应地，在社会体制等方面的改革投入的力量就太少了。

我们现在的社会结构，基本上是在经济体制改革、经济发展的带动下，自发地逐步形成的。而历史经验表明，一个国家或地区要形成合理而具有活力的现代社会结构，不仅要靠"无形的手"推动，而且也要靠国家和政

---

① 国家统计局编《中国统计摘要·2005》，北京：中国统计出版社，2005 年 5 月，第 39、44 页。

府这只"有形的手"不断加以引导和调控。20多年来，因为我们在社会体制改革方面、社会政策创新调控方面没有像在经济体制改革、经济政策调控方面那样投入，所以现在形成的新的社会结构还是不合理、不理想的。

第一，中国现在的社会结构与经济结构不相适应。就经济结构而言，中国现在已达到工业化中期水平。但城市化率只有41.8%，低于世界城市化平均水平约10个百分点，还处于城市化的初级阶段。城市化严重滞后于工业化，阻滞了现代化的进程，阻滞了第三产业的健康发展（2004年GDP中，第三产业只占31.8%），影响着人民生活、消费水平的提高，实际上已经在阻碍经济的健康发展。

第二，中国现在的社会结构是不合理的，甚至可以说是畸形的。在上述41.8%的城市化率中，仍有1.3亿人只是统计意义上的城市人口，他们并不享有和城市居民同等的政治、经济和社会保障等方面的权利。其中，有1亿农民工从事的是二三产业的劳动，但身份还是农民。他们白天在工厂、商店、工地干活，晚上住的是拥挤不堪的工棚，想的是农家的事。农民工是城市里的二等公民、边缘人。有人说，现在我们是把城乡二元结构引进城里来了，一城两制，即对城市居民实行一种政策，对农民工、外来人实行另一种政策。这就形成了城市里的二元结构，也由此引发了诸多的社会问题。

第三，中国现在的社会阶层结构，还只是一个现代社会阶层结构的雏形，仍然存在诸多不合理之处，且明显具有自发性、过渡性和半封闭性。其不合理之处首先在于，应该小的农业劳动者阶层没有小下去，应该大的社会中间阶层没有大起来。根据中国社会科学院"当代中国社会阶层结构研究"课题组2001年的调查，农业劳动者阶层占总就业人员的42.9%，社会中间阶层只占约18%。①目前，中国社会阶层结构的形态虽然已经不是传统的"金字塔型"，但是也还不是社会中间阶层占大多数的"橄榄型"，而是一个中下阶层偏大的"洋葱头型"。

社会结构包括人口结构、家庭结构、就业结构、社会阶层结构、城乡结构、区域结构、社会组织结构等各个方面。其中，社会阶层结构是最重要、最核心的结构。中国目前正处在由农业社会向工业社会、农村社会向城市社会转型的过程中，最关键的就是要通过改革调整城乡结构。城乡结

---

① 参见《中国目前社会阶层结构研究报告》，载汝信、陆学艺、李培林主编《2002年：中国社会形势分析与预测》，北京：社会科学文献出版社，2002年1月，第122~125页。

构调整好了，其他方面的结构都会得到改善。农业劳动者大幅减少，社会中间阶层就会扩大。社会阶层结构将会向合理而有活力的现代社会阶层结构迈进一大步。

从国际上已实现现代化的国家的发展轨迹来看，在这些国家的社会阶层结构中，无一例外都是占有政治、经济、社会资源最多和最少阶层的人数规模都比较小，而占有政治、经济、社会资源中等水平的社会中间阶层（也称中产阶级）的规模则比较大，所以其社会阶层结构形态均呈"橄榄型"。一个国家或地区的社会中间阶层规模大，在人口中占多数，其政治和经济状况就会相对平稳，社会秩序会比较安定，社会就会比较和谐。

20 世纪 90 年代中期以后，中国的经济发展一直保持着持续快速增长的大好形势，但是因为社会体制改革等方面的相对滞后，国家又没有出台相应的社会政策对社会结构和社会事业的发展进行应有的调控和引导，所以社会结构方面的变化并不是良性的。一部分人和一部分地区确实先富起来了，据有关部门的统计，我国已经有 22 万多千万元户，有过千的亿元户，有些省市人均 GDP 已经超过 3000 美元。但是还有数千万温饱问题尚未解决的贫困人口，还有几个省区的人均 GDP 未达到 800 美元。从全国的大局来看，城乡差距、地区差距、贫富差距比 1978 年扩大了（自 1998 年以后逐年扩大）。就社会阶层结构来讲，一部分政治精英、经济精英、文化精英富得很快，而社会中间阶层发展得比较缓慢，特别是广大工人、农民没有得到与经济发展、现代化建设相应的实惠，有部分群众如失地农民、失业工人，失房（被拆迁）居民的利益反而受到了损害。正如一位社会学家所说，自 20 世纪 90 年代中期以来，社会出现了"断裂"和"失衡"。这就是进入新世纪以来，我国社会矛盾增多、社会冲突凸显的根本原因。近几年来，我们在解决社会矛盾、治理社会问题方面，已经投入了很多的力量，也解决了一部分社会问题。但从全国总体情势来看，近几年社会矛盾还是在持续增加，例如，上访、上告的群众越来越多，群体事件也时有发生。这是为什么呢？根本原因就是社会结构不合理。

现阶段，我们要解决社会矛盾，治理社会问题，使社会趋于和谐，就必须深化改革，制定和创新现有的社会政策，逐步调整社会结构，尤其要在经济持续快速增长发展的背景下，通过引导、调控，使社会最终形成一个以社会中间阶层为主体的呈"橄榄型"的现代社会阶层结构。这是构建和谐社会的基础。

构建和谐社会的近期目标就是要解决
社会公正和社会发展问题[*]

一

由中国社会科学院社会学所当代中国社会结构课题组主办召开的"协调社会阶层关系，构建和谐社会"的学术研讨会现在召开了。这个会在年初就酝酿筹备，筹备过程中，得到了同行学者的支持，会议主题被认为是一个很有讨论价值的题目。今天京内外研究社会分层的同志都到了。参会的人数超过了我们的预计。感谢同行学者们特别是不远千里，来自四川、上海、天津、河北等地的同志们对课题的支持。从石景山第一次会议到这次会议已经是第五次了。一个课题组受到了同行学者们长期热情的支持，是不多见的。这一方面是这个课题本身是大家所关注的问题，另一方面也是老朋友们的厚爱。在此我再次向朋友们致谢！

大家知道，我们课题组是1999年初成立的。在社科院和研究所的领导和同志们的支持下，在同行学者的关心帮助下，课题组先后完成了社会分层和社会流动两个报告。2003年，课题组进行第三个课题，关注社会阶层关系的研讨。这个课题得到了福特基金会的支持。今天沙琳女士也到了，我们感谢基金会和沙琳博士的支持。

---

[*] 本文源自作者手稿。该文稿系陆学艺于2005年5月22日在"协调社会阶层关系，构建和谐社会"研讨会开幕式上的发言稿。原稿无题，现标题为本书编者根据发言内容拟定。——编者注

二

　　党的十六届三中全会提出了坚持以人为本的科学发展观，党的十六届四中全会提出了构建和谐社会。这两个新概念的提出，标志着我们国家的发展进入了一个新的历史时期。

　　最近在一次小型的座谈会上，有位学者指出，改革开放以来，我国提出的新的理论和新的理念，有两条尤为重要。第一条是关于社会主义市场经济的理论，这是前人没有提出过的，是邓小平亲自提出来的。这是中国扭转乾坤的一个理论，也是中国走出经济困境、走向辉煌的"法宝"。第二条是社会主义和谐社会的理念。这是比全面建设小康社会更加重要、更高层次的理念，实际上是提出了在社会主义市场经济之后，社会主义国家建设奋斗的长远目标问题，是回答小平同志关于"什么是社会主义""怎样建设社会主义"的问题的一个组成部分，有非常重要的现实意义和理论意义。

　　这个理论的提出有一个历史过程。2002 年 10 月，党的十六大报告提出小康社会的目标是"经济更加发展，民主更加健全，科教更加进步，社会更加和谐，文化更加繁荣，人民生活更加殷实"①。时隔两年，中央正式提出了"构建和谐社会"的理念。2004 年 9 月，党的十六届四中全会讨论的是"加强党的执政能力建设"的问题，全会提出要"不断提高驾驭社会主义市场经济的能力、发展社会主义民主政治的能力、建设社会主义先进文化的能力、构建社会主义和谐社会的能力、应对国际局势和处理国际事务的能力"②。9 月下旬，在座的吴忠民等同志就在《文汇报》上发表了关于构建和谐社会是个新理念的文章。③ 至此，关于什么是和谐社会，如何建设和谐社会的研讨很快就在全国展开。到 2004 年 12 月，中央党校、国家行政学院相继传出，2005 年中央干部培训教育的内容就是"构建和谐社会"。2005 年 2 月 19 日，胡锦涛同志在中央党校省部级的专题研讨班上，专门作了《深刻认识构建社会主义和谐社会的重大意义 扎扎实实做好工作 大力促进社会和谐团结》的讲话。2005 年 2 月 21 日，中央政治局第 20 次集体学习学习了"关于努力构建社会主义和谐社会"的内容。

---

① 《中国共产党第十六次全国代表大会文件汇编》，北京：人民出版社，2002，第 18 页。
② 《中共中央关于加强党的执政能力建设的决定》，北京：人民出版社，2004，第 8 页。
③ 吴忠民：《构建一个和谐社会》，《文汇报》2005 年 9 月 24 日第 5 版。

现在，构建和谐社会的理念已成为全国最热门、使用频率最高的一个词条，得到了广大干部和群众的认同。这里有两个问题。一是党和政府同全国干部群众思想认识的互动。这个理念是由执政党中央会议提出来的。当时一共提出了 5 个方面的问题，但广大干部群众，选择了"和谐社会"。党中央因势利导，就把干部群众的选择作为执政党施政的重点，这也是符合哲学认识论上的"从群众中来再到群众中去"、循环反复不断提高的过程。

二是构建社会主义和谐社会确是当前社会各个阶层的迫切要求。改革开放以来，我们在经济体制改革、经济建设方面取得了空前的成功，取得了举世瞩目的成就。这个成就超过了设计者的预料，没有料到社会主义市场经济威力竟如此巨大，实行之后，各种财富竟如此丰富地从同一块土地上涌现出来，很快改变了短缺经济的面貌。但是，自 20 世纪 90 年代中期以来，城乡之间、地区之间、阶层之间的差距扩大了，贫富差距扩大的问题被提出来了。我们用社会主义社会市场的方法把蛋糕做大了，但是分蛋糕的机制没有同时设计好、规制好，偏大偏小，畸轻畸重，于是引起了社会矛盾和社会冲突（这个问题，市场经济国家用了近百年的时间才逐步解决的。来回反复，至今也没有完全解决好）。

党的十六大已经提出了发展很不平衡的问题，提出了要逐步扭转工农差距、城乡差距和地区差距扩大的问题；提出了要改变城乡二元经济结构，要统筹城乡经济社会发展的问题；要扩大中等收入者比重，提高低收入者收入水平，以实现共同富裕的目标。

十六届三中全会进一步提出了要实施科学发展观，要实施城乡、经济社会、地区、人与自然、国际国内五个统筹。但是，由于还没从体制上进行改革、从根本上解决这个问题，所以贫富差距还在扩大，社会矛盾和社会冲突还在蔓延，人民是不满意的。构建和谐社会的提出，反映了广大群众的迫切要求，表示了党和国家要着手解决这个问题，实现经济社会、城乡阶层协调，实现和谐的目标。

有些学者认为，实行社会主义市场经济体制，把经济问题解决了，但社会体制、社会结构、社会发展的问题还没有解决。和谐社会指什么？怎么建设和谐社会？这个问题摆到社会学家面前来了。提出和谐社会，近期的目标就是要解决社会公正问题、社会发展问题。这是社会学家的任务。

顺便在这里介绍一下，在 2 月 21 日中央政治局第 20 次学习会上，社会学所的景天魁、李培林去作了辅导报告。会后，他们在门口送与会的领导出门时，胡锦涛总书记最后走，对他俩说：建设社会主义和谐社会是一个新课题，是科学发展的一个内容；社会学过去我们重视得不够，现在提出建设和谐社会，是社会学发展一个很好的时机，也可以说是社会学的春天吧！你们应当更加深入地进行对社会结构和利益关系的调查研究，加强对社会建设、社会管理思想的研究。① 前 20 年是经济学、后 20 年是社会学发展的"黄金时期"。

三

我们课题组在研讨社会阶层关系的过程中，同时学习了关于构建社会主义和谐社会的内容。我们认为，目前社会矛盾、社会冲突频发的问题，重要的一点是社会阶层关系不和谐、不正常、不合理的反映和表现。

要构建社会主义和谐社会，重要的方面如下。第一，要培育和引导构建一个与经济体制、经济发展水平相适应的、现代化的、合理的、有活力的社会结构——社会阶层结构。第二，要协调调整现在的社会阶层关系。现在的社会阶层关系有几个主要不合理、不正常、不和谐，主要是劳资之间、城乡工农之间、基层干部和农民之间、老板和农民工之间关系不正常。一定要协调好这些社会阶层之间的关系。

构建一个现代的、合理的、有活力的社会阶层结构，协调好社会的主要阶层关系，是构建和谐社会的基础。所以，我们课题组把调查研究社会阶层关系同构建和谐社会结合起来。我们现在正在开展这个课题。这个题目提出来之后，经过广泛征求意见，得到了同行学者们的支持。所以，今天开这个会，讨论这个问题。与会的同志，都是这个方面的专家，请你们就如何构建一个合理的社会阶层结构、如何协调好当前社会各阶层关系的问题展开充分的讨论。

会议已经收到了许多论文，谢谢大家。但会期有限，大家都比较忙，为了让大家都有发言的机会，凡提交论文和即席讲话的，在会上宣讲时一般不超过 15 分钟，由主持人掌握。因为会议讲话的人太多，会议不在每个人讲话后都讨论，而是在一个单元结束时，由主持人总结并提出讨论。

---

① 参见李培林《完善学术研究管理 推进国家社会建设》，载《行与知——中共中央党校第 31 期中青一班三支部学员从政经验交流文集》，贵阳：贵州教育出版社，2011，第 85 页。——编者注

这是一个由课题组召开的学术讨论会，内部的会议。所以请大家本着"百家争鸣、百花齐放"的精神，畅所欲言，展开讨论。会议的这些论文，是很有质量的，课题组准备在会后再收集一次；请大家根据会上的心得，修改一次，我们经过编排，交出版社出版。

　　预祝会议成功！

我眼中的《深圳九大阶层调查》[*]

一座城市，一旦具备了借鉴和比较价值，对她的打量和认识，就会显得与众不同。深圳就是这样一座城市。

作者要我为本书写篇序。我并非研究深圳社会结构问题的专家，但一则盛情难却，二则对作者的研究工作有所了解，三则深圳是中国改革开放的窗口，多年来，我十分关注深圳社会结构的变化及其带有开拓创新意义的经验，乃欣然同意。仅于此略陈管见，以就教于作者和读者。

深圳社会结构变迁是一个富于魅力又极具挑战性的课题。之所以说富于魅力，乃是由于深圳是中国改革开放起步最早、市场经济比较发达的城市，其社会结构的变迁具有沿海发达地的典型性，既为改革开放以来中国社会结构的变迁提供了最好的经验，也为新形势下不断推进中国社会和谐发展提供了丰富的素材，还为社会学家提供了难得的学术灵感，很有探讨的必要。说其极具挑战性，是因为该课题研究面临许多困难，虽不能说是筚路蓝缕，但也绝非轻车熟路。作者知难而进、勇于探索的精神，我是由衷敬佩的。

过去、现在和未来，组成了历史发展统一进程的不同序列，作者将这三个序列结合起来，使该书具有厚重的历史感、鲜明的时代感和强烈的超前感。深圳是我国最年轻的城市，然而短暂的历史却承载着沉甸甸的内容。回顾过去，是为了再现过去和总结过去。作者这两个目的都达到了：深圳改革开放 25 年社会结构变迁的轨迹、特点、经验和教训已经清晰地呈现在我们面前。考察现在，是为了分析现状，找出差距，拟订积极的改革创新

---

 * 本文源自《深圳九大阶层调查》（汪开国主编，北京：社会科学文献出版社，2005 年 11月），第 1~3 页。该文系陆学艺为该书所作的序，后以《我眼中的〈深圳九大阶层调查〉》为题刊发于《科技与企业》2006 年第 3 期，刊发时有删节，现依据原书序刊印，使用刊发于《科技与企业》上的文章标题。——编者注

方案。深圳已经进入以科学发展观为统领的新的历史发展时期，全书以"和谐深圳"为目标，突出强调改革创新的深圳精神，体现了该书立意之高远。展望未来，是为了预测今后的发展趋势，明确努力的方向。作者对深圳社会结构变迁走向的三点预测，让我们可以用乐观的心态展望深圳社会结构变迁的未来走向。

提出问题、分析问题、解决问题，构成了科学研究的三个步骤，作者将这"三部曲"结合起来，使该书显示出对策性研究的特点。对社会结构的研究，无论是宏观的、中观的，还是微观的，都应该以提出对策为立足点。深圳社会结构变迁中有不少重大问题和难点，如人口问题、收入差距问题、外来务工人员问题、贪污腐败问题、农村城市化问题等。作者没有回避，而是站在时代的前沿，从面向未来、面向世界的视角，直面这些问题，并在深入研究的基础上提出解决问题的对策和建议。这些建议中不乏具有创造力的开掘，具有针对性和可操作性，值得有关部门参考。

理论与实践"两张皮"，是科学研究的大忌。该书的一个鲜明亮点是较好地把理论与实践有机地结合起来。作者对中外社会分层和流动理论条分缕析，融会和整合社会学、政治学、历史学、统计学等多学科的知识，为解说火热的深圳实践提供了坚实的理论平台和丰厚的知识储备。在描述研究的基础上对所有相关重大问题做出了探索性的研究，展示了作者较扎实的理论功底和求真务实的学术作风。

这本并非大部头的著作，是作者多年劳动的结晶，它以丰富的资料和作者反复深入的思考作为基础，称得上是一部具有很高学术品味的专著。我相信广大读者定能从中受益。

理论是灰色的，生活之树常青。对深圳经济特区社会结构的研究刚刚破题，余下的路还很长。我在为该书的公开出版表示祝贺的同时，也衷心希望作者继续努力，创作出更多更好的科研成果。

为什么要研究社会分层？[*]

记者： 在西方，社会分层研究的核心问题是社会的不平等，探讨社会阶层之间的矛盾。而国内主流的观点是，我国已经消灭了私有制和剥削现象，即铲除了社会不平等的根源。陆先生从事社会分层研究很多年，您可以谈谈研究社会分层的现实意义吗？

陆学艺： 社会分层研究对构建现代和谐社会大有裨益。2001 年江泽民"七一"讲话发表后，社会上对当时社会阶层变动状况特别关注。在这种背景下，2002 年 1 月，中国社会科学院课题组的《当代中国社会阶层研究报告》提出，原先的两个阶级（工人阶级、农民阶级）、一个阶层（知识分子阶层）的社会结构，在经济发展、经济结构调整的推动下，已经分化演变为了十大阶层（国家与社会管理者阶层、经理人员阶层、私营企业主阶层、专业技术人员阶层、办事人员阶层、个体工商户阶层、商业服务业员工阶层、产业工人阶层、农业劳动者阶层和城乡无业、失业、半失业者阶层）。

记者： 中国是发展中的国家，改革开放 20 多年来形成的现代社会阶层结构也还正在继续发育成长。那么已经形成的社会阶层结构今后在规模、比重上会发生怎样的变化？各社会阶层内的人员流动的趋势和走向如何变动？许多问题都有待继续观察和研究。作为一个社会学专家，您认为研究社会分层的重点，是不是应该更加关注社会各阶层人员如何流动呢？

陆学艺： 研究社会各阶层人员的流动的意义是促进合理流动。现代社会的流动机制正在形成，正在逐渐代替传统社会的社会流动机制。1978 年以前，实行的是身份分层、政治分层。在计划经济体制条件下，由于户籍

---

[*] 本文原载《社科论坛》（成都市社会科学院内部季刊）2005 年第 4 期，刊载时间不晚于 2005 年 12 月 31 日。该文系陆学艺接受该刊记者专访的访谈稿。——编者注

制度等的限制，凡是出生在农业户口家庭的人，只能从事农业，只能做农民。凡是出生在工人、干部家庭的人，一般就是工人和干部。农民想转为工人，工人想转为干部，几乎是不可能的。这种先赋性的社会流动机制，限制了人们通过后天努力而获得向上流动的积极性，很不公平，也不合理，经济社会发展缺乏活力和动力。改革开放以来，已经逐步改革了这种体制，社会流动渠道逐步开放，越来越多元，人们可以凭借自己的才能和努力，改变自己的社会地位，获得向上流动的可能。

记者：20世纪80年代以来，我国社会结构由计划经济向市场经济、由传统社会向现代社会急剧变迁，社会贫富分化不断加剧。研究社会分层的理论意义和现实意义开始凸显。那么，把人们分成不同的社会阶层，研究他们的生存状态和生存目标，目的是研究每个阶层人们的利益诉求，对吗？

陆学艺：是的。其实，中国自古就有把人分成不同阶层的做法，比如说古代有士、农、工、商的划分。进入近代社会后，才有了阶级的划分。改革开放前，我们流行的也是阶级划分法，当时把中国社会划分成工人、农民两个阶级和一个知识分子阶层。这20多年来，中国社会经济结构、所有制结构、分配方式等都发生了非常大的变化。"两阶级一阶层"的划分已不足以概括今天中国的13亿人。改革开放初期，逐步放开市场，社会上大多数人都高兴，也就满足了大多数人的利益诉求，因为当时这能够让大多数人受益，社会也就基本稳定了。现在，社会分化为不同阶层，层次区别更加复杂了，利益诉求更加多元了，出台的政策如果不完善，可能只对这部分人有利，对另一部分人无益，甚至伤害了另一阶层的利益。社会阶层的划分就有利于我们在出台政策时，尽力照顾到社会大多数人的利益诉求。

记者：由于历史和现实的因素，我国经济发展不平衡，东西部差距很大，沿海和内地差距很大，这就使各地区的社会阶层的构成、规模、形态和比例有所区别，各个地区也需要研究和制定自己的发展战略，那么是不是各地区也有必要研究社会分层呢？

陆学艺：从国家、地区的角度讲，研究这些方面有一定的意义。我们做社会分层的研究，目的就是制定恰如其分的、实事求是的、能够解决问题的、符合实际的经济和社会政策。从国家来说，国家十个阶层，这是我们的一家之言，可能是八个，也可能是十二个，那么具体到各个地区这几个阶层到底是怎么样的状况，制定的政策对哪个阶层是有利的，对哪个阶层是不利的都要知道，还要了解政策执行效果如何，等等。比如，广州市有900多万人，加上外地人口可能要超过1000万人了，社会分层与其他地区肯定不完全相同，要弄清楚这 1000 万人到底是哪些人，这样制定的政策才可能符合实际。

记者：研究社会分层对单位和个人也有实际意义吗？

陆学艺：是啊。一个单位领导要想谋求单位的发展，也要研究单位的分层，了解各个层次的矛盾，研究各个层次的利益诉求，协调好各个层次之间的关系，否则这个领导肯定是做不好的。从个人来说，谋求个人发展，也要了解社会分层，知道自己处于什么地位，应该努力流动到哪个部分。现在是竞争社会，如果不努力，就会向下流动。所以研究社会分层，这不是我们国家才有的，一般现代国家里，都是有几年就调查一次社会分层情况的。这是一个调查、认识基本国情的一个方面，所以我认为我们进行这样的研究，有利于我们摸清、摸准基本国情，协调好、制定好正确的经济和社会政策，推动社会前进。

记者：在各种复杂的社会关系中，社会阶层关系是最重要的一种社会关系。在我国改革开放和现代化建设事业向纵深发展的时候，社会稳定面临着许多严峻挑战，社会稳定又是关乎我国改革开放和现代化建设事业的前提，如果某个社会阶层的利益诉求长期得不到满足，诉求渠道又不通畅，不稳定因素就会不断出现。所以，研究社会分层也是在这个特殊的时代背景下，顺应时代要求而做的工作吧？

陆学艺：是的。就目前来说，随着市场经济的发展，随着社会利益结构的深入变化，由于我们的调控机制还不健全，城乡差距、地区差距、贫富差距进一步扩大。随着国企改革的深化，下岗工人增加。农村呈现相对贫困化，引起基层政府与农民之间关系紧张。农业产业结构调整，造成城市流动人口大量增加，社会犯罪现象大量出现等。面对这些问题，最迫切的任务是协调好各阶层利益关系，竭力避免个别的局部利益冲突转化为整体的社会冲突。

记者：党的十六大提出扩大中等收入阶层规模，实现全面小康社会，明确了今后形成合理的社会阶层结构的思路。可以看出，培育合理的现代社会阶层结构，应该成为我国今后社会制度安排和政策选择的核心，借此建构一个较为完整的社会制度与社会政策体系。现在，对"社会中间阶层"的研究很有实际意义，由此派生出了一系列问题，比如我国能否像西方发达国家那样，形成一个社会中间阶层？

陆学艺：社会中间阶层不是某个阶层的代称，而是几个具有相近或相似特征，特别是收入处于中等或接近中等水平的阶层的合称。由于各个国家的政治背景、经济发展水平差距大，各个国家的社会中间阶层概念不可能完全一样。就是一个国家的不同发展阶段，其"中间阶层"的概念也会有所不同，理解"中间阶层"的概念要用发展的眼光。按照国际学术界的分类，社会中间阶层主要由两大部分组成：一部分是所谓老社会中间阶层，包括中小私营企业主、个体工商户和专业农户；另一部分是所谓的新社会中间层，主要包括大部分专业技术人员、经理人员、行政与管理人员、办事员、商业服务人员和技术工人等。经过 20 多年的改革开放，中国原来的阶层发生了分化，新阶层已经形成和壮大。就目前而言，我国社会中间阶层在 20% 左右，离发达国家的 40% 以上还有不小的距离。如果中等收入阶层以每年 1% 的增长速度，到 2020 年，我国也可以达到 35% 左右的比例。如果达到这个比例，将有利于形成稳定的社会结构。

记者：为什么说社会中间阶层是"缓冲层"，具有"稳定器"的功能呢？

陆学艺：中等收入阶层是政治、经济的稳定力量。第一，在政治上，社会中间阶层拥护现有的政策，是政治上的稳定力量；第二，在经济上，他们是市场经济的组织者、建设者，又是稳定的消费群体，对扩大社会的需求、促进社会的发展有利；第三，在文化上，他们都有一定的文化资本，特别是随着新的社会中间阶层，如专业技术人员、医生、律师、教员等的大量增加，他们拥有的文化资本越来越多。这样随着社会中间阶层的扩大，就会带动整个社会在政治、经济、文化上的发展，形成稳定的"橄榄型"的社会结构。

记者：近年来，关于"橄榄型"的社会结构这个问题成为学术界的又一争论焦点，也日益引起社会、舆论的普遍关注。您怎样解释"橄榄型"的社会结构？

陆学艺：从世界各个已经实现了现代化的国家的历史经验来看，一个现代化国家一定有一个合理的、有活力的、现代化的社会阶层结构，这个阶层结构是与经济结构相适应的、相辅相成的，是与经济社会协调发展的。这个合理的、有活力的、现代化的社会阶层结构的形态，无一例外的都是"中间大、两头小"的橄榄型结构。所谓两头小，是指拥有各种社会资源很多、处于最高和较高地位的社会阶层，其规模很小，而拥有社会资源很少、社会地位低的社会阶层的规模也小。所谓中间大，是指这个社会已经培育形成了一个庞大的社会中间阶层（有的国家也称中产阶级），他们拥有相当的社会资源，足以使他们过上小康乃至更高水平的生活，他们是政治社会稳定的中坚力量，也是经济、文化发展的重要力量。一个国家形成了这样一种橄榄型的社会阶层结构，这个国家也就实现了现代化。

记者：请您解释一下，该小的阶层还没有小下去，该大的阶层还没有大起来。

陆学艺：比较而言，中国现阶段的社会阶层结构，离合理、开放的现代社会阶层结构还有一定距离。就结构形态而言，还只是一个中低层过大，中上层发育还没有壮大，最上层和底层都比较小的一个洋葱头型的阶层结构形态。就当前中国社会各阶层的构成和规模来说，可以概括为两句话，第一句话就是"该小的没有小下去"，是指农业劳动者阶层规模应该继续缩小。2003 年在我国 GDP 中，农业只占 14.6%，但因为户口、就业、城乡体制的限制，农业劳动者阶层还占 49.1%。[①] 如果我们通过改革，加速工业化、城市化，使这个阶层能降到 20% ~ 25%，就会比较合理了。第二句话是"该大的没有大起来"，是指社会中间阶层，应该有较大规模的扩大。据我们课题组测算，中国的社会中间阶层 1999 年为 15% 左右，近几年发展得比较好，平均每年增加约 1 个百分点，2003 年已经接近 20%。如果我们能深化改革，制定相应的社会政策，引导、调控中国的社会阶层结构形态，就可能达到"中间大、两头小"的橄榄型的结构，形成合理开放的现代社会阶层结构。社会中间阶层规模过小，意味着社会结构的不合理、不稳定，这是当前中国诸多社会问题产生的结构性原因。

记者：以前有人喜欢通俗形象地描绘社会中间阶层，用一个经济标准来限定社会中间阶层，比如"拥有一套房、一辆车、年收入 8 万元以上的社会群体"等。您怎样看待这种描绘呢？

陆学艺：这种说法是指的"中等收入者"，而不是社会中间阶层。我们认为，中等收入者群体和社会中间阶层两者有相似和重合的方面，但不是同一个概念。社会中间阶层，主要是由人们从事的职业决定的。前几年，出租司机的收入比教授高，但教授属于社会中间阶层，司机不是。关于社会中间阶层的定义是这样的，除了上述讲的中小企业主、一部分个体工商户和专业农户外，他们大多从事脑力劳动，主要靠工资及薪金谋生，一般受过良好教育，具有专业知识和较强的职业能力及相应的家庭消费能力，他们有一定的闲暇，追求生活质量，同时，他们大多具有良好的公民意识、

[①] 国家统计局编《中国统计年鉴·2004》，北京：中国统计出版社，2004 年 9 月，第 54 页，第 120 页。

公德意识及相应修养。

记者： 以您的研究来看，怎样科学定义中国现阶段社会中间阶层的人员构成？

陆学艺： 根据中国的现状，从结构因素看，现阶段的社会中间阶层，其来源构成主要有四类。（1）传统的"中间阶层"，包括小业主、小商贩等自营业者、个体户。他们以较少的资本自雇经营，规模较小、利润较少。据国家统计局统计，截至 2004 年底，全国共有个体工商户 2350.5 万户，从业人员有 4587.1 万人，约占全部就业人员（75200 万）的 6%。[①]（2）从计划经济体制下的"中间阶层"中分化出来的部分干部、知识分子。自 20 世纪 80 年代后期始，随着多种经济成分的引入及体制改革，特别是国企改革的深化，国有企业的原干部、知识分子在重新调整自身的社会位置的过程中，则以分别占有的权力资源、高质量的社会关系资源、知识资源等，在以市场经济为主导的社会结构中，保持或换取了相应的地位优势。（3）改革开放以来新生的私营企业主。据国家统计局统计，到 2004 年底，私营企业共有 365.1 万户，从业业主有 948.6 万人，约占全部就业人员的 1.3%。[②]（4）由引进外资及高新技术人才而产生的新型中间阶层。自 20 世纪 80 年代起，在大规模引进外资的社会运作中，一些新型的、高新技术产业、职业应运而生，随即出现了两大职业群体：一是现代企业家群体；二是应聘于外商独资、合资企业中的"白领"员工，其工作和劳动方式、职业声望及报酬均高于原国有企业及传统职业。这两类职业群体，可被视为典型的现代工业社会中新型的中间阶层的代表群体。

记者： 那么，中国现阶段的"中间阶层"已经形成怎样的规模？

陆学艺： 据我们课题组测算，社会中间阶层在 1999 年约为 15%。近几年随着市场经济发展，私营企业主阶层、经理阶层和专业技术人员阶层都发展较快，大约每年增长 1 个百分点。2004 年，约占全部从业人员的 20%，约为 1.5 亿人。

记者： 若干年前，有人这样描述过他眼中的（或许是他个人心目中的）美国中间阶层和中国中间阶层：在美国，一个中间层年收入要 5 万美元以上，要 3 年换一辆新车，有分期付款的房子，且已付完其中的 30%。中国

---

① 国家统计局编《中国统计年鉴·2004》，北京：中国统计出版社，2004 年 9 月，第 117 页，第 149 页。

② 国家统计局编《中国统计年鉴·2004》，北京：中国统计出版社，2004 年 9 月，第 117 页，第 148 页。

的中产阶层，月收入在人民币 5000～15000 元；现实奋斗目标常常是"10
年后能买一辆 8 万元左右的国产汽车"或"拥有带产权的中高档公寓"；他
们会在室内装修或买家具上花 5000～20000 元；高尔夫俱乐部会员及其他娱
乐俱乐部制消费是他们一项较新的热门投资；他们每次会花 1000 元买一瓶
人头马 XO 洋酒，他们常常为一次卡拉 OK 或保龄球聚会花费 1500 元以上。
另外，还要拥有 Internet 网址，要有国内直拨电话。所以说从发展的眼光
看，中间阶层仍然是在变化发展的。您认为中国的社会中间阶层发展的前
景如何？

陆学艺：你讲的还主要是从经济收入这个角度看的。从社会学的视角
看，近几年国家出台了一些新的社会政策，社会中间阶层的规模正在逐渐
扩大，农业劳动者阶层规模正在逐步缩小，发展的前景是好的。但是，在
市场经济的推动下，我们现在整个体制还没有理顺，各社会阶层、各群体
之间不可避免地会存在利益矛盾和利益冲突，如果体制改革跟不上，国家
在协调矛盾方面不到位，或者偏向某些强势群体的利益而漠视其他群体的
利益，那么，社会各群体、社会阶层之间的矛盾就会积累，一些利益冲突
和对抗就可能会变成现实。在这方面，南亚和拉美的一些国家是我们的前
车之鉴。从近期看，社会政策创新的可操作方向是，从公正和公平的目标
出发，合理地配置公共资源。而其中最为有效的操作平台，是建立公正配
置公共教育资源的制度，制定提高普通社会成员（尤其是困难群体）的竞
争能力和技能的教育与培训政策。在市场经济社会，国民教育是促进经济
增长、矫正各种过于不公平的起点条件，是保证社会的机会相对公平的最
重要的制度设置。

记者：谢谢您接受本刊的采访！

当代中国社会阶层的分化与流动[*]

社会阶层结构这个题目本来是一个大家耳熟能详的问题，但若干年来由于种种原因，虽然还在讲，但是一直没有运用到实际工作中来。所以现在中国有哪些阶级，有哪些阶层，这些阶级和阶层是什么状况，不少人不是太了解。

党的十六届四中全会提出构建和谐社会，其中一个很重要的问题就是怎么实现全国人民的和谐，也就是实现各阶级、各阶层间的和谐。所以，胡锦涛同志在中央政治局第二十次集体学习的时候，强调要进行社会结构调查，调查分析阶层结构、就业结构、社会组织结构、城乡结构等方面的情况，这非常重要。社会结构的核心或者说主要部分就是社会阶层结构。

一 当前研究社会分层的重要意义

1. 社会阶层结构是一个国家或地区的基本国情、基本地情。研究阶层结构本身就是研究基本国情

判断一个国家或一个地区的经济怎么样，社会怎么样，以前往往从经济结构来说，经济发展得怎么样、人均 GDP 多少、一二三产业多少、大致比例怎么样，由此大致可以知道这个地方的发展水平。其实，国情、地情

* 本文源自陆学艺《社会建设论》，北京：社会科学文献出版社，2012 年 3 月，第 269~278 页。该文部分内容摘要发表于《中国社会报》2003 年 6 月 5 日第 3 版，以及《江苏社会科学》2003 年第 4 期（2003 年 7 月 15 日）。该文发表于《北京日报》2006 年 6 月 19 日第 19 版，中国人民大学复印报刊资料《社会学》2006 年第 8 期转载，并收录于陆学艺《社会建设论》《中国社会结构与社会建设》，收入《社会建设论》等文集时个别文字略有修改。——编者注

同样也可以从社会阶层结构来判断，比如，这个国家或地区的上层阶层、社会中间阶层、社会底层的比例如何，工人阶层、农民阶层分别有多少，通过对他们的状况分析就可以判断这个国家或地区的基本国情、地情。以前往往只讲经济方面，对社会方面了解不多。一般来说社会中间阶层占到 40% 以上的社会才能称得上现代化社会。过去社会建设只是笼统地讲科教文卫，其实还不光这些，还有社会结构的调整和发展。这方面过去缺乏调查和研究，现在看来我们所讲的经济社会一条腿长、一条腿短，不光是说科学教育事业发展不够，更重要的是社会结构的调整也落后于经济结构的变化，社会结构跟经济结构处于不相适应的矛盾状态。

2. 改革开放大大加快了工业化、城市化和社会化的步伐，随着经济的发展和经济结构的变化，社会结构也发生了深刻的变化。一二三产业的结构变了，就业结构也变了，但是社会结构的变化没有相应跟上

由于经济结构的变化，特别是所有制的变化，原来单一的公有制发展到现在以公有制为主体的多种所有制成分，在 20 世纪 80 年代后期至 90 年代以后，社会上产生了一些新的阶层，一些社会阶层分化了，有些阶层的社会地位提高了，有些社会阶层的地位下降了。当今社会阶层结构呈现向多元化、现代化发展的趋势，已经不是原来的"两个阶级、一个阶层"的结构了。对于这些新情况，由于过去对阶级阶层方面的研究不够，所以现在对社会阶层结构的认识基本上是笼统的，更没有达成应有的共识。

3. 根据社会阶层结构的分析，制定革命和建设的方针路线和政策，历来是我们党的传统

胡锦涛同志提出要进行社会结构方面的研究，我觉得非常重要。很多人都研读过《毛泽东选集》，其中第一篇文章就是《中国社会各阶级分析》，由于分清了依靠谁、团结谁、打倒谁的问题，我党根据这个阶级分析制定了正确的政策，从而取得了革命的胜利，但在革命取得胜利后就不是这样了。我们囿于斯大林在 1936 年制定苏联新宪法时指出的社会主义国家的阶级阶层结构是"两个阶级、一个阶层"的理论，就不再对社会结构做实事求是的分析研究了。实践证明，"两个阶级、一个阶层"的说法是不符合实际的。当时按照这个理论，我们基本放弃了对客观的阶级阶层状况的调查和分析，放弃了根据阶级阶层的实际情况制定方针的好传统，而只是抽象地强调两个阶级、两条路线的对立，进行了长期的阶级斗争，导致了许多严重的失误。

改革开放以后，在这个问题上，政治学、社会学包括经济学、哲学界在内的一些学者，虽然也对社会阶级和阶层的变化状况做了一些小课题的调查，但是国家有计划的大规模的调查没有，所以现在我们对于阶级状况、阶层状况到底是怎么样的，还不清楚，而且在主要理论问题上至今还没有达成共识。

4. 只有通过实事求是的调查研究，才能对社会阶层结构有个正确的认识，制定政策才能有的放矢

现在经济多元化了，所有制多元化了，社会也已分化了，多种利益群体实实在在地出现了。因此，我们应该对社会阶层结构这个变化了的基本国情有一个全面正确的认识，借以制定正确的经济社会政策，整合、协调各个社会阶层的利益关系，使得各个社会阶层在党的统一领导下，各得其所，共同为建设社会主义现代化事业而奋斗。

国家和地区都需要有这种实事求是的调查研究，只有对社会阶层结构有正确的认识，制定的政策才能有的放矢，才能真正解决问题。例如，我们从1993年就提出了千方百计增加农民收入、千方百计减轻农民负担的方针。一讲就讲了十多年，但农民收入就是上不去，城乡差别、地区差别、阶层差别越来越大。为什么呢？原因是多方面的。但有一点是非常明显的，就是农民本身已经分化了，全国有农民身份的至今还有9亿人，但一部分农民已经富裕了，一部分农民已经不再是原来意义上的农民了，真正务农的农民，据我们调查只有42%。如果做了正确的分析，就可以有合理的政策，对那些已经富裕了的不以务农为生的农民，不要笼统地讲增加收入，而是要增加他们的税；对那些贫困的农民不但要免除他们的税收，还要帮助他们。

因此，当前的一项重要工作，是要进行社会阶层结构这一基本国情的调查研究，摸清摸准我们国家现在到底有多少阶层，每个阶层有多少人，占多大比例，他们的现状怎样，以此制定合理的社会政策，把各个社会阶层都团结起来，把他们的积极性都调动起来。这样，许多问题就能比较好地解决。

根据阶级阶层实际变化的情况制定政策，对于一个地区或单位来说也是必要的。各类人不同，对不同人群采取不同政策很有必要。所以在构建和谐社会和全面建设小康社会的时期，进行社会结构方面的调查，强调进行社会建设和管理，非常重要。这是构建和谐社会的基础性工作。

二　社会分层的标准和当前中国社会 阶层结构的状况

1. 对社会结构分析研究，有两种方法，一种是阶级分析，一种是阶层分析

现在社会上有一种意见，认为阶级分析是马克思主义的，阶层分析是西方学者马克斯·韦伯的，有的人干脆说是资产阶级的，这实际上是一种误解。马克思主义不光进行阶级分析，同时也进行阶层分析；韦伯主要进行阶层分析，但也搞阶级分析。因此，从学术观点来看，不能笼统地说两者是对立的。

两者的不同点在于出发点和落脚点不同，或者说研究的目的和方法不同。譬如在革命时期，要搞无产阶级革命，革命的目的是要夺取政权。我们现在进行阶层分析不是这个目的，时代不同，目的不同，方法也要不同。

我们认为，当今中国还有阶级，也有阶级斗争，还是要坚持阶级分析的原则。但要根据变化了的情况，做实事求是的分析。在现阶段，根据我们党的执政地位，从有利于社会主义建设的需要考虑，还是运用阶层分析的方法为好。而且，国际上自 20 世纪 60 年代以后，多数国家也都采取阶层分析方法来研究认识自己的社会结构这个基本国情。如日本从 1955 年起，每十年进行一次社会结构调查，名称就叫"社会阶层和社会流动"。

党的十六届四中全会提出了构建社会主义和谐社会的战略任务。我认为，构建和谐社会的一个很重要的方面就是要协调社会各阶层的关系，使社会各阶层的经济利益关系和政治关系都得到平衡，而且这种关系是能够不断调整的，这样的社会才会比较和谐。

2. 关于现阶段社会分层研究的一些情况

目前社会学界对当代中国社会结构的研究，从大的框架来说，有以下三种：第一种还是用两个阶级分析，认为分为两个阶级、若干个阶层，即工人阶级、农民阶级以及私营企业主阶层、经理人员阶层、技术人员阶层等；第二种是进行阶级分析，把现在中国分成七个阶级，分六个阶级的也有，这一观点多限于内部学术范围里；第三种主张搞阶层分析，认为目前进行社会阶层分析比较好，更符合现阶段的国情。我们就是属于这一分析框架。

前两年，我们在大量研究社会资料和调查数据的基础上，对全国的社会阶层结构做了分析，分析的结果是划分成十个阶层（见表1）。这里需要说明一下，这主要是根据我们一个全国的抽样调查。我们抽样调查了12个省市72个县市6000户，并对调查结果做了加权，所以这个数据跟国家统计局做的数据不完全一样，但基本接近。

表1　十大阶层及其比例

单位：%

十大阶层	全国比例	十大阶层	全国比例
国家与社会管理者	2.1	个体工商户	7.1
经理人员	1.6	商业服务业员工	11.2
私营企业主	1.0	产业工人	17.5
专业技术人员	4.6	农民劳动者	42.9
办事人员	7.2	城乡无业、失业、半失业者	4.8

对于这一划分，当时因为比较新，过去没有做过，社会反响较好。但一个事情有赞同的就有反对的。据"中青网"做的一个调查，在线访谈了2000多人，大概65%赞同这个分法。但也有工会的同志持不同意见，有的还认得我，说老陆你们把工人阶层排到第八，你叫我们怎么办？我们给他回答的是两条："第一，工人阶级是中国的领导阶级，这是政治概念。我们这里讲的产业工人阶层，是社会学上做社会分层研究用的学术概念，两个概念是不一样的，不能相提并论；第二，要分清，不是我们把产业工人阶层排在这儿，而是调查的结果就是这样。"客观地讲，我们定义社会阶层分析的标准，一要看他从事什么职业，二要看他拥有的组织资源、文化资源、经济资源的多少。从这两点来确定他们的社会分层，不是我们把他们排在这儿，而是根据社会生活、社会位置的变动，他们现在就在这里。

三　对当前中国社会阶层结构的总体评价

跟国际上对比起来看，中国现在到底是一个什么样的社会阶层结构？对此，我们有以下四个方面的认识。

1. 中国已经形成一个现代化的社会阶层结构，但还只是一个雏形，而且还正在发展变化之中，正在继续成长

为什么说我国已经形成了一个现代化的社会阶层结构呢？首先，国际上一些现代化国家阶级阶层的一些基本成分，如技术工人、专业技术人员、

经理、企业主，我们国家都有了，都已经具备了。这些阶层以前我们很少或者没有，现在都有了。与国外现代化国家的阶层结构相比，差别在于我们的结构比例还不合理。其次，中国现代社会结构中的社会阶层位序已经确立，这个排序不是随意搞的，而是按照他们拥有组织资源、经济资源和文化资源这三种资源的多少来排列的，而且基本上一个阶层是一个台阶。社会阶层位序取决于各个阶层拥有三种资源的数量及其综合实力。拥有资源越多、综合实力越强的阶层，其阶层位序就越高，反之就越低。这十个社会阶层的位序排列，是根据我们多方面大量的社会调查及对各种文献和数据的分析进行的，而不是任意的。

而且，从我们的分析来看，现在中国的职业正趋于高级化，国家正处于工业化、城市化和现代化的快速发展之中，整个社会职业趋于高级化，整个社会在发展，社会是在往上走，这样群众就有了希望，这个社会就充满活力、充满希望。

2. 现代社会的流动机制正在形成，以"后致性"为主的社会流动机制正在逐渐代替以"先赋性"为主的传统社会的流动机制

在改革开放前，中国实行的是身份分层、政治分层。在城乡分割的户籍制度下，出生在农民家庭的人，就只能从事农业，身份只能是农民；凡出生在工人、干部家庭的人，一般就是工人和干部。农民想转变为工人，转变为城市居民，工人想转变为干部，几乎是不可能的，或者说非常难，因为存在着制度性的障碍。这种先赋性（社会身份是先天赋予的）的社会流动机制限制了人们通过努力奋斗实现向上流动的积极性，这是很不公平、很不合理的，这种流动机制使国家的发展缺乏活力和动力，也阻碍了经济社会的进步。

改革开放以后，我国正在由"先赋型"社会演变为"后致型"（社会身份经过后天努力是可以改变的）社会，农民可以进城来打工，年轻人通过努力学习可以上大学，毕业以后可以当教员、国家干部，所以这是一个开放的、能流动的、有活力的社会。现代社会一定是一个开放、社会流动畅通、公正的社会，现在我们已经往这个方向走，正在发展。但是现在的户口制度、某些人事制度、某些社保制度还没有完全改革到位，还不能说现在已经是开放的社会。但是总的来说，社会流动的机制已经改变了，现代社会结构包括现代社会的流动机制正在形成。只要你自己努力，就有机会实现向上流动的理想。

3. 现阶段中国的社会阶层结构是在经济体制改革、经济发展和社会体制改革滞后的背景下自然、自发形成的，还不合理，还在发展变化之中，与社会主义现代化建设还不相适应

现代化国家需要有一个合理的现代化社会阶层结构，这个社会阶层结构应该是与现代化的经济结构相适应的、相辅相成的，使经济社会能够协调发展。从世界各个已经实现了现代化的国家的历史经验看，这些国家的社会阶层结构形态都是"两头小、中间大"的橄榄型结构。实践证明，如果一个国家、一个社会形成了"橄榄型"的社会阶层结构形态，那么这个国家也就实现了现代化，经济社会事业就能够健康稳定持续地发展。拿中国传统语言讲，这个社会才能够长治久安。

我们经过20多年的渐进式改革，已经基本建成了社会主义市场经济体制。应该说，中国的经济体制改革、经济结构调整和经济发展已取得了空前的成功，所采取的一系列经济政策是有效的。相比较而言，中国的社会体制改革、社会结构的调整和社会事业的发展则相对滞后一些，理应采取的社会政策，有些是滞后了（如社会保障体系的建立），有些则因各种原因至今还未出台。目前的社会阶层结构是在经济结构调整、经济发展的影响下自然形成的，也可以说是自发形成的。虽然已经形成了现代社会阶层结构的雏形，但它还有不足的一面。

现阶段中国的社会阶层结构还处在不断的变动过程中，有时某一社会阶层的规模会扩展得很快，而有的社会阶层的经济社会地位理应有所改善和提高，却又长期停顿。整个社会阶层结构变动不居，很难以常理来预测。当然，像我们这样一个正在进行大规模经济社会建设的国家，社会阶层结构变动不居是常态，这既是它的优点，也是它的问题。从1999年至今六七年的时间里，中国社会阶层结构内部，已经又有了不少新的变化。私营企业主阶层有了新的发展，外出农民工这个大的社会群体的变动也很大。但总的来看，尽管这几年不同社会阶层的规模有所变化，但整个社会阶层结构的基本构成并没有变化，十个社会阶层的位序也没有变化。变化的不过是有些社会阶层的规模扩大了，有些社会阶层的规模进一步缩小了。

中国现有的社会阶层结构还不合理，与社会主义现代化进程及其要求还不相适应。中国现阶段的社会阶层结构，离现代化的社会阶层结构还有较大的距离。目前中国社会阶层结构形态，还是一个中低阶层过大，上中层刚发育还没有壮大，最上层和底层都较小的结构，形象地说，是一个洋葱头型的社会阶层结构形态。不合理之处有两点：一是该大的没有大起来，

中国社会的中间阶层产生得比较晚，而且现在的规模还小。社会中间阶层规模过小，意味着社会结构的不稳定，这是当前中国诸多经济社会问题产生的重要原因；二是该小的没有小下去，这是指农业劳动者阶层规模应该缩小。户口制度早就该改革，这也是社会政策，是城市的就业制度、人事制度、社会保障制度改革的关键。现在这几个制度卡在那里，不利于农业劳动者阶层规模的缩小。

今后中国经济社会发展面临的一个战略性任务，是要继续深化改革，采取恰当的经济和社会政策，使社会中间阶层的规模扩大起来，使农业劳动者阶层的规模能较快地缩小下去，以适应国家社会主义现代化事业健康发展的需要。

4. 一个国家要形成一个合理有活力的社会阶层结构，不仅要靠国家的经济结构调整、经济发展的带动，靠"无形的手"的推动使之自然地演变和成长，还要靠国家在恰当的时机采取恰当的社会政策，也就是还要靠"有形的手"加以调控和引导

现阶段中国社会阶层结构的变迁，基本上是在经济体制改革、经济持续高速增长的影响和推动下发生的。我们在促进现代社会阶层结构的发育成长方面，迄今还缺少明确而自觉的社会政策。有效及时的社会政策缺位和不到位是造成现阶段社会阶层结构不合理的主要原因，国家这只"有形的手"，没有起到应有的作用。具体说，有以下几个方面的原因。

该改革的一些社会体制、社会政策没有适时进行改革和调整。党中央提出要构建和谐社会，要加强社会建设和管理，这很有必要。我们现在经济上实施宏观调控，很有经验也有力量，而且进行的效果也很好。而对于社会的调控，对于社会情况和信息的掌握、反映等各方面的机制都不健全，还没有对社会发展中的社会问题进行宏观调控的机构，有些事情有人在管，有的还没有管起来。一般是出了问题以后再管，一些应该改革的社会体制、社会政策没有实质地进行，例如，户籍制度这个问题，多少年得不到解决。现有户口政策是为计划经济服务的，早该改了。有些省市已经改了，但效果不明显。因为这是一个全局性的问题，要国家统一改才行。

该出台的社会政策没有适时出台。社会保障制度是社会的安全阀、稳定器，实行社会主义市场经济体制，一定要有相应的社会保障制度。原来在计划经济体制下的社会保障体系是不能适应的。我们对原来的社会保障制度的改革和新的社会保障制度的建设，至少晚了 5 ~ 8 年，至今还没有完全地建立起来。社会保障制度不健全，保障力度不够，没有起到保护弱势

阶层、贫困阶层的作用，不能确保这部分人的基本生活的需要，这也是一些地区社会不安定的重要原因。又如社会分配政策。在市场经济条件下开展竞争，追求效率是必然的。但作为政府，要培育合理的现代社会阶层结构，需要出台相应的社会政策，应当以公平为目标，通过各种再分配手段，调节各阶层的利益关系，缩小城乡之间、地区之间、各阶层之间的收入差距，不能使富者愈富、贫者愈贫，防止出现严重两极分化，缓和社会矛盾。我们在这方面的工作滞后了，一些比较重要的再分配政策，却迟迟没有出台，如遗产税、财产税等。

过去有关方面对社会政策的引导作用认识不够。改革开放以来，拨乱反正，把工作重点从以"阶级斗争"为纲转移到以经济建设为中心的轨道上来，这当然是完全正确的。经济建设是中心，是第一，但不是唯一。有第一，就应该有第二、第三……。因此，若干年来，我们制定了这样那样的经济政策，推动经济健康持续稳定快速地增长，这方面的成绩是巨大的，但我们没有投入一定的力量来制定相应的社会政策，以引导培育一个合理的现代社会阶层结构。

有的同志以为经济政策可以替代社会政策、可以自发产生社会政策所需要的结果。可以说，这正是我们在政策层面考虑上的一个严重误区。现在，社会方面的调控、社会结构的调整以及社会政策的研究还远远没有到位。比如，现在党中央已经提出，在进行经济建设、文化建设、政治建设的同时还要进行社会建设和管理，这非常正确，但社会建设和管理应该包括哪些方面？怎么使构建社会主义和谐社会的战略任务落到实处？……显然有一系列的问题要解决。这方面力量的投入、政策的设计、机构的设置，有大量的工作要做。好在这方面中央已经提出要进行调查研究，起点是很好的。

四 中国社会阶层结构演变的前景

21世纪头20年，是我国改革发展的战略机遇期，也是我国经济社会发展的关键时期。从发展前景看，经济增长的目标是能够实现的。因为我们已经实行了社会主义市场经济体制，国家积累了宏观调控的经验，也有了宏观调控的手段和能力。但是社会结构的调整、社会事业的发展、社会事业管理体制的改革、社会问题的治理等方面的困难还很多，如何真正做到经济社会的协调发展，还有很多改革和调整、发展工作要做。如果社会体制方面不改革，社会建设上不去，社会结构改不过来，该大的大不起来，该小的小不下去，农民还是占总人口的 60%～70%，那现代化肯定实现不了。

中国社会阶层结构变化的前景，我认为有以下三个。

一是按照科学发展观统领经济社会发展全局，统领构建和谐社会。真正这么办了，进行社会方面的改革和建设，社会结构的调整，该大的大起来，该小的小下去，形成中产阶层比较大的橄榄型的社会结构，建立一个现代化的、公正公平的、有活力的、开放的、和谐的社会阶层结构，这样现代化就实现了。

二是如果改革改不动，改革不下去，那么即使经济上达到人均 GDP 3000 美元，社会结构还是这样，一些社会政策就是出不来，如累进所得税、遗产税、财产税就是出不来，户口制度就是改不了，农民工的制度就是改不了，这样，现代化的社会结构仍实现不了。

三是我国的发展遇到阻碍。现在来看，我们的发展遇到了一个大好的机遇期。但同时要看到，咱们的邻居特别是东边那位不希望咱们大起来、富起来、强起来。另外，国际环境也有恶劣的一面。如果上述这些国内问题解决不了，现在的洋葱型结构不是变向良性的橄榄型，而是变向烛台型，即中下层变得越来越大，中间阶层可能反而缩小。党中央提出科学发展观，提出构建社会主义和谐社会，这是一个大的战略决策。只要按照这个去做，我想会逐步地解决上述问题。

我们设想，如果今后继续深化改革，继续按照党中央的部署去做，今后 15～20 年可能会发生一些变化。

①通过改革和调整，城市化的步伐会加快，改变现在城市化滞后于工业化的状态。2003 年的城市化率是 40.5%[①]，今后每年能够提高一个百分点，到 2020 年城市化率能够达到 55%～60%。

②调整产业结构与就业结构的关系。举例说，2003 年的经济结构中第一产业占 14.6%，但是就业的劳动力占 49.1%，[②] 差约 35 个百分点。这是农民收入低的根本原因。如果今后第一产业的劳动力能够平均每年减少 1～1.2 个百分点，使农业劳动力的占比降到 30% 左右，我想这个社会结构方面

---

① 国家统计局编《中国统计年鉴·2004》，北京：中国统计出版社，2004 年 9 月，第 95 页。

② 国家统计局编《中国统计年鉴·2004》，北京：中国统计出版社，2004 年 9 月，第 54、120 页。

该小下去的就有可能小下去。"三农"问题的根本点是要解决农民问题,现在有关方面只注意解决农业问题,对这么多农民的问题却不重视解决,这是不行的。

③城乡差别、地区差别能逐步缩小。地区差距实际上也是城乡差别表现的一个方面。城乡差别从收入上看,2003年城市居民可支配收入为8472元,农民人均纯收入为2622元,[①] 城乡之比为1:3.23。如果加上城市居民的其他隐性收入和多种福利、社会保障,城乡差距约为1:5。要采取措施,今后每年能缩小0.1~0.2个百分点,使城乡差距缩小到1:1.5,实际差距控制在1:2之内,社会就安定了。

④贫富差距要逐步缩小。1978年,我国的基尼系数为0.22,现在已超过0.4。在0.4以内是正常的,0.2以下是平均主义。这几年收入差距急剧拉大,现在是0.458,要制定政策,每年能降一点,要降到0.4以下。

⑤扩大社会中间阶层的规模。这是构建和谐社会、保持社会稳定的社会基础。中间阶层2004年约占20%,今后每年能扩大一个百分点,到2020年,达到38%左右,如果能达到40%,就进入现代化社会了。有了这样一个社会阶层结构,国家社会就可以比较稳定。社会阶层结构真能如上述预计的那样,中国经济社会发展就比较协调了,社会也会逐步趋于和谐,经济社会就会更加繁荣和稳定。

---

① 国家统计局编《中国统计年鉴·2004》,北京:中国统计出版社,2004年9月,第357页。

关于通过人口普查制度建立全国社会
阶层调查机制的建议[*]

我们党历来重视基本国情的调查，每十年就要进行一次全国人口普查，这对于制定符合国情的国民经济社会发展计划、更好地开展社会主义事业建设，有着重要的意义。每次全国人口普查，国家都要投入大量的人力、物力和财力，如果能通过人口普查更多地了解基本国情，对于更好地制定党的路线、方针与政策是有积极意义的。2010 年第六次全国人口普查的筹备工作就要开始了，在此，我建议在现有的人口普查制度基础上，建立全国社会阶层结构调查机制，定期对我国社会阶层进行调查。

阶级、阶层分析一直是我们党在革命和建设事业中制定路线、方针与政策的重要依据。《毛泽东选集》第一卷第一篇文章就是《中国社会各阶级的分析》。正是依靠正确的阶级分析路线，我们党解决了在革命中"依靠谁，团结谁，打倒谁"的首要问题，为革命的进行和胜利奠定了基础。新中国成立以后，我们党坚持依靠广大工人、农民阶级和知识分子阶层，团结和争取拥护党的领导与社会主义的爱国者的阶级路线，共同致力于国家的发展与建设，取得了社会主义现代化建设的伟大成绩。

改革开放近 30 年来，随着我国经济体制改革，经济结构与产业结构发生了根本性的调整，原有的社会阶层结构也发生了深刻的变化。有些阶层分化了，有些阶层产生了，整个社会阶层结构由过去的"两个阶级、一个阶层"已经并且继续在向着多元化的方向发展，新的社会阶层结构正在形成。如何正确把握当前我国的社会阶层结构？对于当前社会阶层结构中的新兴社会阶层如何认识？他们有着什么样的阶层特征与阶层意识？在社会

———————————

* 本文源自陆学艺署名和修改的打印稿。该稿写于 2007 年，系作者给政府有关部门撰写的一份建议稿。——编者注

主义现代化事业中他们又有着什么样的作用？我们党对这些新兴阶层应该采取什么样的政策？……正确认识这些问题，对于我们党在新的历史时期更好地领导和动员广大社会成员、致力于国家发展和民族复兴有着重要的意义。

对此，中国社会学界的工作者自觉地对新时期我国社会阶层结构的变化展开了调查研究。自1998年以来，在中国社会科学院领导的支持与关心下，由我领导的"当代中国社会阶层结构变迁研究"课题组一直从事着当代中国社会阶层结构的研究。在近10年的时间里，我们对当代中国社会阶层结构、阶层流动、阶层关系以及主要社会阶层的现状进行了大规模的实证调查研究。这些研究成果在社会上引起了人们的广泛关注、讨论甚至争议。这一方面表明，对于当前社会阶层结构的变化，人们是普遍地在关注着的；另一方面也表明，对于新时期我们国家社会阶层结构的变化，还需要更深入的调查与研究。

但是，在阶层调查研究实践中，我们也深深感受到做社会阶层调查研究的困难。要想对我们这样一个大的国家的社会阶层进行全面的动态的调查研究，单凭一个单位和一个课题组是很难完成这么艰巨的任务的。要为党中央、国务院更好地提供决策的依据，自然面临着不少困难。对此，自2000年以来，国务院人口普查办公室给予了我们大力的支持，将2000年第五次全国人口普查数据和2005年全国1%人口抽样调查数据提供给我们进行研究。我们课题组向国务院人口普查办公室提交了相关研究结果和研究建议，这些研究建议有些也被采纳了。但是，由于全国人口普查与抽样调查没有进行专门的阶层调查，所以我们只是利用全国人口普查和抽样调查的基本数据去推算全国的阶层结构，并不能直接掌握实际的阶层结构，还要利用其他资料进行推算；另外，利用这些数据也只能对阶层结构进行基本的研究，而对阶层流动、阶层关系这些问题就不能展开更深入的研究了。所以，我想，如果能在现有基础上利用全国人口普查制度建立起全国阶层调查机制，对于更好地掌握我国当前的阶层结构与变化，为党中央、国务院的决策更好地提供依据，将是事半功倍的一件大事。

第一，目前全国人口普查制度经过这么多年的实践，已经形成了一套完善的运行机制。无论是在调查队伍建设还是在调查方法方面，都已经积累了丰富、科学和完善的经验和教训。

第二，全国人口普查的内容与社会阶层调查在很多方面是相一致的，如就业结构、职业结构都是阶层结构分析的基本内容之一，只需增加少数有关阶层调查的内容，就可以更为全面地掌握全国社会阶层结构、阶层流动等情况，而这不会增加太多的普查成本。

第三，目前国内有关的社会阶层调查，都是由各研究单位单独组织进行的，在人力、物力和财力上的投入很大，并且存在重复投入的问题。更重要的是，由于条件限制，这种各自为战的调查研究的效果也难以提高。

因此，我建议，在第六次全国人口普查筹备工作中，安排社会学界有关阶层研究的专家学者参与进来，利用全国人口普查制度建立起全国社会阶层结构调查机制，定期对我国社会阶层展开调查研究，为党中央、国务院决策提供重要依据，更好地制定符合国情的社会建设路线、方针与政策，更好地推进中国特色社会主义事业建设向前发展。

积极促进社会结构变迁是中西部地区突破发展瓶颈的关键[*]

  《四川省大邑县社会结构与阶层关系研究》一书，是中国社会科学院社会学研究所当代中国社会结构变迁研究课题组历时两年多的又一重要成果。本课题组从 1998 年成立以来，一直从事对当代中国社会结构变迁与阶层结构的调查研究，先后出版了《当代中国社会阶层研究报告》（2002，社会科学文献出版社）和《当代中国社会流动》（2004，社会科学文献出版社）两本专著，并发表了一系列文章。2004 年，课题组获得了福特基金会的项目资助，使研究有条件进一步拓宽和深化，本书就是该项目资助的阶段性成果。我们在已有研究的基础上，从 2005 年开始，先后在东、中、西部地区分别选择一两个县或市，进行深入的个案调查。一方面，其旨在进一步验证我们既有的研究判断；另一方面，我们试图进一步拓展我们的研究视野和认识范围。2005 年春，我们应四川省成都市委和市政府的邀请，考察成都的城乡一体化建设。在与成都市领导交流的过程中，我们的研究设想得到了他们的热情支持。在考察过程中，我们发现成都市大邑县很符合我们课题组的选点要求，县领导也极为支持，由此，我们与大邑县委签订了合作研究的协议。

  大邑县地处成都盆地的边缘地带，传统上是一个农业大县，得益于都江堰和西部雪山的蓄养灌溉，不旱不涝，农业相当发达，老百姓生活温饱有余，悠闲自乐。但是，随着改革开放，特别是 20 世纪 90 年代后，中国沿

---

  * 本文源自《四川省大邑县社会结构与阶层关系研究》报告打印稿，原稿写于 2007 年 9 月 10 日，系陆学艺为该报告的出版执笔撰写的前言，署名中国社会科学院社会学研究所当代中国社会结构变迁研究课题组，现标题为本书编者根据前言内容所拟定。该研究报告系陆学艺带领当代中国社会结构变迁研究课题组团队深入四川大邑进行调研所形成的研究成果，由于各种原因，在作者生前未能出版。——编者注

海地区通过发展工业和商业，获得快速发展，甚至连成都周围的兄弟县市也在工业化中较快地富裕起来。这对靠搞农业为主的大邑县的干部群众来说是很大的刺激，使他们强烈地感受到仅仅搞农业是很难富裕的。于是从90年代后期开始，大邑县委、县政府的领导以极大的热情去招商引资、发展工业，并对原有的国有企业进行改制，以提高企业的经济效益。大邑县由此进入了一个新的经济较快发展和快速的社会转型阶段。大邑县的工业化发展有三个背景对我们的研究具有很重要的意义。第一，相比于全国沿海的一些县（市）来说，其工业化发展起步晚，但具有一些与前者早期相同的特征，比如招商引资、发展劳动力密集型产业等，为我们研究改革开放以来中国工业化发展及社会转型的初始状况提供了案例。第二，大邑县基本上是在国家实施的"西部大开发"战略背景下着力推进工业化发展的。国家一项重大的发展战略对一个县的发展乃至社会转型究竟会产生怎样的影响，也是我们研究的关注点，即在一个欠发达的、后发的地区，国家发展战略及重大决策的作用是什么？其影响在哪里？它对社会结构究竟会产生什么影响？有关这些问题，以往的阶层研究没有能够展开和深入。第三，我们的一个研究理念是，将我们的研究与促进当地社会经济"又快又好"发展结合起来，更好地发挥我们的研究对实践的理论指导作用，大邑县也为我们提供了一个很好的实践平台。

在成都市委和农委领导的直接支持下，大邑县委和县政府的同志们对课题组的调查予以全力支持和配合。2005年7～8月，我们在大邑县进行了大规模的深入调查研究，收集了大量第一手资料，对大邑县有了较深入的认识和体验，为本书的写作奠定了重要的经验和实证基础。此次调查研究采用了多种研究方法。一是问卷抽样调查。课题组得到了四川大学社会学系的鼎力协助，他们分派了一部分社会学研究生，大邑县委又在大邑县党校和政策研究部门抽调了一批年轻教师和干部，加上课题组的十几位专家、学者组成了联合调查组，并且进行了专业调查培训，实施了严格的现场调查指导和监督。课题组采用随机多层次分阶段的抽样方法，在全县抽取了804名年龄在16～70岁的城乡居民作为调查对象，样本分布在6个乡镇的11个居委会和21个行政村。二是在县委政策研究室的组织和帮助下，听取了县委、县政府所属的30多个部门的介绍，与县乡镇党政部门的有关领导深入座谈，以掌握政府政策的演变以及全县宏观社会经济发展情况。三是文献收集，即查阅县历史档案资料以及现行的政策文件和调查研究报告。四是选取不同阶层的人员进行深度的个案访谈，以了解个人的工作和生活历程以及他们的社会态度和价值观等。

由于此次调查研究的准备较充分，因此对大邑县情的了解收获较大。从对大邑这样一个中西部比较有典型意义的县的调查研究中，我们发现：一方面，中国中西部地区正在经历着巨大的社会结构变迁，其中蕴涵着巨大的发展潜力，也潜藏着一定的社会风险；另一方面，社会结构变迁的滞后在一定程度上已经成了中西部突破发展瓶颈的重要障碍。积极促进社会结构变迁与招商引资发展经济至少具有同等的重要性。从这一点来看，成都目前正在实践的城乡一体化试点，相信会有重要的参考价值。

下一步我们将会在全国其他县（市）做更多的比较研究，以深化我们课题组对当代中国社会结构变迁的研究。

最后，借此机会，对那些支持过我们调查研究的单位和个人表示由衷的感谢！其中尤其要感谢的是大邑的干部群众对我们调查研究的热情支持，感谢大邑县委、县政府的领导和同志们的鼎力配合与帮助，如果没有他们真挚热情的帮助，我们的研究肯定寸步难行。至于本书稿提出的有关观点，只是本课题组的看法，并不代表他人或单位的意见；文中存在的错误，概由本课题组自负。

《当代中国社会阶层研究报告》的研究背景、主要发现和社会反响[*]

问题一：在 1998 年当时，为什么需要做《当代中国社会阶层研究报告》中的社会阶层调查？

答：社会结构研究是社会学学科研究的核心内容。而分析社会阶层是研究社会结构的核心，也是重要课题。中国社会学自 1979 年恢复重建以后，就有学者开始研究中国的社会结构和社会分层问题。我在 20 世纪 80 年代就做过农村社会分层的研究，写过这方面的论文。

但是在中国这样十多亿人口的大国做全国性的社会阶层调查和研究，需要投入大量的人力、物力和政治支持，并不是学者个人和某个单位能够进行的（我知道，日本从 1955 年是每隔十年，由文部省出钱委托一个大学的著名学者牵头组织全国的社会学者来做的）。所以在 1998 年以前，学者和单位对中国的社会阶层的调查和研究，只是对某个阶层、某个地区等方面做调查。只有几个全国性的研究，但主要是通过文献来研究，所以这方面的研究成果也比较少。

至 1998 年，中国的改革开放已有 20 年。经济体制改革、经济发展已经取得了很大成就，人民生活也有了很大改善，但是发展并不平衡，城乡之间、地区之间的贫富差距扩大了，社会分化日益明显，引发了不少社会问题和矛盾。对社会结构的研究，对社会阶级、阶层的分析研究，是了解、认识国情的一种重要方法。中国共产党在进行中国革命的过程中，向来重视阶级阶层结构的调查和分析研究，并以此作为重要依据来制定革命的战

---

* 本文源自作者手稿。该稿写于 2009 年 5 月 26 日，系作者为接受日本广播协会（NHK）5 月 28 日采访而准备的发言提纲。文稿对日方采访提纲中提出的 5 个问题做了比较系统的回答。文稿原题为《对 NHK 采访问题的回答》，现标题为本书编者根据提纲内容所拟定。——编者注

略路线和方针政策。《毛泽东选集》的第一篇文章就是《中国社会各阶级的分析》，他通过对当时中国社会阶级阶层形势的分析，提出了中国进行民主革命要依靠谁、团结谁、打倒谁的革命的首要问题。实践证明，我们用阶级分析的方法认识国情，制定了正确的路线方针政策，一步步地把革命引向胜利，说明这种方法是正确和有效的。我在大学学习时及以后曾多次通读过《毛泽东选集》（共四卷）。其中全部100多篇文章中，约有70%的文章是在分析各个时期中国社会各阶级的情况和形势，并由此提出了各个时期的战略和方针。

可惜，新中国成立以后，特别是我们引进和套用了苏联斯大林定的社会主义社会是两个阶级、一个阶层的简单论断，一般就不再像战争时期那样，做实事求是的调查研究了，所以也就没有一个实事求是的阶级阶层的估量和判断。但毛泽东仍坚持要进行阶级斗争。特别是在1962年以后提出阶级斗争要年年讲、月月讲、天天讲，提出阶级斗争一抓就灵，搞阶级斗争扩大化，以致酿成"文化大革命"这样的惨剧。粉碎"四人帮"，尤其是党的十一届三中全会以后，拨乱反正，停止极左路线，把党的工作转移到现代化建设，以经济建设为中心，这是完全正确的。不搞运动，不搞原来那种极左的阶级斗争，这是完全正确的。因为搞了数十年的阶级斗争，把人都斗怕了，一提阶级斗争，有很多人头皮就发麻。所以在一个时期里，不提阶级斗争也未尝不可。

但是，把阶级阶层分析作为了解和认识国情、地情的一种方法，还是可以用的。特别是作为学术研究、理论探讨，对社会结构、阶级阶层的情况做实事求是的调查研究和分析解说则很有必要。

原来的两个阶级、一个阶层的理论和分析框架，显然已经不行了，也不能据此制定相应的经济社会政策、解决社会问题。客观上需要有一种新的理论、新的分析框架来做解释，并据此制定政策和协调好社会阶层的利益关系，调动各方面的积极性，继续推进社会主义现代化事业的稳定健康发展。

1998年秋天，中国社会科学院的领导，布置社会学研究所要进行全国性的社会阶层调查的任务，我那时是这个所的所长，当时就想到，这是个国家重大研究课题，社会需要进行这方面的研究，而且这一研究非常有利于社会学学科建设和学科发展，是我们多年想做而做不了的任务，所以就很愉快、很积极地接受了这个任务。回所向同仁们一传达，大家都很拥护，很多人愿意从事重要而艰巨的任务。因为有中国社会科学院领导给予了人力、物力等方面的支持，课题组很快成立，调查和研究进行得很顺利，不仅得到社会各界同仁们的支持，也得到了各地党政部门的热情支持和帮助，所以，这么大的课题研究进行得很顺利。

问题二：通过《当代中国社会阶层研究报告》的调查，你发现中国社会发生何种变化？这个调查结果，在推进改革开放的过程中产生什么样的影响？

答：经过整整 3 年的实地调查，课题组对全国十个省市的十个县市的城市、农村、工厂、学校等进行了实地调查，做了 11000 份调查问卷，访谈了上千个各类成员和单位，开过多次调查会、座谈会和专家咨询会。2001 年 8 月以后，课题组集体研讨、分析，到 2001 年底写成了这本书。主要有以下几个发现。

第一，改革开放 20 多年后，随着经济体制改革、经济结构调整，经济高速发展，中国的社会阶层结构发生了深刻变化，原来的"两个阶级、一个阶层"的阶级阶层结构已经分化了、解体了，有些阶级分化后规模大大缩小了，有些阶级新生了，有些阶级经济社会地位上升了，有些则反而下降了。整个社会阶层结构原来是封闭的，比较单一，而且僵化，现在正在向开放、多元化方向转变。根据我们提出的分析框架，"以职业为基础，结合本人占有的经济资源、组织资源、文化资源的状况来划分阶层"，中国已分化演变为十个社会阶层。

第二，一个具有中国特色的中产阶层已经崛起，正在大规模发展。据我们推算，1999 年，中国的中产阶层已占总就业人口的 15%（约相当于英国 1951 年、德国 1950 年、法国 1954 年的水平）。这是改革开放以来在社会结构、社会阶层结构变化方面最重大的成就。

第三，这个新形成的社会阶层结构，已经是一个与经济结构基本相适应的现代化社会的社会阶层结构，但只是一个雏形，还在继续发展变化之中。主要标志有三：（1）凡是现代化社会应有的社会阶层构成成分，中国已经都有了；（2）社会阶层结构中各个阶层的顺序已经确定，将来一般不会变动，只是它们的规模可能大也可能小；（3）社会流动机制已经发生了变化，已不再是封闭的、僵化的、以先赋性为主的流动机制，而是转变为以自致性为主的社会流动机制了。

但是我们发现，已经形成的这个社会阶层结构，主要是随着经济发展变化，在"无形之手"推动下逐渐形成的社会阶层结构，而政府这只"有形的手"的作用还不够。主要有这几个问题。

一是总体看来，社会体制改变、社会发展、社会结构调整落后于经济体制改革、经济结构调整，造成了经济结构与社会结构不协调。例如城市化滞后于工业化，第三产业兴不起来，户口制度的制约，就业、教育、医疗、社保等改革滞后了，还未通过改革转变过来。

二是就社会阶层结构方面来说，主要就是该小的没有小下去，如农民阶层1999年还有45%，现在仍有40%以上，这是"三农"问题长期解决不了的原因；该大的没有大起来，如中产阶层1999年只有15%（应该在20%以上），现在应有30%以上。

因为《当代中国社会阶层研究报告》是第一个关于中国社会阶层的调查和研究报告，这本书一出版，立即就引起了国内外社会各界的热烈反应，2001年12月10日举行的首发式，开印5000册，2002年1月加印1万册，2月又印1万册，很快售完，成为各大书店的畅销书，排行榜上名列前茅，这对社科类学术图书来说是少见的。

受到欢迎是因为，通过这本有大量实证调查数据和事实的书，社会各界明白了中国社会已分化演变成十个阶层的结构了（原来只是感觉到有这个分化）。这个演变同样是改革开放的成果，是正向的，是中国社会进步发展的表现，而且还在继续向前演变。

首先，对广大群众来说，通过本书一方面认识中国社会阶层结构的全貌，另一方面对照十大阶层，知道自己的经济社会地位。此书发行的头几个月常常可以在公共汽车、电梯等公共场所里听到人们在议论此书。熟人们会问：你是老几？如工人会答我是老八，知识分子又会说我是老四，大学生们会说我是未来的老四。

要知道自己的身份，这在中国特别受到群众的重视，因为中国在20世纪50年代土改时在全国划过一次成分，那时的履历表上专门要填家庭出身和本人成分的栏目。你家是地主，我家是中农、下中农或贫农。而知道自己的社会地位，知道社会阶层结构的位序，对于自己努力奋斗的目标就清晰了。这是很重要的，而且是有意义的。

其次，对于党政的决策和执行部门来说，通过这样一个研究成果，可以了解中国社会已经分化为若干个具有不同利益关系和诉求的阶层了，便于他们拟定有的放矢的、有针对性的经济社会政策。例如有关部门的领导认识到，现代化国家的社会阶层结构的形态是"两头小、中间大"的橄榄型。中国现在还只是从金字塔型向橄榄型转变，只是洋葱头型，所以还有许多问题。对此，有关部门就提出了抑高、扩中、提升中低收入的经济分配政策。如有一个县委书记知道了自己本县的阶层结构中的私营企业主阶

层只有 0.56%（全国 1% 以上），而农业劳动者占 60% 以上（高于全国的
45% 的平均水平），他明确了本县不仅要培训农民工，继续劳动力输出，而
且要注意培训私营企业主，把经济搞上去。

最后，这本书特别受到学术界，尤其是社会学界同行们的欢迎，达成
了高度的共识，认为这本书是有价值的学术成果，其已经成为不少大学进
行社会结构分层研究的教学参考书，在进行这方面研究的论著中，引证引
用率比较高，据谷歌统计有 2800 多条。

但是对这本书的批评意见也很多，主要是两方面：一是有的同志明确
指出，马克思主义是主张搞阶级分析的，阶层分析是西方学术界搞的；二
是有关部门（如总工会系统）的同志说《中华人民共和国宪法》规定工人
阶级是领导阶级，你们把工人排在第八，这是违宪的。

问题三， 通过改革开放，中国有了比较富有的中产阶级出现，那么这
个中产阶级的出现，对中国的政治稳定发挥了什么作用？

答： 前面说过，改革开放以来，有中国特色的中产阶层迅速崛起，现
在正是中国中产阶层大发展的黄金时期，这是中国改革开放以来的社会结
构变迁方面的一个极其巨大的成就，对中国的长远发展意义非凡，可以说
与中国的经济奇迹般的发展取得的重大成果同样重要。

但是自 1989 年春夏之交的政治风波之后，舆论讳言"中产阶级"。当
时有主流媒体曾刊文指中产阶级是风波的社会基础，至今主流媒体仍用
"中等收入者"来称呼他们。这方面的研究无论是实际工作部门，还是学术
界，没有达成共识。个别研究，各说各的，说法纷纭。

我个人认为，20 世纪 80 年代以来，特别是邓小平 1992 年南方谈话以
后，中国明确要实行社会主义市场经济体制以后，是中国中产阶层大发展
的黄金时代，人数不断扩大，经济实力增强，社会影响越来越大。这是同
已经工业化、城市化的国家在实现现代化过程中都形成了一个庞大的中产
阶层的状况是一致的。这个阶层的发展和形成，就为中国今后经济持续发
展、政治社会稳定、国家长治久安奠定了社会基础。我们在 1999 年调查社
会阶层结构时，初步统计，中国的中产阶层大约为 15%，以后每年增加一
个百分点，2007 年为 23%，还正处在大发展之中。

（一）当代中国中产阶层规模越来越大

中产阶层中有老中产和新中产两部分，具体分析如下。

1. 老中产阶层

老中产中有四部分人。

（1）私营企业主。1992年以后，私营企业主每年增加约90万人，这90万人中，绝大部分是中小企业主，他们就属于中产阶层。

（2）个体工商户。本质上讲，他们就是小的私营企业主，是有产者的一部分，也有雇工的（国家规定雇工7人以下，为个体工商户）。1978年只剩下15万人，以后逐年增加。到2007年有3300万户4000多万人，平均每年约增100万户。大多数是小户，其中有20%~30%是较大的，他们是中产，他们的经济实力是很强的。因为政策原因，他们往往是"八下七不上"①，这样可以有税收等方面的优惠。这个阶层，过去一些地方政府管束太严，他们有的因地方政府提出搞"无摊城市"而被大量驱赶，或因税费过高而受到限制。个体工商户今后还将有更大的发展。

（3）先富起来的农业经营大户或专业户。这些年来，农业劳动者中已发展出了一批规模经营的大户或者专业户，种植业、养殖业中和农村里的植保、供销专业户中都有一批人先富起来。

（4）回乡创业的农民工。近年来，一些回乡农民工（这次金融危机中回乡农民工高达2000万人）在各方面的支持下，自主创业，办了一些小企业，那些成功者就是先富起来的一部分。中国农民工每年每百人里出一两个成功者，也是上百万人。

这四部分老中产人，合计每年新增300万人以上。

2. 新中产阶层

这通常就是指知识分子阶层。60年来，这个阶层在中国的政治社会地位起伏跌宕变化最多、最大。"文革"前一般的说法，那时的所谓知识分子，指的是受过高中、中专以上教育的人员，总数在2500万人左右。现在的标准已经变了，所谓知识分子，指的是有大专以上文化程度的人，人数有了极大增加，约有6000万人。1966~1976年，大学10年没有正式招生。20世纪70年代初开始，少数院校招了一些工农兵学员。1977年，在邓小平推动下，大学重新招生，头一年招了28万人，以后逐年小规模扩招，1998年招了近百万人，大学的毛入学率只有10%。1999年大学扩招，当年拟招96万人，实际招了153万人。以后逐年扩招，到2007年，当年招收610万

① "八下七不上"，指如果超过8个雇工，就减下来；如果已经有了7个雇工，就不要再增了。——编者注

人。现在在校大学生 2700 万人,规模超过印度、美国,为世界第一。大学毛入学率达到 23%。另外,现在每年还招硕士、博士研究生约 50 万人。

大学是培养新中产阶层的摇篮,大学生(本科)毕业,是新中产阶层的后备军。当然,现在大学就业出现了种种问题,有当年、第二年不能就业的,也有降格到体力劳动岗位就业的。但即使按 60% 进入白领职员岗位计算,那每年新增的新中产也有 300 万 ~ 360 万人。

如果加上有一部分人经过自学和努力,从体力劳动者升格为技师和进入非体力劳动的管理岗位的,每年约有数十万人。从整个现代化阶段来看,整个职业趋高级化,这部分自学成才进入管理层的人将越来越多。特别是还有那些大学本专科毕业后一时找不到工作或没有找到白领职业的人(累计已有 600 万 ~ 700 万人),要不了多久,他们就会重新进入创业或白领就业的岗位,成为中产阶层。

这几项合计,中国现阶段新中产阶层每年约增加 400 万人。

所以我们估算,中国现阶段每年增加的新中产、老中产阶层的人在 750 万人左右,大致相当于总就业人口的 1%。当下的中产阶层也就是每年增加一个百分点。前几年经济增长在 10% 以上,增加得就多一点儿;今年①遇到金融风暴,经济状况差一些,会增加得少一点。

(二) 当代中国中产阶层的地位和作用

无论是老中产,还是新中产,他们都是改革开放的受益者。

在政治上他们是从农民、工人(在改革开放前两者占 90% 以上)转变而来的,或是从农民家庭、工人家庭通过考学校、参军、就业、创业、转变为企业主、干部或白领职员的。从社会流动上说,都属于向上流动(其中多数人在 1978 年前是不能企望的,连想都想不到)。

在经济上他们的收入有了极大提高,超过了同时代的中下阶层的收入水平。因为教育回报率提高了,受教育程度越高,得利越多。我带的博士生凡 2000 年以前毕业的,现在都有了自己的住房、汽车,有些人的生活水平超过了我。在经济上,中产阶层是社会主义市场经济生产的组织者、管理者,是重要主体之一,也是重要的消费者,现在的汽车、住房、新式家电的主要消费群体是他们。中国的市场广阔,在现阶段,购买力主要来自占就业人口 23% 左右的中产阶层。这 23% 约为 1.77 亿人,按每户 1.5 人

---

① 本文中指 2009 年。——编者注

计，约为 1.2 亿个中产家庭；每户按 3 人计，就是 3.6 亿中产人口。中产的消费市场就很大了。

在文化上，他们既是现代文化产品的创造者，也是现代文化产品的消费者。

总体说来，无论是老中产、新中产，都对改革开放有很强的认同感，对党和国家，对社会主义制度有一种感恩的心情。"没有改革开放就没有我今天。"多数人有这种说法。

这一代中产阶层还有一个特有的心情，就是他自己、他父辈耳闻目睹了中国近代贫弱受屈辱的历史和事实，有一种强烈的爱国情怀。对于自己亲身经历、参与了中国重新在世界崛起有很强的自豪感和责任心。他们中有 20%～30% 是共产党员。所以，这一代中产阶层一方面有很强的奋斗精神、创业精神和努力拼搏的劲头，另一方面对国家现代化事业，也有很强的责任心。国家一遇困难，一有大事，都能顾全大局，作出贡献和牺牲，这在 2008 年举办奥运会和汶川大地震抗震救灾就能明显得表现出来。

所以说，中国在改革开放后崛起的这一个中产阶层，在政治上是很大的稳定力量，他们的命运同国家社会主义的发展和进步是息息相关的。

在全球金融危机蔓延的今天，中国经济虽然也受到影响，大约 2000 万农民工返乡，有数 10 万家企业受损，有些是关门停业了，这部分中产肯定受到影响，但就中国的中产主体来说，受影响不大，大部分人还是正常的，这就是为什么中国的购买力仍能保持、经济仍能维持在 8% 高速增长的原因。

中国现有的 23% 左右的中产阶层是国家政治稳定、经济持续发展的中流砥柱。从发展看，中国在经济上能维持 7%～8% 的增速前进，那么中国的中产阶层每年 1 个百分点的增速就能维持到 2020 年，届时中国的中产阶层将达到 35%～38%，基本达到现代化社会应有的水平。

问题四、问题五不是我的专长，没有专门研究，只能做一般介绍。

问题四：目前中国政府怎样吸取各种各样的民意，并且把它反映到实际的政策决定中？

答：重视实事求是和调查研究，根据实际情况和收集民意制定方针政策，是中国共产党和政府的优良传统。

（一）党和政府，以及有关部门有专门的调研机构

首先，各级党和政府领导机关都设有专门的调研机构，如党中央有政策研究室，国务院下面有研究室。从省到市县，都有这样的调研机构。其

次，实际行政部门也有调研机构或称研究室（每个部都有）。如国家发改委有研究室，还有宏观经济研究院。最后，还有专门的部门收集各个阶层、各个民族和各界群众的意见，如民族委员会、宗教局，如共青团、妇联、工会和统战部等。

（二）通过各级人大代表、政协委员了解民意

每年开"两会"，中央领导都是直接参加座谈、讨论，听取意见。从省到县都有人大、政协的制度，乡没有。

（三）国家还设有调查研究社情民意的研究事业单位

如中国社会科学院、国务院发展研究中心，这是两个最主要的机构。明确讲了中国社会科学院是党中央、国务院的思想库、智囊团和助手。当然，还有北大、清华、人大等一批高等院校的人文社会科学单位的教学研究人员。

我们这些人就是通过调查研究，了解社情民意，又通过写调研的文章，通过内部刊物向有关部门和领导通报这些重要的社情民意。有的就在领导人召开的座谈会上，直接向他们反映这些民意。我这次带来一本我的文集，其中多一半是调查研究报告，共选了 48 篇文章。有的是内刊上发表的，还有的是在国家领导人听取意见的座谈会上直接讲的。头一篇就是直接报送党的十一届五中全会的关于农村政策的建议。再如第六篇《农业面临比较严峻的形势》，1986 年 5 月写的，1986 年 6 月 10 日邓小平肯定了，19 日刊出。一些经济学家、社会学家都做过这样的调研，如吴敬琏、厉以宁、林毅夫等，把调研成果直接报中央机构，有的被采纳了，形成重要决策。如减轻农民负担、进行税费改革，一直到后来免除农业费税，都是中央通过各种渠道了解了社情民意后，尊重农民的意愿作出的决定。

（四）中央和各级领导人直接下乡、下厂矿做调查研究，了解社情民意

如汶川大地震，胡锦涛、温家宝，以及众常委都到大地震第一线去，而且多次去，直接在现场办公，现场指挥，为灾后重建作决策。

领导们每年定期、不定期地直接到各地和基层调查。每年春节，年三十本来应该是在北京团拜的，现在团拜改为腊月二十九，年三十到各地去。拜年也是直接观察社情和了解民意的机会。

（五）还通过网络对话了解社情民意

问题五：在过去 20 年间，把民意反映到政治的"民主化"过程是怎样进行的？

答：讲到政治体制、民主化这一类的问题，我觉得工业化国家（这是指日本的朋友），有一种习惯的看法，总是觉得社会主义国家的政治是集权的、专制的，个人说了算，斯大林式的独裁，不像西方国家实行普选制，实行议会式的民主。总觉得中国的经济改革了，发展了，搞市场经济了，很不错，但政治改革还不行，总觉得不是味儿。其实，当今中国的政治民主已经远不是 1978 年以前的那个样子了。

我是信奉马克思主义的，马克思主义有一条基本原理：经济基础决定上层建筑。经济变得如此之好，政治怎么会还不变呢？想想看，邓小平是三起三落的人物，他在江西农村的一个工厂里劳动了好几年，在那条乡下小路走了好几年。他近 70 岁的时候同农民、工人有如此长时间的直接接触，他能不了解民情民意吗？否则他喊不出"贫穷不是社会主义"的真谛。最近我重读了《邓小平年谱》，他主政以后，提出 1980～2000 年翻两番的小康目标，是经过深思熟虑的。头几年不断听取国内外朋友的意见，而且每年亲自到各地去调查。直到 1984 年看到江苏、浙江一带的农村村民的收入已经超过人均 800 美元了，一块石头才落了地，确信中央翻两番的决策是做对了。

就我亲身经历来看，我参加了多次的人代会的会议，参与了一些重大政策的制定和决策过程。中央领导直接主持的座谈会、讨论会是相当民主的。高层领导们与研究人员以及普通民众在一起，是相当民主的。我现在讲一下 1998 年我参加党的十六届三中全会文件（是关于解决"三农"问题的几个重大政策的决定）的起草过程。为时半年多，先是中央领导有个设想，要解决这个战略性问题，我们一起提出问题，讨论提纲，写出初稿。然后参与起草的作者们到各地去听取干部群众的意见，写出讨论稿。政治局讨论审查，提出修改意见，然后发给各省、各部，召开干部、专家和部分群众的会议，听意见。而后再把意见集中到写作组，讨论、逐条修改，哪些采纳，哪些不采纳。然后交参加中央会议的委员们再审，提意见，最后定稿，表决通过。我计算过，我们这 20 多人，集中半年的时间，调查、写作，平均每人每天只写 8 个字（见我文集中的一篇文章）。

事实上现在一些重要文件和法令法规，都是经过这样几上几下才完成

69

的。现在任用干部，也是经过考察，听取意见，筛选，提出初步名单，再公示，再选举，然后产生的。不过这些做法有的公开了，有的还是在内部进行，这是由中国的国情和民情决定的，同国外一些做法是不一样的。

中国正在进行一场史无前例的伟大变革，几千年未有的大变局。总的说来，进行得比较顺当，取得了设计者预想不到的胜利、成效。如果只是几个人独裁专制、发号施令，而不是遵循民意、发挥民主、发动群众积极参加，是不可能想象的。

百万新阶层　引领时代向前[*]

【对话】分层与重构：中国社会转型

由"新阶层"引发的争鸣一直在延续。曾有这样一个争论拷问着学术界：我国社会分化的趋势是逐步走向两极分化的断裂社会还是社会中间层人数增长而逐步形成一个以中产阶层为主的中产社会？日前，《中国经营报》记者专访著名社会学家、中国社会科学院荣誉学部委员陆学艺教授，深入剖析社会分层的形成及影响。

一　社会结构滞后于经济结构的演进

《中国经营报》：我国社会是否已形成了某种确定的阶层结构？这曾经是我国社会学者争论的一个焦点问题。伴随着"新社会阶层"概念的提出，社会分层已成不争的事实。对于社会分层现象，您如何评说？

陆学艺：社会分化与分层，是市场经济的必然现象与客观趋势。经过改革开放以来30年的社会经济分化，中国社会结构发生了深刻变化，我认为主要体现在四个方面：首先是人口结构初步实现现代转型；其次是就业结构发生重大变化；再次是城乡结构状况显著改善；最后是社会阶层结构深刻调整。

改革开放前，中国社会大致形成了由工人阶级、农民阶级和知识分子组成的相对简单的社会阶级阶层结构；此后的30年中，由于工业化、市场化和城市化的推进，中国社会发生了显著分化，产生了私营企业主、经理人员、专业技术人员、个体工商户、农民工等新的社会阶层。私营企业主

---

 *　本文原载《中国经营报》2009 年 11 月 23 日第 A10 版"寻找新阶层"专题栏目。该文系该报记者专访陆学艺的访谈稿。——编者注

阶层是一个新生的阶层，已经成长为一个具有很强经济实力和较大社会影响力的阶层。除此之外，尤其值得关注的是社会中间阶层的逐渐成长，这也是中国 30 年来工业化、市场化和城市化发展的结果。预计到 2020 年，中国社会中间阶层在总就业人口的比重将上升到 38% 左右，这将对整个国家的经济社会健康发展起到重要的支撑作用。

可以说，中国社会的结构总体上已从传统农业、农村社会结构转变为工业化、城市化的现代社会结构，这是中国社会的一个非常伟大的发展和进步。但是，这个新的社会结构还是初步的，还不全面，也不平衡，存在不少问题。

《中国经营报》：新社会阶层的形成和发展，也会在事实层面造成与既有阶层的矛盾和冲突，根源即在于利益分享的不均衡、不对等。应该如何看待这样的矛盾和冲突？如何把握利益诉求以引导构建社会和谐？

陆学艺：概括地说，现阶段中国社会结构的主要问题是，尽管已经发生较为深刻的变化，但明显滞后于中国经济结构的演进，两种基本结构之间关系不协调、不适应。中国现在的经济结构已经演进到工业化中期阶段，但社会结构还处于工业化初期阶段。这种不适应、不协调，必然导致许多社会矛盾和冲突，而这也正是当今中国发生诸多经济社会问题的主要原因。在我看来，所谓科学发展，就是全面、协调、可持续的发展，其中首要的是经济社会协调发展，一个重要的战略选择是加快社会建设，调整社会结构，促使社会结构与经济结构互相适应。可以预期，随着经济的发展和经济结构的进一步调整，中国社会结构将继续深刻发展演变，一个充满活力的现代化的社会结构一定会在不久的将来形成。

社会阶层结构，可以说是一个国家的社会结构的"骨架"。经济发展了，经济结构改变了，社会结构尤其是社会阶层结构也要有与之相协调地调整和改变，从而为经济发展和经济结构变化提供相适应的骨架以作支撑。而且，只要制度安排合理、政策引导适当，随着经济结构、产业结构、职业结构的发展变化，社会阶层结构就一定会发生相应的调整和改变。

推动社会继续向前发展，实现经济社会协调发展，这是一项巨大的系统工程。例如，要调整社会结构，要发展社会事业，要改善社会管理，要改革社会事业的管理体制，要形成和谐的社会环境，要实现社会的基本公正，等等，任务非常繁重。但是，中国要想顺利渡过目前这个关键时期，就一定要完成好这些任务。换句话说，中国一定要努力补好社会发展这门课。

二　现代化阶层结构还只是雏形

《中国经营报》：应该说，社会分层和社会流动是相辅相成的关系，基于社会流动的重要前提，您认为社会各阶层今后将如何演化？

陆学艺：社会分层和社会流动是对某个国家或地区同一类社会现象所做的两种视角的分析和描述。社会分层是从静态的角度，分析描述社会阶层结构的分化内容、形式、形成的层次和分布形态，是研究社会阶层结构分化的质变过程。社会流动是从动态的角度，分析描述社会阶层结构分化中各层次间的互动、动力机制、时空范围、方向和速度，是研究社会阶层结构分化的量变过程。社会分层研究与社会流动研究互为表里，不可或缺。

改革开放以来，中国社会已分化为若干社会阶层，凡是现代社会阶层的基本构成成分都已具备，现代化的社会阶层位序已经确立，一个现代化的社会阶层结构已经在中国形成。但是，这个现代化的社会阶层结构还只是个雏形。就其结构构成而言，该缩小的阶层还没有小下去（农业劳动者还占44%），该扩大的阶层还没有大起来（如社会中间阶层只占约23%），所以还不是一个公平、开放、合理的现代社会阶层结构，与社会主义现代化进程还不相适应，存在引发社会危机的结构性因素。在这种社会阶层结构下，经济的现代化发展必将面临困难，即使有所发展，或者有很大的发展，那也是不稳定、不巩固的。

中国已经初步形成了一个现代社会流动机制的模式，一方面，这得益于经济发展、经济结构、产业结构变化的直接推动；另一方面，社会流动机制多元化，社会流动渠道开通，也是重要的原因。但是，为什么该扩大的社会阶层还没有真正大起来，该缩小的社会阶层还没有真正小下去，现有的社会阶层结构还不能适应社会主义现代化发展的要求？原因是多方面的，而其中最重要的原因之一是，当前中国的社会流动渠道还不畅通，计划经济时代留下来的一些制度性障碍（如户籍制度、就业制度、人事制度、社会保障制度等）仍在阻碍着人们向上流动以获得更高社会地位，社会流动模式呈现新老社会流动机制并存的两重性特点。也就是说，公正合理的现代化社会流动机制尚未形成。

改革开放以来社会阶级、阶层变动[*]

对于改革开放以来，中国经济社会变化总结得最全面、表述得最好的，是中共十六届六中全会的那四句话："经济体制深刻变革，社会体制深刻变动，利益格局深刻调整，思想观念深刻变化。"[①] 这种空前的社会变革，给我国发展进步带来了巨大活力，也带来了这样那样的矛盾和问题。

社会结构发生了什么样的深刻变动？社会结构是一个体系，包括人口结构、就业结构、城乡结构、地区结构、阶级阶层结构等，而社会结构中最主要的结构，或者说核心结构是社会阶层结构，因为无论是人口结构、就业结构、城乡结构等各种社会结构的变动，都会影响到、反映到社会阶层结构的变动上来。所以，社会阶层结构是这个国家、地区最基本、最重要的国情、地情。正像经济结构本身也是一个庞大的体系，包括很多的结构，但产业结构是最主要的核心结构，知道了这个国家、地区的 GDP，知道了一、二、三产业的分布状况，就可以判断这个国家的基本国情、地情。

根据社会阶级阶层结构状况，制定相应方针路线、经济社会政策，这是我党和国家的传统，是我们党在新民主主义革命时期取得胜利的重要原因。《毛泽东选集》的第一篇文章，选的就是《中国社会各阶级分析》。毛泽东同志对当时的国情进行了正确的分析，分清了依靠谁、团结谁、打击谁的问题，并由此制定、实行了正确的方针政策，使革命一步一步走向胜利。

---

  * 本文源自作者手稿，写于 2012 年 10 月 24 日，似未完成。——编者注

  ① 《中共中央关于构建社会主义和谐社会若干重大问题的决定》，北京：人民出版社，2006 年 10 月，第 3 页。

一

　　从新中国成立后到改革开放，我国一直喊着阶级斗争甚至提出以阶级斗争为纲的口号，一直在搞阶级斗争，但囿于斯大林1936年提出的社会主义国家阶级阶层结构是工人阶级、农民阶级和知识分子阶层的结构，不再做实事求是的调查研究。实践证明，这个所谓的"两个阶级、一个阶层"的理论是不切实际的、错误的。在当时的历史条件下，我们基本放弃了对阶级阶层状况做调查研究的好传统，基本放弃了根据阶级阶层实际状况制定方针政策的好传统，而只是抽象地理解"两个阶级，两条路线"的对立，进行了长期的阶级斗争，导致了许多严重的失误和严重的后果，教训是惨痛的。

　　改革开放以来，为了拨乱反正，党中央明确宣布停止以阶级斗争为纲的方针，把工作重心转移到以经济建设为中心的轨道上来。在经济体制改革、经济结构变化、经济持续快速增长的推动下，中国的社会结构也发生了深刻的变动，有些阶层分化了，有些阶层新生了，有些阶层规模扩大了，有些阶层的社会地位提高了，有些阶层的社会地位下降了。整个社会分化、社会流动速度加快，社会阶层之间的关系也发生了很大变化，整个社会阶层呈现向社会多元化方向发展、向与现代经济结构相适应的现代社会阶层结构方向发展的趋势。

　　对于社会结构、社会阶级阶层结构变动状况，从20世纪80年代中期以来，社会学、政治学、哲学以及经济学、文学等学科的一些学者就对中国的社会阶级阶层状况进行了调查和研究。20世纪90年代以后就有一些论文和著作发表，但规模都比较小。地方和中央的政策研究部门，在内部也对社会阶级阶层状况做过一些调研，有一些调查报告在内部发表。在筹备党在十六大的过程中，有一个调研课题是关于社会阶级阶层状况的。2001年中国共产党成立80周年纪念会上，江泽民同志在讲话中说："改革开放以来，我国的社会阶层构成发生了新的变化，出现了民营科技企业的创业人员和技术人员、受聘于外资企业的管理技术人员、个体户、私营企业主、中介组织的从业人员、自由职业人员等社会阶层。而且，许多人在不同所有制、不同行业、不同地域之间流动频繁，人们的职业、身份经常变动。这种变化还会继续下去。在党的路线方针政策指引下，这些新的社会阶层中的广大人员，通过诚实劳动和工作，通过合法经营，为发展社会主义社会的生产力和其他事业作出了贡献。他们与工人、农民、知识分子、干部和解放军指战员团结在一起，他们也是中国特色社会主义事业的建设者。"①

这个讲话，是党中央领导同志自改革开放以来第一次对社会阶层变化状况作的分析和表述，在社会上产生了很大的影响。但是在发表以后，因为各种原因，特别是讲话中讲到了对一些优秀的私营企业主，经过考验和承认党章，经过程序也可以入党的说法，引起了比较多人的不同意见。所以，在党的十六大会议上，江泽民同志的报告中没有专门讲这个问题，只是重申了"七一讲话"中的那一段话。他说："随着改革开放的深入和经济文化的发展，我国工人阶级队伍不断壮大，素质不断提高。包括知识分子在内的工人阶级、广大农民，始终是推动我国先进生产力发展和社会全面进步的根本力量。在社会变革中出现的民营科技企业的创业人员和技术人员、受雇于外资企业的管理技术人员、个体户、私营企业主、中介组织的从业人员、自由职业人员等社会阶层，都是中国特色社会主义事业的建设者。对为祖国富强贡献力量的社会各阶层人们都要团结，对他们的创业精神都要鼓励，对他们的合法权益都要保护，对他们中的优秀分子都要表彰，努力形成全体人民各尽其能、各得其所而又和谐相处的局面。"②

而且从此以后，在主流媒体、在领导人讲话、在中央文件中也不再讲有关阶级阶层状况的问题了。相当长一段时间以来，还忌讳讲"中产阶层"，而用"中等收入者""中等收入阶层"来代替。不过，在一般的学术讨论会上，在报刊和出版物上，学者们关于社会阶级阶层的研究论著，还时有发表。

20 世纪 90 年代后期以及 21 世纪以来，学者们关于当前中国社会阶级阶层的研究，大致有三种。第一种，使用"两个阶级，若干个阶层"的分析框架，即工人阶级、农民阶级和私营企业主阶层、经理人员阶层、科技人员阶层等。第二种，使用阶级分析框架。有人把当代中国分为六个阶级、七个阶级。这些论述一般都仅限在内部报告中使用，没有公开发表的。第三种，主张用阶层分析框架，认为这符合当前中国的国情，也同国际上现在主要开展阶层分析的做法是一致的。

---

① 江泽民：《在庆祝中国共产党成立八十周年大会上的讲话》（2001 年 7 月 1 日），载《江泽民文选》第 3 卷，北京：人民出版社，2006 年 8 月，第 286 页。

② 江泽民：《全面建设小康社会，开创中国特色社会主义事业新局面——在中国共产党第十六次全国代表大会上的报告》，载《中国共产党第十六次全国代表大会文件汇编》，北京：人民出版社，2002 年 11 月，第 14～15 页。

我们社会学研究所的社会阶层分析是从 1998 年开始的，在院领导的支持下，在院里作为重点课题立了项。我当时还是所长，动员 10 多个同志一起开展调查研究，得到了社会学界和各地政府部门的大力支持，历时 3 年，才在 2001 年底成稿（出书），因图书书号限制，到 2002 年 1 月才正式出版。

我们课题组经过反复讨论，做了多方面论证和研究，并请社会各界的多位专家提建议，最后形成了关于在当前中国阶层划分的标准，即以职业分类为基础，以组织资源、经济资源、文化资源的占有状况为标准来划分阶层的理论框架（见表 1）。

表 1　新中国成立以来社会阶层结构变化状况

年份	1952 年	1978 年	1988 年	1999 年	2001 年	2010 年
国家与社会管理者	0.5	0.98	1.7	2.1	2.1	2.3
经理人员	0.14	0.23	0.54	1.5	1.6	2.7
私营企业主	0.18	0	0.02	0.60	1	2.2
专业技术人员	0.86	3.48	4.76	5.1	4.6	6.4
办事人员	0.50	1.29	1.65	4.8	7.2	7.3
个体工商户	4.08	0.03	3.12	4.2	7.2	10.1
商业服务业员工	3.13	2.15	6.35	12.0	11.2	11.3
产业工人	6.4	19.83	22.43	22.6	17.5	22.7
农业劳动者	84.21	67.41	55.84	44.0	42.9	30.4
失业半失业人员		4.60	3.6	3.1	4.8	4.6

数据来源：陆学艺主编《当代中国社会阶层研究报告》，北京：社会科学文献出版社，2002 年 1 月，第 44 页；2001 年、2010 年数据源于课题组新一轮的调研数据。

从表 1 可以看出，我国社会阶层结构的变动，反映了新中国成立以后，随着国家大规模地进行经济建设、科技的发展，社会结构也随之相应变动，但具有明显的阶段性特征。

第一，新中国成立以后，特别是第一个五年计划以后，中国就开始了大规模地工业化建设，经济较快发展，经济结构调整，城市化也相应发展，60 多年来，实现了从一个贫穷的农业农村传统社会转变为一个工业化、城市化的现代社会。整个社会的人口结构、就业结构、城乡结构等都发生了很大变化，推动社会阶层结构发生了深刻的变动。这是由不以人的意志为转移的历史规律决定的，是经济社会发展普遍规律的反映。

第二，中国 60 多年来社会阶级阶层结构的变动，具有明显的阶段性特征。任何现代化国家的社会阶级阶层的变化都不是直线发展的，因为各种原因，总是波浪形发展，有阶段性特性。有时快些，有时慢些，甚至有倒退反复的。中国这 60 多年来的社会阶级阶层变化有明显的阶段性特征，则主要是由党和国家在不同时期采取不同的方针路线、不同的政治经济政策引起的。例如，我国在第一个五年计划期间（1952～1957 年）实行国家工业化，对小农经济、个体手工业、私营企业主实行社会主义改造（简称"一化三改"）。只几年工夫，通过农业合作社就将 5 亿个体农民组织起来成为农业高级合作社的社员，把个体手工业者普遍组织起来，在农村的普遍加入了农业合作社，在城镇的则成立集体所有制的手工业合作社或手工业联社。通过公私合营把私营工商业者改造成为国营或者公私合营企业（不久也成为国营企业）的职工。在全国基本消灭了生产资料私有制，确立全国的生产资料公有制（全民所有制和集体所有制）。从此使原来的四大阶级（工人阶级、农民阶级、小资产阶级、资产阶级）的社会阶级结构转变为工人阶级、农民阶级和知识分子阶层的社会阶级阶层结构。

又如新中国成立初期，我国有私营工商业主约 60 万人，占就业人口的0.18%。1955 年搞公私合营，用定金方式赎买了他们，进行社会主义改造，到 1957 年就消灭了这个阶级。改革开放后，1981 年就开始有雇工的工商业户，当年有两户。邓小平为"傻子瓜子"老板说了话，因而没有制止。以后，两次修改宪法，开始是定性为社会主义经济的"补充"，拾遗补阙，允许有一定发展。几年工夫，就发展到 22.5 万户。但在 1989 年后受到压力，倒退到 9 万多户（开始有正式统计，1989 年为 9.06 万户[①]）。1992 年邓小平南方谈话后，大规模地发展。到 2011 年，雇工 8 人以上的私营企业有近千万家，投资人有 1985.7 万人，占就业人口的 2.6%，[②] 成了一个举足轻重的阶层。

第三，国家、政府部门的某项重大决策的实行，也会对社会阶层结构产生重大影响。例如，1999 年政府决定扩大高等学校招生规模，当年就扩招 30 万人，实际扩招了约 50 万人，比上年增加了约 50%的新生，以后又逐年扩招，这几年都招 600 多万名新生，使在校大学生超过 2000 万人，形成了全世界最大规模的高等教育体系，从精英教育一步跨入了大众化高等

---

① 《中国私营经济年鉴》（1978～1993 年中文繁体字版），香港：香港经济导报社，1994 年 8 月，第 323 页。

② 国家统计局编《中国统计年鉴·2012》，北京：中国统计出版社，2012 年 9 月，第 135 页，第 125 页。

教育阶段。由此每年有 600 多万名毕业生进入就业行列，大大加快了专业技术阶层队伍的发展速度。

农村实行家庭联产承包责任制，改变了原来集体经济经营模式，原来在"文革"中依靠集体经济支撑的农村赤脚医生的医疗制度逐渐式微。到 2000 年前后，农村医疗网基本垮了，这一支大的赤脚医生队伍散了，农村缺医少药的状况比"文革"前还要严重。党和政府决定要改变这种对农民不利的状况，党的十六大以后，在各地重建新的农村合作医疗体制，各地重建了乡村卫生院和村卫生室，现在参加"新农合"的农民已经超 95%，一大批农村医务人员迅速汇集成长起来。

我国自 20 世纪 50 年代就实行城乡分割的户籍制度，目的是限制农民流入城市，这本来是为计划经济体制服务的一种体制，1960 年三年经济困难时期以后，附加了不少，强化了这种不合理户籍制度并凭借户口逐渐演变成对城市居民实行一种政策而对农民实行另一种政策，形成了中国特有的城乡二元经济社会结构，实际行成了"城乡分治，一国两策"的体制，严格限制农民进城。但改革开放以后，特别是 20 世纪 90 年代以来，城市的公有制企业进行改革，城市二、三产业的迅速发展需要大量的劳动力，城市劳动力不足了，大量的农村劳动力涌进城市来。但户籍制度没有适时改革，经济发展需要劳力，而不少地方政府采用管、卡、收费、强制遣返等措施限制他们进城，由此产生了种种矛盾、冲突。2003 年发生了打死孙志刚事件，国家明令撤销了这个政策。从此，农村劳动力进入城市打工的门开了，加快了社会流动。据统计，离土又离乡的跨境流动的农民工已经超过 1.5 亿人。这对推动城市和经济发展是有利的，也大大减少了进城和反进城的矛盾和冲突。当然，农民工进城的户籍制度还未改变，还有很多问题需要进一步解决。

第四，中国的幅员辽阔，由于自然条件和历史文化发展不同，各地区的经济社会发展水平差异很大。表 1 列出的各阶层规模是全国的数据。实际上因为各地的经济社会发展水平不同，社会阶层结构也很不相同。像北京、上海、广州等发达地区的社会阶层结构，已经是现代化的社会阶层结构了，但中西部的许多地区和县市，还处于以农业经济为主的农业社会阶层结构的状况。2005 年，我们课题组在四川省成都市的大邑县作问卷调查，分析结果看到，这个县的社会阶层结构还是工业化初期阶段的水平，如私营企业主阶层只有 0.54%，当时全国已经是 1.3%，成都是 1.5%。分析数据出来后，我同县里的领导说："你们这里不是培训农民工的问题，而是要发展

私营企业、培训私营企业主的问题。"

二

《当代中国社会阶层研究报告》出版至今近 11 年了，社会各个阶层发生了什么样的变化？以下分别做一个论述。

（一）国家和社会管理者阶层

1978 年，国家和社会管理者阶层占全国就业人数（40152 万人）的 0.98%。2001 年，增加到占就业总数（72797 万人）的 2.1%，2010 年增长到占就业总人数（76105 万人）的 2.3%，[①] 绝对数和相对数都有一个很大的增长，国家和社会管理者阶层变化很大。改革初期，他们是改革和发展的主要组织者，这个阶层虽然拥有较多的组织资源，但他们的学历较低，文化资源较少，工资等经济收入也较少。

经过这些年的发展变化，新增加了很多人，学历都比较高，原来在职的干部多数也经过培训、进修和业余学习提高了学历资质。从这次报刊报道的各省、自治区、直辖市党委选出的省级常委和已经公布的十八大代表学历状况就可以看到这个阶层的文化水平是大大提高了。

从经济上看，在改革初期，他们的工资不高，又没有其他的收入来源。他们的经济收入只能是中等水平，经过这些年，特别是这 10 多年来，这个阶层的经济收入已经比较高了。不仅工资收入经过国家多次调整而提高了，更因为政府的财政状况好转，各种补贴也增加了，收入已属中上水平。

值得指出的是，在市场经济大潮冲击下，有些干部贪污腐败、行贿受贿、以权谋私、营私舞弊，遭到民众的侧目鄙视。据纪检监察机构统计，进入 21 世纪以来，立案查办的犯罪干部都在 4 万人以上，其中处级干部每年都在 2000 人以上，厅局级干部 200 人左右，部级干部 6～7 人。

国家和社会管理者阶层是我国经济社会发展的组织者、推动者，是整个社会阶级阶层结构中的主导阶层，处于比较高的社会地位。他们在改革开放中做了很多工作、很多贡献，受到民众的拥戴支持。他们的政治、文化素质和专业能力提高，这都是现代化建设的需要。同时，因为这个阶层

---

① 参见《中国统计年鉴·2012》，北京：中国统计出版社，2012 年 9 月，第 126 页相关年份就业人员总数，以及本文表 1 各阶层比例数。——编者注

社会地位高，工作和收入都比较稳定，年轻人很向往，自20世纪90年代中期以来，报考公务员的人数越来越多，其几乎成为大学毕业生的首选。2001年有32904人报考，录取比例为7.3∶1；2011年有141.5万人报名并审核通过，正式参考人数达90.2万人，录取比例为59∶1。

但是也正是进入21世纪以来，因为各种原因，特别是一些地区的干部与民争利，强拆强迁居民房屋，少偿强征土地，也因为一些干部玩忽职守，贪污腐败，遭到了民众的反对，社会矛盾冲突频发，官民关系紧张，社会上出现仇官、仇富、仇警察的现象，这是很值得反思的。

（二）经理人员阶层

这个阶层主要由国有企业的高中层管理人员、大中型私营企业的经理人员和外资企业中的中高层管理人员组成。随着社会经济发展，这个阶层的队伍是不断扩大的。1978年，只占就业人员的0.23%，主要只是国有企业和大集体企业的老总们。1988年，也还只有0.54%，2001年就发展到1.6%。经过改革改制，国有企业的数量大大减少，而私企和三资企业的中高层管理人员就大量增加，所以规模扩大得很快。2010年，增加到占就业总人数的2.7%，这反映了我国经济高速发展和经济总量扩张的业绩。这个队伍还会继续扩大，已经培养了一批出色的社会主义市场经济的组织者和管理者，但毕竟他们还年轻，还需要提高和修炼，尤其需要出一批金融等专业的杰出人才，把我们的许多大企业管理得更好。

有人建议我们课题组要把私营企业主阶层排到第二，而把经理人员阶层排到第三。我们讨论，还是不改为好。因为经理人员中的国有企业的老总们，还是左右国计民生经济的，举足轻重，以不改为好。

（三）私营企业主阶层

这个阶层是中国改革开放的产物，是应市场经济兴起而产生的一个阶层。他们也是市场经济的推动者、组织者。1981年出现了最早的两个老板，到1988年发展到22.5万个私营企业，①投资人接近50万。但1989年的一场风波，1991年只有10.8万个②（多数不是倒闭了，而是被戴红帽子，又

---

① 《中国的私营经济——现状、问题、前景》，北京：中国社会科学出版社，1989年12月，第8页。

② 张厚义、明立志主编《中国私营企业发展报告（1978～1998）》，北京：社会科学文献出版社，1999年1月，第42页。

成为集体企业了）。1992 年后重又大发展，到 2010 年发展到 845.5 万户，投资人 1794 万。2011 年发展到 967.7 万户，投资人 1985.7 万人，注册资本 25.8 万亿元，雇工 10353.6 万人，[①] 真正成为社会主义市场经济的重要组成部分。

私营企业主阶层自 1992 年邓小平南方谈话以来，党的十四大确立建设社会主义市场经济体制以后，如鱼得水，发展极为迅速。进入 21 世纪以来，几乎只要年增 100 万个私营企业，则增加约 150 万个老板。经济实力占国民经济的比重年年在提高，2011 年的注册资本 25.79 万亿，人均 129.8 万元，事实上远远不止这个数。文化水平也不是原来那样的农民和复转军人起家的低水平，据抽样调查，2008 年的老板中，有大专学历的占 26.9%，大学本科占 22.2%，研究生学历占 12.7%。[②] 这有两个原因：一是 20 世纪 90 年代中期以后的老板多数是干部、科技人员下海转过来的；二是现在不少私企的老板已经是富二代了，如红豆的老板是研究生接班人。

政治上，老板参政的也很多。全国政协中，有 23 个老板，九、十、十一届政协分别有 48 人、65 人、100 人；全国人大中九届有 48 人、十届有 200 人。据全国工商联统计，在各级人大、政协中，私营企业主共有 7 万多人。

还有个特殊情况是，私营企业主中共产党员很多。据抽样调查，占到私企的 30% 左右，有一次抽样有 33.5% 的。[③] 这是因为 20 世纪 90 年代中期国有企业改革，"抓大放小"，以及农村集体所有企业改制，其中多数是转来的原厂长和书记，至少是个供给科长，这些人本来就是党员。

值得注意的是：一是多数私营企业主，特别是规模较大的，同本地党政领导有各种密切关系，有些是很消极的；二是农村的私企老板，一般都为本村、本县办一些公益事业，但有不少在当地以各种方式竞选村委会主任，有些是办实事的，有些则主要是把持村集体经济、土地之大权以谋私利。

---

① 国家统计局编《中国统计年鉴·2011》，北京：中国统计出版社，2011 年 9 月，第 120 页；国家统计局编《中国统计年鉴·2012》，北京：中国统计出版社，2012 年 9 月，第 135 页。
② 《中国私营经济年鉴（2006 年 6 月—2008 年 6 月）》，北京：中化工商联合出版社，2009 年 3 月，第 33 页。
③ 《中国私营经济年鉴（2000~2001 年）》，北京：中化工商联合出版社，2003 年 2 月，第 138 页；《中国私营经济年鉴（2006 年 6 月~2008 年 6 月）》，北京：中化工商联合出版社，2009 年 3 月，第 38 页。

（四）专业技术人员阶层

这个阶层是指在各种机构和单位中从事专业性工作和科学技术工作的人员。他们大多数是受过大专以上的专业知识和专门职业技术教育和培训的人员。我们通常讲的知识分子，主要就是指的这些人员。

改革开放以来，随着经济社会发展，这类知识分子队伍扩大得很快，特别是 1999 年高校扩招以后，发展得更快。1978 年，这个阶层人员只占就业总人数的 3.48%；2001 年扩大到占 4.6%；2010 年扩大到占 6.4%，人员总数约为 4870.7 万人。这个 6.4% 是通过抽样调查推算来的。事实上还远不止此数和比例。

这些年的变化主要是：专业技术人员总量有了很大的发展。2000 年，全国人口普查结果显示，6 岁以上的人口每 10 万人拥有专业技术人员 3611人，2010 年第六次全国人口普查为 8930 人。[①] 全国约有大专以上人口 1.14亿人，1978 年约有 2500 万人，增加了 3.6 倍。

在改革开放前，专业技术人员主要集中在国家机关和公有制的企事业单位里，经过 20 世纪 90 年代的国企改革，特别是进入 21 世纪以来，大量的专业技术人员从公有制企业转到私营企业和三资企业。如 2004 年，我国公有制企业的高级技师、技师、高级工共有 2874 万人，到 2008 年只有606.1 万人。一部分是退休了，大部分转到民营企业了。

专业技术人员不仅总的人数、队伍扩大了，而且专业水平、政治素质都已大大提高了。中国这几年经济社会能如此高速发展，这支庞大的专业技术人员队伍发挥了极大的作用，做出了巨大贡献。

（五）办事人员阶层

这个阶层是国家机关、企事业单位中，协助领导处理日常行政事务的办事人员。这一阶层是上述国家和社会管理者、经理人员与专业技术人员的后备军，也是私营企业主的助手。他们又是一部分工人、农民经过教育培训或自学努力向上流动的目标。所以这个阶层是就业流动中的一个重要环节。1978 年，办事人员阶层只占就业人数的 1.29%；2001 年占 7.2%；2010 年为 7.3%。

---

① 国家统计局编《中国统计年鉴·2012》，北京：中国统计出版社，2012 年 9 月，第 93 页。

（六）个体工商户阶层

这个阶层原来是由个体劳动者（如"五匠"等）和个体工商业者组成。他们的生产资料是私有的，从事工商业经营，其本质同私营企业主没有多少差别。改革开放初期，国家规定雇工在 8 人以上的为私营企业，雇工在 7 人和 7 人以下的为个体工商户，一直到今天。

在 20 世纪 50 年代进行的社会主义改造运动中，个体户没有被消灭，到 1978 年全国还有 15 万户，改革后逐年发展。2001 年全国工商行政部门统计的数量为 2433 万户，从业人员 4760 万人，[①] 占就业总人数的 7.1%；2011 年发展到占就业人口的 10.1%，有 3756.5 万户，从业人员 7945.3 万人，[②] 注册资金 1.6177 万亿元。这已经是一支很重要的经济力量。事实上，在城乡，特别是在城镇中，还有不少没有登记的微型个体户。

（七）商业服务业员工阶层

这个阶层的从业人员原来同二产业职工都是体制内的（国有制、集体所有制），被统称为工人阶级。2000 年，我们课题组在讨论阶层构成时，考虑到以后工业化持续发展，第三产业将会有较大发展，特别是为生产服务的行业和旅游业将来会大发展，所以把商业服务业分出来。这个阶层 1978 年占总就业人数的 2.15%，2001 年为 11.2%，2010 年为 11.3%。10 年只增长 0.1 个百分点，显然不符合实际，这可能是我们抽样调查和分析时有误了，这个阶层将来还会有很大发展。

（八）产业工人阶层

这个阶层是在第二产业中从事体力劳动的生产工人、运输业工人和相关人员。改革开放以来，随着经济的发展，产业工人阶层队伍发展很快。1978 年，第二产业的劳动者有 6945 万人，占总就业人数的 17.3%；2001 年为 16234 万人，占总就业人数的 22.3%；2010 年为 21842 万人，占总就业人数的 28.7%。[③] 32 年间产业工人的队伍增长了 3 倍多。

30 多年来，随着工业化的大发展，中国成为世界的制造业大国，产业

---

① 《中国私营经济年鉴（2000～2001 年）》，北京：中化工商联合出版社，2003 年 2 月，第 554 页。

② 国家统计局编《中国统计年鉴·2012》，北京：中国统计出版社，2012 年 9 月，第 136 页。

③ 国家统计局编《中国统计年鉴·2011》，北京：中国统计出版社，2011 年 9 月，第 112 页。

工人增加得很快。有两个重要的特点。一是20世纪90年代以前，中国的产业工人主要都是在公有制企业里工作的，可以被称作体制内人员；但20世纪90年代国有企业改革，公有制体制内的工人下岗，约为4000万人，还有国企改制、"抓大放小"改革，使大批公有制企业转为私营企业，多数工人也就转为私营企业的工人。加上1992年后私营企业的大发展，所以现在2亿多的产业工人中，国有企业的产业工人已经只占少数，大多数产业工人在私营、民营企业中工作了。二是改革开放以后，20世纪80年代农村的乡镇企业异军突起，但城乡分割的二元结构未变，乡镇企业中的职工是离土不离乡的农民工。20世纪90年代以后，大量的农村劳动力涌入城镇，在各类企业中打工，他们是离土又离乡的农民工。2010年，中国农民工已经超过2.5亿人，其中在本地就业，离土不离乡的有8500万人；在城镇打工，离土又离乡的有16500万人。其中有一部分在第三产业中打工，在第二产业中的农民工有1亿多人，已经超过了有本市户口的产业工人。

（九）农业劳动者阶层

这个阶层是指从事农业劳动、生活来源主要靠农业收入的劳动者。1978年，农业劳动者是中国劳动者的主体，占总就业人数的67.4%，中国当时还是个农民占大多数的国家。改革开放后，工业化、城市化迅速发展，农业劳动者转向工业、转向城市，农民逐年减少，2001年为42.9%，2010年为30.4%，1978～2010年的32年间减少了37.1个百分点，平均每年减少1.16个百分点，应该说减少的速度是不慢的。

但因为体制等方面的原因，按现代化社会的要求，农业劳动者仍然偏多。加上我国人多地少，如果实行全面的农业机械化、现代化，中国农业劳动者将降到15%乃至10%以下。另外，已经转出去的农民工，他们没有取得正式工人的身份，没有城市居民的户籍，没能真正融入城市，所以这超过1.6亿的农民工还是两栖的、候鸟式的。由此在城乡产生了种种社会矛盾和社会问题，这是需要解决的大问题。

中产阶层划分标准起争议：
财富与职业的碰撞[*]

中国的中产阶层每年正以 1% 的速度递增，1999 年的调查数据表明，当时中国的中产阶层占 15%，而这一数据在 2003 年时已达到 19%。这是在中国社会科学院社会学研究所李春玲的调查研究《中产阶层：中国社会值得关注的人群》中调查出的数据。

就在中国社会科学院的调查报告纳入由陆学艺主编的《2004 年中国社会形势分析与预测》一书时，法国巴黎百富勤公司的研究部门对中国的中产阶层也给出了一个明确的定义：人均年收入 2.5 万 ~3.0 万元、家庭年收入 7.5 万 ~10.0 万元，受过高等教育，参与企业决策和管理的，从事脑力劳动的专业技术人员及白领。根据它的定义，符合上述标准的人占中国总人口的比例约为 13.5%。从研究成果及对中产阶层的定义来看，这两家截然不同。

划分标准有别

"我们是从社会学家的角度来划分，法国也包括国内的很多人都是从经济学的角度来划分的。他们划分的标准往往看你是否有房子、车子等，这和我们是有很大区别的。"中国社会科学院社会学研究所教授陆学艺所说的区别在于他们对中产阶层的认定是以四个标准来衡量的。

第一是职业的标准，第二是收入的标准，第三是消费及生活方式的标准，第四是主观认同的标准。

---

* 本文源自《中国经营报》2004 年 4 月 5 日。该文系该报记者对有关人士观点的摘编，本文仅收录其中有关陆学艺的观点摘编，并采用原文标题。——编者注

在陆学艺看来，以职业的划分标准作为判断是否为中产阶层的首要条件，这是比较合理的，也是对他们职业和劳动成果的尊重，所以我们不能完全以物质的标准来衡量谁是中产阶层。有些人在物质上比较富有，但可能是通过非正常的途径获取的，如果以物质条件来衡量，那这些人肯定是中产阶层。

　　如果按陆学艺对记者所称的，中国目前有19%的中产阶层来划分，那么这一人群有2.47亿人。这个结论要高于按物质划分的法国巴黎百富勤公司的测算结果。

　　"这其中有一个社会问题。"陆学艺对记者说，由于我们的国情和其他国家不一样，因此存在着一些矛盾。比如按职业划分，教师这一职业是被我们列入中产阶层的。乡村教师虽然属于中产阶层的范围，但实际收入远远达不到中产阶层的收入，这很矛盾。

中产阶层最希望什么？

　　陆学艺预计，到2020年，中国将会有38%～40%的中产阶层。同时，他们也是社会经济稳定的基础。而事实上，无论以什么样的概念来界定中产阶层并不重要，重要的是，在中国经济迅猛发展的同时，中产阶层的比例也在提高。这一阶层最希望的就是有一个长治久安的、持续发展的社会环境。

谁是中国的中产阶层？*

一　给中产一个定义

主持人：伴随中国的中产阶层这个名词出现的是中产阶层如何界定的纷争，现在我国有没有一个学界公认的界定标准？这些标准仅仅是经济学意义上的吗？

陆学艺：职业、地位、声望这些是衡量的标准。我们说大学是制造中产阶层的摇篮，因为中产阶层是一个职业概念。比如一个白领每月挣三千多元，一个出租车司机勤快一点的，每个月也可以跑出三四千块钱，但不管他挣多少钱，我认为他不是中产，而白领却是。有些经济学家说有两套房子、两辆汽车、一年收入五万元以上的就是中产阶层，这肯定是不对的。有些人没工作、没文化，有房子有车，是他父母留下来的，你说他是中产阶层吗？说句难听的，有的乞丐一个月都能挣好几千块，你能说他是中产阶层吗？一个妓女每年能赚五十万块，你能说她是中产阶层吗？

二　中产门槛

主持人：社会上对中产阶层这个概念有很多不同的理解，有人认为有房有车就是中产，有人认为吃穿用名牌就是中产，那么，究竟什么样的人才能算是中产阶层？中产阶层应当具备些什么样的要素？

---

　　* 本文源自《中国经济周刊》2005 年第 5 期，发表时间：2005 年 1 月 31 日。该文系该刊邀请夏学銮、陆学艺、周运清等专家座谈的发言摘要，本文仅收录其中陆学艺发言的部分，并采用原文标题。——编者注

陆学艺：按照国外的理论和我们自己的研究，中产阶层包括两部分人，一部分是有产的，一部分是被雇用的。第一部分人国外叫"中产阶级"，也就是中小企业主、中小农场主，在中国就是中小私营企业主、个体工商户，这些是有资产的；第二部分人就是知识分子，白领阶层。一般来说像教授、行政管理人员、科技工作者，他们应该都算是中产阶层，还有大学毕业生也属于中产阶层。

主持人：提到中产阶层，人们很自然地会将其与城市联系起来，那么，农村离这个词有多遥远？农民能成为中产阶层吗？

陆学艺：从职业来说，现在的农业劳动者应该不属于中产阶层。现在的农村，有一些种粮大户、承包大户是可能成为中产的，但是这个比例很低，种一亩三分地，种粮食、棉花肯定是不行的。中产阶层主要是在城里面形成的，那些亦工亦农的，或者亦商亦农的概率也会比较大些，要成为中产阶层，恐怕得要离开农村，进城来打工、做买卖。

三　社会经济的稳定器

主持人：有人说中产阶层就是"烧钱阶级"，实际上中产阶层是什么样的？他们的消费观念应该是什么样？

陆学艺：中产阶层有着相对时尚的消费观念，不会保守，走在时代的前面；相对比较稳定，比较实际。

主持人：有许多人认为，中产阶层的崛起不仅预示着一个富裕时代的开始，而且他们稳健有力的特质也给了人们更多看到一个更繁荣、更趋合理的理性社会的希望，那么中产阶层在社会经济中又终究能发挥怎样的作用？

陆学艺：中产阶层是稳定社会经济发展、社会经济的主力军。他们是市场经济的一个主导力量。中产阶层中的中小企业家是市场经济的组织者，哪个地区这种人多了，哪个地区的市场经济就发展得好。比如浙江，跟中西部的地区比，经济实力明显较强，这是浙江的中小企业主多之故。另外，中产阶层的消费比较稳定，所以购买力也上去了。中产阶层规模大了，自然而然地生产和消费都会比较稳定，这就能推动社会经济稳定发展。

四　中产发展的"墙"与"桥"

主持人：现在我国中产阶层数量有多少？整体处于一个什么状态？他

们在形成和壮大的过程中遇到哪些障碍？我们应当怎样创造对扩大中产者规模最有利的条件？

陆学艺：1999 年中产阶层的比例大概是 15%，每年增加 1 个百分点，2020 年可能达到 38% 左右。中产阶层是有话语权的，你看报纸、杂志、广播电台、电视台的工作，都是中产阶层在从事，经济学家也好，社会学家也好，都是中产阶层。这个阶层越大，话语权也就越大，现在已经很大了。

但按照规律，我认为，我国中产阶层目前应该超过 30%，但事实并不是如此。我们现在只有 20% 的中产阶层而不是更多，计划经济留下来的体制还在阻碍着我们。有些人先富起来了，有钱了，可钱花不出去，就胡花，因为正常的消费受到限制。德国有"一马克办企业"的说法，我们现在要办个企业，要经过很多层手续批准，成本相当大。我们现在从业的机会受太多限制，计划经济的卡口太厉害。要实现正常发展，就必须完善经济体制。

另外，社会流动不畅通，城市化发展不正常，使中产阶层的发展受到制约。我们的社会现在还是一个二元结构：城市人口和农村人口。以前城市不发展还好，现在城市在发展，于是农民想进城，可进来以后还是农民工，并且过了十年二十年了，也没变。

作为一个市场经济国家，农村里的人要进城，至少有三种形式。第一是在城市投资，进城办企业，不光是解决自己的就业，还解决了很大一部分人的就业。第二种，进城做小买卖，不仅仅解决了自己家庭成员的就业，收几个学徒，还解决了学徒的就业。第三种就是民工，或者是考学校出来了，或者是有家传秘方，到城里来做医生了。可是城里仍然没有什么属于这部分人，他们只能打工，打完工还得回去，成为中产阶层基本就不可能。

本来城市化过程是创造中产阶层的最好的机会，城市化程度越高，中产阶层越多。现在我们的农民之所以成不了中产阶层，桎梏不光是户口制度，还有土地制度，还有财产制度。

现在是中国中产阶层发展的黄金时期[*]

  "我国中产阶层已达就业人口的23%，北京、上海等大城市40%都是中产，中产阶层正以每年1个百分点的速度扩大。"中国社科院社会学所"当代中国社会结构变迁研究"课题组的最新研究成果，引发了社会上不小的争论。争论的焦点在于，数据和普通人的切身感受不太一致，甚至有网友戏谑自己"被中产"了。

  "这是一种误解，其实中产没有多么了不得。"中国社科院社会学教授、《当代中国社会结构》一书的主编陆学艺在近日接受《中国青年报》记者专访时指出，质疑具体数据没有太大意义，人们更应该关注的是，中产阶层的崛起在改变社会结构、实现社会健康发展方面的作用。而我们现在的问题是"该大的阶层还没完全大起来，即中产阶层的比例还没有大起来；该小的阶层还没小下去，即农民阶层的比例没有小下去"。

"蚁族"是中产阶层的后备军

  《中国青年报》：您说现在北京、上海有40%都是中产，真有这么高吗？

  陆学艺：中产阶层分成了两块：一个是"老中产"，即有资产、能雇用人的，比如中小企业主、中小农场主；一个是"新中产"，20世纪二三十年代后，"白领"越来越多，他们是受雇于人的、拿工资的脑力劳动者。现在的中产阶层大多为"新中产"。

  《中国青年报》：你们是按什么标准来划分中产的呢？

  陆学艺：主要是按职业来划分的，比如国家管理者、私营企业主、经

---

* 本文原载《中国青年报》2010年2月11日第7版。该文系该报记者围绕《当代中国社会结构》的正式出版发布专访陆学艺的访谈稿。——编者注

91

理人员、专业技术人员、办事人员、个体工商户等。这样一来，教员、医生、护士、记者、编辑都是中产。工人、农民中也有中产，比如中高级技师，他们是"蓝领"里的"白领"。

其次还要看经济收入和文化水平。但光看收入也不好说，北京一些出租车司机比我收入还高，但他是工人，我是中产。所以主要还是看职业。即使一个人买房子、买股票亏了本，但他的身份如果没变，他还是中产，除非他辞职去当工人了。

现在大家经常谈到"蚁族"。我要说那些人也是中产，肯定会有人骂我，但那些人确实是中产的后备军。他们现在的处境只是临时的。还有很多人觉得自己硕士毕业也买不起房子、车子，就说自己不是中产。其实国外的硕士生、博士生毕业后，要挣一套房子也得二三十年，哪有毕业后马上买得起房子的？但我带的 2004 年前毕业的大多数博士生，都已经有房、有车了。所以，大学是培养中产阶层的摇篮。大部分本科毕业生后来都做了"白领"。

《中国青年报》：除了这些本科毕业生，每年增加的 1% 的中产还从哪里来？

陆学艺：这个比例的基数是就业劳动力。咱们 13 亿人口里，有 7.7 亿就业劳动力，1 个百分点就是 770 万人。也就是说，每年会增加 770 万个中产。这个数字我可以扳着手指头给你们算出来。

自 1989 年有私营企业主的统计以来，每年平均增加的私营企业主有 76 万人，他们基本上都是中小企业主，绝大多数是中产；每年平均增加 100 万个个体工商户，摆摊收入微薄的不算，去掉 80%，还剩大概 20 万人；每年毕业的硕士生、博士生超过 40 万人；每年在农村塑料大棚种蔬菜的、养鸡养鸭的专业户，他们也要雇人，符合"老中产"的条件，全国每年少说也增 20 万人，每年有数以万计的返乡农民工回乡创业成小老板；另外，我们有 1.5 亿农民工，他们中有生活艰苦的，但也有在北京租了房子、小孩在这里上学的，一些民工头、"破烂王"，比我们还强，早就是中产了；然后就是每年毕业的 600 万本科生，去掉 200 万没就业的，也有 400 万人。

2009 年卖掉 1300 万辆汽车，卖给谁了？
绝大多数都是中产吧？

《中国青年报》：这么大规模的中产阶层，内部是否也会出现分化？比如有产的和无产的，会不会差距越来越大？

陆学艺：哪个国家也没有像我们这样买房子的。据调查，现在城镇住房自有率已超过 90% 了。大学毕业后，很多人甚至觉得别的可以没有，也要先借钱去买房子。但你去看看国外，住房自有率一般只有 60%～70%，最低的可能是德国，自有率不到 60%，他们都是租房子住。其实中产没有多么了不得。

中产既然那么多，里面当然会有差别。教授跟助教，差别就很大。一个资产几千万元的私营企业主和年薪几万元的"白领"，也不是一回事。千万不要觉得中产都是一种人。

也怪我们搞社会学的没宣传好，很少有人意识到，现在是中国中产阶层发展的黄金时期。所有的工业化国家，在经济起飞时，都是中产阶层大发展的黄金时期，中国也不例外。整个社会的职业日趋高级化，从事农业的人越来越少，公司越来越多。新办一个公司，一批中产就出来了。新办一个学校，校长、教员都成中产了。我再给你说个数字。2009 年卖掉 1300 万辆汽车，卖给谁了？绝大多数都是中产吧？

《中国青年报》：都说中产在一个社会里起到的是稳定器的作用。如果中产阶层存在较大分化和差别，还能起到这个作用吗？

陆学艺：美国、日本发生了经济危机，经济停滞了，他们的中产在分化甚至沦落，这都是事实。但中国不是这样，中国中产正在发展壮大。我们现在社会学界的有些人照抄照搬，拿着外国那些条条来研究中国问题，把中国的中产骂得一塌糊涂。还有人把我们的"中产"说成是"中惨"。那可不？房子买不起，看病又要钱，孩子上学又麻烦，可不就是这样吗？但是，国外的硕士生、博士生毕业了以后，还不都得遇到这些问题，哪能一步登天？刚毕业工作当上"白领"的，生活条件也只能一年年逐步改善。

《中国青年报》：西方的中产阶层代表了他们社会的主流价值观，感觉我们的中产好像还没到这一步。

陆学艺：这是一个大问题，但不是中产阶层的问题。我们整个社会的核心价值观都还没有形成。你看，现在去国外买豪宅的是中国人，跟"蛇头"偷渡到外国打工的也有很多中国人。这就要命了，哪个现代化的国家有这么多人往外跑？有钱人是既得利益者，怎么也要跑呢？重建核心价值观，不是一二十年就可以完成的。中国的社会重建，可能需要几代人。

《中国青年报》：那这 23% 的中产阶层，对于中国的社会重建有什么意义？

陆学艺：当然有，中产阶层的文化素质水平摆在那里。一个国家中产多，对经济发展、社会稳定肯定有好处，因为中产是市场经济的组织者、支撑者，也是消费主力，他们既不像有钱的瞎消费，又不像没钱的消费不起；在政治上，中产的政治观念一般和执政党是一致的，它们要求社会稳定和谐，趋于保守；文化上，他们既是文化的创造者，也是文化的消费者。

中国的社会结构滞后经济结构约 15 年

《中国青年报》：您在书中提到未来中国会有几个发展方向。一是最理想的以中产阶层为主的社会结构，但也有可能形成"工"字形社会结构。按照现在的趋势，哪个方向的可能性更大？

陆学艺：总体来说我还是谨慎地乐观。从中央的政策来看，第一种发展方向将是能够实现的。中央已经提出要搞经济建设、政治建设、文化建设和社会建设。但我认为，排序应该是经济建设、社会建设、政治建设、文化建设。不能因为社会建设后提出来，就放到最后。

要搞社会建设，社会体制、社会管理、社会保障都得搞好。现在每年开一次农村工作会议，我就认为不够，还应该开城镇工作会议。农村问题要靠城市化发展来解决。现在卡就卡在城镇化水平不高上。很多人都到了大城市，北京 1755 万常住人口中，就有 509 万人是农民工。这样的两种户口、两种身份、两种待遇，引起了许多社会问题和社会矛盾，这是一定要改的。

《中国青年报》：为什么您这么强调社会建设呢？

陆学艺：农村、农业经济向工业经济转换时，会出现很多问题。搞工业化，一定要搞城市化。但搞大城市化，还是搞大中小城市协调发展，这要根据国情和各地条件来决定。

一个健康、平衡的社会，它的经济结构和社会结构一定是协调的。这是两个最基本的结构。要实现现代化，光搞经济肯定不行，经济再翻两番也不行。这些年提出要缩小贫富差距、城乡差距，但是情况却是差距越来越大，所以光调整经济结构不行，社会结构也必须调整。

现在年年开经济工作会议，我认为每年还应该开社会建设工作会议。如今经济结构跟社会结构不协调，社会结构严重滞后于经济结构，这是产生诸多社会问题的根源。我们研究认为，中国的社会结构滞后经济结构大约 15 年。有人说，改革开放才 30 年，怎么就会落后 15 年？这是因为 1978

年时的社会结构就比经济结构落后了，从 1958 年有户口制度以后就出现了滞后。现有体制不改革，怎么能协调？

《中国青年报》：正常的社会结构应该是什么样的？

陆学艺：一个现代化的社会结构应该是与经济结构相协调的。我们现在的问题是，该大的阶层还没完全大起来，即中产阶层的比例还没有大起来；该小的阶层还没小下去，即农民阶层的比例没有小下去。现代化国家的农业劳动者至少应该在 30% 以下，而今我们还是 40% 以上。如果我们在近期能先把农民工的问题解决好了，50% 的社会问题就解决了。

你是中产阶层吗？[*]

"目前国内经济学者普遍认为，平均月收入在 6000 元人民币左右，家庭平均月收入达到 10000 元，就可以被称为'中产'。但这个标准仍存在争论，目前很难有一个非常具有公信力的数字，让所有人认同。"

如同曾经在 20 世纪 90 年代红极一时的"小康社会"一样，"中产阶层"正在 21 世纪的第一个 10 年里，成为最当红的时代"热词"。

北京工业大学人文社会科学学院院长陆学艺告诉记者，新中国成立以来，中国社会结构经历了 3 次变化：1925 年毛泽东的《中国社会各阶级的分析》把社会结构分为地主、买办阶级、民族资产阶级、小资产阶级、半无产阶级、无产阶级、游民无产者，直到新中国成立时中国的社会结构都基本如此；新中国成立后，先是没收了资本家的财产，消灭了官僚资产阶级，然后通过土改消灭了地主阶级。1951 年土改以后，社会结构变成了工人阶级、农民阶级、小资产阶级、民族资产阶级"四大阶级"；1956～1957 年，经过社会主义改造变成工人阶级、农民阶级、知识分子阶层；改革开放以后，则分化成国家与社会管理者、经理人员、私营企业主、专业技术人员、办事人员、个体工商户、商业服务业从业人员、产业工人、农业劳动者、无业失业半失业者十个阶层。"其中，党政机关和事业单位的中层领导干部、中小私营企业主、企业部门经理人员、教师和医生等专业技术人员、办事人员以及部分个体工商户都可以被定义为中产阶层。"陆学艺说。

* 本文源自《北京科技报》2010 年 9 月 13 日第 47 版。该文系该报记者对陆学艺、李路路、胡建国等专家的访谈摘要，本文仅收录其中陆学艺的发言摘要，并采用原文标题。——编者注

为"中产阶层"正名[*]

从人类发展的历史看,不同的社会发展阶段,社会的主体人群是不同的。奴隶社会的主体人群是奴隶和奴隶主,封建社会的主体人群是农民和地主,资本主义社会的主体人群是工人和资本家,现代社会的主体人群是中产阶层。现代社会的社会阶层结构是一个"两头小、中间大"的橄榄型社会。拥有最多的经济资源、政治资源和文化资源的群体是极少数,占有这些社会资源最少的群体也是极少数,而中产阶层是橄榄型社会中人口占最大多数的主体。

社会学家们研究,中产阶层主要由两部分人群组成:一是社会中的中小企业主、中小农场主,他们拥有一定的生产资料,雇佣工人(农场工人)和职员,被称为老中产阶层;二是职业经理、各类专业技术人员、教师、医生、工程师、自由职业者、一部分高级技工等,他们是被雇用的(也有一部分是自雇佣者),在中国被统称为知识分子、白领。随着现代化的发展,这部分人越来越多,被称为新中产阶层。中产阶层是在工业化、城市化、现代化发展过程中逐渐形成、发展、壮大的。早在 20 世纪,英国社会学家马歇尔曾说过:"几乎所有西方社会都正在转变为一个中产阶级占统治地位的社会。"①

从现代化国家发展的经验和教训看,中产阶层是经济社会发展中起平衡、协调和稳定作用的重要力量。在经济上,中产阶层是市场经济的建设者、组织者、劳动者,也是重要的、稳定的消费群体;在政治上,他们要求

---

* 本文源自《中等收入阶层实证研究——以福建省东南沿海县域为例》(程丽香著,北京:社会科学文献出版社,2012 年 12 月),第 1~4 页。原稿写于 2012 年 12 月 10 日,系陆学艺为该书撰写的序言,现标题为本书编者根据序言内容所拟定。——编者注

① 转引自倪力亚《论当代资本主义社会的阶级结构》,北京:中国人民大学出版社,1989,第 180 页。

社会稳定、有序发展，坚持社会进步的方向；在文化上，中产阶层既是文化的创造者，也是主要的消费者。所以，在一个现代化的社会阶层结构中，必须有一个规模宏大的中产阶层，这是社会和谐、稳定、进步的坚实力量。

改革开放以来，在党中央的领导下，我国的工业化、城镇化、现代化迅猛发展，这一时期本来应该是中国中产阶层发展的黄金时期，但是由于各种历史和文化的原因，我国的社会阶层结构没有像经济结构那样得到应有的优化，我国的中产阶层也没有得到应有的成长。2010 年 1 月，我们"当代中国社会结构变迁研究"课题组出版的《当代中国社会结构》，根据国际学术界提出的经济社会指标体系分析，认为我国当前的经济结构已经达到工业社会中期阶段的水平，但我国的社会结构还处于工业化社会初期阶段的水平。就以中产阶层的规模来说，工业化中期阶段的中产阶层应该达到总就业人口的 40%，而 2009 年中国的中产阶层只占 23%（当前约为 25%）。现代化发展的历史表明，一个现代化国家不仅要有现代化的经济结构，还要有现代化的社会结构，其中有一个较大规模的中产阶层的社会阶层结构是核心结构，只有这样这个国家才能平衡、协调发展，社会才能和谐稳定。当今中国，社会结构严重滞后于经济结构，中产阶层规模过小，这是诸多经济社会矛盾及经济社会发展不平衡、不协调、不稳定、不可持续的主要原因。

要推动经济社会持续稳定、较快发展，一定要按经济规律办事，也一定要按社会发展规律办事。在当前，不仅要把继续调整经济结构、加快转变经济发展方式作为主题，同时也要把调整优化社会结构放到重要的位置，推动经济社会协调发展。要优化社会结构，一个很重要的方面，就是要培育构建一个宏大的中产阶层。这既是全面建成小康社会的重要任务，也是实现全体人民共同富裕，建设富强、民主、文明、和谐的社会主义现代化国家的战略任务。

随着我国工业化、城镇化、现代化建设持续健康发展，中国的中产阶层正在成长发展之中。据我们课题组的研究，进入 21 世纪以来，每年有 800 万左右的人从社会各个阶层进入中产阶层的队伍。在总就业人口中，中产阶层人口的比重每年增加约 1 个百分点。[1] 当然，如果我们各项社会政策和工作做得更好一些，中产阶层的成长和发展会更好、更快一些。

---

① 参见陆学艺主编《当代中国社会结构》，北京：社会科学文献出版社，2010 年 1 月，第 23、48 页。

为了使中国的中产阶层成长、发展得更快些，当前有一个重要的工作要做，就是要给中产阶层正名，使之有一个大家通用的名称。这就好比一个孩子，降生人间，快到青年、成年期了，还没有一个大名，这对他的成长和发展不利。由于各种原因，直到现在，中国社会各界对国际普遍通用的"Middle Class"这个外来语有各种译名，分别为中产阶级、中产阶层、中间阶级、中间阶层、中等收入阶层、白领阶层等，政界、学界对此争议很大，经济学界、社会学界和政治学界也有争议。政界、经济学界、主流媒体至今还采用"中等收入群体""中等收入阶层"的名称。我们认为还是称中产阶层为好。对此，有关方面应该组织开展一次有关各界参加的讨论，确定一个统一的名称，达成共识。这对于加快培育建设宏大的中产阶层、优化社会结构是十分重要的，也是十分必要的。我们社会学界更应积极参加这类研讨，并为此做出应有的贡献。这对推进社会学学科发展、对当前正在全国开展的社会建设和社会管理工作，都是很有裨益的。

　　《中共福建省委党校学报》编辑部副主编程丽香同志多次参与我们"当代中国社会结构变迁研究"课题组的调研工作，完成了几个子课题的研究。她一面做编辑工作，同时也做社会学的研究，常常深入农村和基层进行各种社会调查。2006年，她申报国家社科基金青年项目，获得批准。这本书是她历时6年有余努力完成的国家课题的成果。

　　这本书名为《中等收入阶层实证研究——以福建省东南沿海县域为例》，这是6年前作者根据招标课题标准申报的项目名称。按照规定，项目出版时要用原名。作者在书中专门对中产阶层和中等收入阶层的概念做了分析和界定。她认为，中产阶层是指在社会整体阶层结构中居于中间地位且无论是生活水平、财产地位还是其他社会属性或者社会资源的占有，均处于中等层次的社会群体；中等收入阶层是指在社会整体阶层结构中相对稳定的、家庭年人均收入水平居于中间等级的社会群体，它是中产阶层在经济财富资源占有角度的反映，是中产阶层的一个极其重要的维度。为此，作者费了很大工夫，意在说明中等收入阶层是中产阶层的一个重要组成部分，这不失为一家之言，从中也可以看到前面讲到的要"正名"的必要。

　　本书的另一个特点，是研究对象有地区特色。客观地说，中国的社会阶层结构总体还在不断地分化和整合之中。中国地广人众，区域发展很不平衡，各地中产阶层在发育程度、构成特征、社会流动状况以及阶层意识等方面都存在很大差异。东南沿海县域相对于中西部内陆县域而言，经济较为发达，社会转型速度较快，社会阶层结构分化较为急剧，一些优势地位群体的发育也相对较为成熟。本书选择东南沿海县域作为研究对象，在问卷调查的基础上全面、系统地考察这一区域中等收入阶层的概况，具有一定的典型意义。

本书较为系统地梳理了国内外有关中产阶级、中间阶层、中等收入群体讨论的主要观点，并在借鉴前人研究的基础上，以福建省福清市和龙海市为个案，从县域层面和实证角度对东南沿海县域中等收入阶层的规模与特征、经济地位和社会流动差异、阶层意识与社会心态等进行了较为翔实和系统的分析，并提出了进一步扩大县域中等收入阶层的政策建议，这对进一步丰富中等收入阶层研究，在理论上和方法上都有一定的意义。

本书所用的方法规范。作者以定量研究为主，选择东南沿海县域的福建省福清市和龙海市，采用随机抽样的方法抽取样本街道和乡镇，再从样本街道和乡镇中采用等距离抽样方法抽取 16 ~ 70 岁的样本对象进行入户问卷调查；对经验调查数据的分析则采用社会分层研究领域中流行的统计分析技术，例如，交叉列联表分析、多元回归分析和多因素方差分析。

这本书是作者所做的国家课题的成果，其态度极其认真，孜孜以求。6 年多来，她长期坚持，既做大量的文献研究，又做深入的田野工作，调查资料翔实，写作符合学术规范，分析很有深度，实在难能可贵。特别是在当今中国需要优化社会阶层结构、加快培育宏大的中产阶层的时期，这本书的出版，正合时代之需，定会产生很好的社会影响。我也希望有更多的中青年社会学工作者，做这样的国家课题研究，写出这样的作品。

私营企业家的成绩值得肯定[*]

一 社会贡献不光是捐助

我认为私营企业家在 20 多年的时间里所做出的成绩还是值得肯定的。这些人现在有六七百万人，我估计超过千万人。企业家大部分是很聪明的人，这部分力量对国家今后的发展很重要。我们要建立社会主义市场经济完整的体系，在这个体系里面，这个阶层还要扩大。但是，我们对富人阶层传统上的观念不太好，原来有个词叫"为富不仁"，这个阶层的兴起也是鱼龙混杂，他们本身存在很多问题，所以在社会上老板的形象不太好。所以，我们还要对他们进行规范。

在我们的体制转轨以后，很大一部分的企业家是通过创业成功的。《南方周末》通过这样的一项活动，起到引导、带动和规范的作用。评完以后，我发现这些优秀的企业家是很好的。现在社会上有人总觉得，他们的几千万元、几百万元是哪儿来的，有的认为是国有资产流失来的。《南方周末》来组织这件事，有这个实力，也有这个条件，做了件好事。做完以后一看，他们和老的资本家没有关系，富起来的这些人是真实的，有的是农民出身。

当然，民营企业家还是要和社会共同致富，要有领军作用。像荣氏家族就非常好。荣毅仁的父亲两兄弟到上海，开始没有钱，后来发起来，他们开了很多的厂，叫村子里的人来当经理、办公室主任等，都富起来了，就是造福一方。荣县那个地方还办了很多的幼儿园、小学、中学、大学、

---

* 本文原载《南方周末》2004 年 10 月 21 日第 T00 版。该文系该报记者专访陆学艺的访谈稿，原题为《中国社会科学院社会学研究所原所长陆学艺：私营企业家的成绩值得肯定》，现标题为本书编者根据访谈内容所修改。——编者注

公园和博物馆，博物馆多大啊，27 军的军部都在里面。所以，周围都富起来了。现在也许有这样的民营企业家，只是我们还没有发现。但是现在我们这些老板很少有办大学的，以前陈嘉庚就办大学，我们还远远没有达到。

所以，我们要强调社会贡献，贡献不光是捐助，还有要带领本地致富。另外，社会责任要加强。这里面有一条要在下一次体现出来，就是员工待遇、工作环境等。

二 引导企业健康成长

现在中央提出来建立和谐社会。这里面包括企业与工人的关系、企业的老总与工人的关系等。我们现在是社会主义初级阶段，大家都是建设者和劳动者，但是有一个问题：现在的企业主与农民工之间的关系，和资本家与工人的关系一样，肯定是雇用与被雇用的关系，又是管理者与被管理者的关系、上下级的关系，这没有问题。但是要有一条，他们之间还是平等的关系，就是公民之间的平等的同志关系。一定要有这个，没有这个是不行的。现在说得难听点，有些企业家养的狗比人花的钱还多。我曾经和保（育均）主席说过，① 哪有十年二十年不涨工资的，一些地方就有这样的情况。

还有一点就是合理的工资待遇、劳动保险和职工培训的责任。为什么现在我们没有中级工、高级工了，招七级工、八级工比招博士还难？因为谁都不培养了。为职工提高的不光是待遇，还要提高他的素质，这对他是有益的。现在中国有"民工荒"，我很奇怪，很多人找不到工作，怎么会变成"民工荒"？但是确实是这样，个别地区、个别企业出现了这样的问题。主要是老板的素质太低，给的工资太低。所以，职工和管理者的关系不能只是用老眼光来看，国外的企业家和工人也不是 18、19 世纪的关系。

还有就是企业家的自律。现在有些企业家是吃喝嫖赌，素质比较低。现在的企业家，要生财有道、善待职工。

所以，这样的评选可以引导、规范企业健康成长，给他们提供一个标准，促进我们整个国家社会主义市场经济的发展。

---

① 保育钧，曾任全国工商联副主席、全国政协副秘书长、中华民营企业联合会会长、中国民（私）营经济研究会会长等职。——编者注

协调好社会各阶层的利益关系，构建和谐社会不能剥夺劳动者[*]

20 世纪 70 年代末，我国实行改革开放，党中央决定把党的工作重心转移到以经济建设为中心的轨道上来，拨乱反正，百废待兴。当时的政治、社会、经济问题堆积成山。当时有一种说法是，我们长时间搞阶级斗争，把经济建设耽误了，现在出现的问题 80% 是因为穷，今后只要我们把经济搞上去，把蛋糕做大了，这些问题就能得到解决了。对这个说法，多数同志是认同的。

改革开放以来，我们党领导全国人民努力奋斗，确实把经济搞上来了。25 年工夫，我国的国内生产总值从 1978 年的 3624.1 亿元增长到 2003 年的 117251.9 亿元[①]，按可比价格计算年均增长 9.3%[②]。人均 GDP 从 156.4 美元增加到 1288.64 美元[③]，翻了两番还多。我国经济总量已跃居世界第六位，综合国力极大增强，人民生活也达到了小康水平。中国正在和平崛起，这是举世公认的事实。

我国的经济建设确实成绩卓著，史无前例，怎么评价都不为过，而且发展前景很好。党的十六大提出，到 2020 年国内生产总值力争比 2000 年再翻两番，国内国外的专家学者对这一目标的实现都比较乐观。

我们把蛋糕做大了，做得比我们原来预想的还要大，但是不容回避的事实是：我们原来设想蛋糕做大之后，许多经济、社会问题就会得到解决，结果却并非如此。有些问题解决或基本解决了（如工农业产品短缺问题、温饱问题、住房问题、脑体倒挂问题）；有些问题不仅没有解决，反而变本

---

[*] 本文源自作者手稿，似为未完成稿。原稿写于 2005 年 1 月 8 日。——编者注

① 国家统计局编《中国统计年鉴·2004》，北京：中国统计出版社，2004 年 9 月，第 53 页。

② 国家统计局编《中国统计摘要·2004》，北京：中国统计出版社，2004 年 5 月，第 21 页。

③ 参见世界银行数据，https://data.worldbank.org.cn/country/china? view = chart。

加厉（如社会治安、刑事犯罪，城乡差距、地区差距、贫富差距日益扩大）；有些问题本来已经解决，现在又死灰复燃、沉渣泛起了（如"黄、赌、毒、黑"问题）；有些问题则是在新的经济社会背景下产生的新的社会问题（如经济犯罪、劳资纠纷、失业下岗、分配不公、干部不正之风、受贿索贿、买官卖官、贪污腐败、干群关系紧张、上访上告、群体事件、社会矛盾增加、社会冲突不断）。总的来说，经济发展以后，社会问题不是少了，而是越来越多、越来越复杂了。这是为什么呢？

我们国家目前正处在由传统农业社会向现代化工业社会转型的时期，处在由计划经济体制向社会主义市场经济体制转轨的过程中，经济体制、社会结构都在发生急剧的变迁，人们的生产、生活方式乃至思想观念也在发生深刻的变化，因而由此产生诸多社会问题是必然的。国际上一些工业化国家在这个阶段普遍产生过"社会转型病"，指的就是这种状况。国际上还有一个重要现象比较普遍，要引起我们的高度重视。当一个正在工业化的国家进入由低收入水平向中等收入水平发展的时期，即人均 GDP 由 1000 美元向 3000 美元提升的时期，这个国家就进入了发展的关键时期。这既是经济社会发展的战略机遇期，同时也是各种社会矛盾凸显、社会冲突激烈的时期。因此，这个国家就可能面临两种前途：如果经济社会政策和措施采用得当，就能抓住这个战略机遇期，乘势而上，可以比较顺利地实现工业化、现代化，跨入中等发达国家的行列；而如果处置不当，不能解决好这些社会矛盾，经济社会发展就会停滞徘徊，乃至陷入社会动荡和倒退。第二次世界大战以后，国际上这样的实例屡见不鲜。我们国家目前就处在这样一个发展的关键时期，因此机遇和挑战同时存在。

1994 年 1～8 月，国家检察机关共查处贪污贿赂案件 5611 件，涉案人员中县处级以上干部 1217 人，局级干部 60 人；2004 年 1～8 月，全国检察机关共查处贪污贿赂案件 27907 件，涉案人员 32099 人。

以社会治安状况来说，1985 年，全国公安机关受理的治安案件共 102.5 万起，2003 年上升到 599.6 万起，18 年间增加了 4.85 倍，平均每年增长 10.31%，平均每年增加 27.6 万起。

1985 年，全国公安机关立案的刑事案件共 54.2 万起，2003 年增加到 439.3 万起，其间增加了 7.1 倍，平均每年增加 12.33%，平均每年增加 21.4 万起。[①]

---

① 国家统计局编《中国统计年鉴·2004》，北京：中国统计出版社，2004 年 9 月，第 881 页。

1993年，全国发生各类群体事件近1万起，2003年增加到6万起，10年间平均每年增长19.62%，平均每年增加5000起。群体行为激烈，冲击党政机关的事件数量也逐年上升，2000年为2700起，2003年增加到3900起。当年，全国还发生了堵公路、卧轨、拦截火车等事件3100起。

近年来，群众来信来访的数量也急剧增加。2003年，中央和国家机关受理信访量比上年上升46%；国家信访局受理群众来信比上年上升10.7%，接待上访人次同比上升29.9%；2004年第一季度，国家信访局受理群众来信同比上升20.2%，接待上访人次上升94.9%。

这些情况表明，我国近几年已进入社会矛盾多发和社会冲突凸显的时期。这些社会矛盾的出现已经直接影响到社会稳定，使人们的社会心理不安，并影响到部分地区政治、经济工作的正常进行。如何正确认识、处理、化解这些矛盾，已成为需要讨论的一个问题。

第一，这些社会矛盾有一个酝酿、积累、爆发的过程。有些矛盾是原来就有的，有些则是新出现的。这同我们的改革发展的过程是一致的。例如，近几年来随着国有企业改制、城镇化的大规模展开，下岗失业、征地拆迁引起的社会矛盾就更加突出了。

第二，这些社会矛盾的产生，绝大多数是因为经济利益方面的冲突。随着经济体制改革的深入，随着我国计划经济体制向社会主义市场经济体制的转变和社会结构的变化，经济的主体日益多元化，逐渐形成了不同的社会阶层。在不同的改革发展阶段，不同的社会阶层受益或受损的情况不同，因而由此产生了种种社会矛盾。经验表明，在某一项重大改革和发展的实践中，矛盾双方各自诉求的经济利益不同，往往两两相对。例如，国有企业改制中的老总和工人、拆迁中的房产商和被拆迁户、征地中的乡村干部和农民、建筑工地的老板工头和农民工，前者是强势阶层，后者是弱势阶层。20世纪90年代中期以来，弱势阶层的利益屡屡受损，由此引发了诸多群体事件。

第三，这些社会矛盾大多是人民内部矛盾。其中多数表现为社会阶层之间的矛盾，也有的是社会阶层内部的矛盾。现阶段，在整个社会阶层结构中，有的是社会主义的建设者，有的是社会主义的劳动者。

最迫切的任务是协调好各阶层利益关系[*]

编者按：26 年的改革开放之后，中国经济已经步入现代化的"关节点"，经济取得了飞跃性发展，但城乡差距、地区差距、居民收入差距持续扩大，就业和社会保障压力增加，教育、卫生、文化等社会事业发展滞后等一系列问题同时出现。矛盾的解决，需要"和谐"的引领。

最近，胡锦涛总书记提出了和谐社会的六大标准：民主法治、公平正义、诚信友爱、充满活力、安定有序、人与自然和谐相处。本报就此约请中国社科院社会学研究所研究员陆学艺、清华大学社会学系教授孙立平、复旦大学教授胡守均和陕西省社科院哲学所研究员胡义成发表各自的感想。

构建和谐社会，面对社会矛盾和问题，最迫切的任务是协调好各阶层的利益关系，竭力避免个别的局部利益冲突转化为整体的社会冲突。

构建和谐社会的背景，一是中国目前正处于加快发展的关键时期，人均 GDP 已达到 1000 美元，经济处于起飞阶段，如果经济起飞势头持续到 2020 年以后，中国的综合国力或可跃居世界前列。其二，在改革开放和现代化事业进一步向前发展的时候，一些新的社会矛盾和问题凸显出来，并且已经开始影响到经济发展和社会稳定。城市化进程、国企改革、乡村体制改革加快，城市下岗职工、失地农民、农民工等群体利益受到相当的损害，基层政府与农民之间关系紧张，群体性事件有所增加，社会犯罪现象也有所增加。贫富差距进一步扩大，城乡、区域、阶层之间的差距呈现持续扩大的趋势。

---

* 本文源自《社会科学报》2005 年 3 月 10 日第 001 版《知识界热议构建和谐社会》一文。该文是该报邀请陆学艺、孙立平、胡守均、胡义成等专家围绕"构建和谐社会"主题展开的座谈会的发言摘要，本文仅收录其中陆学艺的发言。陆学艺的发言摘要原无标题，现标题为本书编者根据摘要内容所拟定。——编者注

社会阶层关系是最重要的一种社会关系。协调各阶层利益关系的目标，就是要形成全体人民各尽其能、各展所长、各得其所而又和谐相处的社会。

第一，政府必须充分考虑和兼顾不同地区、行业、阶层、群体的利益，充分考虑社会各方面的承受能力。第二，要特别关注困难群体，改善就业环境，解决劳动者权益维护中的实际问题，解决困难群体就业和社会保障问题。第三，要建立健全社会利益的沟通渠道和协调机制，运用政策、法律、经济和行政等手段，采取教育、协商、调解等方法，妥善解决在新形势、新条件下的群众内部利益矛盾，沉着、冷静地处理好群体性突发事件。

构建和谐社会，必须处理好城乡关系。政府应加强农村公共产品的制度性建设，促进农村城市化建设，建立和完善农村社会保障制度，降低教育成本，提高农民素质。另外，过去中国农村为支持城市的工业化，付出了很大代价。现在城市应反哺农村，从各方面支持农村的发展进步。

《2005年中国社会形势分析与预测》一书预测，农民市民化、城市化进程将进一步加快。在这种情况下，必须保障农民工作为公民的权利，改变各种不合理的制度。这就提出了构建和谐社会的总体目标：扩大社会中间层规模，减少低收入和贫困群体，理顺收入分配秩序，严厉打击腐败和非法致富，加大政府财政转移支付的力度，把扩大就业作为发展的重要目标，努力改善社会关系和劳动关系，正确处理新形势下的各种社会矛盾，为建立一个更加幸福、公正、和谐、节约和充满活力的全面小康社会而奋斗。

要实现这个目标，首先要实现社会公平，只有这样，才能协调各方面的社会关系，最终实现社会和谐稳定。而目前在中国，起点公平、机遇公平、结果公平都没能较好地实现。同时，构建和谐社会，就应该继续深化改革。现在社会主义市场经济体制的框架已经基本搭建起来了，但社会体制改革却严重滞后，包括社会保障、教育、土地、财政、就业、户籍等。

构建和谐社会，要协调好社会阶层间的利益关系[*]

　　党的十六届三中全会提出，要树立和坚持以人为本的科学发展观。党的十六届四中全会指出，构建社会主义和谐社会，这是党中央在新时期的重大决策，是对中国特色社会主义事业认识的新发展，也是我们全面建设小康社会的指导方针和奋斗目标。

　　构建社会主义和谐社会是一项伟大的系统工程，需要全国人民长期努力才能逐步实现。现阶段，我们有以下几个方面的任务。

　　第一，我们要继续深化改革，完善社会主义市场经济体制，使经济持续快速健康稳定增长，使经济社会协调发展。能否建成和谐社会的关键取决于经济能否保持可持续发展。社会发展要靠经济发展带动，要靠经济提供物质条件。许多社会问题，要靠发展来解决。贫穷不是社会主义，贫穷也建不成和谐社会。经济发展总是第一位的，但不应是唯一的，有第一，就要有第二、第三……社会各项事业必须相应地发展，使经济社会协调发展。现在的问题是社会发展、社会建设滞后，形成了"一条腿长，一条腿短"的局面，产生了诸多社会问题。经济发展也因得不到社会方面应有的支撑而受到阻滞，所以，我们要在经济持续发展的同时，抓紧补社会发展、社会建设的课。

　　第二，和谐社会一定是一个社会结构合理的社会。一个国家或地区的社会结构是这个国家或地区的基本骨架、基本国情、地情。有什么样的经济结构，一般就应该有什么样的社会结构与之相适应。现代社会既要有现

　　* 本文源自作者手稿，原稿写于 2005 年 3 月 28 日。该文曾作为"卷首语"载于《中国党政干部论坛》2005 年第 4 期（2005 年 4 月 6 日）。原稿标题为《协调好社会阶层关系 构建和谐社会》，现标题为本书编者根据本文内容修改，以避免与下一篇文章重名。——编者注

代化的经济结构，也应有现代化的社会结构。社会结构包括阶层结构、城乡结构、区域结构、人口结构、家庭结构、就业结构、社会组织结构等。其中最重要的核心结构就是社会阶层结构。国际经验表明，现代化社会阶层结构一般都是"中间大，两头小"的"橄榄型"社会结构。社会中处于优势地位、非常富有的阶层和处于贫穷地位的弱势阶层规模都比较小，社会中间阶层的规模都很大或比较大。只有这样的社会才是比较稳定、健康、和谐的社会。

目前我国经济发展水平还不高，经济结构还处于工业化中期阶段，特别是户口、就业、社会保障体制等方面的改革还没有到位，所以，我国现在的社会阶层结构既没有与经济结构相适应，也没有达到现代社会阶层结构的水平，离"橄榄型"结构还有很大的差距，只是一个中下阶层的规模仍然很大的"洋葱头型"社会阶层结构。该小的农业劳动者阶层还没有小下去（现在还占就业人员的40%以上），而该大的社会中间阶层还没有大起来（现在还只占从业人员的20%左右）。这也是我国社会阶层结构还不合理的根本原因。

党中央提出要加强社会建设和管理的任务，这是构建社会主义和谐社会的重要内容。我们要加强对社会结构发展变化的调查研究，深入认识和分析社会结构各个方面的变化和发展趋势，以利于深入认识发展社会主义社会经济和对外开放条件下我国社会发展的特点和规律，更好地推进社会建设和管理。① 这是党中央提出的新任务。对此，我们应该深刻领会，认真贯彻。我们绝不能认为加强社会发展就是加强科学、教育、文化、卫生等事业的发展，这些社会事业当然是应该加强发展的，但更重要的是通过改革和调整，建立一个与经济结构、经济发展相适应的合理的社会结构。

第三，构建社会主义和谐社会，要协调好社会阶层间的利益关系。在建设中国特色的社会主义进程中，各社会阶层的根本利益是一致的，即他们都是社会主义的劳动者、建设者、爱国者。但因在改革、发展过程中，不同的阶层所处的社会位置和角色不同，所以各阶层之间也形成了利益关系的分化和矛盾。现在最突出的矛盾就是城乡差距、地区差距、贫富差距过大，且有日益扩大的趋势。这个问题党的十六大就提出来了。近几年来，国家也采取了多种措施，力求扭转这种扩大的趋势、改变这种格局。例如，

---

① 参见《加强调查和研究　着力提高工作本领　把和谐社会建设各项工作落到实处》，《人民日报》2005年2月23日第1版。

2004 年国家对农村大力支持，农业大丰收，农民收入当年增加 6.8%，而城市居民增收 7.7%，城乡差距还是扩大了。实践表明，我们在建立市场经济体制的进程中，没有相应地建立起与市场经济相适应的利益均衡机制。生产发展了，分配机制还没有建立好；蛋糕做大了，公平、公正的蛋糕分配机制和规则还没有建立起来。这样就使优势阶层得的偏多，工人农民等弱势阶层得的偏少，由此产生了种种社会矛盾，引起社会的不安。邓小平同志早就说过："少部分人获得那么多的财富，大多数人没有，这样发展下去总有一天会出问题。"①

当前构建和谐社会的一项重要工作，就是要对各社会阶层的利益关系及其发展变化和趋势进行深入的调查研究，并据此对原有的体制进行改革，制定新的政策和措施，统筹协调各社会阶层的利益关系，逐步建立起与社会主义市场经济体制相配套的社会利益均衡机制。在各种复杂的社会关系中，社会阶层关系是最重要的社会关系。在社会阶层之间的各种关系中，利益关系是最重要的关系。通过改革和创新，协调好各社会阶层间的利益关系，"形成全体人民各尽所能，各得其所而又和谐相处的社会"，应是我们要实现的目标。

---

① 《邓小平年谱（一九七五——九九七）》下册，北京：中央文献出版社，2004，第 1364 页。

协调好社会阶层关系　构建和谐社会[*]

　　我们国家正在发生重大而深刻的社会变迁，一个新的社会结构正在形成之中。原来的社会阶层分化了，新产生的社会阶层正在发展，新的社会阶层结构正在形成，社会阶层间的关系也正在经济发展过程中逐步发生发展。这些新的社会阶层关系是社会主义市场经济条件下的社会关系，同时还打着计划经济的烙印。它们既不同于市场经济国家的阶层关系，但也已经不是计划经济条件下的阶层关系。一种新的社会阶层关系格局正在逐步形成之中。

　　特别需要指出的是，国家和政府对这些新的阶层、新的阶层结构、新的阶层关系还处在初步认识、初步调查研究的阶段。党和政府已经提出了全面建设小康社会、构建社会主义和谐社会的宏伟目标，这就要求我们必须培育形成一个与全面小康社会、和谐社会相适应的社会结构。

　　我们要根据构建社会主义和谐社会的总体目标的要求，协调好各社会阶层间的关系，使之逐步建立协调和谐的社会阶层关系的规范和机制。特别是在现阶段社会阶层关系正在建立形成、阶层关系可塑性还很强的时候，党和政府能根据上述宏大目标，弄清发展的现状，因势利导，逐步加以规范，就显得特别重要，意义特别重大。所以在现阶段，党和政府与有关部门要密切关注重视新的社会阶层和新的社会阶层之间关系的研究，并根据各社会阶层本身的特点、状况和社会阶层之间的关系，制定合理的社会政策，引导、调控各社会阶层在社会主义现代化建设过程中，都能各尽所能，各得其所，各得其利，并能和睦相处。这是构建社会主义和谐社会的重要

　　[*]　本文原载景天魁、王颉主编《统筹城乡发展》，哈尔滨：黑龙江人民出版社，2005年12月，第32~42页。该文系陆学艺撰写的该书第三章的内容。《民主》杂志2005年第10期《当前社会阶层分析与探讨》一文曾摘要刊发了该章部分内容。本文涉及的地方数据来源于作者本人及其团队的调研资料。——编者注

基础。

现阶段，我们要处理和规范好以下几种关系：

一　调整劳资关系

这是当代中国最重要的社会关系，而且会逐步变成最普遍的社会关系。在计划经济体制时代，工业企业都是国有和集体所有。工人同厂长、经理的关系是平等的同志关系，都是企业的主人。他们是工厂的管理者与被管理者，因此有"工人是主人，厂长是公仆"的说法。那时工人阶级政治地位很高，经济地位也不低。厂长同工人的工资收入，差别并不大。

随着改革开放和经济的发展，私营企业产生了，于是有了私营企业主，也同时产生了被雇佣的工人。20 世纪 90 年代以后，国有企业、集体企业改制，大部分公有制企业改制后变成私营企业。虽然厂还是这个厂，人还是这些人，甚至称呼都没有变，但改制后的厂长变成了老板。老板同工人的关系已经是雇佣与被雇佣的关系了。一部分大中型的公有制企业改制后仍是公有制，或者是国家控股的股份制企业，但就是在这些企业里，厂长、经理同工人的关系也已经不再是 20 多年前的关系了。工人不再有铁饭碗、铁工资的待遇了。理论和名义上，这些企业的厂长、经理同工人还是平等的同志关系，都是工厂的主人，但实际上在这些企业里，厂长、经理同工人之间，政治地位、经济待遇、社会地位显然都已不同。他们还是同样领工资，但差距很大。

雇佣、被雇佣的关系正在逐步成为社会最主要的社会关系。雇佣方包括私营企业主、三资企业主及其经理人员，国有企业、国家控股企业的经理人员，有雇员的个体工商户。被雇佣方包括工人、农民工、临时工、短工等。

社会主义市场经济条件下的劳资关系——雇佣、被雇佣的关系正在形成，因为这种劳资关系的产生至今还只有 10～20 年的时间，劳资双方的权利、义务和政治、经济地位都还在实践中，雇主一方是新生的，因此怎么当老板、怎么同工人相处、怎么处理好同工人的关系，这些都没有经验先例可依，处在摸索中。被雇佣一方也是新的，其中绝大部分是农民工。他们原本是农民，初当工人，因此应当享有何种政治、经济权利，应该遵守怎样的规范，应该怎样同老板相处，也都还在实践中。被雇佣一方中还有一部分是原来的老工人和城市户口的工人。他们还在原来的企业工作，但企业经过改制，原来的厂长、经理变成了老板，因此如何相处也成了新问题（据调查，这部分工人常常成为首先被解雇的对象，当然其中也有一小部分则成为被重用的对象，成了中低层干部）。有些国有大中型企业经过改制，工人的地位和关系相对比较稳定，但也在变化之中。

总体来说，我们国家的劳资关系是比较好的。这是因为：第一，我国正处在工业化进程中经济发展比较快的阶段，各方都是受益的。虽然受益的多少不同，但彼此还能相安容忍；第二，资方和劳方都是新的，对各自的权利义务还不明确。自 20 世纪 90 年代中期以来，劳资矛盾、劳资冲突逐年增加，有越来越严重的趋势。

从统计数据中我们可以看出（见表 1），1995 年，全国劳动争议才33030 件，12.25 万人，其中集体争议 2588 件。世纪之交后，劳动争议急剧增多，到 2003 年，全国劳动争议已有 22.6 万件，80 多万人，其中集体争议 10803 件，51 万多人。1995 ~ 2003 年，8 年间，劳动争议增加 5.85 倍，其中集体争议事件数增加 3.18 倍。这说明工人和老板之间的冲突大量增加。在争议事件中，劳动报酬问题占 1/3，福利保险占 1/5，工伤事故占 1/6。这基本上都属于经济冲突阶段，是工人运动初期的表现。

表 1　全国劳动争议的数量、人数状况

年份	争议件数（件）	人数（人）	集体争议件数（件）	集体争议人数（人）	争议原因		
					劳动报酬（件）	福利保险（件）	工伤（件）
1995	33030	122512	2588	77340	—	—	—
1996	47951	189120	3150	92203	—	—	—
2000	135206	422617	8247	259445	41671	31350	—
2001	154621	467150	9847	286680	45172	31158	—
2003	226391	801042	10823	514573	76774（33.9%）	44434（19.6%）	31747（14%）

资料来源：国家统计局编《中国统计年鉴·1996》，北京：中国统计出版社，1996，第 732 页；国家统计局编《中国统计年鉴·1997》，北京：中国统计出版社，1997，第 744 页；国家统计局编《中国统计年鉴·2001》，北京：中国统计出版社，2001，第 754 页；国家统计局编《中国统计年鉴·2002》，北京：中国统计出版社，2002，第 794 页；国家统计局编《中国统计年鉴·2004》，北京：中国统计出版社，2004，第 876 页。

客观的情况是，20 多年来，我国经济发展很快，经济建设的成绩斐然，但工人、特别是农民工没有得到应得的成果。20 世纪 80 年代中期，深圳三资企业工人的月工资就有 600～700 元，而 2001 年深圳农民工的平均月工资却只有 588 元，2003 年私营企业为 676 元。有些地方农民工的工资更低，有的只有 300 元一个月。他们还常常受到处罚，工资经常被拖欠和克扣。不少企业实行一年一结算，年终才发一次工资，甚至有拖几年不给的。相比较而言，这 20 多年来，公务员和专业技术人员阶层的工资增长得很快，1978 年为 644 元/年，1985 年为 1213 元/年，2003 年为 14577 元/年。20 世纪 90 年代中期以前，常有"脑体倒挂"，曾有"搞导弹的不如卖茶叶蛋"的说法。现在这个问题已经基本解决了。

农民工的工资 20 年不涨，原因何在呢？首先，这是城乡二元结构矛盾的表现，因为这些年来城乡差距是逐步扩大的。第二，由于农村的剩余劳动力实在太多，劳动力市场供过于求，工资就上不去。我们在深圳的调查发现，农民工在一个企业干了几年，要求涨工资，老板就解雇换人。四川民工走了，湖南民工又来了；湖南民工走了，贵州民工又来了（深圳民工的平均年龄经常保持在 23 岁左右）。第三，现在的服装、玩具、塑料等新行业，基本上都是劳动密集型行业，对技术熟练程度要求不高，经过短期培训就能上岗。第四，老板盘剥太过分，想以最少的工资，获取最大的利润，因为他们还不懂得善待工人对企业长远发展有利的大道理。第五，农民工自身还未组织起来。他们刚从农村出来，对照的标准是农村的菲薄收入，因此到工厂做工，开始有几百元的月收入，就非常满足了。另外，农业是到秋收后才有收入，以前农村集体经济也是一年一结算分红的，所以农民工能够忍受一年发一次工资的做法。第六，有些地方政府没有尽到保护农民工的责任。有的地方，农民工自发组织起来用怠工、罢工同老板交涉，要求涨工资、改善条件。这时，有的地区领导就以维护社会稳定为由，出来做工作，劝止和阻止农民工同资方合情、合理也合法的交涉，生怕把老板吓跑了。

近几年来，党中央、国务院出台了不少维护农民工权益的政策和措施；总工会出面组织农民工加入工会；劳动与社会保障部出台了关于农民工参加社会保险的政策；有不少地方政府出台了农民工最低工资的标准，做了不少维护农民工权益的实事。温家宝总理也曾亲自出面，为农民工催要被拖欠的工资。农民工的经济、政治地位正在逐步提高，而且他们的处境也有了一定的改善。

在社会主义初级阶段，我们应该建立什么样的规范的劳资关系？我们应当统筹兼顾和协调劳资双方的权益，使之各得其所，各得其利，和谐相处，共同为全面建设小康社会做出各自应有的贡献。同时，我们还应该通过深入的调查研究，逐步制订相应的政策和法规，使劳资关系在初始阶段就能沿着正确的方向发展。

有人把目前的劳资关系、劳资矛盾比作京剧《三岔口》那出戏的场面，即在黑夜里，两个主角任堂惠同柳利华，都不知道对方是谁，也不知道对方要出什么招，因此只好摸着黑乱打一气。

因此，政府应该站在裁判的立场，根据社会主义建设的要求，合理确定劳资双方权益的边界，处理好他们的关系。

二　协调好农村基层干部和农民的关系

2004 年 3 月，党中央出台了一项大政策。温家宝总理在人代会上宣布，用 3 至 5 年做到农民全部免交农业税。现在全国已有 27 个省、自治区、直辖市宣布 2005 年要实现农民免交农业税。这是一项划时代的政策。9 亿农民欢欣鼓舞，同声称赞党的政策好。这项政策直接的政治、社会效应是，极大地缓解和改善了农村基层干部和农民群众的关系，实际上也极大地改善了党和农民群众的关系。在此之前，每年数以百万计的群众上访、上告事件，半数以上都是由基层干部向农民收缴税费过程中产生了问题而引起的。这项大政策一出，这类问题就得到了解决。

据我们调查，农民免交农业税之后，主要的问题有三个。

一是，乡（镇）村两级机构的运转经费严重不足，工作不好开展。过去，乡（镇）有相当一部分运转经费是靠"三提五统"和在收农业税时"搭车"收费来解决的。现在农业税不收了，乡镇干部没有了到农民家中收税、收费的权力和借口，财源断了。而国家现行的财政体制还没有改。有的省市（主要是中西部的省市）财政本来就不宽裕，改革后能给乡镇转移支付的钱很少。有的只够发干部工资的，但运转经费严重不足，办事无钱。村委会和村民小组就更成问题了。他们原来靠"三提"（公积金、公益金和管理费）维持日常运转，现在这些项目都取消了。财政好一点的县会给村干部发点补贴，一年有几千元的办公费，而中西部经济状况差的县连村干部的补贴都没有。前几年村集体所有的乡镇企业改制，多数也都改为私营，所在乡镇已经没有收入了。村级组织没有经济来源，按规定是一事一议，但日常运转，总要有些开支，现在一点没有，不少村级组织因此陷于瘫痪。

二是，农村免了农业税，乡镇的机构也经历了改革。据我们调查，有些省市的乡镇，前几年已陆续把自聘人员遣散辞退了，在编的干部也精简了一半。这样人员是少了，经费就更少了。在这样的背景下，乡镇政府的干部如何开展工作，开展什么工作，又如何同农民打交道呢？因为不收农业税费，有些农民认为只要不收钱，谁当干部都一样，甚至认为有没有干部都一样。现在有些农村甚至出现了干部和农民互不接触、不打交道的"空白"。国家免除农业税费，改革精简乡镇机构的目的就是要调整改善农村基层组织干部同农民的关系，促进乡镇机构从主导型政府向公共服务型政府转变。这是一个重大转变，因此也是一个比较长的转变过程。

现在市、县政府基本还是按照原来的计划和部署向下布置各种工作。在任的乡镇干部反映，改革后"事情多了，人员少了，经费没有了"，于是叫苦不迭。所以对国家采取取消农业税的大政策，化解基层干部和农民群众的制度性矛盾之后，农村出现的新形势，有关方面应该抓紧研究，出台相应的政策，引导协调好农村干部和农民群众的关系，共同建设社会主义的新农村，构建农村的和谐社会。

三是，部分地区农村的基层干部与农民的关系，由原来的"三要"变为"一要"。20 世纪 80 年代中期以来，有相当一部分地区的农村基层干部（指乡镇和村两级干部）被农民群众称为"三要干部"，因为他们每年 70%以上的时间都用于计划生育、催粮、收款。"收粮收款、刮宫引产"，被农民简称为"要钱、要粮、要命"的"三要干部"。实事求是地说，农村基层干部为贯彻执行计划生育的国策，为筹集国家工业化、现代化建设需要的粮食、工业原料和资金，做了大量的工作，付出了辛劳和心血，为社会主义现代化建设做出了应有的贡献。这方面的成绩是不能被低估和抹杀的，问题是部分地区的农村基层干部把乡镇政府、村委会逐渐演变为小群体的利益集团，在为国家收取规定的粮款外"搭车"收费，筹措行政办公经费，有的甚至为小团体谋私利。中央政府宣布免征农业税后，他们不能再向农民收费了，粮食市场化了，计划生育也已为绝大多数农民所接受，不再像以前那样难办了。所以，"三要"问题的制度性矛盾解决了。中西部地区财政状况不好的市县，免收农业税后，能够转移支付到乡镇的钱很少。有的只够发干部职工的工资，行政办公经费严重不足；有的连工资也不能按月足额发放。基层干部为了维持机构的运转，有的为了继续谋求小团体的利益，就要想方设法找钱。他们再像以前那样找财政、找各办事单位，已经行不通了，于是就把手伸向了农民的承包耕地。他们同开发商、用地者合谋，置国家严格保护耕地的国策于不顾，也不惜撕毁与农民签订的承包耕地 30 年不变的合同，用各种手段侵占农民的耕地。只要他们把土地卖出去，按现在征用土地的惯例，他们就能得到很大的利益。

众所周知，土地是农民的"命根子"。现阶段，土地既是农民赖以维持生计的生产资料，也是农民的社会保障。剥夺、侵占农民的耕地，就是剥夺农民的生存条件。农民失地就等于失业，失去社会保障，当然要奋力抗争乃至拼命抗争。而基层干部一方，因为大利所在，又有权力，于是不惜用种种伎俩，侵夺农民的耕地。前几年，已经有数以千万亩的耕地被征占，约有 4000 万人成为失地农民。今后，国家如不采取断然措施加以制止，侵占农民耕地的情况还会愈演愈烈。

一面是基层干部，背后是房地产开发商、要用地的企业家，乃至境外的资本家要占地，一面是农民为了保住自己的"命根子"，拼力、拼命反对自己承包的耕地被侵占。要地与反要地已经成为当今农村社会的主要矛盾。近几年来，农村土地纠纷和矛盾已取代税费问题，成为社会矛盾、社会冲突的主要根源。全国数以百万计的上访、上告事件中，土地矛盾已经成为主要内容，而且也是农村发生的群体事件的主要原因。据中国社科院农村发展所课题组的调查，2004 年以来，130 起农村群体性突发事件中有 87 起是因为土地纠纷，占 66.9%。2005 年 6 月，西安市宣化寨牟家村村干部私自把土地卖给开发商，导致农民与之发生争执，开发商竟叫来上百打手，把 11 个农民打成重伤。2005 年 6 月 11 日，河北定州市也发生电厂占地的情况，农民因补偿过低不满意而集体反抗，抵制电厂施工。承包商居然调集 300 多人，身穿迷彩服，手持猎枪、钩刀、棍棒袭击护地农民，当场杀死 6 人，另有 48 名村民负伤。这起恶性事件是典型的杀人抢地行为。有些地区，为了抢占农民的耕地，有关领导竟批准出动公安警察打人、抓人，公开抢地。在实行社会主义市场经济已经多年的今天，在中央提出构建社会主义和谐社会的今天，竟然出现如此明目张胆的强买、强占农民土地的行径，这是不能容忍的。

在中央提出免征农业税后，农村出现的由"三要"变为"一要"的新动向，如不及时遏止，后果将比农村乱收费、乱罚款，加重农民负担的后果还要严重。农村"三乱"造成农民负担沉重是因为制度性缺陷，而现在农村乱占耕地屡禁不止，同样还是由制度性缺陷造成的。我们要从深化农村改革、创新土地制度方面着手，消解这种制度性的缺陷，如此才能奏效。

第一，宪法规定，农村土地实行集体所有制。农村率先改革，实行家庭联产承包责任制，是发展农村的基本经济制度。这是中国农民的伟大创造，突破了人民公社体制，打破了农村计划经济的体制，解放了生产力。对此我们要充分予以肯定。但是这个土地制度搞现代化行不行？这 10 多年来，农村在土地方面屡出问题，乱征乱占耕地的现象屡禁不止，其根本原因就在于集体所有制。

农村土地是谁的？1950 年的《土地改革法》规定，土改以后，土地属于农民个人所有。1954 年，农村建立初级农业合作社，农民带土地入社，但土地所有权仍是农民的，所以年终分配时，土地要分红。1955 年以后，农村实行高级合作社，土地不再分红，因为农业合作社实行集体所有制。农民的土地所有权变更并没有得到任何补偿。1958 年农村实行人民公社化，宣布人民公社实行"三级所有，队为基础"的制度。"队"是指生产小队（即现在的村民小组），土地实行集体所有，这个集体指的是生产队。所以，土地本身归由这个生产队若干农户、农民组成的集体经济体成员所有。这个界限是很明确的，一直沿袭到现在。1983 年，农村撤销人民公社体制，将公社改为乡（镇），生产大队改为村委会，生产队改为村民小组。但土地是村民小组成员集体所有的格局没有变，农民们对此心知肚明，都是很清楚的。在同一个村委里，各村民小组农民承包的耕地份额并不一样。现在的农村里，村民小组这个集体经济体实际上多数已没有其他经济活动了，但习惯上土地是这个小集体所有，界限仍是很明确的。

20 多年来，农村集体经济和行政架构与名称屡经变迁。有关文件规定，村委会成为集体土地的发包单位，但对每个农民发包的数量，多数仍是沿袭原来生产队的规模。原来同一个生产队的农户承包土地的数量是相同的，而各村民小组间是不同的。

所以，土地集体所有是指土地为村民小组（原称生产队）这个集体所有，而不是为村委会（原称生产大队）这个集体所有。但由于行政体制的演变，现在在不少人的心中，土地集体所有演变为村委会所有。这是目前农村土地所有权权属关系混乱的表现，也是基层干部和农民群众产生矛盾冲突的根源。更加严重的是，由于权力异化，在不少农村的基层，权力集中到少数人手里，于是土地归集体所有，演变为归村委会主任、党支部书记所有。不少地方的行政村干部、党支部可以做出决定，背着本村的农民群众把集体土地卖掉，而村民还不知道。开发商、征地单位要来用地，农民才如梦初醒，糊里糊涂被赶出了自己耕作多年的土地。一旦有人觉醒，集体冲突、群体事件就发生了。

劳资关系、农村基层干部和农民的关系，是当前中国经济社会发展中的两对最重要的社会阶层关系。它们关系到绝大多数人民群众的切身利益，因此，协调处理好这两对关系，也关系到整个改革、发展稳定的大局。

总体来说，当前，在全面贯彻落实科学发展观、构建社会主义和谐社会的总体目标下，我们要做好各方面的工作，通过改革和调整，逐步形成一个"橄榄型"的现代社会阶层结构，协调好各社会阶层间的关系。这是构建民主法治、公平正义、诚信友爱、充满活力、安定有序、人与自然和谐相处的社会主义和谐社会的重要内容。

协调阶层关系：构建和谐社会的重中之重[*]

记者：陆老师，多年以来您一直致力于当代中国社会阶层问题的研究，随着社会经济的发展，我国现阶段的阶级、阶层结构发生了深刻变化。协调阶层关系在目前构建社会主义和谐社会的过程中将是极为重要和迫切的，如何认识这一重要性和迫切性呢？

陆学艺：正像中共十六届六中全会通过的《中共中央关于构建社会主义和谐社会若干重大问题的决定》所指出的，"目前，我国社会总体上是和谐的"，拥有构建社会主义和谐社会的各种有利条件，"但是也存在不少影响社会和谐的矛盾和问题"。我们课题组认为，目前我国存在的社会矛盾和问题，主要是由社会结构与经济结构不适应、不协调引起的，是结构性的矛盾和问题，具体表现在 9 个方面：人口结构问题、家庭结构问题、就业结构问题、城乡结构问题、区域结构问题、组织结构问题、消费结构问题、文化结构问题、阶层结构问题。其中，阶层结构不合理是经济社会发展不协调的核心问题。因此，调整社会结构主要是调整社会阶层结构。总的来看，社会结构的变革不能适应经济结构的变革，必然导致社会事业发展受阻、社会管理滞后。社会事业管理体制改革还在起步阶段，同经济发展的水平、同人民群众对公共服务的需要、同社会全面进步的要求不相适应。

目前，最主要的是要调整社会阶层结构，也就是说，协调好阶层关系成为当前构建和谐社会的重中之重。从世界各国发展经验来看，在社会现代化进程中，从农业社会向工业社会转变，首先经历的是经济发展为主的

---

* 本文原载《中国党政干部论坛》2007 年第 10 期，发表日期：2007 年 10 月 6 日。该文系该刊记者专访陆学艺的访谈稿，其部分内容曾以《让阶层关系更加和谐》为题发表于《北京日报》2008 年 1 月 7 日第 18 版。——编者注

阶段；在工业化中期向工业化后期转变的过程中，关注的是经济社会协调发展；进入后工业社会时期，则是社会发展为主的阶段。现在，中国在经济方面已经处于工业化中期阶段，但社会结构和社会发展水平尚处于工业化初期阶段，经济社会发展很不平衡、很不协调，这是产生诸多经济社会矛盾和问题的结构性原因。

这种经济结构和社会结构不相适应的状态，给我国的现代化发展带来了巨大挑战，亦是和谐社会政策出台的背景。因此，调整社会结构，特别是引导、培育并形成一个合理而开放的现代社会阶层结构，是构建社会主义和谐社会的坚实基础和任务。这个社会阶层结构必须是与经济结构相适应的，并有利于经济社会协调发展的。从世界上已经实现了现代化的国家的历史经验来看，一个现代化国家一定有一个合理的、有活力的、现代化的社会阶层结构的形态，即"中间大、两头小"的橄榄型结构。所谓"两头小"，是指拥有各种社会资源很多、处于最高地位的社会阶层，其规模很小；而拥有社会资源很少、社会地位低下的社会阶层的规模也很小。所谓"中间大"，是指这个社会已经培育形成了一个庞大的社会中间阶层（有的国家也称中产阶级）。这一阶层拥有一定的社会资源，足以使他们有相当的社会地位和声望，能过上体面的小康乃至更高水平的生活；他们是社会政治稳定的中坚力量，也是经济发展、社会进步、文化共享的骨干群体。一般而言，一个国家形成了这样一种橄榄型社会阶层结构，其现代化社会结构也便成型，经济社会能持续发展，长治久安。

相比较而言，中国现阶段的社会阶层结构，就结构形态而言，还只是一个中下层过大、中上层发育还没有壮大、最上层和最下层都比较小的洋葱头型的阶层结构形态，问题可概括为两句话："该小的没有小下去，该大的没有大起来。"所谓"该小的没有小下去"，是指农业劳动者阶层应该较小但还没有小。社会中间阶层应该长大了但还没有大。这就意味着社会阶层结构的不合理、不稳定，这是当前中国首先要解决的结构性问题。如果我们能够深化改革，制定相应的社会政策，引导、调控中国的社会阶层结构形态，使之朝着合理稳定的方向变化，就能逐步达到"中间大、两头小"的橄榄型的结构，形成合理开放的现代社会阶层结构。相对而言，阶层结构一旦定型，便具有相对静态稳定性，而阶层关系则常常处于动态演变中，并进而成为重塑社会阶层结构和社会结构的变迁动力。一个国家的社会阶层结构不合理，往往意味着阶层关系问题丛生，各阶层间矛盾和冲突凸显，并会反过来影响社会阶层结构的调整，进而影响社会和谐。从这一意义上看，构建和谐社会的关键是要协调好阶层之间的关系。目前，中国社会阶层结构位序基本确立，现代化的社会阶层结构已现雏形，但是阶层关系尚处于建构中，其间不协调因素较多。为此，我们课题组提出协调阶层关系、促进社会和谐的分析逻辑如下：社会实践中出现经济社会发展不协调问题←→构建和谐社会势在必行←→关键是调整社会结构←→核心是调整社会阶层结构←→重点是协调好社会阶层关系。

　　记者： 既然深化协调阶层关系是构建社会主义和谐社会的重中之重，这就需要首先搞清楚当前阶层关系的基本状况是什么，特别是影响和谐社会建设的主要问题及其原因是什么。您对当代中国社会阶层关系有一个什么样的基本判断呢？

　　陆学艺： 一个和谐的社会必然是个社会结构合理、社会阶层关系协调的社会，社会成员相互尊重、相互信任，各尽所能、各得其所。所以，判断一个社会是否和谐，可以从社会阶层关系这个角度进行分析。我们中国社会科学院社会学研究所"当代中国社会阶层结构研究"课题组自 2004 年以来，在中国的四川、广东、北京、浙江、福建等省份的市县进行了大量的调研，对于当代中国社会阶层关系状况，我们的一个基本判断是：当代中国社会阶层结构已经发生了深刻变化，阶层关系的主体、内容、互动规范和外在环境条件也都发生了新的变化。

　　当前的社会阶层关系是基本协调的，但也存在着诸多矛盾和问题。新的阶层关系还处于不断磨合和建构当中。阶层关系呈现多样化、复杂化的特征，需要在把握阶层关系的发展趋势中，进一步构建和创新阶层关系协调发展的制度与机制，保障社会各阶层能共享经济社会发展成果，促进社会和谐。

　　记者： 能再具体阐释一下吗？

　　陆学艺： 1978 年以来，随着中国经济体制转轨和现代化建设的推进，中国社会结构发生了深刻的变化，传统的"两个阶级、一个阶层"已经分化，新的社会阶层结构逐步形成。在社会阶层结构中，人们从事的职业和对经济资源、组织资源和文化资源的占有量，决定着各社会阶层及其成员的社会位置，影响着人们的社会政治态度及行为取向和阶层间的相互认同和交往。我们认为，当代中国社会阶层关系的实质主要是利益关系、权力关系和观念关系的集合。

　　第一，利益关系主要是指物质利益在阶层之间的分配关系，这一关系的状况取决于三种资源在各个阶层间的配置，其中最主要的是经济资源。

三种资源占有量越多的阶层，在利益分配中越处于优势的位置。当代中国社会阶层关系主要表现为利益关系，总体来看，在建设中国特色社会主义的大目标下，社会各阶层的根本利益是一致的，但是在现实利益和局部利益方面存在着一定的矛盾和冲突。各个阶层间利益关系的协调不是自发实现的，而要通过相应的制度设计与安排，需要权力关系的调整和观念关系的整合。

第二，权力关系主要是指支配社会资源的能力在阶层之间的配置，这一关系状况同样取决于三种资源在各个阶层间的配置，其中组织（权力）资源是很重要的因素。在一个协调的阶层权力关系中，各阶层所处的位置虽然总是存在差异，但处于相对平衡中，优势阶层的权力受到制度的约束与监督，而基础阶层的利益在受到优势阶层的侵占时，有着通畅的利益维护与诉求途径，有效的制度安排和政府调控能够为二者在权力关系中的平衡提供有力的支撑。

第三，观念关系是社会阶层成员之间在意识上的联系，表现为阶层成员之间相互认同与评价。良好的观念关系既有社会各个阶层内部成员相互认同的阶层意识，又有社会各阶层成员长期形成的共同意识，这种共同意识对于阶层关系具有强有力的整合功能。阶层关系中的观念关系建构于阶层之间利益关系和权力关系的基础上，利益关系与权力关系的状况决定着观念关系的状况。在和谐社会中，公平正义、民主法治、社会合作、道德诚信是阶层之间观念关系的主要内容。

根据利益关系、权力关系以及观念关系三个分析维度，当代中国社会阶层之间在利益关系、权力关系、观念关系方面已经基本建立起新的关系，社会阶层关系同改革开放前期比较，已经发生了深刻的变化。我们认为，以下五组阶层关系的变化是显著的和主要的，集中反映了当代中国的基本国情，也反映了当前构建和谐社会进程中阶层关系的状况和问题。这五组阶层关系是：（1）国有企业管理者阶层与工人阶层的关系为国家管控下合作，市场调节下疏离；（2）私营企业主阶层与工人阶层的关系为"资强劳弱"下的利益合作与冲突；（3）乡村管理者阶层与农民阶层的关系为集权管控－利益分立－低度合作；（4）城市管理者阶层与市民阶层的关系为弱互动下利益均衡－强互动下利益分立；（5）专业技术人员阶层与其他阶层的关系为公共服务为主与注重个体利益的博弈。

记者：您刚才谈到，当前中国阶层关系是基本协调的，但是还存在不少影响阶层关系协调的矛盾与问题。那么，当前中国阶层关系的主要问题是什么呢？

陆学艺：归纳起来说，当前中国阶层关系所存在的问题主要表现为劳资、干群、新中间阶层与其他阶层之间的关系还不协调，它们涵盖了上述五对阶层关系。

首先，从劳资关系角度看，资本与劳动的强弱关系失衡，导致出现大量的劳资冲突和纠纷事件。在私营企业中，当前劳资纠纷与冲突突出主要源于利益分配失衡。根据《中国劳动统计年鉴》，在 1999～2003 年劳动争议中，劳动者平均胜诉率是企业主方的 6.25 倍，这也从另一侧面说明当前资本与劳动强弱关系严重失衡。在国有企业，企业管理者与工人间的经济收入、地位差距也在逐步扩大。在国有企业改革过程中，由于缺乏对国有资本代理者的有效制衡机制，一些国有企业管理者以权谋私、侵占国家财产、损害工人利益、非法得利。这种不合理的关系也是国有企业经营效率仍然较低的原因。总之，"资强劳弱"所导致的社会矛盾和冲突，揭示的是强大资本拥有者阶层（经济资源占有丰富者）与底层劳动者阶层间的差别及不协调关系，这是社会相关合理的制度和机制还未建立起来而形成的不理想的阶层关系状态。

其次，从干群关系角度看，存在着部分干部以权谋利、与民争利的现象，干群关系紧张。在农村，进入市场经济后，干部的国家主义价值观逐步弱化，越来越多地关注"自身利益最大化"，加之乡镇机构膨胀和干部队伍不断扩大，乡村财政拮据，农民的各种负担也因此越来越重；与此同时，农民增收困难，干部作风粗暴，腐败现象时有发生，引起农民的强烈不满和反抗，干群关系一度相当紧张。中央决定免征农业税后，情况有了根本性的改变，但在中西部农村，因乡镇财政仍然困难，干部变着法打农民的主意（如卖地等），引起新的冲突。目前，在新农村建设中，一些乡村管理者不正确的政绩观，代农民做主、搞形象工程等，引发群众的不满。在城市，随着改革和经济的发展，城市化、社区制加速发展，但城市管理体制严重滞后、公共设施相当缺失和不足，市民的生活质量提高的要求不能得到满足。随着市场化的进一步发展，市民主体逐步多元化，进城农民工、个体工商户等新的市民阶层逐步崛起，而城市政府及其管理者的管理理念、管理方法和管理手段单一与落后，相当多的地区仍然停留在"管控型"层面，再加上干部作风粗暴和腐败现象的滋生蔓延，城市内部干群之间的现实冲突在所难免。总之，当前中国干群关系紧张折射出社会现代化进程中存在体制性失范，折射出市民社会与国家政府之间的张力，折射出城乡二元结构长期存在的"区隔"所导致的社会管理者阶层和社会底层之间的社会矛盾。

最后，从社会中间阶层与其他阶层的关系来看，同样存在着一定的利益冲突。在利益分配制度和机制还不完善的情况下，新中间阶层与其他阶层的利益冲突，也比较普遍存在并且表现出新的矛盾和问题。一是这些阶层成员有可能通过自身特有的专业知识和技能等，依附或联合作为社会上层的干部、经理人员和私营企业主阶层，形成利益集团，共同垄断公共资源，欺诈社会底层，获取不当利益。二是与传统计划时期不同，在市场经济条件下，新中间阶层作为独立的利益主体，有其自身的利益需求和诉求，因而这些阶层的有些成员或者与政府分离而自行其道，或者与社会底层达成共识，抵制社会上层的不当作为和不作为。三是新中间阶层成员作为利益主体，在从事社会公共服务的过程中，其个人私欲也会膨胀，如学术造假、行业乱收费等，造成社会危害，侵害人民群众的公共利益，引发社会不安。总之，新中间阶层与其他阶层的利益摩擦，根本原因在于权力制约机制缺失、利益分配不均、道德诚信下滑等结构性要素失调。

总体来看，当前中国社会阶层关系所出现的问题反映了利益关系不协调、权力关系没理顺、价值整合功能相当不足；从深层次看则是社会结构不合理、制度不健全、机制不科学，导致经济社会发展不协调。从地位差距来看，1982 年中国基尼系数为 0.27，2003 年则为 0.46，[①] 已经越过了国际警戒线水平；同时，社会保障体制和机制还不完善，覆盖面小。这使社会中下层处于生活窘境状态中，社会普遍出现了上学贵上学难、看病贵看病难、买房贵买房难和就业难等问题。从权力关系来看，阶层间利益差距扩大的背后往往是权力关系的不协调，社会上层权力过强，下层权力过弱；前者缺乏必要的权力约束，后者缺乏必要的权力保障，二者之间权力结构失衡。一些社会强势群体的利益扩张严重侵犯了社会民众和弱势阶层的权益，而作为弱势的社会底层缺乏有效的利益保护与诉求渠道，陷入一种愈弱愈贫、愈贫愈弱的利益恶化的恶性循环中。伴随着利益关系与权力关系的不协调，阶层间的观念冲突也在一定程度上出现：一方面，这是因为对底层群众的疾苦关怀不够，缺少应有的同情心；另一方面，这是因为嫉富

---

① 毕先萍、简新华：《论中国经济结构变动与收入分配差距的关系》，《经济评论》2002 年第 2 期；张东生主编《中国居民收入分配年度报告（2007）》，北京：中国财政经济出版社，2008，第 245 页。

仇富的情绪比较普遍存在。改革开放以前，中国阶层关系受到意识形态强有力的整合；但改革开放以后，随着市场化进程中价值取向多元化的社会剧变，原有意识形态对阶层关系的实际整合功能逐步弱化，而与发展社会主义市场经济相适应的公平、正义、契约理性等价值观念的社会整合尚在建构中，因而影响到阶层关系的整合。

记者：陆老师，刚才谈到当代中国社会阶层关系呈现多样性、复杂性的特点，那么当前阶层关系的基本特征是什么？

陆学艺：总体来看，当前中国主要社会阶层之间在利益关系、权力关系以及观念关系方面发生了巨大的转变，阶层关系呈现新的特征。这种转变基本上是正向的，但有些则是需要引起关注并应立即着手解决的。

第一，阶层关系中各方主体是新的。由于新的阶层结构刚现雏形，阶层关系中的各方主体都是新的阶层，对于如何处理和协调与其他阶层交往中出现的问题，尚没有积累起应有的经验。第二，阶层关系间的互动规范是新的，还不完善，尚需进一步构建和调整。第三，无论是从利益还是权力以及观念关系来看，当前阶层关系的内容都是传统阶层关系中所没有的，阶层关系还需要进一步协调。第四，阶层关系运行的经济社会环境也是新的，由于中国正处于快速的经济社会转型过程中，阶层关系运行的外部环境处于动态变化过程中，如何适应这种不断变化的经济社会发展环境，构建与之相协调的阶层关系，是经济社会发展中面临的重要问题。

对于上述阶层关系四个新的特征，我们特别强调第四个方面，即阶层关系运行的新的经济社会环境。我们注意到经济社会发展的不同阶段、发展的侧重点是有差异的。当前中国正在经历着工业化、城市化、现代化的快速推进，这种压缩型的工业化、城市化和现代化的背景，对于阶层关系的影响是深远的。一方面，当前中国阶层关系存在着工业化初期的特征，如在一些私营企业中，非法用工、克扣工资、延长劳动工时等；另一方面，工业化中期的阶层关系的走向，如市民阶层的成长、社会中间阶层运动的兴起，对于阶层关系的影响正在逐步凸显。工业化中期阶段在继续追求效率优先的同时，公平正义也越来越被人们重视，构建和谐社会目标的提出正体现着这种发展的趋势，阶层关系的构建必然受到这一新的经济社会发展主题的影响，这决定了协调好阶层关系已成为当前和谐社会建设的重要议题。

记者：正像您谈到的，当前中国社会阶层关系基本协调，但合作中也有冲突，阶层关系呈现多样性、复杂性的特征。中国阶层关系正处于多变建构过程中，今后一个时期阶层关系发展趋势究竟怎样，如何进一步分析和把握？

陆学艺：目前中国合理协调的社会阶层关系尚处于构建中，今后一个时期阶层关系发展趋势究竟如何，我们有以下几个方面的看法。

第一，从经济发展、工业化发展进程角度来看，中国目前工业化已经到了中期阶段，可以预见，未来中国经济会向着又好又快的方向发展，工业化持续快速推进的态势不会改变。如此经济发展状况，必然带来经济结构、产业结构、职业结构的趋高级化发展，必然对管理者、劳动者的文化素质提出越来越高的要求；社会成员素质的提高，必然导致社会流动加快，社会下层的规模会越来越小，社会中间阶层的规模会越来越大，社会阶层结构会越来越趋向形成"中间大、两头小"的合理的现代化社会阶层结构。这样的社会阶层结构有利于深化协调阶层关系。

第二，从当前深化协调阶层关系的社会环境和社会基础来看，目前中国深化协调阶层关系在调整相关政策和制度上有这样一些有利的方面。一是和谐社会成为经济社会协调发展的新导向，党中央提出构建社会主义和谐社会这一新的战略目标，提出了发展为了人民、发展依靠人民、发展成果由人民共享的方针，为协调阶层关系提供了一个良好的政治政策环境。二是中国目前已经进入经济社会发展的关键时期，也是各种社会矛盾的突发时期，因而如何化解已经存在的社会矛盾和风险，努力实现社会合作，已经成为全体社会成员的共识，协调阶层关系有了一定的社会基础。因此，从当前形势看，中国阶层关系正在朝着合理、协调、合作、共赢的方向演进。

第三，从阶层关系基本类型及其特征和社会影响来看，上述两方面基本上是中国今后一个时期阶层关系向着好的方向发展的宏观背景，今后中国阶层关系究竟会出现什么样的状况，还可以从阶层关系的基本类型予以分析。结合世界各国阶层发展基本状况，可以从阶层结构形态、利益协调、权力调控、社会流动、价值整合以及社会发展影响等方面的变量加以考察。我们将阶层关系分为三种类型：协调合作型、多变建构型和脆弱失调型，具体情况参见表1。

表 1　社会阶层关系类型及其社会影响

	协调合作型	多变建构型	脆弱失调型
阶层结构形态	中间大、两头小的橄榄型结构，社会呈现"弹性"	现代化社会阶层结构出现雏形，但还只是洋葱头型	上（层）强下（层）弱的失序型，社会呈现"刚性"结构
利益协调方面	分配制度和机制基本合理，社会成员的物质文化生活基本平衡满足	利益分配格局不平衡，存在利益分割现象，利益分配制度和机制需要重构	分配机制极不合理，少数社会成员暴富，多数社会成员收入过低
权力调控方面	以服务型为主的管理理念不断创新，政策惠及各个阶层；倡导民主法治，权力约束机制科学合理	管控型理念转变为服务型管理理念，政出多门；腐败现象突出，权力约束机制需要加强，民主法治需要推进	命令－服从型的管控理念大行其道，政策仅有利于少数强势阶层；专横独断现象突出，权力缺乏约制，腐败丛生
社会流动方面	现代性社会流动机制形成，多元而成熟，社会流动公正合理、开放有序	流动机制多元化但变动不居，公正、合理、开放的现代社会流动模式尚未形成	流动机制十分不合理，流动渠道封闭或单一，社会成员正常流动受阻滞
价值整合方面	核心价值具有很强的整合力，多元文化思潮共生共荣，在各阶层之间达成公平正义、社会合作、道德诚信的社会共识	思想文化多元并存，核心价值亟待重构，公平正义、社会合作、道德诚信的共识需要增强。阶层间存在一定的观念冲突	核心价值缺失或发挥不了整合功能，思想文化多元混杂，社会缺乏公平正义、合作共进、道德诚信的理念，阶层观念冲突明显，成员心理不平衡
社会发展影响	经济社会协调发展，社会和谐，全面进步	经济社会发展不协调，社会总体和谐，但存在诸多社会矛盾	经济社会发展混乱，社会变迁中断、崩溃、失衡或断裂

　　未来中国阶层关系发展存在着三种可能：要么走向协调合作型，要么滑向脆弱失调型，要么停留在多变建构型状态。当然，我们总是期盼着阶层关系走向全面协调合作。从上述宏观背景来看，经济发展趋势、工业化推进态势、政策环境和社会基础等，都十分有利于今后一段时期阶层关系走向协调合作；而阶层关系的内在因素中潜伏着诸多矛盾和问题，需要进一步朝着正向方面不断调整和重构，如果阶层关系仍然得不到有效理顺，就有可能长期滞留于现状，乃至有滑入失调状态的危险。所以，当前的关键是我们的各级党委和政府这只"有形的手"，要解放思想、更新理念、发挥主导性作用，动员和组织各阶层成员参与社会治理、社会建设，努力构建科学合理的利益协调机制，强化社会主义和谐社会核心价值整合功能。这是我们构建社会主义和谐社会面临的必须解决好的重要任务。

记者：陆老师，中国目前协调阶层关系到了关键时刻，如何深化协调阶层关系、促进社会和谐，您可否提出一些具有针对性的建议。

陆学艺：基于上述对阶层关系存在的问题及其原因、发展趋势等方面的分析，我们有以下几个方面的建议。

第一，充分发挥政府强有力的调控作用，把握和促成阶层关系正向发展。任何一个社会的阶层结构及阶层关系都是动态发展的。执政党和政府要正确做出经济、社会发展的重大决策，就必须随时把握社会阶层结构及阶层关系的动态变迁状况。从国际上看，一些发达国家都有专门机构、专门人员和专项经费对社会结构、社会流动、社会阶层关系进行定期的跟踪调查和研究。而且，欧美国家和日本等一些发达国家在工业化发展和繁荣时期，都先后采取过一系列"社会制度－政策保障"措施加强社会结构尤其是阶层关系的调整，较好地实现社会转型；而南亚、拉美的一些国家，在经济迅速发展中没有通过国家这只"有形的手"（处于"软国家"状态）去及时协调阶层关系，甚至偏袒某些强势阶层的利益而漠视底层阶层的利益，结果社会阶层合作局面消失，代之而起的是冲突和对抗。前车之鉴提示我们，通过执政党、政府这只强而有力的"手"去"引导"阶层利益关系的调整已经迫在眉睫。国家在这方面的制度安排和政策选择的首要目的，应该是从多方面去协调阶层利益关系，保证合理的现代社会阶层结构的形成，并且保持社会阶层结构稳定而有活力、持续而不紊乱。

第二，继续深化体制改革，加快培育现代化社会阶层结构，为协调阶层关系奠定基础。合理的现代化社会阶层结构是理顺和协调阶层关系的基础。目前，中国现代型的"中间大、两头小"的橄榄型社会阶层结构尚未形成，目前这种"洋葱头"型结构本身就隐含着阶层关系不协调的因素，原因在于社会体制不顺，计划体制时期形成的一些社会体制还没有得到应有的改革，这些与社会主义市场经济体制不相适应的社会体制机制人为地引发社会不公平，有些体制保护的是少数人的利益，损害的是多数人的利益，难免形成"上（层）强下（层）弱"的利益分割格局，导致少数人掌控多数社会资源，大多数人只享有小部分利益。

目前，中国现代社会的流动机制正在形成，正在逐渐代替传统社会的社会流动机制；但是一些传统落后的社会体制机制阻碍现代社会阶层关系的协调，同时一些新的制度和机制尚未确立，出现很多"制度性失范"现象；而且，先赋性资源在社会资源配置中重新"回潮"，阻碍了社会成员公平合理流动，因此需要进一步加大社会体制改革力度。

第三，强化权力调控和观念整合，协调利益关系，打破"三强三弱"阶层关系格局。前面提及的"资强劳弱""官强民弱""上强下弱"的阶层关系格局，已经成为构建社会和谐的重大障碍。当前中国许多社会矛盾和社会问题，已经明显地集中到与人民群众基本民生问题密切相关的层面和环节上，因此，强化权力调控和观念整合、统筹协调阶层利益关系、妥善处理社会矛盾，成为当前深化协调阶层关系、促进社会和谐的重点。

第四，加强社会建设，改善社会管理，发展社会事业。社会建设是目前全面建设小康社会的重点和难点所在。因此，要形成政府主导、社会共建、群众参与的社会管理格局；创新社会管理理念，强化政府的社会管理职能，吸纳各个阶层成员、各类社会组织和社会力量参与社会治理，努力降低社会发展的成本。不断完善社会政策，加大投入，在确保社会公平中发展社会事业，当前尤其要从我国的基本国情和经济社会发展的实际出发，逐步建立与社会保险、社会救助、社会福利、慈善事业相衔接的覆盖城乡居民的社会保障体系，要以发展社会事业和解决民生问题为重点，加大对社会事业的人力、财力投入，优化公共资源配置，特别要注重向公共服务薄弱的农村、基层、欠发达地区倾斜，逐步形成惠及全民的基本公共服务体系。

记者：谢谢您接受我们的采访。

当代中国社会流动

社会分层与社会流动的研究是社会学研究的核心问题[*]

2002 年初,《当代中国社会阶层研究报告》出版以后,课题组接着做了两件工作。其一,2001 年 6 月启动的全国范围（包括 12 个省区市,共 72 个县市）的 6000 份抽样问卷调查已经完成,课题组开始了录入、统计和分析的工作;其二,课题组经过多次讨论,决定把当代中国社会流动作为第二步的研究目标。《当代中国社会阶层研究报告》的主题是当代中国社会已经分化为十大社会阶层,《当代中国社会流动》的主题则是:这十大社会阶层是怎样从"两个阶级、一个阶层"的社会结构分化而来的;社会流动机制发生了哪些变化;而且要进一步研究这十大社会阶层将会怎样继续演化;怎样才能由一个现代化社会阶层结构的雏形,发展为一个开放、合理、有活力的现代化的社会阶层结构;现有的社会流动机制哪些是合理的,哪些是不合理的,需要进一步改革和调整。

本书的基本框架:导论和前五章是总论,后六章是分论。导论部分论述研究社会流动的意义和目的,指出当代中国的社会流动有着特殊的方面,它是在多次重大社会政治变革的背景下发生的;社会流动的动力、机制、路径和结果也都很特殊,所以,我们也采取了特殊的研究方式,同一般教科书讲的社会流动有所不同。导论还指出了本项研究的若干新发现和新观点。

第一章,论述十大社会阶层的形成和划分,对上一本书提出的划分标准和操作方法做了进一步的阐述,并且根据全国抽样问卷调查的数据,对

---

[*] 本文源自陆学艺执笔的《当代中国社会流动》后记的手稿,现标题为本书编者根据后记内容所拟定。该稿写于 2004 年 6 月 15 日,作者署名:中国社会科学院社会学研究所"当代中国社会结构变迁研究"课题组。该后记刊载于《当代中国社会流动》（陆学艺主编,北京:社会科学文献出版社,2004 年 7 月）,第 373～377 页。——编者注

十大社会阶层各自所占的比重做了一些小的调整。本章的第三节对全书的分析框架做了说明，所以，第一章在本书与上一本书之间起承前启后的链接作用。

第二章，论述 1949 年新中国成立以来，中国历经多次政治社会运动，激烈的政治、经济制度变迁，强烈地影响到每个社会成员社会地位的升降，在这样的历史背景下的社会流动，同工业化国家在经济社会制度稳定的背景下所发生的社会流动是不一样的。本章根据 1949 年以来的历史背景，分五个时段论述，所以，称为五次社会大流动。

第三章，"中国职业结构的趋高级化及原因分析"。职业，是我们将社会成员划分为不同阶层的重要依据，社会阶层流动也是在职业变化层面上进行的。本章对国内外的资料和数据进行的分析表明，1978 年以来，我国的职业结构也像多数工业化国家一样，正在趋向高级化，在工业化、城市化、市场化的推动下，中国正在由一个传统的农业社会稳步地转变为工业化社会，随着经济的持续、健康、快速的发展，二、三产业的发展为社会提供了大量社会岗位，大量的农业劳动力逐渐转入二、三产业。进入 20 世纪 90 年代中期以后，现代服务业等第三产业发展迅速，为社会提供了众多的中高层社会岗位，使相当多的社会成员成为白领。当然，和工业化国家相比，这类职业还不算多，所以我们说，中国职业结构正在日趋高级化。

第四章，十大社会阶层的来源和流向。依据全国 6000 份抽样问卷调查数据，对十个阶层的代际和代内流动分别做了分析，揭示了十个阶层的形成过程和未来走向，并且计算出了当代中国社会流动的总体水平。研究表明，改革开放以后的社会流动率比 1978 年以前有了较大的提高，说明中国正在走向日渐开放的社会。

第五章，论述中国人社会地位获得的途径，通过对抽样问卷调查数据的分析，总体分析了各种社会流动机制在不同的历史时期对不同的个人在社会地位获得方面的影响和作用。

第六章到第十一章，分别就国家与社会管理者、私营企业主、社会中间阶层、产业工人、农民工、农业劳动者等新社会阶层和群体的社会流动做了论述。

最后，有一个附录，对本书的调查研究过程、资料来源做了说明。

全书的框架设计是经集体反复研讨确定的，并对各章做了详细的讨论然后分工写作。具体分工如下。

导论：王春光、李春玲（第二部分）；

第一章：李春玲、陈光金（第三节）；

第二章：陈光金；

第三章：石秀印、李炜；

第四章：李春玲；

第五章：张翼；

第六章：恭维斌；

第七章：陈光金；

第八章：张宛丽；

第九章：石秀印；

第十章：王春光；

第十一章：樊平；

附录：李炜。

本书是集体创作的成果。近三年来，课题组全体成员团结一致，精诚合作，为做好本项课题研究，进行了长期的辛勤劳作。自开题以来，课题组开展了马克思主义基本理论和社会结构、社会流动理论的学习，大量汇集国内外有关文献资料；对 6000 份抽样问卷调查和其他数据进行细致的分析，并且开展了有关社会流动问题的调查和研究。2002 年秋，确定了全书各章分工之后，各章撰稿人分头写作。2003 年 8 月，多数章节的初稿完成。自此，进入了统稿阶段。课题组集体对初稿的每一章进行细致的研讨：有些章节讨论多次，有些章节几次推倒重来。统稿研讨的过程，本身也是课题组成员能力提高的过程，这逐步使大家对新中国成立 50 多年来的社会流动这个基本国情，有了比较深入的认识，并且就如何研究中国特殊的社会流动的理论和分析框架达成了共识。2004 年 4 月，重写后的书稿汇齐，由王春光、李春玲、李炜、陈光金组成定稿小组，负责全书的定稿工作。两个月来，定稿小组先后集中三次，对书稿逐章、逐节地进行修改，有些篇幅过长就进行删节、改写，有些内容还不符合全书的要求，则进行补充、修正，例如，李炜对第五章、第八章的修订，陈光金对第六章的修订，王春光对第十一章的修订，等等。定稿小组经过数十个日日夜夜的劳动，统稿工作终于完成，最后由主编审改定稿。

说本书是集体创作的成果，还有另一层含义。社会分层与社会流动的研究，是社会学学科研究的重要核心议题，然而对这个重要核心议题至今还没有得到社会的共识。所以，这个课题从一开始，就受到社会学界同行们的关注和青睐。同上一本书一样，在本书的研究和写作过程中，曾开过三次社会流动问题学术研讨会。中国人民大学郑杭生教授、李路路教授，北京大学王思斌教授、杨善华教授、刘世定教授、方文副教授，清华大学李强教授、孙立平教授，南开大学朱光磊教授、王处辉教授、侯钧生教授，北京社会科学院戴建中研究员、王煜研究员等，都在他们教学、研究十分繁忙的情况下，拨冗参加我们的学术研讨会，发表高见，贡献智慧，指点我们课题组一步一步地深入进行研究。

另外，本课题的一项基础性研究工作——全国 6000 份抽样问卷调查开始设计问卷时，戴建中研究员、李培林研究员、黄平研究员就做了指导，冯世雍、高嘉陵研究员、柯惠新教授帮助我们做了全国抽样。全国各省份的问卷调查是请各地的社会学会、社会学系、社会学研究所的同行学者帮助组织完成的。他们是：北京的戴建中研究员、田玉荣副教授，上海的卢汉龙研究员，江苏的邹农俭教授，江西的王明美研究员、杨达副研究员，浙江的王金玲研究员，山东的马光海教授，贵州的史昭乐研究员，河南的刘倩研究员，河北的周伟文研究员，内蒙古的孙兆文教授，四川的赵喜顺研究员，黑龙江的赵瑞政研究员，等等。自 2001 年 6 月开始到 2002 年 1 月，前后 6 个多月，他们负责组织培训调查员，并带领他们到各地的城区和农村入户调查，最后汇总，帮助我们完成了这项艰苦而繁重的调查工作。

下个月[①]，《当代中国社会流动》就要问世了，那时正是第 36 届世界社会学大会开幕的日子，恰逢盛会，本书也作为课题组成员奉献给各国朋友、同行学者的礼物，以表达我们竭诚欢迎的心意。

借本书出版的机会，特向上述帮助支持过课题组的同行学者、朋友们表示衷心的谢意！同时，我们还要感谢中国社会科学院和社会学研究所领导的关心与支持，感谢社会学研究所科研处、办公室、资料室同志们的协助和照顾。社会科学文献出版社社长谢寿光、总编助理范广伟、编辑室主任张大伟，自始至终参加了课题组的研究活动，本书的统稿定稿会议先后开过 8 次，每次他们都参加了。本书能及时出版，谢寿光等同志花费了很多精力，在此，一并向他们表示谢意！

研究一个国家的社会流动是很困难的，研究中国这样一个拥有 13 亿人口大国的社会流动就加倍困难，研究新中国成立 50 多年来经过多次政治、经济、社会体制剧烈变革的社会流动，就可谓十分困难、异常困难。困难主要体现在三个方面。一是没有现成的研究模式作为借鉴。类似中国这样

---

① 本文中指 2004 年 7 月。——编者注

复杂多变的国情背景下的宏观社会流动，还没有人研究，出版成体系的著作。20世纪90年代以来，国内、国际少数学者对中国社会流动的某些方面，只做过一些初步的研究。二是关于研究中国社会流动的资料和数据很难获得。三是研究经费短缺。但是，靠着课题组集体团结的力量、集体的智慧，群策群力，集体攻关，靠着院内外、所内外各级领导和一大批同行学者的指导、帮助和支持，靠着前三年完成的上本书积累的资料、数据和经验，又经过这三年坚忍不拔的艰苦努力，现在，《当代中国社会流动》终于问世了。这是我们课题组继《当代中国社会阶层研究报告》之后的第二个研究成果，同上一本书一样，也是一项探索性研究。书中提出的观点和判断，只是我们课题组的研究心得，难免粗糙和不当。但我们认为，研究当代中国的社会流动，和研究当代中国的社会分层一样，不仅是中国社会学学科建设的需要，而且是当代中国经济社会协调发展的需要，有利于深化对中国国情的认识，有利于制定正确的社会发展战略和经济社会发展政策。所以，我们就不揣冒昧，公之于世，恭请社会各界批评指正。

当代中国社会流动研究[*]

本书是中国社会科学院"当代中国社会阶层结构研究"课题组的第二份研究报告,也是《当代中国社会阶层研究报告》的续篇。上一本书的主要根据是课题组在全国 10 个省市所做的 1.1 万份抽样问卷调查和近千份各阶层成员访谈的数据资料;本书的主要根据则是课题组在 2001 年、2002 年所做的全国 6000 份抽样问卷调查的数据和资料。所以,本书同样是一本以实证研究为主的探索性著作。

现就本书研究的主题、研究意义、研究方法、研究发现和发展趋势做出以下说明。

一 研究当代中国社会流动的意义

《当代中国社会阶层研究报告》的主题是当代中国社会已经分化成十大社会阶层。《当代中国社会流动》的主题是:十大社会阶层是怎样从"两个阶级、一个阶层"结构分化演变而形成的;社会流动机制发生了哪些变化;这十大社会阶层今后各自将怎样继续演化;在现有的社会流动机制当中,哪些是合理的,哪些还不合理,不合理的需要怎样改革和调整。

社会分层和社会流动是对某个国家或地区同一类社会现象所做的两种视角的分析和描述。社会分层是从静态的角度分析描述社会阶层结构的分

---

* 本文源自陆学艺主编《当代中国社会流动》,(北京:社会科学文献出版社,2004 年 7 月),第 1~20 页。该文系该书的"导言",执笔人:陆学艺、王春光、李春玲。该文还以《〈当代中国社会流动〉导言》为题收录于《陆学艺文集》,上海:上海辞书出版社,2005 年 5 月;以《当代中国社会流动研究》为题收录于陆学艺《中国社会结构与社会建设》,北京:中国社会科学出版社,2013 年 8 月。本文采用收录于《中国社会结构与社会建设》时的标题。——编者注

化内容、形式、形成的层次和分布形态，是研究社会阶层结构分化的质变过程。社会流动是从动态的角度分析描述社会阶层结构分化中各层次间的互动、动力机制、时空范围、方向和速度，是研究社会阶层结构分化的量变过程。社会分层研究与社会流动研究互为表里，不可或缺，即二者是相辅相成的。

社会流动是指社会成员从某一种社会地位转移到另一种社会地位的现象。在一个既定的社会阶层结构里，如果转移流动的方向是由较低社会地位流动到较高社会地位，我们就称之为上升流动；反之，我们则称之为下降流动。这两种流动被统称为垂直流动。有些社会成员从一种职业转移到了另一种职业，但其收入、声望、社会地位却基本不变（如大学的讲师调到研究单位任助理研究员），是在同一水平线上流动，我们则称之为水平流动。

总体来说，在人类社会发展的历史过程中，社会流动呈不断扩大的趋势。在中世纪、封建社会等以前的时代，个人的社会地位是由先赋因素决定的。一个人出生在哪个阶级、阶层，一辈子就是那个阶级、阶层的成员，一般不会变易。例如，在中国古代社会，就有"士之子恒为士，农之子恒为农，工之子恒为工，商之子恒为商"① 的说法。阶级、阶层之间等级森严，界限十分清楚，几乎不可逾越，社会流动几乎等于无，所以我们称之为封闭型社会。随着生产力的发展、近代社会化大生产的出现，生产形式和产业结构经常发生变化，新的产业部门不断涌现，而有些旧的产业部门则被淘汰。在这种情况下，我们只有实现劳动力和人才的流动，才能满足社会大生产的要求。马克思说："现代工业通过机器、化学过程和其他方法，使工人的职能和劳动过程的社会结合不断地随着生产的技术基础发生变革。这样，它也同样不断地使社会内部的分工发生革命，不断地把大量资本和大批工人从一个生产部门投到另一个生产部门。因此，大工业的本性决定了劳动的交换、职能的更动和工人的全面流动性。"② 科技的进步、社会化大生产的不断发展，以及产业结构的不断向更高层次转变，客观上创造了新的社会岗位，同时也创造了社会流动的需要。只有通过社会流动，新的社会岗位才会有人去充实，才能实现劳动力和人才的合理配置。社会

① 管仲：《管子·小匡》，载吴文涛、张善良编著《管子》，北京：燕山出版社，1995 年 8 月，第 180～182 页。

② 马克思：《资本论》，载《马克思恩格斯全集》第 44 卷，北京：人民出版社，2001 年 6 月第 2 版，第 560 页。

流动渠道越畅通，社会流动率越高，就越能调动各社会阶层尤其是中低层社会成员的积极性，使他们充满希望，通过后致性规则也即通过个人后天的努力奋斗，实现上升流动到更高层次的社会地位的愿望。这种流动将在客观上推动社会化生产的发展，并促进形成经济结构变动与社会结构变动相互促进的良性循环。这样的社会就被叫作开放性社会。总体而言，在封闭性社会里，先赋性规则是主要的社会流动规则；而在开放性社会里，后致性规则是主要的社会流动规则。

自 1949 年中华人民共和国成立以来，中国发生了两次重大的制度变革。第一次制度变革发生在 1949 年以后，新中国借鉴苏联社会主义制度模式建立新的政治经济体制，通过如土地改革，对农业、个体手工业和私营商业的社会主义改造，国家工业化、大跃进、人民公社化等一系列政治经济运动，一方面，在经济建设上取得了很大成就，使工业化水平有了显著的提高；另一方面，在制度层面上，使公有制取代了私有制，中央集权的计划经济体制取代了以小生产为基础的市场经济体制。相应地，整个社会阶级阶层结构也发生了深刻变化。国家通过没收官僚买办资本，消灭了官僚买办阶级；通过土改，消灭了地主阶级；通过对私营工商业的社会主义改造，消灭了资产阶级；通过对农业、手工业的社会主义改造、合作化和人民公社化运动，使亿万农民和农村手工业者成为农村集体经济——人民公社的社员，城镇手工业者成为国营集体或城镇集体企业的职工。整个社会阶级阶层结构演变为由工人、农民、知识分子（干部）构成的"两个阶级、一个阶层"的社会结构。

在这数十年的历史过程中，中国的政治运动连绵不断，经济变动剧烈，社会政策多变。这样的制度、政策和社会结构变动，直接影响着人们的社会流动。个人、家庭乃至某个阶级阶层的社会地位的获得和沉浮，都不是由他们自己掌握的，而是由当时的制度、政策的变化来决定的。从更长远的历史视角来观察，1978 年以前，特别是到了"文化大革命"后期，中国社会整体上趋于封闭，先赋性规则成为社会流动的主要规则。

1978 年，中共十一届三中全会决定实行改革开放，中国开始了第二次重大制度变革。改革先从经济体制开始，次及政治体制和社会体制。改革的方向是实现由计划经济体制向社会主义市场经济体制的转变。到 2000 年，我国社会主义市场经济体制已基本被建立起来。改革推动了国民经济的持续高速发展，加快了中国由农业社会向工业社会、由乡村社会向城市社会的转变。经济体制改革、经济发展、经济结构的变化推动了社会结构的分化，催生了诸如私营企业主、农民工等一些新的社会阶层和群体，使社会分化为由十大社会阶层组成的社会阶层结构。总体说来，在这个时期里，特别是在改革开放前期，国家制度政策的安排对人们社会地位的获得和沉浮，还曾起过重要乃至决定性的作用，但越到后来，整个社会变得越是开放，后致性规则逐步成为社会流动机制的主要规则。

中共十六大报告指出，"二十一世纪头二十年，对我国来说，是一个必须紧紧抓住并且可以大有作为的重要战略机遇期"①。目前，中国正处在历史发展中的一个关键时期，也是经济社会结构即将发生更为深刻的变化的重要阶段。"许多国家的发展进程表明，在这一阶段，有可能出现两种发展结果：一种是搞得好，经济社会继续向前发展，顺利实现工业化、现代化；另一种是搞得不好，往往出现贫富悬殊、失业人口增多、城乡和地区差距拉大、社会矛盾加剧、生态环境恶化等问题，导致经济社会发展长期徘徊不前，甚至出现社会动荡和倒退。"②

从改革开放以来的实践来看，经济继续向前发展的势头很好，再翻两番的目标也是能够实现的，因为中国已经走上社会主义市场经济体制的轨道，政府也积累了调控经济的能力和经验。中国能不能在这个历史发展的关键时期抓住机遇，实现新的跨越，关键在于其能否做好推动社会继续向前发展这篇大文章。就目前中国的情况来看，社会发展已经严重滞后于经济发展，经济社会发展并不协调，由此引发了种种社会问题。上述引文中列举的六大社会问题，在中国都已相当严重，而且还存在社会治安状况恶化、刑事犯罪率居高不下、贪污腐败屡禁不止、奢靡之风盛行、民工潮、"三农"问题严重、"黄赌毒黑"泛滥成灾等诸多社会问题。看来，我们对社会发展、社会体制改革、社会治理的工作是抓得迟了。改革开放 20 多年来，中国在经济发展方面取得了举世瞩目的辉煌成就，人民的生活条件普遍得到改善，生活水平普遍得到提高，但在社会发展领域却存在许多令相当一部分群众不满意的问题，因此社会并非十分安定。在 20 世纪 80 年代中期，社会上就有"端起碗来吃肉，放下筷子骂娘"的现象，而现在则出现

---

① 江泽民：《全面建设小康社会，开创中国特色社会主义事业新局面——在中国共产党第十六次全国代表大会上的报告》，载《中国共产党第十六次全国代表大会文件汇编》，北京：人民出版社，2002 年 11 月，第 18 页。

② 温家宝：《提高认识 统一思想 牢固树立和认真落实科学发展观——在省部级主要领导干部"树立和落实科学发展观"专题研究班结业式上的讲话》，《人民日报》2004 年 3 月 1 日第 1 版。

了"领着低保金骂政府""开着新买的轿车骂社会"的现象。这些现象实际上正是经济社会发展不协调的表现，值得我们深思。2003 年 10 月，中共十六届三中全会提出"坚持以人为本、树立全面、协调、可持续的发展观，促进经济社会和人的全面发展"，同时还提出要实施"五个统筹"发展。[1]这些新的发展战略的提出既具有很强的针对性，也非常及时。

推动社会继续向前发展，实现经济社会协调发展，是一项巨大的系统工程。例如，我们需要调整社会结构，发展社会事业，改善社会管理，改革社会事业的管理体制，形成和谐的社会环境，实现社会的基本公正，等等，任务非常繁重。但是，中国要想顺利度过目前这个关键时期，就一定要完成好这些任务。换句话说，中国一定要努力补好社会发展这门课。

六年来，本课题组专门研究了当代中国社会阶层结构、社会分层和社会流动。我们认为，社会阶层结构可以说是一个国家的社会结构的骨架。经济发展了，经济结构改变了，社会结构尤其是社会阶层结构也要有与之相协调的调整和改变，只有这样才能为经济发展和经济结构变化提供相适应的骨架作支撑。而且，只要制度安排合理，政策引导适当，随着经济结构、产业结构、职业结构的发展变化，社会阶层结构就一定会发生相应的调整和改变。

本课题组前 3 年重点研究了中国社会分层问题。研究发现，改革开放以来，中国社会已分化为十大社会阶层。凡是现代化社会阶层的基本构成成分中国社会都已具备，现代化的社会阶层位序已经确立，即一个现代化社会阶层结构已经在中国形成。但是，我们的研究还表明，这个现代化社会阶层结构还只是一个雏形。因为就其结构构成而言，该缩小的阶层还没有小下去（农业劳动者还占 44%），该扩大的阶层还没有大起来（如社会中间层只占约 15%），所以这样的社会阶层结构还不是一个公平、开放、合理的现代社会阶层结构，与社会主义现代化进程还不相适应，存在引发社会危机的结构性因素。[2]在这种社会阶层结构下，经济的现代化发展必将面临困难。即使经济社会有所发展，或者有很大的发展，其发展也是不稳定、不巩固的，甚至会有倒退的危险。

近 3 年来，本课题组研究了当代中国社会流动。研究发现，改革开放

---

[1] 《中共中央关于完善社会主义市场经济体制若干问题的决定》，北京：人民出版社，2003 年 10 月，第 12 ~ 13 页。

[2] 参见陆学艺主编《当代中国社会阶层研究报告》，北京：社会科学文献出版社，2002 年 1 月，第二、三部分。

20 多年来，中国已经初步形成了一个现代社会流动机制的模式。这一方面得益于经济发展、经济结构、产业结构变化的直接推动；另一方面，社会流动机制多元化，社会流动渠道开通，也是重要的原因。改革开放前，中国实际上形成了一种多维二元身份等级体系。在这种体系中，先赋性因素是决定人们的社会地位的主要因素，以至于社会流动率很低，整个社会几乎成为一潭死水。改革开放以后，中国逐步放弃了那种身份等级体系，社会流动渠道逐渐开通，例如，农民可以到城镇务工、经商，社会成员可以自谋职业、自主创业，高等学校恢复了统考招生制度等。所有这些变化，都使后致性规则逐渐成为社会流动机制中的主导规则。于是由制度安排和政策规定直接界定人们的社会阶层地位的格局基本被打破，新的社会流动模式开始形成，因而，社会流动率明显提高，社会活力也显著增强了。但是，为什么该扩大的社会阶层还没有真正大起来，该缩小的社会阶层也没有真正小下去，现有的社会阶层结构还不能适应社会主义现代化发展的要求呢？原因是多方面的，其中最重要的原因之一就是：当前中国的社会流动渠道还不畅通，计划经济时代遗留下来的一些制度性障碍（如户籍制度、就业制度、人事制度、社会保障制度等）仍在阻碍着人们向上流动以获得更高的社会地位，社会流动模式呈现新老社会流动机制并存的两重性特点。也就是说，公正、合理、开放的现代化社会流动机制尚未形成。

因此，我们在当前开展社会流动问题的研究，具有非常重要的理论意义和实践意义。在理论上，对有 13 亿人口参与的中国社会流动及其机制的研究，将极大地丰富甚至创新社会学的学术体系；在实践上，通过研究中国社会流动的形式、机制、路径、方向和特征，我们可以发现中国社会流动模式转变中的积极因素，揭示其中的消极因素，为进一步改革和调整相关的制度安排和政策规定提供合适的战略方向和可行的策略路径，从而促使中国社会流动模式最终实现现代化转型，促使社会流动的机制变得更加公正、合理、开放。只有这样中国社会才能在此基础上加快形成一个与经济发展和经济结构变化相适应的公正、合理、开放的现代社会阶层结构。

二 研究中国社会流动的基本框架和方法

社会流动研究是社会分层研究领域中最重要的一个部分。许多国家的社会学家都对各自国家的社会流动做过系统研究，并且还进行了大规模的国际比较研究，从而形成了丰富的研究成果和理论观点。这也为我们的研究提供了重要的参考。然而，50 多年来，中国的社会流动有着极其特殊的方面：它是在几次重大的社会政治变迁背景下发生的，并且受到国家政策的强烈干预。这样的特殊性促使我们对当代中国社会流动的研究采取了一些特殊的研究方式。同时，我们的主题也与通常的社会流动研究有所不同。

　　一般的社会流动研究主要采用两种方式进行分析。一种是流动表分析，即通过职业或阶级阶层的等级划分，对父辈职业地位与子女职业地位进行交互分析，或者对本人最初职业地位与当前职业地位进行交互分析，考察代际和代内的职业地位或阶级阶层位置的变化，并在此基础上，采用一系列的对数线性模型（如 quasi-independence model、quasi-symmetry model 或 level model 等）对流动机会、流动规则和流动模式进行分析。另一种是布劳－邓肯的地位获得模型。它主要是考察和比较先赋性因素（如家庭背景）和后致性因素（个人能力、进取心、受教育水平等）对个人的职业地位获得产生的影响。原来的地位获得模型大多采用路径分析，后来的学者对此加以修正，多采用多元回归、事件史分析和结构方程等方法。上述这两种分析方式已经成为社会流动研究的主流研究方式。然而，这两种研究方式在分析当代中国社会流动时都存在一些局限性。它们比较适合分析社会结构和社会分层架构基本稳定、变化不太剧烈的社会中发生的社会流动，而中国社会在 50 多年里发生了几次重大的社会结构调整，社会分层的基本形态、社会地位等级体系以及社会选拔规则都发生了根本性的变化。在一次重大的制度变革中，原先处于较低社会地位的个人或群体，由于社会制度巨变或国家政策改变上升到较高社会位置，另一些原先处于较高社会地位的个人或群体则落入较低社会阶层。而在另一次重大制度变革中，个人或群体的社会地位变化，又可能出现刚好相反的趋势。在这样的社会背景下，采用流动表和地位获得模型所做的流动分析，很有可能因相反方向作用力相互抵消而掩盖了某些时期的社会流动现象和社会流动规则。为了解决这一问题，我们在采用抽样调查数据进行流动表和地位获得模型分析的同时，还利用历史文献资料和国家统计资料，对 50 多年来中国社会政治变迁和国家政策调整及其对社会流动产生的影响进行了深入的系统分析，以便从更广泛的视角观察和描述当代中国社会流动。

　　在研究主题和理论取向方面，我们的研究也与一般的社会流动研究略有不同。一般的社会流动研究大多围绕着工业化理论命题而展开，重点讨论工业化是否导致了流动机会，特别是上升流动机会的增多、流动机会结构公平化水平的提高，以及决定个人流动机会的因素由先赋性（家庭背景）转向后致性（个人努力）的趋势，从而最终得出一个结论，即工业化导致社会结构变得更加开放，或者说，社会结构由封闭走向开放。另一方面，研究中国社会流动问题的国外学者大多在新结构主义（部门分割或市场分割理论）和新制度主义（制度变迁和市场过渡理论）的理论框架下展开研究。国内研究社会流动问题的学者基本上也采用这两种理论取向。这些研究主要讨论制度变迁背景下（经济改革前后）社会流动模式和机制的变化，以及在当前国有计划部门和市场部门（再分配体制与市场体制）共存的情况下中国社会流动机制的复杂性。但我们的研究并未沿着上述两种理论取向的思路展开。本书研究中国社会流动的一个最主要的目的是，期望通过丰富的数据资料和文献资料分析，全面系统地描述 50 多年来中国社会流动的总体趋势。通过这种描述，我们希望读者能够了解社会变迁和国家政策调整如何影响个人和群体的命运，希望学者和理论家们在解释当今中国的社会变迁时能有更开阔的思路，同时也希望政策制定部门从中有所获益，能够意识到国家的某些政策的变化可能导致重大的、长久的社会政治后果。

　　基于这样一个研究目的，我们的研究主要着重于三个方面。第一，我们全面考察了 1949 年以来重大的社会政治变动和相关政策调整及其对社会流动的影响。我们对此进行专门的深入分析是因为我们认为，如果不全面了解这些社会政治变动和政策变化，就无法准确把握中国社会流动的模式和机制的变化线索及其背后的原因。第二，我们通过观察社会流动来解释当前社会阶层的形成过程、内在特性和未来走向，并由此判断当前中国社会是否存在社会阶层，区分社会阶层的界限在哪里，社会阶层之间的社会距离有多大，社会阶层是否出现了结构化的倾向。这是我们进行社会流动研究最主要的目的。也就是说，我们希望通过社会流动这一视角，分析当前中国社会阶层分化的主要特点，预测其未来的发展趋势。第三，通过对不同时期——特别是经济改革前后——的社会流动路径、流动机制、流动频率、流动障碍和流动机会分布进行比较研究，我们希望能够对近 50 多年的中国社会结构变迁走向做出总体判断，即在哪些方面中国的社会结构变得日益开放，在哪些方面封闭性特征有所增强或有所保留，同时分析这些开放性因素和封闭性因素对社会经济发展和个人发展有什么影响，并提出相关的建议。

三　当代中国社会流动的特点与我们的研究发现

本课题组根据中国特有的国情，采用宏观分析和微观分析相结合的研究策略，对 1949 年以来中国的社会流动做了定性和定量的研究。50 多年的时间在历史的长河中只是短暂的一瞬，但在中国这块土地上，却发生了五次结构性的社会大流动。在 1978 年以前，社会阶层、群体、家庭、个人的社会地位主要由国家的政治制度、经济体制、社会政策变化的影响决定，所以它们上下升降、起伏不定。直到改革开放以后，随着社会主义市场经济体制的逐步建立，中国的社会流动才逐渐显现出类似于工业化国家常有的社会流动轨迹。据我们研究，这 50 多年间，中国的社会流动表现出以下一些特点。

第一，中国的社会流动模式与工业化国家的社会流动模式不同，因而社会流动研究的内容、策略、方法也应有所不同。

50 多年来，中国的社会流动是在社会政治经济制度几度重大的变革背景下发生的。而工业化国家学者研究的社会流动，一般都是在政治、经济制度和社会政策基本稳定的背景下的社会流动，所以两者在社会流动的机会、规则、方向、速度、规模等方面都是不同的。工业化国家的社会一般都是开放性社会，后致性因素在社会流动中起主导作用；而在中国，无论是后致性因素还是先赋性因素，都常常要通过制度与结构的因素发挥作用。这在改革前非常明显，就是在改革后，还起过比较重要的作用。所以，仅仅应用现在国际上比较通行的社会流动研究理论、模式来研究中国社会流动的许多现象，都不好解释。本课题组经过长期反复研究，设计了"中国社会流动机制分析框架"[①]。本书就是我们根据这个分析框架对中国 50 多年来的社会流动进行研究的初步成果。

第二，1978 年改革前和改革后，中国社会流动的模式、机制都发生了巨大的变化。

在改革开放前，国内的政治运动不断，国家实行计划经济体制，控制了一切政治、经济、文化资源，垄断了资源配置权，因此国家的政治经济制度和政策安排直接影响着每一个社会成员乃至一个社会阶层的社会位置

[①]　参见陆学艺主编《当代中国社会流动》，北京：社会科学文献出版社，2004 年 7 月，第一章第三节。

和社会流动机会。个人社会地位的升降、社会阶层的兴衰主要系于国家、政府的制度和社会政策的变化。所以，这个时期的社会流动模式可以被叫作一种"政治主宰型"的模式。

1978 年改革开放以后，国家的工作中心转到经济建设的轨道上，开始了以市场经济为导向的一系列改革，使计划经济体制逐步向社会主义市场经济体制转变，大大加快了经济发展的步伐，推进了农业社会向工业社会的转变。工业化、城市化、市场化的力量推动着经济的发展和经济结构的改变，也推动着社会结构的分化，促使后致性因素对社会流动机制的影响逐渐扩大，社会流动渠道越来越多元化，能力主义原则在社会经济地位获得上的作用日益显著。需要指出的是，国家的制度安排和政策规定对个人以及社会阶层的社会地位获得仍然起着相当大的作用。但尽管如此，现代社会流动机制和模式正在逐步形成。

第三，中国的职业结构正在渐趋高级化。

国际上的研究发现，职业结构高级化是工业化国家普遍出现的一般趋势。高层次职业的数量逐渐增加，在职业结构中所占比重不断增大，而低层次职业的比重则不断减少，形成了"向上流动的潮流"。

我们的研究也表明，1978 年以来，中国职业结构也呈现渐趋高级化的动向。从中国第三次、第四次、第五次人口普查的数据来看，2000 年同 1982 年相比，在职业结构的总量中，初级层次职业（生产工人和农业劳动者）的比重下降了 8.17 个百分点，而中层职业的比重则增加了 7.2 个百分点，由此可见，整个职业结构是向高级化演变的。不过，从职业的总体情况来看，在 1982～2000 年的 18 年中，中国的中高层职业人员虽然是普遍增加的，增幅却比较小，所以与工业化国家职业结构高级化的趋势相比，中国还有差距。我们只能认为，中国的职业结构正在趋向高级化。

工业化国家的职业结构高级化反映的是，20 世纪五六十年代以后，工业化国家的白领职业增加，蓝领职业减少，国家由工业化社会向后工业化社会（或信息化社会）转变的状况。而中国职业结构向高级化演变的趋势反映的则是，1978 年以来，中国的非农业就业增加，农业就业减少，国家从农业社会向工业社会转变的状况。带动中国职业结构趋高级化的主要力量有两种：一是工业化、城市化进程所推动的第三产业大发展，尤其是一些新兴第三产业的发展，这使第三产业的就业空间大为扩张；二是经济体制市场化进程所推动的体制外部门，尤其是非公有制经济的迅速扩张，这种扩张导致了体制外非农就业空间的扩大，大量的农民工就业于非公有制经济部门，同时还催生了个体工商户以及私营企业主等新社会阶层的兴起。概括地说，中国职业结构趋高级化的总体发展趋势使较高等级职业的数量和比重大幅增加，从而为越来越多的人提供了向上流动的机会。在这个过程中，越来越多的人的职业地位将得到改善，他们的经济收入也将有所增加。

由中国经济的持续高速增长推动的职业结构趋高级化，不仅使相当多的人实现了向上流动，还产生了影响更大的社会效益。一方面，更多的人在这个过程中看到了希望，对前途有了更多的信心，他们将发现，只要自己肯努力争取，就有向上流动改善地位的机会；另一方面，正因为人们希望和信心的增加，他们在心理上将更多地倾向于认可这个社会结构，而较少与之抗衡。这就解释了下述看起来矛盾的现实：在目前的中国，城乡差距、地区差距扩大，失业人员众多，贫富分化加剧。在某些人看来，这些问题甚至已经到了不能容忍的地步，但中国社会仍然保持着基本稳定的局面。例如，现在约有 1 亿多农民在全国城市里务工，他们从事极其艰苦的劳动，为城市创造了巨大的财富，却得不到应有的报酬，还受到歧视和不公的待遇，沦为城市的二等公民。这么大的一个群体，居然还能基本与城里人相安无事，而且这个队伍居然还在扩大。这在外人看来是不能理解的，因为他们没有看到这样一个基本的事实："农民工"的社会地位、经济收入还是高于那些仍在农村的农业劳动者。

第四，未来 10 年左右，中国的职业高级化水平将有一个跳跃式的提高，中国的社会中间层规模也将有一个跳跃式的扩大。

本课题组对全国人均 GDP 和各类职业对比关系进行了研究，发现经济增长不仅对非农职业岗位有直接的促进作用，更对中高层职业岗位的增加有相当大的影响。一个省的经济发展水平越高，其经理人员、专业技术人员、办事人员、商业服务业人员的比重就越大。

我们在研究中还发现，当一个省的年人均 GDP 在 5000 元到 7500 元、7501 元到 10000 元、10001 元到 12500 元增长的过程中，国家与社会管理者、经理人员、专业技术人员、办事人员、商业服务业人员、产业工人这些职业阶层人员都呈逐年增加趋势，而农业劳动者则逐年减少。而当年人均 GDP 超过了 12500 元之后，经理人员、专业技术人员、办事人员、商业服务人员、产业工人的人数和比重就会出现一个跳跃式的发展，农业劳动者则大幅度减少。如本书第三章的表 3 - 3 所示，年人均 GDP 超过 12500 元以后，经理人员比重从 1.6% 上升为 2.7%，专业技术人员从 6.7% 上升为

10.9%，办事人员从 3.5% 上升为 7.7%，商业服务业人员从 12.3% 上升为 18.6%，产业工人从 24.1% 上升为 34.1%，而农业劳动者则从 50.9% 陡降至 25.2%。从区域来看，据国家统计局的数据，2001 年人均 GDP 超过 12500 元的省市依次是上海（30674 元）、北京（20576 元）、天津（18327 元）、浙江（14628 元）、广东（13680 元）、江苏（12932 元）与福建（12510 元）。所有这些省市的职业结构都在不同程度上发生了上述变化。

如何理解这种现象？这要从人均 GDP 12500 元这个概念所包含的经济社会意义说起。按国家确定的汇率计算，人均 GDP 12500 元相当于人均 1512 美元；如以购买力平价（PPP）计算，则相当于人均 6148 美元。国内学者认为，如按国家确定的汇率计算，将会低估中国经济发展的水平；如以购买力平价计算，则会高估中国经济发展的水平。我们认为，从整体经济社会发展水平来评估，上述 7 个省市的人均 GDP 水平至少都已超过 3000 美元，这一估计应当是比较客观的。这就是说，这 7 个省市都已经实现了工业化的目标，即已经进入工业化社会。在这个时候，它们的职业结构、阶层结构出现一个跳跃式的发展，可以说，这既是经济社会发展的条件，也是这种发展的结果。因为，这 7 个省市不仅人均 GDP 水平高，而且在城市化、科技事业、文化体育、社会就业、人民生活、社会秩序、社会发展等方面都是发展水平很高和比较高的。可喜的是，2002 年辽宁的人均 GDP 达到了 13000 元，2003 年山东的人均 GDP 也达到 13654 元。未来 5～10 年，黑龙江、河北、吉林、湖北、重庆、海南、湖南、河南、安徽、江西、四川、陕西、新疆、内蒙古这些省份都将先后加入上述 7 省市的行列。所以，我们预计，未来 10 年左右，中国的职业结构、阶层结构都将有一个跳跃式的发展，与此相应，社会中间层的规模也将有一个跳跃式的扩张。例如，北京市 2001 年人均 GDP 20576 元，当年该市专业技术人员总数占就业总人数的 16.4%，社会中间层所占比例约为 36%。

第五，中国社会正在逐步走向一个开放的社会。

本课题组依据全国抽查数据，分阶段考察了 50 多年来中国社会流动模式的变化以及十大社会阶层的形成过程和未来趋向。结果表明，改革前与改革后的情况差异很大。

从代际流动率来看，1980 年以前代际总流动率只有 41.4%，其中上升流动率是 32.4%，不流动率是 58.6%。也就是说，父亲是什么职业地位，近 60% 的子女也还是这个职业地位，只有三成多的子女能实现向上社会流动。1980 年以后，代际总流动率达到 54%，比 1980 年前提高了 13 个百分点，其中上升流动率 40.9%，即有四成的子女与父辈相比实现了向上社会流动。

从代内流动来看，1979 年以前，从前职到现职的总流动率只有 13.3%，1980 ~ 1989 年为 30.3%，1990 ~ 2001 年为 54.2%。这就是说，在改革开放前，有 86.7% 的社会人员往往在一个职位上长期工作，很少流动。改革开放以后，社会流动就大幅增加了。1949 ~ 1979 年，从前职到现职实现向上升迁的流动率只有 7.4%；到了 1980 ~ 1989 年这一阶段，向上升迁的流动率提高到 18.2%；1990 ~ 2001 年，向上升迁的流动率进一步提高到 30.5%。[①]

从上述代际和代内流动率和总体流动率来看，改革以后的社会流动率都有明显的提高。这表明，自 1978 年实行改革开放以来，中国社会正在逐步走向一个开放的社会。

从社会实践观察，随着改革的逐步深化，影响人们社会地位获得的社会流动机制变得更加公平合理，社会流动渠道更加畅通。原来阻碍人们合理流动的一系列制度和社会政策，诸如阶级出身、所有制、单位制、城乡二元体制等，有的已经退出历史舞台，有的正在式微。个人能力和业绩等后致性因素正在成为影响地位获得的主要因素，加上经济的巨大发展在客观上提供了大量新的更高层次的社会岗位，使越来越多的社会成员有可能通过自己的努力获得应有的社会地位，开创自己的事业。这也表明，中国社会正在逐步走向一个开放性的社会。

第六，公正、合理、开放的现代社会流动模式尚未最终形成。

中国正在从传统农业社会向现代工业社会转变、从计划经济体制向社会主义市场经济体制转变。这两个转变正在继续，还远未完成。在这种双重转变背景下的社会流动，同样表现出相当的复杂性和过渡性。一方面，像教育这样重要的后致性因素对个人地位的获得具有越来越重要的作用，职业地位正在取代政治地位，业绩或能力在社会经济地位获得上的作用也越来越大，这些都表现出中国正在形成一种现代社会流动模式。另一方面，制度和政策安排在社会流动中的作用仍然相当显著，有时甚至起到了决定性作用。在双重转变的过程中，制度和政策安排的这种作用有时会产生负面影响，但有时也具有正面的积极意义。需要指出的是，社会流动中的一些制度性障碍，如计划经济体制时期遗留下来的户籍制度、一部分人事制

---

① 参见陆学艺主编《当代中国社会流动》，北京：社会科学文献出版社，2004 年 7 月，第 176 页。

度、劳动就业制度等，有的正在被改革，有的还基本没有得到改革，至今仍然在起阻隔作用，使社会流动渠道不能畅通。

值得特别注意的是，在中国社会结构趋向开放的同时，也出现了一些不利的倾向。从我们对各种职业群体和社会阶层代际、代内流动的分析来看，1980 年以来，在处于较为优势地位的国家与社会管理者、经理人员、专业技术人员等阶层中，代际继承性明显增强，代内流动明显减少，表现出"多进少出"的趋势；而处于经济社会位置较低阶层的子女要进入较高阶层，其门槛明显增高，两者之间的社会流动障碍在强化。这些趋势表明，中国各社会阶层的边界正在明晰化。再有，20 世纪 90 年代中期以来，经济资源、组织资源和文化资源有向上层集聚的趋势，大量原本只拥有其中一类或两类资源的人，到近些年则基本同时拥有这三类资源。这些倾向对形成公正、合理、开放的社会流动机制和社会阶层结构可能会产生不利的影响。

总体来看，当代中国的社会流动，同样显示出我们国家社会转型与体制转轨双重转变的特征。因此，要形成现代化社会应有的社会流动模式，还需要有一个过程。

四 中国社会流动变化的几种趋向

在《当代中国社会阶层研究报告》里，我们曾经指出，中国已经形成了现代化的社会阶层结构的雏形，并对此做了论证；我们同时又指出，这个社会阶层结构雏形与社会主义现代化进程还不相适应。

从当今国际和国内总的发展形势来看，中国已经形成的这个现代化社会阶层结构雏形，今后可能的发展趋势有三个。

第一，初步形成的这个现代化社会阶层结构雏形，就像一个"初生婴儿"，能够在国家经济社会继续向前发展的过程中获得足够的营养和生长条件，健康地、顺利地成长为公正、合理、开放的现代化社会阶层结构。其结构形态也将从现在的"洋葱头型"演变为"橄榄型"。

第二，由于制度和政策改革不及时，社会发展滞后于经济增长，这个幼弱的"初生婴儿"面临营养不良和得不到及时调理和治疗的困境，成长状况时好时坏。其结果可能是成长为一个畸形的"人"，亦即变成一种病态的社会阶层结构。其结构形态可能继续保持"洋葱头"的样子，即底层仍然很大，社会中间阶层发育成长不起来。

第三，由于制度和政策改革停顿，甚至出现重大失误，经济社会发展严重不协调，这个幼弱的"初生婴儿"遭遇恶劣的国际国内生存发展环境，不仅得不到营养，有病时也得不到调理和治疗，以致停止发育、长期病弱，根本无法成长为公正、合理、开放的社会阶层结构。其结构形态可能从现在的"洋葱头型"退化为"蜡烛台型"。在现代社会，这是一种畸形的社会结构，一种瘦弱无力的社会骨架，根本无法支撑经济社会应有的发展。

我们当然希望能够实现第一种理想，避免第二、第三种可能。我们认为，公正、合理、开放的现代化社会阶层结构（具有"橄榄型"结构形态），是一个中等发达的社会主义现代化国家应有的社会阶层结构。实际上，早在 20 年前，邓小平同志就在其著名的"三步走"战略中提出了这个宏伟目标。经过全国人民的努力奋斗，"三步走"战略中的前两步战略目标已经实现，我们正在为实现第三步战略目标而继续奋斗。

当然，公正、合理、开放的现代社会阶层结构，既是现代化国家的本质特征之一，也是建设现代化国家的基本条件，因而应该是在建设现代化国家的过程中逐步形成的。在这个过程中，公正、合理、开放的社会流动机制的形成，是公正、合理、开放的现代社会阶层结构得以发育成长的根本前提，也是促使其发育成长的根本动力。一个国家的社会流动渠道越畅通，社会流动机制越多元化，社会流动率越高，社会流动的规模越大，人们的社会流动实现得越顺利，由此形成的社会阶层结构就越公正、合理、开放和有活力。在这样的社会结构中，各社会阶层的成员将更能各得其所、各展其长。最终，这样的社会阶层结构就是能够与经济发展相适应、相协调的结构，也是能够支撑和推动经济社会进一步发展的骨架。

我们从研究中看到，中国的社会流动模式正在向现代化的社会流动模式转变，新的社会流动模式正在发挥越来越重要的作用。但是，如前所述，一些不公正、不合理的旧有规制仍在阻碍着社会流动渠道的通畅，还在产生一些消极的对社会发展不利的影响。在某些重要领域，社会流动渠道甚至有重新被封闭的迹象。可见，中国社会流动模式的现代转型，实际上也到了一个关键的时期。搞得好，即如果国家能够按照建设社会主义现代化社会的要求，建构合理的制度安排，进行正确的政策引导，继续深化改革，撤除计划经济时代遗留下来的所有制度性、政策性障碍，公正、合理、开放的社会流动模式便终究能够形成。搞得不好，即如果不能加快和深化体制改革，不能消除各种阻碍合理社会流动的制度性和政策性因素，不能对既有的各种消极的社会流动机制进行有效的政策调整和遏制，同时引导各种积极的流动机制稳定下来并发挥主导作用，甚至使已经开通的积极合理的流动渠道又重新被阻塞、封闭，那么，社会就会停滞不前，整个社会阶层结构的演变就可能出现上述第二、第三种结局。

总的来说，我们认为，要使中国社会阶层结构的演变实现第一种结局，避免第二种尤其是第三种结局，从社会流动角度来说，最关键的出路就是，在中国社会努力建构起一种公正、合理、开放且符合中国国情的现代化社会流动模式。为此，我们可以考虑从以下几个方面入手，为这种社会流动模式的形成创造条件。

第一，继续深化体制改革，消除诸如户籍、就业、人事等方面的制度性障碍，使社会流动的渠道更加畅通，加快社会流动的速度，使社会各类成员各得其所，使各种人才能够更顺利地脱颖而出。尤其要促进数以千万计的农村剩余劳动力向第二、第三产业转移，使社会阶层结构中该缩小的社会阶层尽快小下去。这种改革，应当有利于尽可能降低先赋性因素的作用。现行的户口制度、就业制度等先赋性因素的作用，对很多社会成员的正常流动造成阻碍性的影响，我们应该加快改革，及早清除。实际上，正是因为户口制度的阻碍，数亿农民才得不到公平参与竞争的机会。他们即使进城务工，也只能充当地位较低、收入较少的"农民工"，缺少继续向更高社会阶层流动的机会。这对他们来说是很不公正的，对国家和社会的发展来说也是很不利的。这不仅是因为这么大的人力、人才资源得不到发挥和利用，而且也是因为这种局面会造成很大的制度性的社会张力，引发诸多社会问题。

第二，调整和创新社会政策，引导各种公正合理的开放性流动机制（尤其是各种重视个人能力并鼓励个人努力的后致性机制）成为稳定的、发挥主导作用的机制，借此鼓励社会成员个人奋发努力，加快培育社会中间阶层的成长，使该扩大的阶层大起来，促进社会阶层结构形态向"橄榄型"转化。我们要建立公平的竞争机制和强有力的监督机制。现代社会竞争的最重要条件应当是能力或业绩，只要人们在竞争中遵守公平原则，每个人都能拥有向上流动的机会，使"能者上，不能者下"成为社会普遍认同的规则，那么，我们的社会就会是一个真正开放的社会，一个充满活力的社会。在这样的社会流动模式基础上形成的现代化社会阶层结构，才会是公正、合理、开放和有活力的结构，也才能适应社会主义现代化建设的需要。

在这里，最值得关注的政策创新有以下几个方面，而且，由于这些方面的政策涉及的即使不是全部人口，也是数以亿计的人口，因此其创新的社会意义是特别巨大的。一是劳动用工政策创新。在许多领域，尤其是在体制外领域，劳动用工缺乏有效、有力且公平的政策调控机制，企业没有提高员工，尤其是普通员工工资的政策压力，也没有培训员工提高其知识和技能水平的压力，相反，不停地以试用的方式更换员工成为许多企业降低劳动成本的最有效策略。这无疑不利于雇工的经济积累和技能积累，从而也不利于他们实现向上流动。从雇工方面来说，由于得不到国家相关政策的有力支持，他们缺乏维护自身权益的制度性谈判能力，因此始终只能处于初级蓝领的地位，基本上没有机会通过经济积累和技能积累上升为中高级蓝领甚至白领。二是税收等再分配政策创新。我们必须改变目前许多领域的再分配政策起逆调整作用的局面。例如，月纯收入不过二三百元的农业劳动者要交纳8.4%的税费，而城市的个人所得税起征点则被定为1000元。这种税收政策显然是不公平的。三是要减少创业的政策限制，降低人们创业的门槛，鼓励人们自主创业。一定数额的注册资金要求很可能是目前阻碍人们创业的重要政策限制之一。这一要求并不能约束那些有着不规范资金来源的人，而只能阻碍那些自身积累较少而又得不到贷款的普通百姓创业。取消或者最大限度地降低这一门槛，将能激发相当多的人自主创业进入个体工商户或私营企业主阶层的积极性。

第三，调整和创新公共资源配置机制，实现公共资源公平而合理的配置。公共资源配置的合理性固然要体现在效率上，但更要体现在公平上，因为公共资源配置机制是否公平，在很大程度上决定着人们能否公平地分享公共资源配置带来的好处，决定着人们能否在尽可能大的程度上享有公平竞争的机会。国家在配置各种公共资源方面，要全面合理、统筹兼顾，要做到使各个地方、各个阶层的人都能普遍分享公共资源合理配置的利益，尤其要帮助那些在各种先赋性条件方面处于弱势（如家庭经济条件较差、地区经济发展水平较低）的群体和阶层增强竞争的能力，从而使他们能够在竞争中享有相对公平的机会。中国是一个城乡、地区发展很不平衡的人口大国。20世纪90年代以来，城乡差距、地区差距都严重扩大，而国家在分配公共资源方面"扶强不扶弱"的错误倾向（经济学家们赞许地称之为"非均衡战略"），在许多涉及社会流动问题的方面尚未得到根本的改变。

对社会流动来说，公共资源配置产生影响最大的领域，就是公共教育投入的分配。在这方面，现行的分配机制很不合理，也很不公平。城镇人口只占40%，而且比农村人口富裕很多。但2002年全社会的各项教育投资是5800多亿元，其中用在城市的占77%；占总人口60%以上的农村人口只获得了23%的教育投资。[1] 另据教育部的调查，被调查地区的农村义务教育投入中，中央政府投入占1%，省级政府投入占11%，县级政府投入占9.8%，其余78.2%的投入由乡村自筹。[2] 目前，一方面，有不少城市和富裕地区的农村已在普及高中教育，另一方面，在相当多的中西部贫困地区却连农村中小学教员的工资都不能按时足额发放，法定的九年制义务教育还不能普及，辍学率不低。这些地方的青少年得不到应有的教育，那么对他们来说，起点就是不公平的。在这个意义上，公共教育资源的配置就是很不合理的。国家的财政收入现在已经超过2万亿元了，相比之下，农村义务教育经费加总起来也不过是一个很小很小的数目。社会各界提出公共教育资源配置不合理的问题已经有10多年了，但这个问题至今解决不好，"是不为也，非不能也"。说到底，这是国家在公共资源配置问题上过分地甚至错误地把所谓"效率优先，兼顾公平"作为指导原则的体现。教育是现代社会主导社会流动机制的最重要因素，因此国家有责任和义务从现在起努力调整公共教育资源的配置格局，真正做到公平和合理。

第四，制定正确的城市化战略，加快城市化步伐。城市化对拓宽社会流动渠道、加速社会流动有着十分重要的意义。工业经济的集约化倾向推动人口向城市集中，而知识经济、信息社会则有更强的集聚效应。城市化是必然的社会潮流，而我们在城市化问题上囿于传统思维，走了一条曲折的道路。现在城市化的浪潮已经涌到我们的脚下，未来10~20年是中国城市化快速发展的时期。政府应当制定正确的城市化战略，引导好这场巨大的社会变革。

城市化的一个重要功能就是吸纳大量的农村剩余劳动力，使之比较顺利地转入第二、第三产业劳动，让他们在城市生活，不要再搞"农民工"之类的权宜之计。城市，特别是现代化城市，是发展第三产业、现代服务业的载体。工业化国家走过的道路是，农业劳动力进城就业首先也是主要成为工厂的工人，到20世纪五六十年代以后，就大量地向第三产业转移。当今中国，因为前一时期工业大发展，又搞了农村工业化，在第二产业就业的人已经很多。所以，今后农村劳动力进城，当然也有一部分到第二产业就业，但更多的则是直接到第三产业就业。有一些本人素质高、条件好

---

① 陈锡文：《当前我国的农村经济和农村政策》，《改革》2004年第3期。
② 连玉明主编《中国数字报告》，北京：中国时代经济出版社，2004，第385页。

的还将到现代服务业就业。城市是现代文明的载体，城市化的又一个重要功能就是通过现代文明的熏陶提高国人的整体素质，使绝大多数的传统人社会化为现代人。所以，加快城市化的进程，扩大非农就业，特别是第三产业的就业空间，为社会创造更多更高层次的社会岗位，使人们实现向上流动的愿望，加快社会流动，必然会推动中国职业结构趋高级化的进一步发展。

在这里，需要注意的问题是，我们必须恢复城市化的本来意义。一方面，我们必须以真正意义上的"城市化"取代以往作为权宜之计的"城镇化"，因为大量经验观察表明，小城镇不可能成为发展第三产业的有效载体。另一方面，城市化也不等于所谓城市美化、亮化、整齐化或其他的什么"化"，它的基本要义就是人口集中，是农村人口进城就业、生活。目前，一些城市在大规模扩张的同时，为了形象工程式的"政绩"，为了好看，致力于消灭街头就业，把原有的街头就业人员赶入各种集中起来的"市场"，并向他们收取高昂的摊位费，在消灭街头就业的同时提高了百姓自雇就业的门槛。近年来，导致中国个体工商户成百万地减少的重要原因之一，就是这种"贵族化"的城市化运动。

总之，为形成一个公正、合理、开放的社会流动模式，并促使一个同样公正、合理、开放的社会阶层结构形成，在宏观的制度－政策创新方面，我们确实还有很多事情要做，有很多问题需要解决，有很多障碍需要清除。我们只有把这些问题解决了，把这些障碍清除了，中国现代社会阶层结构雏形这个"初生婴儿"，才有条件和机会健康顺利地发育成长为真正的现代社会阶层结构。

中国进入现代化的瓶颈[*]

"最起码户口制度、就业制度、教育制度要改革，这样，公正、合理、开放的社会流动模式才有形成的可能性。"

7月28日，中国社会科学院"当代中国社会阶层结构研究"课题组推出的一部重量级研究报告《当代中国社会流动》，引起各界关注。报告指出，未来8~10年（2012~2014年），中国的职业高级化水平将有一个飞跃式提高，社会中间阶层规模会有一个跳跃式扩大，农业劳动者将进一步大幅度减少。中国社会正在逐步走向一个开放的社会。

8月2日下午，中国社会科学院鸿儒轩中，《当代中国社会流动》主编，中国社会科学院社会学研究所研究员陆学艺，就《当代中国社会流动》一书中的若干问题，诸如中间阶层、父权资本问题以及农民阶层问题，接受了《21世纪经济报道》的专访。

父权阶层兴起

《21世纪经济报道》：此次《当代中国社会流动》报告，重在追问"谁是怎样得到的"这一命题，对这样的命题，是否可能有根本性答案？

陆学艺："谁是怎样得到的"这一命题，重在探讨社会地位流动的过程，譬如一个农民子弟，要想改变农民地位，获得现在既得的地位，就必须通过诸如考大学等社会流动手段。在中国现阶段，通过教育方式进行流动，是一个常用手段。

目前对于农民的不公，最主要的就是起点的不公平。如果农村小学教

---

[*] 本文原载 2004 年 8 月 5 日《21 世纪经济报道》。该文系该报记者专访陆学艺的访谈稿。——编者注

员的工资都发不出，那么农村的教育怎样保障？我们说起点公平、过程公平、结果公平，同样的孩子、同样的智商，如果就读的小学比较好、中学比较好，那么就可以有更多的机会进入高等教育机构；但是山里面的孩子，连九年制义务教育都达不到，又怎么能进入更高阶层的流动？这样的过程必然影响到以后的一系列结果。

我们讲"谁得到了什么""谁是怎么得到的"，结果可能不同，可能有不同的原因。在中国特有的户籍制度条件下，父母地位的不同，以及后来所受教育的不同，都会有"谁是怎样得到的"的不同结果。

《21 世纪经济报道》：你提到，在中国现代社会，干部子女成为干部的机会，是非干部子女的 2.1 倍。对于这一阶层的权力倾向你怎么看待？它的存在，是否会影响政策决断的执行，并使不公正社会倾向现象发生？

陆学艺：这一现象，不光我们存在，国外也一样存在，但没有我们这么特殊。一个人在 14 岁的时候，你的父亲职业是什么，教育背景是什么，社会地位是什么，那对一个人的出身有影响。譬如说，你的父亲是农民，也就是你还是农村户口，那么可能连九年制义务教育都完成不了。在这种状况下，生长在干部家庭中的子女，即使在县城，也能受到相对较好的教育。这样，在 14 岁以前，人的出身的不平等，直接导致以后受教育的不平等，由此，干部子弟更容易当干部的客观条件就更充分。

这一现状也说明，社会结构的不公平，不利于国家向现代化发展，这一点，应该改革。当然，现在社会已经在流动了，但是还未达到理想的状态。理想的状态，最起码一点，就是要改革户籍制度、就业制度、人事制度、教育制度。而现在起点不公平、过程不公平，结果也不公平，干部子女成为干部机会的 2.1 倍就出来了。这种比例如果达到更高的度，当然会影响政策的决断、执行，并使社会不公正现象发生。

《21 世纪经济报道》：你在《当代中国社会流动》一书中指出：处于经济社会位置较低阶层的子女进入较高阶层的门槛明显增高，两者间的社会流动障碍在强化，形成这一状况的原因是什么？它的危害该如何避免？

陆学艺：处于经济社会位置较低阶层的子女进入较高阶层的门槛明显增高，两者间的社会流动障碍在强化，形成这一状况的根本原因就是社会资源分配上的不公平。如果国家想要往现代化迈进，那么就应该从体制上进行改革。

中间阶层的比例应该是 25%

《21世纪经济报道》：仅从人员流动机制而言，中国现在是不是真正意义上的市场经济模式？

陆学艺：如果现在社会实现真正的流动，那么我们的现状要好得多。但我们现在社会结构与经济结构是不协调的，说到底，这并不是真正意义上的市场经济模式。

《21世纪经济报道》：应该缩小的阶层，如农民，应该扩大的阶层，如社会中间阶层，都没有达到现代社会应该有的比例，那么这种比例大体合适应该是多少？形成现在这种该缩小未缩小、该扩大未扩大状况的深层原因是什么？

陆学艺：这在国际上有一种说法，就是，现代化国家人员构成要有一个合适的比例。在我国，按户口统计，实际有70%多的农民。如果下一步改革户口制度、打破城乡二元差异，那么我们的城市化率可达到50%左右。到2020年，假如按人均3000美元计算，那么我们的农民阶层比例应该在25%左右，这样的比例对于我国而言，比较合适。而现在中间阶层的比例是15%，较为合适的比例应该是25%左右。目前在我国，该扩大的没有扩大，该缩小的没有缩小，形成现在这种状况的深层原因就是体制问题。

《21世纪经济报道》：你提到社会的经济资源、组织资源和文化资源有向上层积聚的趋势？

陆学艺：社会的经济资源、组织资源和文化资源有向上层积聚的倾向，这些年来，是慢慢一致了，从某种程度上说，是一件好事。经济资源、组织资源、文化资源集聚，在国外本来就是一致的，在上层，这三种资源同时建立，这是社会发展的一种趋向，有利于社会向上走。

《21世纪经济报道》：中国职业结构渐趋高级化的深层次原因是什么？

陆学艺：我们现在慢慢迈进的现代化国家，都是从农村改革来的，在当前10个地位序列中，干部是第一位，工人是第八位。最底层的排位依次是农民，然后是农民工、工人、各级工商业者，这种位置的排序我们调查了好几个月，不是用脑袋推出来的。我们调查人家，怎样分层？第一有权没有？然后有钱没有？有文化没有？这就是我们所讲的组织资源、经济资源和文化资源，这种分配上的不同，导致阶层地位的不同。现在我们的国家在向现代化发展，社会在进步，中国职业结构渐趋高级化，就是往组织资源、经济资源和文化资源上靠拢，对于国家的稳定，有好处，也是一种社会进步的标志。在国外，白领比例高，那他们的职业结构就是高级化的。

农民的终结

《21 世纪经济报道》： 你在《当代中国社会流动》中说，1997 年以后，占人口 44% 的农民尤其是农业劳动者阶层转变为一个地位较低而且明显处于劣势的社会阶层。这将会给未来中国现代化进程造成怎样的阻碍？

陆学艺： 这一农业劳动者比例状况、地位状况暂时不会有改观，至少 30 年不会。中国的农民，如果不走规模经营、产业经营，那么就不会有出路。国外有一个说法，叫"农民的终结"，我们现在的小农经济肯定在现代化社会没有地位。国外并不是农民消灭了，而是小农经济没了，他们没有农业税，而有产业税。将来如果要消灭中国的小农经济，没有 30 年是做不到的。

向"上"流动仍阻碍重重*

2004 年 7 月，中国社科院"当代中国社会阶层结构研究"课题组推出了《当代中国社会流动》。《干部子女当干部的概率要比一般人高 2.1 倍》……网络和纸质媒体纷纷以类似的标题来概括这份报告。人们很容易回想起 2002 年课题组出版《当代中国社会阶层研究报告》时，其提出的"中国社会已经分化成十大社会阶层"所引发的热烈争论。

话题的敏感性和现实性带来了普遍关注与众说纷纭。数十年间，惯听"两个阶级（工人阶级、农民阶级）一个阶层（知识分子阶层）"说法的普通百姓，无疑被"阶层""分化""社会流动"之类的词语刺激了神经。《新民周刊》专访了两书主编、中国社科院社会学研究所原所长陆学艺研究员。

"关键阶段"的社会流动

《新民周刊》：很多媒体在介绍《当代中国社会流动》这本书时，用了一个很醒目的标题——《干部子女当干部的概率要比一般人高 2.1 倍》。

陆学艺：这个数据是这本书中的诸多数据之一，但大家可能对此比较敏感。实际上，它低于"文革"前的 2.94 倍，和"文革"期间的 4.23 倍。国外的研究表明，一个人在 14 岁的时候，父亲的职业和文化程度对其今后的职业和文化程度会有很大影响。"2.1 倍现象"并没有特别之处。"2.1"这个数字是不是太高，我们和国外的比较还没有做出来。

《新民周刊》：如今不光是学术界，媒体和普通老百姓也很关注中国社

＊ 本文原载《新民周刊》2004 年第 32 期，发表时间：2004 年 8 月 9 日。该文系该刊记者专访陆学艺的访谈录。——编者注

会分层和社会流动的现状和未来走向。

陆学艺：这和我们的经济发展水平是相关的。中国的人均 GDP 已经超过了 1000 美元，这是个大背景。简单地说，在人均 GDP 1000 美元以下的时候，大家吃不上饭，就会埋头解决温饱问题，这一阶段的社会往往还是平静的，社会流动的问题不会那么突出。

人均 GDP 1000 美元意味着够吃了，有的人可以买小汽车了，但有的人，生活水准反而可能下降。这样问题就来了。如果人均 GDP 达到三五千美元，那么可以通过社会保障来照顾这一部分人的生活。但现在想照顾却没钱，社会保障力不从心。在这个阶段，社会分层和社会流动问题就会凸显出来。

《新民周刊》：人均 GDP 达到 1000 美元的国情，对探讨社会流动和社会阶层的形成和发展，意味着什么？

陆学艺：今年①年初，温家宝在省部级主要领导干部"树立和落实科学发展观"专题研究班结业式上的讲话中提到，我国人均 GDP 达到 1000 美元，"是整个现代化进程中一个非常关键的阶段，也是经济社会结构将发生深刻变化的重要阶段。许多国家的发展进程表明，在这一阶段，有可能出现两种发展结果：一种是搞得好，经济社会继续向前发展，顺利实现工业化、现代化；另一种是搞得不好，往往出现贫富悬殊、失业人口增多、城乡和地区差距拉大、社会矛盾加剧、生态环境恶化等问题，导致经济社会发展长期徘徊不前，甚至出现社会动荡和倒退"。②

从根本上说，追求一个合理、公平和开放的社会阶层结构，就是追求经济结构和社会结构协调发展。在社会学家看来，社会结构的变化，在某些方面更重要一些。犹如一个人，社会结构是骨架，经济结构犹如血肉，胖了可以叫它瘦一点，瘦了叫它胖一点，就像经济发展过热可以调控，但骨骼如果长坏了，调整的难度就大了。一个社会政策错了，往往要花几十年的时间来调整，比如我们国家的人口政策。

如果这一阶段不能在中国形成公正、合理、开放的社会阶层结构和社会流动机制，就可能引发社会结构性矛盾，使中国经济的现代化发展面临困难，甚至有倒退危险。

---

① 本文中指 2004 年。——编者注
② 温家宝：《提高认识 统一思想 牢固树立和认真落实科学发展观——在省部级主要领导干部"树立和落实科学发展观"专题研究班结业式上的讲话》，《人民日报》2004 年 3 月 1 日第 1 版。

《新民周刊》：请您简单地描述一下中国社会阶层结构和社会流动机制。

陆学艺：2002 年出版的《当代中国社会阶层研究报告》发现，改革开放以来，中国社会已经分化为十大阶层，一个现代化社会阶层结构已在中国形成，但这个现代化社会阶层结构还是雏形，还不是一个公平、开放、合理的现代化社会阶层结构，存在引发社会危机的某些结构性因素。

如今《当代中国社会流动》则发现，改革开放 20 多年来，中国初步形成一个现代社会流动机制的模式，得益于经济发展和社会流通渠道的日益开通，后致性规则逐渐取代先赋性规则，成为社会流动机制中的主导规则。但当前中国的社会流动渠道还不畅通，计划经济时代留下来的一些制度性障碍（如户籍制度、就业制度、人事制度、社会保障制度等）仍在阻碍着人们向上流动以获得更高的社会地位，社会流动模式呈现新老社会流动机制并存的两重性特点。

《新民周刊》：社会发展中的结构性矛盾有哪些具体表现？

陆学艺：结构性矛盾体现为收入差距越拉越大，特别是城乡差距；社会流动不畅，有户口制度等阻碍，一些人即便流动了还要遭遇歧视。

资源聚集与起点公平

《新民周刊》：书中提到，中国社会结构渐趋开放的同时，社会资源趋于向上层集聚，有的社会流动渠道有被封闭的迹象。这种倾向对形成公正、合理、开放的社会流动机制可能会产生不利影响。

陆学艺：这个问题从两方面看。社会资源主要是经济资源、组织资源和文化资源三种。在国外，三种资源往往是统一在某些少数群体手上，收入、权力、声望，一般都是一致的，三者统一。

中国由于特殊的情况，在 20 世纪 90 年代中期以前，三种资源是不统一的。干部有权，但它的经济收入和文化资源，相对较少；知识分子原来是有声望、有文化的，社会名声不错，但权太小，钱太少；老板有钱，但是声望和权力资源匮乏，20 世纪 80 年代的老板有一句话："穷得只剩下钱了"。现在呢，不少官员的工资虽然不高，但是有房有车，有的人即使是高中毕业，也要去弄个博士当当；很多教授工资也高了很多，有人买了车，住上了高级公寓。而老板中的博士也不少了，有不少还当上了政协委员和人大代表。

我们的危险不在于上层人物开始兼具三种社会资源。我们的问题在于开放得不够，在公平、公正、合理上做得不够。渠道开放不够，比如户口制度卡着，农民子弟除了考大学这条路，几乎没有别的渠道向上流动，即使出来打工，也还是个农民工。

一方面是渠道开放不够，另一方面是市场经济应有的补充手段做不到；社会资源在集聚，而后续的改革没有跟上，户口、就业、人事制度基本上还卡着，社会流动的渠道有被封闭的危险。我们期待进一步的改革能解决这些问题，如果三五年乃至八九年、十年，长此以往，就不是干部子女当干部的概率要比一般人高 2.1 倍的问题了，这个数字就会高得多了。

《新民周刊》： 教育制度对形成公平、合理、开放的社会流动机制有何意义？

陆学艺： 教育是社会流动中的一个重要部分，现代强调起点平等，义务教育都不能普及，山区和贫穷地方的孩子在起点上就不公平，以后怎么竞争？支配教育资金的部门也没有把教育资源分配好，现在一些大学很奢侈，盖那么好的楼，圈那么多的地，而农村教员的工资却常常被拖欠。2002年，全社会的各项教育投资是 5800 多亿元[①]，其中用在城市的占 77%，而占总人口数 60% 以上的农村人口，只获得了 23% 的教育投资。这些都是不合理的。

《新民周刊》： 有学者称，教育私有化是教育制度改革的唯一出路。

陆学艺： 至少在义务教育阶段，没有哪个国家是把教育私有化当作出路的，可以办私有的教育，但作为一个现代国家，义务教育是必须投入的。

《新民周刊》： 改革开放以来，教育是农村学生社会流动最重要的形式，但自 20 世纪 90 年代后期以来，出现了很多农村学生无法承受高等教育收费的情况。

陆学艺： 市场经济下接受高等教育要付出成本，但市场化后的调节机制出现了问题。高校和银行抱怨向贫困学生贷款收不回来，把责任全部推到学生头上，银行的态度是，反正你叫我贷的，我贷了，收不回来就不贷了。这都不是办事的态度。贫困学生要贷款，全世界都是如此，解决方案国外都有现成的，身份证、计算机网络那么发达，就没有人去真正地管。说难听点是"非不能也，是不为也"。这个问题解决不好，大学高收费会导

---

① 参见国家统计局编《中国统计摘要·2004》，北京：中国统计出版社，2004 年 4 月，第174 页。

致社会流动的路越来越窄。

从农民工到工人阶级

《新民周刊》：大多数农民并不能通过教育渠道向上流动，很多年轻一代进城打工，而农民工是一个身份尴尬的阶层。

陆学艺：现在约有一亿多农民在城市里务工，他们从事艰苦劳动，为城市创造了巨大财富，却常常得不到应有报酬，有时还受到歧视。但这么大的群体居然基本与城里人相安无事，而且队伍还在壮大。外人很难理解，因为他们不了解一个事实：农民工的社会地位和经济收入还是高于农村中的农业劳动者的。

不管怎样，将来农民工一定要转成工人阶层。"小城镇""离土不离乡"和农民工问题上的"中国特色"，现在看来并不是中国特色，一个国家要从农业国变成工业国，城市化是一般规律，要搞特色是不可能的。这一点，包括我们自己在内的知识界都要检讨。

一个亿的农民工将城乡二元结构的鸿沟带到了城市，引起社会问题。有人看不清问题实质，反而倒打一把，说是外地人引起犯罪率上升，为什么会这样？我们曾经"创造"了很多"有特色"的东西，现在证明都是要埋单的。将来怎么转化，是个大课题。现在中央领导已经说了，农民工也是工人阶级，那些工人阶级的权利、福利何在？

《新民周刊》：农民工向工人阶层转化的现实困难在哪里？

陆学艺：不要把城乡的沟越挖越深，而要两边靠拢。最近我去劳动和社会保障部参加一个会议，研究的就是农民工的社会保障问题。现在一步步在走，农民工加入工会问题，农民工社会保障问题，医疗、工伤养老保险问题都提到日程上来了，国家通过户口改革并不能把身份问题都解决掉，而是一步步地、一个行业一个行业地走，原来的铁饭碗逐渐改掉，农民工的问题慢慢解决，两边靠拢。但主要问题还是一个身份问题，要打破城市居民和农民之间的歧视性政策。

现在有一个阻力，有些官员和企业主将农民工看作创造财富和价值的工具，这是麻烦所在。对农民工的待遇和福利要给他们应有的谈判的权利。这些官员和企业主没有看到，改善农民工的待遇，对长远发展是有好处的。这种极其廉价的劳动力结构，其实是价廉质次。

《新民周刊》：中国的人口基数很大，很多学者怀疑，工业化和城市化

是不是足以将那么多农民转移出来。

陆学艺：长远来讲，应该是可能的。但时间会比较长，不是八年十年就可以的。长江三角洲和珠江三角洲已经走出来了。

呼唤新中间阶层

《新民周刊》：中国的社会阶层结构和社会流动机制中最大的问题是什么？

陆学艺：应该大的阶层，中间阶层，没有大起来，应该小的阶层，农民阶层，没有小下去。应该有一个合理的政策引导，使中国形成中间大、两头小的社会阶层结构。

《新民周刊》：中间大、两头小的社会阶层结构的优点何在？

陆学艺：从经济发展和社会稳定的角度来看，必须让中间阶层大起来。这是被各国的发展结果证明了的。有些国家经济上去了，像拉美国家，人均 GDP 曾达到五六千美元，但社会结构还是哑铃型的或者金字塔型的，这种社会结构，一旦有风吹草动经济立刻倒退。亚洲金融危机中，韩币贬值50% 以上，同时出现货币贬值的还有泰国、印度尼西亚和菲律宾等国家。韩国是中产阶层发达的一个社会，韩国中产阶层把金银首饰都拿出来捐给了国家。因为中产阶层希望社会稳定、经济稳定。比起韩国，其他国家到现在还没真正缓过气来。

如果中间阶层大起来了，这个社会的一半就是稳定的。一个现代化国家，必须要有一个比较大的中间阶层。

《新民周刊》：有人说，中国的中间阶层不发达，是因为经济总量还不够大。

陆学艺：中国的中间阶层不发达并不是因为经济总量不够大，拉美国家的经济总量还小吗？目前主要的问题在于制度性障碍，户籍、就业、人事这三个制度，包括社会保障和教育制度不合理的部分，使社会流动不畅，阻碍现代化的社会阶层结构形成。

流动机制：政府主导

《新民周刊》：制度安排和政策规定在调整中国社会阶层结构和流动机制中会扮演什么样的角色？

陆学艺: 中国的改革是自上而下的改革。20多年来经济有如此成就,国家调控有很大功劳。但社会体制改革和社会结构调整没有同步跟上,经验也不够。计划经济不只是经济体制,它渗透到政治、经济、社会、文化各个领域,户口、就业、人事、教育制度,基本上都是为计划经济服务的。进一步的改革,应调整社会阶层结构,按照中央提出的"五个统筹"和新的发展观,建立一个公平、合理、有活力的社会阶层结构。

20世纪80年代的改革,大家都得利,所以大家都拥护,现在改革已经到了需要一些社会阶层付出成本的时候了。户口改革,农民当然盼望,但有些人还是认为农民工是最价廉物美的劳动力。去年①进行收容遣送制度改革,这种改革是进步的,得到了老百姓拥护,但有些人就不愿意了,现在还在耿耿于怀。户口、人事、就业、教育制度改革,都会让一部分人失去一些权力,都会有阻力。

在这种情形下进行改革,政府在策略上的选择也会不同于20世纪80年代。但只要坚持改下去了,最终对全社会有利,每个社会阶层都能分享这种收益。

---

① 本文中指2003年。——编者注

不用担心中国出现大动荡[*]

【导言】在中国的经济改革已经取得较大发展而社会领域还存在很多问题和矛盾的情况下，中国今后的经济与社会发展，到底以什么样的理论为指导、按什么样的思路来发展，成为各界人士关注的问题。今年①以来，胡锦涛和温家宝积极倡导的科学发展观正成为中国各级官员新的政治"口头禅"。但科学发展观到底有哪些具体的内涵、能否有效解决目前现实的问题和矛盾，还需要深刻领会。但是有一点已经非常明确了：中国今后的改革与发展必须保障经济与社会的协调，不能让目前的失衡再加剧和延续下去了。中国的决策层已经关注并开始着力解决经济与社会发展的失衡问题。如果经济发展与社会发展严重脱节的问题得不到有效解决，中国将步入一个政治、社会发展的"高风险时期"。鉴于此，香港环球经济电讯社（GEDA）财经分析师、记者郭哲专访了著名社会学家、中国社会学会会长、中国社会科学院社会学研究所前所长陆学艺教授。

GEDA：中国改革开放这么多年，经济一直高速发展，经济实力大为增强，很多人都认为这是一个奇迹，但与此同时，很多人，如农民、工人，特别是下岗工人，他们生活好像跟经济发展脱节了，就如清华大学的孙立平教授所说的，发生断裂了，您认为是这样吗？为什么会发生这样的状

---

* 本文源自香港环球经济电讯社（GEDA）记者专访陆学艺的访谈稿电子邮件清样，邮件主题为"请陆学艺老师审阅的稿件"，邮件日期：2004年8月18日。该文稿后被拆为3篇文章发表于《环球财经专递》（华语版）［该刊为香港环球经济电讯社（GDEA）每周一向全球发布的参考资料］2004年第34期（2004年8月30日）和第35期（9月6日），题目分别为《中国的经济发展与社会发展已经严重脱节》《中国人现阶段不可能造反》《审视中国民众贫富分化的背后》，刊发时有较大改动。本文现依据访谈稿电子邮件刊印，题名采用原稿件题目。——编者注

① 本文中指2004年。——编者注

况呢？

陆学艺：对于社会生活与经济发展脱节这个问题，我认为确实存在，也很严重，但要说社会结构已经断裂了，我不同意。在我看来，1992年以前，中国的改革基本上还是顺畅的，因为这一时期的改革是让全体人民受益的改革，虽然可能有的人获益多一些、早一些，有的人获益少一些、慢一些，但从整体上看大家都程度不同地获得了实惠。但1992年以后的改革就遇到了问题，特别是国有企业改革，提出减员增效，甚至是抓大放小的改革政策，就意味着很大一部分人要下岗失业，对这些人来说，改革不光是对他不利，而且是失利的。就像有人说的，原来的改革是龟兔赛跑，如果你是兔子，则你可能会赚很多钱；如果你是乌龟，尽管你跑得很慢，但只要你努力了，你也会有收获，无非人家挣了一万元，我只挣一百元，但是我还是挣了，生活也改善了。但在实行减员增效、抓大放小的国有企业改革政策后，情况则是人家由原来的挣一万元变成挣三万元了，而我可能只挣三千元，甚至拿最低生活保障金了。优胜劣汰、减员增效的改革本来无可厚非，但问题是，这样的改革造成的失利者，或者说造成的弱势群体不是少部分人，而是很大一部分人，这无论是对政府，还是对社会发展而言，都增加了很大的压力。所以，尽管改革使得经济有了很大增长，但还是出现了生活或者说社会发展与经济发展脱节的问题。

出现这种脱节，原因在于两点。第一点，是我们经济体制拐弯拐过来以后，没有及时解决现在新发展观提到的社会结构方面的协调问题，即城乡差别、工农差别、地区差别等，尽管现在开始强调要解决这些问题了，但在我看来至少晚了5~8年。这些东西在国际上都有较成熟的经验，不管是韩国、日本，还是新加坡或者中国台湾、中国香港，它们在经济高速发展的同时也注意到了社会的发展，把这个矛盾解决得较好，所以尽管它们这几年经济一直没有大的发展，但也没有出现经济与社会发展上的严重失衡。当然，中国大陆也有些特殊的因素：地域这么大，人口这么多，本来就不很平衡等，但这并不能成为不注重社会发展的借口。

在经济改革这一点上，邓小平是立了大功的，能把这么庞大的一个国家、这么大的一个经济体转到市场经济的轨道上来，而且搞到现在这个份上，确实不简单。但是在搞经济改革取得成功后，应加快社会的发展。邓小平当年也意识到了这个问题，并提出了一个"反哺"的策略。他指出，让一部分人先富起来后再带领大家共同富裕，即地区差别拉大，一部分人先富起来以后，到2000年的时候应该"反哺"，这是他20世纪90年代在深圳讲的：你深圳发展起来了，到 2000 年后应该帮助别的地方发展。但实际上这个理想目前并没有实现。我觉得，20 世纪 90 年代后期，或者 1995 年、1996 年以后，就应该开始"反哺"。像以前那么平均不对，收入是应该拉开，但把一个临时性的措施长期化也不对，这样会产生很大的社会矛盾。"让一部分人先富起来，效率优先，兼顾公平"，这种话是连资本主义国家都不敢讲的，但是作为当时平均主义这么严重的国家，经济弄得那么糟，这样搞一段时间是有道理的，但是你老停留在这里就没有道理了。

GEDA：问题就在于现在政府觉得这种提法是天经地义的，特别是地方政府，它们认为就应该全心全意发展经济，只要经济发展好了，什么问题都会解决。但到底为什么要发展经济，它们未必冷静下来思考过。

陆学艺：是这样的。甚至一些中央领导人也说，有条件的地方可以率先实现现代化。但所谓的"率先"是不可能的，尽管北京、上海可以搞得花枝招展，但你单独一个北京、一个上海宣布实现现代化可能吗？这个东西现在还在提倡，从社会学的角度来看，从社会结构宏观层面上看，这是不对的。

第二点，就是计划经济时代留下来的很多东西现在还没有根本改变，从社会发展的角度讲，改革还很不彻底，户口制度、人事制度、就业制度、社会保障制度都没有因时因势而变，城乡差别加剧就是这样形成的。外国朋友对我们的一些数据觉得不可思议，在国际上，一般 1.5∶1 的城乡差别是比较合理的，而我们现在是 6∶1。至于地区差别，像欧盟也有很大的地区差别，在新的 10 个国家没有加入以前，是 2.4∶1。这对它们来说已经很大了，因此要想办法缩小这个差距。而我们呢？上海人均 GDP 可能是贵州人均 GDP 的 11 倍到 12 倍。当然，上海那里传统上的农村基本没有了，而贵州基本没有现代化意义上的城市，这实际上也是 12 倍的城乡差别。但就是城市与城市比差距也一样很大。（人均 GDP）长春才 8000 多元，上海已经 4.7 万多元了，这个是没有道理的。这种状况，在国外来说一定是要乱的，有的朋友私下里问我，中国农民会不会造反？我说不会，因为就像一个经济学家说的，中国像一辆自行车，只要还是在向前走，不停下，就不会出问题，但如果一停下，它就要倒，现在还在行驶的状态中，所以不会出大乱子。

GEDA：不过据我所知，中国很多地方已经发生一定规模的冲突，如农民冲击政府、下岗工人示威等。

陆学艺：其实，这都不是大事，游行示威哪个国家都有，但要说造反，恐怕没有那么简单，为什么呢？现在农村当家的人，大都在 40 岁以上，年轻人能煽动起来，但当家的人却很难，25 年前当他们约 15 岁的时候就已经懂事了，那个时候包括我这样的人，也仅仅有口饭吃。现在的生活情况比那个时候要强很多。所以，虽然横向比他们会觉得非常不公，年轻人从电视里看到别人的生活，觉得自己简直就活不下去了。但是纵向比，当家的人和以前相比，比以前好，从根本上不可能有什么造反的想法。

从整体上看，中国人的职业和社会地位正在趋于高级化。中国内地现在与欧美、日本、中国香港等国家和地区不同，它们是从第二产业向第三产业转化，按照托夫勒的说法，它们现在是第三次浪潮，甚至是第四次、第五次浪潮，而我们现在正处于第二次浪潮，处于美国、欧洲 100 年前的发展阶段，是农民向城里迁徙、第一产业向第二产业转化，在这个原始积累阶段，城市的第三产业需要大量的劳动力，农民逐渐向城里转移。到城里打工的农民，我们称之为农民工，国外一个礼拜发一次工资，（我们）城市居民一般一个月发一次工资，（农民工）他们一年才发一次工资，甚至几年都拿不到工资，按常理简直不能想象他们能跟城里人相安无事，但事实上还基本上相安无事。为什么？因为如果他们和城里人比，会觉得受到了很大的歧视，很不公平，但他们和农村人比，和很多山区人比，就觉得跟留洋一样，一年能带上两三千块钱回去一次，在当地来说，他的收入不得了。

GEDA：这是不是中国人性中知足常乐的思想，大家都愿意朝下看，都喜欢和不如自己的比较，或者说有种宿命心态？

陆学艺：不是，你看咱们现在脑子里面都是跟美国比，跟欧洲比，至少也是跟我们的香港比，跟我们的台湾比，因为咱们知道得太多了，所以城市里面的不满情绪反而比农村的要高。现在城市里面的低保大概是每年 4800 元钱，4800 元对农民是什么概念呢，他们累死累活一年的人均收入也就 2000 多元啊。

GEDA：我前几天看电视，在许多农村，政府免了几十元的农业税或者发了几十元的直接补贴，那些农民们就高兴得不行。

陆学艺：是啊，中国的情况比较复杂，你要是光看数据会觉得中国肯定是稳定不了。

GEDA：那会不会出现这个问题，农民工进城以后，看到很多东西，就感觉不那么平衡了？

陆学艺：对，这是会有的。但总体来说，中国的农民比美国的总人口还要多，农民成为农民工算是上了一个台阶，准确地说上了半个台阶，但是不管怎样，毕竟是上了半个台阶。其实，农民工也不是一个等级，里面懂技术的人，成为小工头，所以从宏观上看，这个社会是在逐渐进步的，就是同一阶层里的人的地位也是在不断变化的，如局长当了部长，处长当了局长，科长当了处长，大家都是在往上走，所以尽管存在很多问题，但这个社会还是能够保持基本的稳定的。日本停滞了 10 年，他们就觉得不得了；中国香港也是，人们的意见都大得不得了。实际上，就我这个地位，和他们一般人比，也还差得远呢，要是和他们比早就不能活了，可我不是还活得好好的吗？所以，情况是不一样的。中国的问题在哪呢？为什么要保持 7%、8% 的经济增长率？因为社会矛盾都要靠经济增长为后盾来兜着、掩着。

GEDA：但从现实情况来看，现在很多农民、下岗工人，他们的生活水平实际上是在往下走，特别是如果有子女上学或者生了较大的病后，很快就会沦为赤贫。

陆学艺：确实是这样，特别是下岗工人，他们有时比农民还糟，农民不行了，但至少吃饭没有问题，吃菜没有问题，而工人一旦下岗，就是真正的"无产阶级"了。所以现在国家特别重视对下岗工人的救济，现在接受救济的对象大概有 1900 万人。对于我们的政府来说，干了一些不该干的事，许多应该干的事情又没有干，政府主要的财政收入、主要的经费应该用于办公共事业，办学校，办医院，办社会保障，办公共服务，但是我们现在却是拿钱给汽车厂，给钢铁厂，这肯定是有问题的。

GEDA：但现在很多农民也不好过，特别是现在"圈地"成风，到处都大量征地，大量农民失去了赖以生存的土地。有些农民进城当农民工是主动的，而有些则是被动的，他们大量涌入城以后，很多人找不到工作，他们会不会成为流民？有学者研究中国社会以前之所以会发生动荡，主要就是因为产生了大量的流民，现在如果也出现大量流民的话，是不是很危险？

陆学艺：你不能光从统计数字来看，现在农民的土地大量被征，这对农民来说肯定是不公平的，但在很多地方，农民还希望自己的土地被征。在那些比较富裕的地方，比如浦东，上海一个县，全部被征了，但没有发生什么事，还有江苏等地也是这样，为什么？就是因为他们给农民的补偿让农民觉得很满足。在昆山，他们有个"369"政策，即如果征了你的自留地，则每年给 900 元/亩的补贴；如果征的是口粮田，则每年给 600 元/亩的补贴；如果是责任田，则每年给 300 元/亩，而且这些都是在进行了一次性补偿之后另外给的补贴。现在已经改为"4、8、12"了，即400元、800元和1200元。现在种地每亩能够收入多少？所以这里的农民都很满意。当然，昆山可以这样做，是因为当地很富裕，每年的财政收入有几十亿（元），但许多贫困地区就不可能这样做了，像陕西、河南等地，根本不可能有这么多钱给农民。不过从总体上说，尽管现在说有4000万失地农民，但并不是这些人都不满意，都会成为流民。其实很多被征的土地都是在城市郊区，如北京为奥运会所征的地，如果从市场的角度来说，这种征地对农民也是很不公平的，把房子拆了，但每平方米也就给你补偿一二千元，房子大一点的可能会拿到一百多万元，这实际上比市场价要低好多，但农民不知道这块地到底值多少钱，他们拿了一百多万元就觉得不得了，虽然实际上这块地可能值好几百万元甚至更多，但他们并不清楚，更重要的是，在他们手中，土地变不出钱来。

GEDA：是啊，因为现在征地大都是以公共事业的名义来征，而实际上却是进行商业开发。

陆学艺：在这种情况下，很多农民还盼望自己的地被征，我辛辛苦苦种一年地，根本赚不了什么钱，还不如被征来得实惠。所以中国的事情很复杂，从数据上看简直就不得了，实际上尽管问题确实很严重，但还没有到无法收拾的地步。而且，现在中央也看到了这些问题，一些政策措施也在转变。我们现在人均GDP是到了1000美元这样一个平台，搞得好，我们将会很快地实现现代化，很快地达到并超过3000美元的水平。现在世界上能够长期稳定地向前走的没有多少国家和地区，不超过30个，在亚洲约有10个，日本、韩国、新加坡、中国香港、中国台湾等，就这几个。

GEDA：对啊，绝大部分国家在5000美元以下。

陆学艺：还不仅仅是5000美元的问题，拉美很多国家在5000美元以上了还在折腾，你说那是现代化国家？还有中东石油国家，人均早就一两万美元了，但说垮就垮，说政变就政变。所以光看GDP是不行的，中国之所以能稳定，就是因为现在还是在往上走，每个人，包括青年人，都有希望，只要去努力，都可能会有很好的发展。

GEDA：您看现在说贫富分化也好，两极分化也好，如果你是通过正规的渠道、正规的手段致富的，别人肯定没有话说，但很多富人致富的渠道和手段并不正规，大家看到的是这个不公平，是机会的不平等。

陆学艺：实际上每个国家都有这样不公的事，中国的执政党现在已经意识到问题了，在反贪官，在反腐败，对弱势群体的转移支付也越来越多。

你比如现在的粮食补贴，一亩几十元钱，尽管在南方如广州、上海、江苏等地，几十元钱根本解决不了什么问题，也就一两包烟钱，但到北方可不一样，一是那里本来就比较穷，二是那里地多，比如吉林、黑龙江一个人还是五六亩地。30 元钱一亩，一公顷就是 450 元钱，如果一户农民家里种了两公顷地，那就有约一千元，这对农民来说可就解决大问题了，所以现在那里都在抢着种地。我前几年在日本早稻田大学讲学的时候，一些学生可能是在网上或者什么地方看到了报道，就问我说中国哪里哪里怎么腐败了，哪里哪里把县政府砸了，是不是有这样的事，会不会发生造反的事。我告诉他们说，这些都是真的，有些比你们知道的还严重，但到不了造反的地步，在"文化大革命"的时候，毛泽东批水浒，批宋江有一句话，叫反贪官不反朝廷，现在反乡政府、县政府，反贪官是有的，但是反政府、反共产党、造反的没有。

GEDA：对，现在大家觉得中央政策是好的，下面这些"和尚"念歪了经。

陆学艺：所以现在别说中央派出个工作组，就派一个记者去，比如说《人民日报》记者去，新华社的记者去，就说是中央派来的，你们有什么话可以帮你们带过去，你们可以散了，然后就散了。现在省、市还可以，县级政府已经有些压不住了，这是一个客观事实，但要造反还不可能。要到什么时候才可能造反，就是反也要死，不反也要死，就像陈胜、吴广，反正是死，那就只有造反了，但现在还没有到这种程度。现在有很多反映中国农村的文章和著作，比如《中国农民调查》。这本书为了能够出版，还是我给他们把文字梳理了的，那里面写的就是比旧社会还坏，黄世仁无非逼债把人家逼死了，南霸天无非把人家放在水牢里面关起来了，而你是把人家活活打死了，而且他书中写的都是真人真事。其实，他写的这些东西我们早几年都说过，只是我们的东西不像文学这么感人，没有引起这么大的反响。我可以说，书里说的这些事情都是真的，而且我看到的东西比这还黑，但是，只能说有一小部分是这样，如果农村都真是这样，那还得了，那肯定早造反了。农村还没有到这个地步。以乡镇干部为例，我们大概有 10 万个乡镇。1 个乡镇有 100 个干部，整个乡镇干部就是 400 万人。那么这 400 万人里面，如果有 5%，那就是 20 万人是坏蛋；这 20 万个坏蛋，媒体每天登一个都要登多久啊。所以说，坏的毕竟还是少数。在这方面，人们总是容易以点代面。

其实我们的乡镇干部是很不容易的。我研究农村问题，俄罗斯、美国、日本、韩国、德国等都去过，我们还没有看到哪一个国家的公务员需要自己收钱给自己发工资、给自己的部下发工资的，全世界都没有，最穷的国家也不这么干。我们的乡镇干部现在是两头受气，农民说你光要钱，光欺负我们，而上级又说你没有完成任务。你要办学校，你要办文化馆，你要搞计划生育，你要把粮食给我收购上来，而且这些都需要你自己去筹钱，有这个道理吗？这些都是需要国家出钱的，哪有找乡镇干部要的？哪有要找农民要的？而且现在的媒体还净欺负这些乡镇干部，中央电视台《焦点访谈》专门介绍这个，但从来不想想他们这样干的深层原因。

GEDA：我看过国外一个学者的研究，他说当人均 GDP 从 500 美元发展到 1000 美元的时候，社会先是快速两极分化，然后两极分化程度开始降低，是一个倒 U 型的模式，而中国人均 GDP 已经达到 1000 美元了，但分化更为严重了，为什么会这样呢？

陆学艺：这和我们现在的政策有关，我们现在的政策有许多方面是不到位的，需要调整。比如说财政政策，现在我们政府许多应该做的事没有做，不应该做的事反倒做了。第一次分配，搞市场经济肯定是会把收入拉开的，效率优先嘛，工人跟老板之间的差距肯定要拉开；但要通过二次分配缩小这个差距，按照欧洲和美国的经验，特别是欧洲的经验，你挣得多是可以的，如你每月挣 10000 元，你得交我 5000 元的税，如果只挣 5000 元，就免征税了。如果你只挣 1000 元，我还得给你补贴，所以在欧洲特别是在北欧，他们的贫富分化程度特别低，可以说体现了社会主义精神。

GEDA：但我觉得不能完全用是否富裕来衡量，像俄罗斯，它现在应该说是比较穷的，但据说在这个国家，教育全部免费，医疗全部免费，他们财政收入的 60% 都用于提供这种公共服务。所以在俄罗斯，尽管收入很低，好像一个教授的月收入也就一两百美元，但它需要用钱的地方特别少，而中国人的收入尽管可能要高些，但什么都要自己掏钱，特别是教育和医疗。

陆学艺：俄罗斯本来就是一个超级大国，尽管现在出现了困难，但可以用一句话来说，瘦死的骆驼比马大。我们的舆论实在是差，好的时候就把别人说成是天堂，不好的时候就把别人描绘成地狱。我 1998 年去俄罗斯的时候，发现根本不是那么回事，他们还是很有实力的，现在石油价格这么高，他们的条件应该更好了。

GEDA：是啊，中国就是容易走极端。

陆学艺：我到俄罗斯考察的时候，当时接待我的是俄罗斯社科院社会所的所长，他跟我说工资刚刚拿到，就 600 多卢布，给人的感觉就是穷得不得了。但到晚上请我们到大剧院看芭蕾舞，我一看票价，800 卢布。我们去的时候都穿着羽绒服，到大厅里面一看，就是傻帽了，人家都是貂皮大衣，和他们相比，我们不知道有多寒酸。

GEDA：据说俄罗斯居民都不知道水表和电表是何物，水、电什么的全部免费。

陆学艺：就是这样，他们那里是地大物博。

GEDA：像俄罗斯的社会保障体系，是以前留下来的，没有动，是吗？

陆学艺：对，没有动，你要只看他们的工资，真是没有办法生活，但事实上不是这样。

GEDA：中国以前也有较好的社会保障，如在农村有合作医疗，义务教育也几乎是免费，在城市，工厂、单位会把人们的一辈子都管起来，但在这个保障体系被打破以后，新的保障体系为什么这么多年都建立不起来？不能总以穷为借口吧，再穷也不可能比以前穷啊。

陆学艺：农村这一块，我看一个是医疗，一个是教育，这两个很不公平。老的（体系）垮了，新的没有建起来，所以在农村缺医少药这一点特别严重，甚至有的地方比"文化大革命"时还严重。

GEDA：现在好多农村人生活有所改善，但是一旦一个人病了，或者一个孩子要上学，整个家庭可能就完全垮了。

陆学艺：对。另外就是教育不公，上海、北京等地，国家在教育上投了不少钱，但在农村，教育还基本上是靠农民自己。你要是光从数据看农民的收入是提高不少，但如果把教育、医疗等也算进去，就没有多少了，甚至还有很大的降低，特别是在中西部，这种情况更为严重。如果一个家庭有人出来打工，每年能够带两三千元回去可能还好一点，否则他们真是太难了。今年可能会好一点，粮价上来了，原来粮食也不值钱。

GEDA：这个粮价能持续多久还很难说，而且虽然粮价上涨了，但农用资料如化肥等的价格上涨得更厉害，很多农民实际上并没有得到多少好处。您觉得中国社会保障体制真正完善大概还得多少年？

陆学艺：上海已经很好了，北京也可以了，但别的地方就不好说了。

GEDA：我觉得有些还是政府的观念问题，比如你说财政收入，财政收入主要是为公共利益服务的，否则别人凭什么给你交税啊，但我不知道中国每年的财政收入都用到哪里去了，办奥运有钱，建大剧院有钱，官员买高档轿车有钱，但一说到教育，一说到医疗就没有钱了，就穷了，问题出在哪儿？

陆学艺：这个肯定是不对的，这是一些领导的所谓政绩观在作怪。在那些领导的脑子里，只有这样的政绩是看得见的。现在都在反对大吃大喝，实际上，真正只是大吃大喝的话，花不了多少钱，在一些大项目上的投资失误才浪费钱。

GEDA：我们谈了这么多问题，我想国家应该也认识到了，而且现在也提出了科学发展观，您认为科学发展观对解决这些问题到底有多大帮助？

陆学艺：确实是这样，你能看到的事，他们也看到了。所谓科学发展观，并不是中国自己的发明，国际上好早就有。往往好多事情它走到那一步了，才会去做，中国现在已经到了这个阶段，这对整个社会的发展是有极大的好处的。但我觉得还是做晚了，至少晚了 5 ~ 10 年，不过晚总比不做要好。对于中国来说，可以用两句话来概括，一是发展很快，二是问题还很多。中国现在确实存在好多问题，要是按照媒体上讲的、书本上说的，那人们天天都会睡不着，但还是年年难过年年在过，什么道理呢？因为尽管我们现在还存在这样那样的问题，但难道比 1961 年那个时候吃不上饭还苦吗？我们以前有几个转折点，但都没有抓住机遇，这 25 年算是抓住了。现在，经济一直在向前发展，问题也是在不断解决，像社保等问题，毕竟都还在做。所以，中国不可能出现大的动荡，我对中国的未来还是很有信心的。

谨防社会结构固定化[*]

为什么"穷二代""富二代"的分化日益严重，为什么"官二代"能比"穷二代"占有更多社会资源，为什么国家富裕了，人们生活变好了，社会矛盾却激化了？社会板结化了吗？阶层之间的流动通道是否还存在？"二代"们真的面临一个断裂的社会？是什么样的社会根源造就了"二代现象"？

对社会阶层和社会结构有深入研究的著名社会学家陆学艺对此有深刻的认识，并就此与记者展开了对话探讨。

阶层流动的新通道

记者： 前些年，有两篇文章曾一度风靡网络，比较早的一篇是《我用了 18 年，才可以和你一起喝咖啡》，道出阶层差距，因为出身不同，虽是大学同学，但家庭较穷的人用了很多年，才能达到和出身富裕者一样的生活水平。这比较适合 60 后和 1970 年初出生的人，虽然出身于不同的社会阶层，但是通过高考可以改变命运，18 年之后，他们的后代终于站在了同一个起跑线上。后来网络上又出现一篇《我用了 18 年，还是不能和你一起喝咖啡》，这篇文章深得 80 后认同，因为出身的阶层不同，大学毕业后大家的生活分化越来越严重。"二代"的分化真的如此严重吗？近年来，很多声音批判不同阶层之间的流动通道日益狭窄，社会阶层严重板结化，原有的通过上大学和当兵这两个渠道改变命运的可能性越来越小。出身是不是已经越来越难以改变，不同阶层之间的流动通道被堵死了吗？

---

[*] 本文原载《今日国土》2010 年第 6 期，发表时间：2010 年 6 月 25 日。该文系该刊记者专访陆学艺的访谈录。——编者注

陆学艺：其实中国社会真正流动就是改革开放这 30 余年（1978～2010年），流动通道没有被堵死，只是改变了。新的社会阶层逐渐形成，目前看来，中国社会阶层结构由十大社会阶层组成，相比于以前的"两阶级一阶层"，很明显社会阶层结构已经由简单化到多元化，所以阶层之间的流动通道也在改变，不像原来上大学和当兵然后分配那么简单。

多元化的社会阶层其实已经由封闭转向开放。比较明显的是中产阶层的规模不断扩大。改革开放以来，平均每年增加 103 万个体工商户，1995～2007 年，平均每年增加 73 万个私营企业主。每年毕业的大学生超过 600 万人，这也为中产阶层的扩大造就了后备军。还有很多人通过各种渠道进入中产阶层。根据我们课题组测算，2007 年中国的中产阶层占总就业人口的23%，比 1999 年增加了 8 个百分点。现在每年约有 800 万人进入中产阶层，这都是阶层流动。"穷二代"进入中产阶层的机会应该有很多。

记者：从统计数字上看，中产阶层确实在壮大，但中国往往存在统计数字和老百姓感觉相悖的现象，目前一个普遍感觉是，中产阶层在分化，大量的中产阶层在往下掉。

陆学艺：进入 21 世纪以来，中国社会阶层结构变迁有两种趋势同时存在：一种趋势以中产阶层加快崛起为特征，另一种趋势则是社会阶层分化的加剧。目前来看，这两种趋势在一起，使中国社会阶层结构变动表现出一定的不确定性和复杂性。

记者：您刚才提到中国中产阶层已经占总就业人口的23%，和我们常说的现代橄榄型社会结构相比，这个比例应该还很低。

陆学艺：确实，中国目前中产阶层占的比重还远远不够。任何社会，如果在精英阶层和大众阶层之间存在较大距离和断裂，缺乏相当规模的中产阶层存在，就可能是不稳定的，容易发生混乱和冲突。就目前中国社会阶层结构现状来说，社会政策调控的取向重点应围绕养大中产阶层、缩小社会中下阶层、调控阶层利益展开。这样，阶层间的流动通道会很通畅。现在"富二代""穷二代"等"二代"的形成，说明整个社会还在分化，但只要大的方针不变，现在就只是阶段性问题，比如农民工的问题早晚会解决，农民工子女肯定不会固化为"穷二代"。

社会结构滞后经济结构约 15 年

记者："二代"现象是现在人们讨论的一个很热的话题，出身的不同在很大程度上决定了"二代"们的生活和社会地位,"二代"现象带来了很多社会问题,为什么会存在如此明显的"二代"现象,是不是社会断裂、阶层板结造成的?

陆学艺:"二代"现象是客观存在的,但很多现象是阶段性的。"二代"现象是中国目前复杂的社会问题的一部分,是社会矛盾日益尖锐化的折射。这些问题的出现,说明社会可能存在一些问题,但我们观察和判断一个社会和社会现象,要从长周期和一个国家大的背景来看。改革开放以来,中国社会结构深刻变动,可以说是"几千年来未有之变局"。中国正处于从传统社会向现代社会转变的过程中,所有的现代国家都是这样转过来的。在这个过程中,出现激烈的社会矛盾是正常的。

当前中国所处的发展阶段的特征,世界各现代化国家在发展历程中也都曾有过。美国在 19 世纪末 20 世纪初处于具有关键意义的转折时期,这个时期由于当时的"进步运动"而被称为"进步时代"。1900 年,美国制造业的总产值超过了农业总产值,美国经济实力空前增强。但同时,美国社会当时也面临着空前的危机,政治腐败猖獗、市场秩序混乱、劳资冲突激烈、贫富差距大、社会道德沦丧等社会问题和矛盾显化。日本从 1955 年开始进入经济快速增长阶段,同样出现了很多社会问题,被认为是"生产为第一流,国民所得与消费为第二流,住宅等生活环境则属第三流"。拉美在实现经济起飞之后,也是贫富悬殊,两极分化严重,各种社会矛盾激化,社会动荡不安。

记者:那是不是说中国近年社会矛盾日益尖锐,社会分化很严重是必然的?

陆学艺:社会矛盾肯定是存在的,但矛盾日益尖锐和严重的社会分化是不正常的。中国社会之所以出现很多问题,一个根本的原因是社会结构远远滞后于经济结构。中国在很多年"效率优先、兼顾公平"的发展导向下,过于追求增长速度,把应该配置到社会领域的资源与机会也配置到经济领域中。改革开放之初制定的一些适合当时发展的政策并没有随着形势发展而及时进行调整,严重侵蚀了一些社会成员获得资源的机会。目前中国亟待推动社会改革。美国、日本和拉美在经济起飞后最终得到了完全不同的结果,根源就在于是否及时正确地实施了社会体制改革和社会建设。

记者:中国社会结构和经济结构的差距有多大?

陆学艺:中国的经济结构已经进入了工业化的中期阶段,有些指标已经达到了工业化后期阶段的水平。而中国的社会结构还处于工业化初期阶段。我们课题组经过测算得出，中国社会结构滞后经济结构大约 15 年。

记者：是什么原因导致社会结构如此滞后？

陆学艺：这个原因很复杂，首先，中国除了和其他现代化国家经历过的一样，处于从传统的农业社会向现代工业社会的转型期，还处于由计划经济体制向社会主义市场经济体制转轨的时期，这是中国特有的。社会转型和体制转轨同时进行，相互作用，使转变过程困难重重，社会矛盾多发。而且把西方国家一二百年的转型过程浓缩到了几十年中。其次，经济体制改革一直在推进，但社会体制改革从某种意义上说，甚至都还没有破题。城乡体制、地区体制、户口制度等很多社会体制还是在计划经济时代形成的，一直没有变，已经完全不适应现在的市场经济体制。

社会改革的关键时期

记者：如果中国的社会体制改革迟迟不启动，会有什么后果？

陆学艺：美国成功的经验、日本"成功的代价"和拉美国家的前车之鉴，是很好的教材。美国及时加强了对社会领域的建设，提倡社会公正，成功地将当时弥漫在整个社会中的种种怨气、焦虑、愤怒和不安全感，转化为改革的动力。日本虽然也意识到了社会建设的重要性，但由于种种原因没有落实到位。日本虽然最终成为经济大国，却付出了相当大的代价，比如住宅问题，至今还没有完全解决好。拉美国家则因为对社会建设认识不够，社会体制改革力度不大，经济起飞之后即陷入了持续衰退、社会动荡，最终成为"难以跳出的拉美陷阱"。中国种种社会矛盾的激化包括"二代"问题的出现，正是社会建设没有跟上造成的。

记者：如果不及时推动社会改革，中国很可能会陷入"拉美陷阱"？

陆学艺：有这个可能。目前中国社会阶层结构变化主要受两种力量驱动，一是来自市场的力量，二是来自国家的力量。根据经济发展和目前政策选择的不同，未来中国社会存在四种不同的可能。（1）如果经济保持较快发展，政策体制调整及时，社会改革启动，那就会形成理想的以中产阶层为主的现代社会阶层结构，经济会继续保持高增长，社会稳定。现在的种种社会问题诸如"二代"现象也会随之消失。（2）如果经济保持较快发展，但政策体制调整不及时，则会造成社会阶层结构进一步分化，出现"工"字形社会阶层结构。一旦这种社会阶层结构形成，经济难以保持高增长，阶层间的利益冲突放大，社会必然不稳定，有极大的断裂风险。

（3）如果经济发展放缓，但政策体制得到调整，也会促进社会阶层结构的合理发展，现在的社会问题也会消失。（4）如果经济发展受阻，政策体制调整又没有及时跟进，社会阶层会严重分化成社会上层和社会底层两大群体，阶层之间的利益严重冲突，整个社会阶层存在严重的风险，现在的问题会继续激化和放大，"二代"问题最终会无法解决。

记者：也就是说，不管以后中国经济能否维持高增长，只要政策体制调整到位，中国社会就会稳定发展。现在中国是不是已经到了启动社会体制改革的关键时期？

陆学艺：是这样的，虽然当前社会结构还处于工业化的初期阶段，社会结构还没有定型，但是由于社会体制改革和新的社会政策没有启动和到位，社会结构在变化中正表现出固定化的趋势。当前存在的社会结构问题如收入差距过大、中产阶层过小等，如果随着社会结构的定型而被固定下来，就会影响到今后中国经济社会的健康与和谐发展。有学者指出，社会结构正在定型化，社会有"断裂"的危险，这不是危言耸听。

记者：社会体制改革启动的关键是什么？

陆学艺：中央政府的决心。改革开放到现在，一些大的决策都是中央强力推进的。社会矛盾重重、阶层板结、社会面临断裂危险等的根源在体制，体制有问题，靠个人突破是解决不了的。

社会结构未定型　社会流动在加快[*]

一些社会学家认为中国社会出现了断裂，特别是在 1998 年以后，整个社会固化，社会结构定型。本人认为，中国的社会结构并未定型，中国社会上下流动的速度在加快，从社会底层流到中层的人员，每年基本上有 700 万到 800 万人，有数字为据。

第一，现在每年增加近 100 万个老板。1981 年以前一个老板都没有，1981 年开始有老板，1989 年是 20 万个老板，现在已经超过 1500 万个。第二，现在每年增加 100 万个个体工商户。现在个体工商户总数是 3300 万个，1978 年是 15 万个，30 年来几乎每年增加 100 多万个。假设其中 20%～30% 是中产阶层，那每年也有 30 万个成为中产。第三，农村养鱼、养虾、养牛、养鸡专业户和蔬菜大棚专业户总量至少超过 100 万人。平时我们总笼统地说中国有 7 亿农民，但仔细一分析，若中国农民每年有 1% 的人社会地位得到提升，那就是 700 万人，不是一个小数目。

---

* 本文源自《学习月刊》2011 年第 1 期（上），署名：陆学艺。该文摘自《湖北日报》。——编者注

当代中国社会结构

当代中国社会阶层结构的演变[*]

　　当代中国正处在由传统的农业、农村社会向工业化、城市化、现代社会转型的时期。1978 年，我国实行改革开放，开始了由计划经济体制向社会主义市场经济体制转轨。25 年来，随着经济体制改革的不断深化，所有制结构已经由单一的公有制转变为以公有制为主体的混合所有制，产业结构也发生了深刻的变化，国民经济持续、稳定、快速增长。2003 年，我国国民生产总值 11 万多亿元[①]，比 1978 年翻了三番多，平均每年递增 9.4%，经济总量已跃居世界第六位。

　　随着经济发展和经济结构的变化，我国社会结构也发生了深刻的变化。职业结构改变了，城乡结构改变了，由工人、农民、知识分子、干部等组成的社会阶级阶层结构也就分化了。有些社会阶层分化、缩小，有些社会阶层扩大，有些社会阶层的地位提高，有些社会阶层的地位下降，还产生了一些新的社会阶层，整个社会阶层结构正在向多元化方向发展。社会分化和流动机制也发生了变化，社会流动普遍加快，各社会阶层间的政治、经济关系发生了并且还在继续发生着各种各样的变化。整个社会结构正在向与社会主义市场经济体制相适应的现代社会阶层结构方向演变。

　　总体说来，过去我们对经济体制改革、经济结构调整、经济发展变化的研究投入了很大的力量，做出了很好的成绩，对社会主义经济建设事业

---

　*　本文源自陆学艺《"三农"新论——当前中国农业、农村、农民问题研究》，北京：社会科学文献出版社，2005 年 5 月，第 284～300 页。该文系作者 2004 年 5 月 8 日在北京大学哲学系成立 90 周年纪念学术研讨会上的演讲稿，还收录于陆学艺《陆学艺文集》，上海：上海辞书出版社，2005 年 5 月，以及陆学艺《中国社会结构与社会建设》，北京：中国社会科学出版社，2013 年 8 月。——编者注

　①　2003 年国民总收入（国民生产总值）116249.6 亿元，国内生产总值 116898.4 亿元。参见国家统计局编《中国统计摘要·2004》，北京：中国统计出版社，2004 年 5 月，第 17 页。

做出了很大的贡献，这当然是完全必要的。但是，我们对社会结构变迁、社会阶层结构变化这个同样重要的基本国情的研究则相对少了一些。由于受一些传统观念的影响，对这方面问题的研究还有一些不同看法，存在不少争论，还没有得到应有的讨论和澄清。这也妨碍着我们对这个基本国情的研究和认识。

随着经济体制改革的深化和经济建设事业的迅速发展，经济社会生活的方方面面都发生了深刻的变化。它不仅要求新的经济理论、经济政策与之相适应，而且要求新的社会理论、社会政策与之相适应。正确认识当前社会阶层结构发生的变化，正确认识各个阶层的地位特点及其相互关系和发展趋向，正确认识各个阶层在社会主义现代化建设事业过程中的作用，有利于加深我们对当代基本国情的认识，也有利于我们制定正确的发展战略和经济社会政策，用以协调好国家和各社会阶层的关系。正确处理好各社会阶层之间的关系，进一步调动各社会阶层的积极性，使之各得其所、各展所长，促进整个经济社会的发展和安定，这对社会主义现代化事业的发展是十分必要的。

有鉴于此，中国社会科学院社会学研究所于 1999 年初组建了当代中国社会结构变迁研究课题组，在领导和有关方面的积极支持下，开展了中国社会阶层结构变化的调查和研究。五年来，课题组先是对全国十个县、市和两个国有大型企业、一个大学进行了长期深入调查，获得了 11000 多份问卷和近千份对各社会阶层人员的访谈资料，并于 2001 年开展了全国规模的抽样问卷调查，即用概率抽样方法，在全国 12 个省、自治区、直辖市中的72 个县、市、区做了 6000 份问卷调查，获得了大量数据和资料。

课题组依据这些调查数据和资料，结合对社会结构理论和各种文献的研究，于 2001 年 8 月开始撰写第一份研究报告，并于 2002 年 1 月出版了《当代中国社会阶层研究报告》一书，此后又陆续发表了一些研究报告。现在，课题组正在撰写以《当代中国社会流动》为题的第二份研究报告，争取在年内出版。

根据课题组五年来的调查研究，我们对当代中国社会阶层结构变迁有以下六点认识。

①现阶段中国社会已分化为由十个社会阶层组成的社会阶层结构。阶层划分的标准是以职业分类为基础，以组织资源、经济资源和文化资源占有状况为根据。在当代中国社会中，依据每个社会成员从事何种职业和对这三种资源的拥有状况，我们可以认定这个成员属于哪个阶层，认定他在

社会阶层结构中的位置和个人的综合社会经济地位。

十个社会阶层的现状①：

第一，国家与社会管理者阶层。指在党政、事业和社会团体机关单位中行使实际行政职权的领导干部。在中国现阶段由计划经济体制向社会主义市场经济体制转变的过程中，他们拥有组织资源优势，社会经济综合地位比较高。这个阶层在整个社会阶层结构中约占 2.1%（1999 年数据，下同），在大中城市中较多一些，在县以下较少。

第二，经理人员阶层。指在大中型企业中非业主身份的中高层管理人员。这个阶层是在 20 世纪 80 年代以后新生的。现在经理人员阶层由四部分人组成：国有大中型企业的中高层管理人员；城乡集体所有制大中型企业的中高层管理人员；三资企业的中高层管理人员；大中型私营企业的中高层管理人员。这个阶层拥有文化资源和经济资源优势，约占全部就业人口的 1.5%。随着经济的继续发展，经理人员阶层还会逐年扩大。

第三，私营企业主阶层。指拥有私人资本和固定资产，并雇佣职工进行经营以获取利润的人员。按现行政策，雇工在 8 人以上的企业主称私营企业主，他们是改革开放以后新生的一个阶层。按 1999 年的数据，私营企业主阶层占 0.6%。现在已超过 1%。

第四，专业技术人员。指在国家机关、事业单位和各种经济成分的企业中从事专业性工作和科学技术、人文社会科学工作的专业人员。他们大多受过中高等专业知识和专门职业技术的培训，具有适应现代化经济社会事业发展的专业知识和专门技术，拥有文化资源的优势。这个阶层在社会结构中占 5.1%，多数分布在经济文化发达的大中城市。随着国家现代化事业的发展，专业技术人员的队伍将日益扩大。

第五，办事人员阶层。指协助党政机关企事业单位领导处理日常行政事务的专职办公人员，主要包括党政机关的中低层公务员、各种所有制企事业单位中的基层管理人员和非专业性办事人员。这个阶层是现代社会和社会中间层的重要组成部分。在社会阶层结构中所占比重为 4.8%。

第六，个体工商户阶层。指拥有少量私人资本，从事小规模生产、流通、服务业等经营活动，并以此为生的人。他们自己参加劳动和经营，其中有些还有专业的技术和手艺，有些还带一些徒弟，雇请少量帮工（不超

---

① 各阶层数据参见陆学艺主编《当代中国社会阶层研究报告》，北京：社会科学文献出版社，2002，第 44 页。

过 7 人）。他们被称为小业主、小雇主、个体工商户，国外有称自雇佣者的。这个阶层也是改革开放以后新生的，在整个社会阶层结构中占 4.2%。

第七，商业服务人员阶层。指在商业、服务行业中从事非专业性的体力和非体力劳动的工作人员。他们的社会经济地位与产业工人较为类似。现在一些新兴的服务业，如金融、保险、旅游、通信、房地产、社区服务等行业正在蓬勃发展，预示着这个阶层未来会有一个较大的发展。现阶段这个阶层在社会阶层结构中的比重为 12%，其中约 1/3 是农民工。

第八，产业工人阶层。指在第二产业（工业、建筑业）中从事直接和辅助性生产的体力、半体力劳动的人员。经济体制改革以来，产业工人人员的构成发生了根本性的变化。2001 年，全国第二产业就业人员数量为 16284 万，其中国有单位的职工有 7640 万人，只占 47%[①]，多数是在非公有制企业（如三资、股份制、私营企业、个体工商户等企业）里就业。特别是 20 世纪 90 年代以来，大量的农民工涌进产业工人阶层，成为产业工人阶层的重要组成部分。1999 年，产业工人阶层在整个社会阶层结构中占 22.6%，其中农民工已占大多数。

第九，农业劳动者阶层。指承包集体所有的耕地，主要从事农（林、牧、渔）业生产经营，并以农（林、牧、渔）业为唯一或主要收入来源的劳动者，也就是通常所说的农民。据我们调查，农业劳动者阶层 1999 年占全部从业人员的 44%。随着工业化、城市化的发展以及相应社会政策的到位，这个阶层还会继续缩小。

第十，城乡无业、失业、半失业人员阶层。指无固定职业的劳动者人群。经济体制转轨、产业结构调整和国有企业改革使一大批工人和商业服务人员处于失业、半失业状态。就业机会不足使许多新进入劳动力市场的青年长期待业。1999 年，这个阶层在整个社会阶层结构中的比例约占 3.1%。他们是这几年媒体所称的"弱势群体"，是社会的底层。

②中国已经形成了现代社会的阶层结构，但还只是一个雏形，正在继续成长。为什么这样说？首先，随着经济体制的改革和经济的发展，中国正在形成现代社会的产业结构和职业结构。与此相适应，现代社会阶层结构的基本构成成分都已经具备，上述十个社会阶层的状况构成就是证明。凡是现代化国家具备的社会阶层都已经在中国出现，有的已经具有相当的

---

① 国家统计局编《中国统计摘要·2002》，北京：中国统计出版社，2002 年 5 月，第 38 ~ 39 页。

规模。随着工业化、城市化的发展，有的社会阶层的规模还会继续扩大（如经理人员阶层、专业技术人员阶层、私营企业主阶层、个体工商户阶层以及办事人员阶层等），有的社会阶层的规模将继续缩小（如农民阶层），但基本构成成分不会有大的改变。

其次，中国现代的社会阶层结构中的社会阶层位序已经确立。所谓社会阶层位序是指各社会阶层在社会地位分层等级中的排列次序。社会阶层位序取决于各社会阶层拥有的组织资源、经济资源和文化资源的数量及其综合实力。拥有三种资源越多、综合实力越强的社会阶层，其社会阶层位序就越高，反之就越低。这十个社会阶层的位序排列，是我们根据多方面的大量社会调查，结合对多种文献和数据的分析，根据各社会阶层拥有三种资源及其综合实力的多少和强弱排列的，而不是随意排列的。

③现代社会的流动机制正在形成，并逐渐代替传统社会的流动机制。在1978年改革开放以前，中国实行的是身份分层、政治分层。在城乡分割的户籍制度下，出生在农民家庭的人就只能从事农业，只能做农民；凡出生在工人、干部家庭的人，一般就是工人和干部。农民想转变为工人、转变为城市居民，工人想转变为干部，几乎是不可能的，因为这都存在着制度性的障碍。这种先赋性的社会流动机制降低了人们通过努力奋斗获得向上流动的积极性，当然是很不公平、很不合理的，使国家缺乏发展的活力和动力，也就阻碍了经济社会的进步。改革开放以来，中国改变了以身份论阶层的做法，也改变了原来以阶级出身成分作为选拔干部、人才标准的做法。城乡分割的户籍制度虽然还未彻底改革，但也已经有了不少改进。农民有了选择职业的自由，可以从事农业以外的各种职业。工人、干部也可以跳槽，可以下海，可以经商办企业，有了择业的自由。总的来说，社会流动渠道越来越多元化，虽然还有一些制度性限制和障碍，但是每个人只要自己努力，就可以凭借自己的聪明才智获得向上流动、改变自己原来社会地位的机会和可能。

在现代化的社会阶层结构中，虽然各社会阶层的位序已经确定，但各社会阶层的个人仍然可以通过自己的努力，逐步改变自己的社会地位，从一个阶层的低位攀升到本阶层内较高的地位，如不熟练工人通过努力掌握技术成为熟练工人，或者从原来某一社会阶层向上流动，成为另一社会阶层的成员，如农民出身的青年可以通过努力学习，参加考试，成为大专、本科大学的学生，毕业后可以成为专业技术人员、参与国家社会管理的干部等。当然，更多的农村青年可以外出打工，也可以经商办企业，成为工人、个体工商户或私营企业主。原来城市里的工人和干部则有更多的机会，通过努力学习，通过经商办企业，在本单位或离开原单位获得向上流动的机会，改变和提高自身社会阶层的社会地位。而现在的中国正在大规模地进行经济建设。工业化、城市化、市场化、社会化的发展都很快，经济社会事业蓬勃发展，整个职业结构呈趋高化趋势。这在客观上也为每个公民实现向上流动、提升自身社会地位提供了各种条件和机会。每个公民都有施展抱负、实现"人往高处走"的理想的广阔空间。

在现阶段的中国，尽管先赋性因素还在继续产生影响，但获致性因素对社会流动的影响已越来越大，并将逐渐成为影响社会流动的主要因素。也就是说，当今中国社会流动的机会是面向所有公民的，是开放的，而不再受个人的出身、成分、家庭背景、户籍等限制。你只要自己努力，就有机会实现向上流动的理想。

④现阶段中国的社会阶层结构是在经济结构调整、经济发展的过程中自然、自发形成的，还在继续变动过程中，还不够合理，与社会主义现代化建设及其要求还不相适应。纵观发达国家现代化社会阶层结构形成过程可以发现，这是一个长期发展的历史过程。随着第一次产业革命、第二次产业革命发展，又经过多次社会冲突、社会整合、社会政策调整而逐渐形成了具有一个规模庞大的社会中间阶层使社会阶层结构形态具备所谓的"橄榄型"，形成了现代化的社会阶层结构。相比之下，中国要在一个不长的时期里，把两个阶段压缩为一个过程，实现现代化社会阶层结构的理想形态，其艰巨和复杂程度是可想而知的。其中不可避免地会出现种种失调、摩擦、矛盾和冲突。但中国要建成社会主义现代化事业，就必须形成这样一个合理的现代化社会阶层结构，这是必不可缺的。

我们经过 20 多年的渐进式改革，已经使 GDP 翻了三番还多，使工业化达到中期发展阶段，并且已经初步建成社会主义市场经济体制，使市场成为配置资源的主要力量。应该说，中国的经济体制改革、经济结构调整和经济发展取得了空前的成功，之前所采取的一系列经济政策都是有效的。相比较而言，中国的社会体制改革、社会结构调整和社会事业发展则相对滞后一些。理应采取的社会政策，有些是滞后了（如社会保障体系的建立），有些则因为各种原因至今还未出台。所以，目前我国的社会阶层结构是在经济结构调整、经济发展的影响下自然形成的，也可以说是自发形成的。虽然我国已经形成了现代社会阶层结构的雏形，但它还具有以下一些特点和不足。

第一，现阶段中国的社会阶层结构还处在不断的变动过程中，有时某一社会阶层的规模会扩展得很快，而有的社会阶层的经济社会地位理应有所改善和提高，却又长期停顿。整个社会阶层结构变动不居，很难以常理来预测。当然，像我们这样一个正在进行大规模经济社会建设的国家，社会结构变动不居是常态，这既是它的优点，也是它的问题所在。我们对它进行的研究分析是选取某一时点的社会阶层结构的横断面做的定性和定量分析研究，以此得出应有的判断和认识。上述我们做的十个社会阶层结构的研究就是选取 1999 年这个时点，对中国社会阶层结构进行分析研究的结果。

从 1999 年至今，仅仅几年时间，中国社会阶层结构内部已经又有了不少新的变化。例如，1999 年私营企业主阶层只有 150.9 万户，有投资人322.4 万人。[①] 我们在对十个社会阶层的分析中指出，1999 年私营企业主阶层在整个社会阶层结构中占的比重为 0.6%。由于近几年整个经济社会环境对私营企业发展有利，社会舆论对私营企业主阶层的评价也好了，所以私营企业主阶层发展很快，到 2002 年底，私营企业已发展到 243 万户，投资人已超过 600 万人[②]，近两年又有新的发展。

中国特有的农民工这个社会群体近几年变动也很大。1999 年，我们引用有关部门的数据，农民工为 8000 多万人。近几年由于务农收入减少，乡镇企业和农村经济不景气，农村劳动力大量进入城镇打工，到 2003 年底，据农业部门统计，农民工已达 9900 多万人。这就使产业工人阶层、商业服务人员阶层、个体工商户阶层等的规模有了不同程度的扩大。2000 年全国第五次人口普查数据显示，在全国第二、第三产业总就业人口中，农民工已占 46.5%，其中第二产业工人中农民工占 57.59%，第三产业就业人员中农民工占 37.03%。农民工已经成为工人阶层的主体。

尽管近几年中国不同社会阶层的规模有所变化，但整个社会阶层结构的基本构成成分并没有发生变化，十个社会阶层的位序也没有发生变化。只是有些社会阶层的规模扩大了，有些社会阶层的规模进一步缩小了。

第二，中国现有的社会阶层结构还不合理，与社会主义现代化进程及其要求还不相适应。现代化国家需要一个合理的现代化社会阶层结构，这

---

① 中华全国工商业联合会中国民（私）营经济研究会联合编辑《中国私营经济年鉴（2000 年版）》，北京：华文出版社，2000 年 12 月，第 346 页。

② 国家统计局编《中国统计年鉴·2003》，北京：中国统计出版社，2003 年 9 月，第 148 页。

个社会阶层结构应该是与现代化的经济结构相适应的且相辅相成的，使经济社会能够协调发展。从世界各个已经实现了现代化的国家的历史经验看，这些国家的社会阶层结构形态都是"中间大、两头小"的"橄榄型"结构。所谓"两头小"，是指拥有较多的组织资源、经济资源、文化资源而处于最高和较高社会等级地位的阶层规模比较小，而只有较少资源或几乎不拥有什么资源而处于较低和最低社会等级地位的阶层规模也比较小。所谓"中间大"，是指社会已发育、培育成了一个庞大的社会中间阶层。他们拥有相当多的各种资源，足以使他们过上小康甚至更富裕的生活。他们是政治社会稳定的中坚力量，也是经济持续发展的重要力量，更是先进文化的创造者和消费者。实践证明，一个国家、一个社会形成了这样一种"橄榄型"的社会阶层结构形态，这个国家也就实现了现代化，经济社会事业就能够健康稳定持续地发展。用中国传统语言来讲，这个社会就能够长治久安。

比较而言，中国现阶段的社会阶层结构离现代化的社会阶层结构还有很大的距离。目前中国社会阶层结构形态还是一个中低阶层过大、上中层刚发育还没有壮大、最上层和底层都较小的结构。形象地说，这是一个"洋葱头型"的社会阶层结构形态。前面我们已说过，中国现阶段的社会阶层结构是在经济发展的推动下，在社会体制改革滞后、社会政策没有相应到位的情况下，自然、自发地形成的，有诸多的不合理之处。就社会阶层的规模而言，最重要的可以概括为两个方面，就是该缩小的社会阶层规模没有相应地小下去，而该扩大的社会阶层规模还没有相应地大起来。

该缩小的社会阶层规模没有相应地小下去，是指我国农业劳动者阶层的规模过大。在发达国家，产业结构、就业结构和阶层结构的比重基本上是很相近的，例如，日本 1990 年第一产业在 GDP 中的比重为 2.5%，而其在就业结构中的比重为 10%（1992）[1]，农民阶层的规模为 7%。由于存在着体制性的障碍，即户籍制度的限制和城市化的滞后，1999 年，中国农业在 GDP 中的比重为 17.6%，从事农业的人员占整个就业人员的 50%。[2] 而当年的农业劳动者阶层占整个社会阶层结构的比重为 44%（这是把外出的农民工计算在外的结果）。

该扩大的社会阶层规模还没有相应地大起来，是指社会中间阶层规模

---

[1]　托马斯·K. 麦格劳：《现代资本主义：三次工业革命的成功者》，赵文书、肖锁章译，南京：江苏人民出版社，1999。

[2]　国家统计局编《中国统计年鉴·2001》，北京：中国统计出版社，2001 年 9 月，第 50、108 页。

过小。严格地讲，社会中间层不是一个社会阶层，而是由整个社会阶层结构中的若干个社会阶层组成的。在国外，它是由新、老中间阶层两部分组成。老中间阶层是指中小企业主和中小农场主，他们是有产的。新中间阶层是指以中小企业经理人员、公务员、专业技术人员、办事人员等白领为主的阶层。相比较而言，中国的社会中间阶层不仅产生得比较晚，而且规模过小。据我们课题组测算，1999 年，我国社会中间阶层只占整个社会结构的 15% 左右。① 近三年来，由于中小私营企业主阶层、个体工商户阶层、专业技术人员阶层等发展得很快，所以，2003 年，社会中间阶层的规模约为 19%。这个规模大约相当于美国 1950 年、日本 1975 年的社会中间阶层的规模。

社会中间阶层规模过小，意味着社会结构的不稳定，这是当前中国诸多经济社会问题产生的重要原因。今后，中国经济社会发展面临的一个战略性任务是要继续深化改革，采取恰当的经济、社会政策，使社会中间阶层的规模扩大起来，使农业劳动者阶层的规模较快地缩小下去，以适应国家社会主义现代化事业健康发展的需要。

⑤一个国家要形成一个合理的有活力的社会阶层结构，不仅要靠这个国家的经济结构调整、经济发展的带动，要靠"无形的手"的推动，使之自然地演变和成长，还要靠国家在恰当的时机采取恰当的社会政策，也就是还要靠"有形的手"加以调控和引导。现阶段中国社会阶层结构的变迁，基本上是在经济体制改革、经济持续高速增长的影响和推动下发生的。其好处是经济变革和发展催生了一批与现代化事业相适应的新的社会阶层，形成了现代化的社会阶层结构雏形。但是，这个社会阶层结构的形成具有明显的自发性，因而也具有诸多的不合理性，最不合理的就是该扩大的社会阶层没有相应地大起来，该小的社会阶层没有相应地小下去。如果我们对过去 20 多年的经济社会政策做一个反思，那么我们就可以看到，我们在推动市场经济体制的改革和发展，宏观调控经济朝着稳定、健康、持续、高速发展方面，及时采取了一系列有效的经济政策。这说明，国家这只"有形的手"充分发挥了调控引导的作用。相比较而言，在促进现代社会阶层结构的发育成长方面，迄今还没有像宏观调控经济的经济政策那样明确而自觉的社会政策，有效及时的社会政策缺位和不到位是造成现阶段社会阶层结构不合理的主要原因。国家这只"有形的手"没有起到应有的作用。

---

① 陆学艺主编《当代中国社会阶层研究报告》，北京：社会科学文献出版社，2002，第 73 页。

具体来说，其表现在以下几个方面。

第一，应改革的一些社会体制、社会政策没有适时进行改革和调整。例如，城乡分治的户籍制度严格控制城市发展，这是与计划经济体制相适应的。改革开放以后，实行社会主义市场经济体制理应改革户籍制度，加快城市化的步伐。但因为有关决策部门囿于一些传统观念，至今没有对户籍制度进行根本性的改革，所以城市化的发展仍然受到种种限制，致使农村大量的农民仍然滞留在农业上。即使农民进城打工、经商了，他们仍然受到种种体制性的歧视，沦为二等公民，由此产生了种种社会问题。城市化严重滞后于工业化，第三产业发展不起来，城乡关系失调，城乡差距扩大，这是目前中国亟待解决的最主要的结构性矛盾，也是现代化社会阶层结构不能合理发育成长的主要原因。

第二，该出台的社会政策没有适时出台。例如，社会保障制度是社会的安全阀、稳定器，实行社会主义市场经济体制，一定要有相应的社会保障制度。原来在计划经济体制下的社会保障体系不能适应新的需要。我们对原来的社会保障制度的改革和新的社会保障制度的建设，至少晚了5~8年，所以新的社会保障制度至今还没有完全地建立起来。这也使国有企业的改革受到制约和阻碍。特别是由于社会保障制度不健全，保障力度不够，无法起到保护弱势阶层、贫困阶层的作用，不能确保这部分人的基本生活需要，这也是一些地区社会不安定的重要原因所在。又如，社会分配政策不合理。在市场经济条件下开展竞争、追求效率是必然的。但政府为培育合理的现代社会阶层结构，需要出台相应的社会政策，应当以公平为目标，通过各种再分配手段，调节各社会阶层的利益关系，缩小城乡之间、地区之间、各社会阶层之间的收入差距，不能使富者愈富、贫者愈贫，保证贫困阶层的基本生活需要，防止出现严重两极分化，缓和社会矛盾。我们在这方面的工作滞后，而一些比较重要的再分配政策却迟迟没有出台，如遗产税、财产税等。现在政界和学界公认，城乡差距、工农差距、地区差距已经过大了，而且至今还呈现继续扩大的趋势。

第三，改革开放以来，我们党和政府拨乱反正，把工作重点从阶级斗争转移到以经济建设为中心的轨道上来，这当然是完全正确的。没有这个转移，就没有中国今天的繁荣昌盛。经济建设是中心，是第一位的。但要建设一个社会主义现代化国家，经济建设是第一的，但不是唯一的。有第一，就应该有第二、第三……有些同志以为，经济发展上去了，蛋糕做大了，人民富裕了，社会结构就会得到改善，社会就能安定，国家就能长治久安。因此，若干年来，我们制定了这样那样的经济政策，推动经济健康、持续、稳定、快速地增长。虽然我们在这方面的成绩是巨大的，但我们没有投入一定的力量来制定相应的社会政策，以引导培育一个合理的现代社会阶层结构。有的同志甚至以为，经济政策可以替代社会政策、可以自发产生社会政策所需要的结果。可以说，这正是我们国家在政策层面考虑上的一个严重误区。纵观近现代国际发展的历史，要建设一个现代化国家，仅仅在经济上人均 GDP 达到 3000 美元是不够的，也就是说，仅有经济发展的成就是不够的。现代化国家和现代化社会是一系列综合指标的总和，因此建设一个现代化国家是一项巨大的系统工程。世界上有一些国家尽管经济上人均 GDP 已达到 5000 美元甚至 8000 美元，一部分人的生活也相当富裕了，但却没有形成合理的现代化的社会阶层结构。这些国家一有风吹草动，一场金融危机，其几十年的经济成就在几天或几个月之内就倒退回去了，整个国家又沦为发展中国家。

⑥对中国社会阶层结构未来 20 年发展的预测。2003 年，我国人均 GDP 已经超过 1000 美元，预计到 2020 年可达到 3000 美元。国际经验表明，这是整个现代化进程中一个非常关键的阶段，也是经济社会结构发生深刻变化并会产生诸多经济社会矛盾的重要阶段。可能发生的情况有两种：我们搞得好，经济持续健康发展，社会安定进步，就能顺利实现工业化、现代化；我们搞得不好，虽然经济上去了，但社会结构没有得到相应调整，城乡关系不协调，贫富悬殊，两极分化，大多数人没有从经济增长中得到相应利益，社会矛盾尖锐化，引起社会冲突和政治动荡，就会使社会陷入拉美化的陷阱。前车之鉴，我们一定要引以为戒。

总的来说，我对未来发展持谨慎乐观的态度。我赞成吴敬琏教授关于"中国正在过大关"的说法。① 从社会结构变迁的角度来观察，中国的社会结构调整、社会管理体制改革、公共领域建设、社会事业发展等方面，有的正在过关，有的还没有过关。我国的经济结构已经进入工业化发展的中期阶段，但城乡结构、区域结构、就业结构、分配结构等方面则还处于工业化初期阶段，有的甚至还处于工业化前期阶段。具体地说，我对经济发展前景比较乐观，因为我们已经走上了社会主义市场经济发展的轨道，但就社会结构、社会管理体制、社会事业发展等方面来说，原来在计划经济体制条件下形成的格局还没有改变，影响还比较大，有的甚至基本没有改

---

① 参见吴敬琏《改革：我们正在过大关》，北京：生活·读书·新知三联书店，2001。

革（如城乡二元社会结构）。所以，今后的社会发展难度比较大。而中国要建成社会主义现代化国家，这些方面的改革是必须实行的。

2002 年冬天召开的党的十六大，制定了今后 20 年全面建设小康社会的伟大目标，提出"经济要更加发展、民主要更加健全、科教要更加进步、文化要更加繁荣、社会要更加和谐、人民生活要更加殷实"六个方面的要求。这是全面建设小康社会的蓝图。在这六个方面，经济发展是要点，重点在农村，而难点在社会。党的十六届三中全会提出今后要贯彻落实以人为本，全面、协调、可持续的发展观，要实施统筹城乡发展、统筹区域发展、统筹经济社会发展、统筹人与自然和谐发展、统筹国内发展和对外开放，坚持走生产发展、生活富裕、生态良好的发展之路。

从社会结构调整、社会发展方面来看，今后 20 年是十分关键的阶段。在经济持续稳定快速发展的前提下，我们还要重视调整社会结构，发挥政府调控和引导的作用，使中国的社会结构向着合理而有活力的现代化社会阶层结构方向变化。

借鉴国际上发达国家现代化过程中实施社会政策的经验和教训，结合我国发展很不平衡的国情，今后 20 年我们有以下若干社会方面的指标，应该得到重视和实现。

第一，城市化方面。2001 年全国的城市化率是 37.7%[1]，今后平均每年要增长 1 个百分点，到 2020 年使城市化率达到 58% 左右。

第二，就业结构方面。2001 年，全国有 73025 万就业劳动力。三次产业的就业结构是：第一产业是 50%，第二产业是 22%，第三产业是 28%。而当年的 GDP 中第一产业只占 15.3%，这表明农业劳动力过多。[2] 今后我们必须加快农业劳动力向第二、第三产业转移，平均每年降低 1 个百分点，到 2020 年使农业劳动力的比例降到 30% 以下。

第三，基尼系数。在 1978 年，我国的基尼系数是 0.22。这个数字偏低，对发展生产、提高经济效率不利。20 世纪 80 年代以后基尼系数逐年提高，近几年提高得更快，那么现在基尼系数到底已经达到多少呢？各家对此说法不一，但多数学者和政界人士认为现在的基尼系数已经超过 0.4，这说明差距超过合理的范围了。今后，我们要通过二次分配，抑高调低，使

---

① 国家统计局编《中国统计年鉴·2002》，北京：中国统计出版社，2002 年 9 月，第 93 页。
② 国家统计局编《中国统计摘要·2002》，北京：中国统计出版社，2002 年 5 月，第 16、40 页。

之降到 0.4 以下。

第四，缩小城乡居民收入差距。2001 年，我国城镇居民可支配收入与农民人均纯收入之比为 2.9：1，2002 年扩大到 3.1：1，2003 年为 3.23：1。① 有关部门指出，城市居民还有如住房补助、社会保障等方面的隐性收入，而农民不但没有这些收入，还要扣除一些生产费用，所以实际上城乡差距是 5 ~ 6：1，而且还有扩大的趋势。这是中国面临的最重大的社会问题矛盾。近期我们应采取非常措施，首先遏制住城乡差距扩大趋势，然后缩小这种差距。2003 ~ 2010 年，每年能缩小 0.1 ~ 0.12 个百分点。到 2010 ~ 2020 年平均每年缩小 0.05 个百分点。到 2020 年，我们要将城乡居民收入差距控制在 1.5：1 的水平。

第五，加快高等教育事业的发展。我国的基础教育办得比较好，但高中和高等教育还相对滞后，不能满足经济社会发展的需要。1999 年大学扩大招生后，到 2003 年我国高等教育总规模已达到 1900 万人，毛入学率 17%。② 党的十六大已经提出，到 2020 年要"基本普及高中阶段教育"。我们还要积极稳步地发展高等教育，争取使高等教育毛入学率平均每年提高 1 个百分点，到 2020 年能达到 35% 左右，使在校大学生达到 3500 万人。当然，要实现高等教育发展这个目标，基础是要把九年制义务教育进一步办好，特别是要把各地基本普及高中阶段教育的事办好。未来高等教育能不能实现上述目标，关键是看我们能不能把高中阶段教育办好。

第六，扩大社会中间层的规模。党的十六大指出，要扩大中等收入者的比重。虽然社会中间阶层和中等收入者并不是一个概念，但在不少方面，二者的内涵是一致的。据我们课题组测算，1999 年，在社会阶层结构中，社会中间阶层占 15%。③ 近几年来，由于经济社会事业发展得比较快，私营企业主、专业科技人员、经理人员等增长得都比较多，到 2003 年，社会中间阶层的规模扩大到 19%。今后 20 年，如果能按这个发展速度，每年增长 1 个百分点，到 2020 年，社会中间阶层的规模将达到 38% ~ 40%，那么，中国的社会阶层结构将基本形成一个合理而有活力的现代化社会阶层结构。社会阶层结构形态也将不再是"洋葱头型"，而是一个"两头小、中间大"的"橄榄型"，只不过中间部分与现在发达国家的规模相比还显得略小

① 国家统计局编《中国统计年鉴·2004》，北京：中国统计出版社，2004 年，第 357 页。
② 《中国教育年鉴·2004》，北京：人民教育出版社，2004 年，第 90 页。
③ 陆学艺主编《当代中国社会阶层研究报告》，北京：社会科学文献出版社，2002 年，第 73 页。

而已。

　　到 2020 年，经济方面在优化结构和提高效益的基础上，实现国内生产总值比 2000 年翻两番，达到人均 3000 美元。社会方面能够实现上述六方面的社会指标，那么，全面建设小康社会的伟大目标也就基本实现了。从此，我国开始跨入中等发达国家的门槛。我们再继续奋斗几十年，到本世纪中叶就能基本实现现代化，把我国建设成为富强、民主、文明的社会主义现代化国家。

加快推进两个转变[*]

　　我国正处在从传统农业社会向现代工业社会、从计划经济体制向社会主义市场经济体制转变的关键时期。一般认为，实现工业化有三个指标：一是第二、第三产业增加值占 GDP 的比重超过 50%，我国现在[①]已超过85%；二是第二、第三产业的劳动就业人数占总就业人口的比重高于50%，我国现在是 50% 左右，正处在临界点上；三是城镇化水平超过 50%，我国现在还没有达到。[②] 由此可见，我国目前还处于实现工业化的过程之中。在计划经济体制向社会主义市场经济体制的转变方面，我们的成绩同样很大，已经初步建立起了社会主义市场经济体制，但改革攻坚的任务仍很艰巨。总体来说，改革开放 20 多年来，我们正在大力推进两个转变。取得的巨大成就可以从这两个转变中得到解释，而存在的很多问题也可以从这两个转变中得到解释。

　　19 世纪和 20 世纪，不少国家在工业化过程中都出现过诸如贫富差距、城乡差距、地区差距拉大，犯罪率、离婚率上升等问题。但我国现在还存在一些这些国家没有出现过的问题，如一种商品两种价格、买卖"批文"、"批条子"、"农转非"要花钱等，这些问题与由计划经济向市场经济转变有关。这就是说，我国现在处于工业化发展阶段，发达国家在这一阶段曾经面临的一些问题在我国也不同程度地存在；同时我国还处在体制转轨的重要时期，又有一些特殊的问题。由此可见，我国实现工业化、现代化这一任务的复杂和艰巨。又如，发达国家的工业化与城镇化、现代化是同步的，而我国由于工业化的快速推进，大量人口仍然滞留在农村，城镇化与工业

---

　*　本文原载《人民日报》2004 年 6 月 17 日第 2 版。——编者注

　①　本文中指 2003 年。——编者注

　②　国家统计局编《中国统计摘要：2004》，北京：中国统计出版社，2004 年 4 月，第 19、37、43 页。

化相比严重滞后。这个突出矛盾导致了很多问题，如治安问题、环境问题、"三农"问题等，其中比较突出的是农民工问题。农民工为国家建设和城市的现代化做出了很大贡献，但是用农民工这套办法也产生了问题。国外有学者曾问我，什么叫农民工？我说农民工就是农民工人。他感到很奇怪：农民是一个职业，工人也是一个职业，农民工从事的到底是什么职业呢？可见，农民工问题也是我国转轨时期特有的问题。现在我国估计有9000多万农民工。这么多人身份不确定，农民工和城镇户口的工人在同一个单位，但一厂两制，同工不同酬、同工不同时、同工不同权。同是职工，经济、政治、社会待遇却很不相同，由此带来了一系列问题。我国正处于改革的攻坚阶段、发展的关键时期，有许多方面的难题，如人事制度、就业制度、社会保障制度、城乡分割体制等，都需要抓紧进行研究解决。

我们应该怎样应对两个转变过程中出现的问题呢？出路在于，按照科学发展观的要求，坚持"五个统筹"，实现协调发展。现在我国发展不协调的问题比较突出，其中经济社会发展不协调主要表现在以下几个方面：一是经过多年努力，经济结构变化巨大，从创造的增加值看，产业结构已从第一、第二、第三产业演变为第二、第三、第一产业。这表明我国已进入工业化的中期阶段。但社会结构的变化还较为滞后，人口结构、就业结构、社会阶层结构特别是城乡结构，还没有相应地调整过来，很不协调。二是经济发展较快，但社会事业包括教育、科技、文化、卫生等发展相对落后，去年"非典"疫情突发就暴露了我们在医疗卫生，特别是农村公共卫生建设上的问题。在教育方面也存在一些问题。在我们这样一个年财政收入超过2万亿元的国家，拖欠农村中小学教师工资的问题却一直没有得到很好解决，这怎能保证教学质量的提高和教育事业的发展呢？三是近几年经济管理水平提高较快，但社会管理远远没有跟上。比如，我国的道路交通建设发展迅速，但城市交通拥堵问题非常突出，交通事故死亡率也居高不下。四是事业单位的管理体制改革基本上还没有破题。五是经济发展较快，但就业问题非常严峻。正是由于经济发展的势头很好，同时又存在比较突出的矛盾和问题，存在诸多的不协调，所以我们才说我国正处于改革发展的关键时期：搞得好，这道坎就迈过去了，经济社会就能够继续持续快速发展，顺利实现工业化、现代化；搞得不好，各种社会矛盾日益尖锐，经济社会就有可能陷入停滞和动荡。

党的十六届三中全会提出，树立和落实以人为本，全面、协调、可持续的发展观。这是十分重要和及时的，并具有很强的针对性。它是我国改革发展和社会主义现代化建设的重要指导思想，也是应对关键时期的锐利思想武器。我们要按照科学发展观的要求，做到"五个统筹"，实现协调发展。从两个转变的角度来看，第一，我们要加快推进计划经济体制向社会主义市场经济体制的转变，不断完善社会主义市场经济体制。现在我国商品市场的市场化程度很高了，但土地、劳动力、资金等生产要素市场，以及经济运行机制、人事制度、城乡制度、社会文化事业等的改革还需要大力推进。实践证明，哪个地区、哪个部门、哪个行业、哪个单位甚至哪个个人先摆脱了计划经济体制的束缚，走上市场经济的发展之路，就能发展得快、发展得好，也就能更快地富裕起来。第二，我们要加快推进传统农业社会向现代工业社会的转变。应该强调的是，我们要按照"五个统筹"的要求，加快工业化、城镇化，特别是要解决好"三农"问题，就必须在体制、机制上深化改革，如户籍制度、土地制度、财政制度等都需要加快改革创新。只有我们把体制、机制理顺了，统筹协调发展，实现农村工业化、城镇化才有可靠的保证。

构建和谐社会与社会结构的调整[*]

党的十六届四中全会提出要构建社会主义和谐社会。这是一个新的理念，也是一项新的任务，是适应改革发展进入关键时期的客观要求，顺应广大人民群众的民意的，因此一经提出，就受到了全国各阶层人民的拥护，很快取得了共识。同时，这也是贯彻十六大精神，落实科学发展观的重要步骤，具有十分重要的意义，标志着我们党的工作进入了一个新的阶段。

构建社会主义和谐社会是一项宏大的历史任务，而且是一项新的任务。过去我们讲社会主义现代化建设，主要是强调经济建设、政治建设、文化建设"三位一体"的建设，现在又加入了社会建设，"四位一体"，这是经济体制改革和经济发展到了一定阶段的必然要求。不久前，我们党又提出要统筹经济社会发展，经济社会要协调发展。党的十六届四中全会明确提出要"加强社会建设和管理"，与经济建设等并列，使经济建设和社会建设相辅相成，奋斗目标更加完整，目的就是要全面建设小康社会。在一定意义上，"社会建设"理念的提出也是对前一阶段实践中错误的校正，因为在强调以经济建设为中心的实践过程中，有些地区和部门曾一度把经济增长作为唯一发展目标，由此造成了社会发展滞后，引发了诸多社会问题。

---

* 本文原载《江苏社会科学》2005 年第 6 期。原稿写于 2005 年 7 月 2 日，该文首次发表于成都市社会科学院、成都市社会科学界联合会、成都市邓小平理论研究中心主办的内部刊物《社科论坛》（成都）2005 年第 3 期（2005 年 7 月），人大复印报刊资料《体制改革》2006 年第 2 期转载了该文。该文在《江苏社会科学》正式发表后，又被人大复印报刊资料《社会学》2006 年第 3 期转载。该文收录于陆学艺《社会建设论》，北京：社会科学文献出版社，2012 年 3 月和张占斌主编《和谐增长：中国经济的未来》，上海：上海远东出版社，2006 年 5 月。该文还以《构建和谐社会要调整好社会结构》为题收录于文集《中国社会科学院学术咨询委员会集刊》第 2 辑（2005）（北京：社会科学文献出版社，2006 年 2 月）。——编者注

和谐社会一定是一个社会结构合理的社会。一个国家或地区的社会结构是这个国家或地区的基本结构，好比一个人的骨架一样。有什么样的经济结构，一般就应该有什么样的社会结构，二者互为表里，相互匹配。现代社会既要有现代化的经济结构，也要有现代化的社会结构。

我国目前正处于由农业、农村的传统社会向工业化、城市化的现代社会转型过程中，正处在由计划经济体制向社会主义市场经济体制转轨的过程中。改革开放以后，经济发展很快，经济结构发生了很大的变化。几十年来形成的计划经济体制已经渗透到政治、社会、文化等方面，盘根错节，根深蒂固。前一阶段我们在经济体制改革方面几乎投入了全部力量，取得了很大成绩，但我们在社会体制改革方面的投入就相对较少。古话说："扫帚不到，灰尘照例不会自己跑掉。"原来在计划经济体制条件下形成的户籍制度、城乡、就业、社保等体制，有的改了一些，有的改革还没有到位，有的改革甚至还没有破题。所以，现在的社会结构同经济结构还不相适应，还不合理，严重制约着经济社会协调健康发展。

2005年2月，胡锦涛同志在中共中央政治局第20次集体学习会上说："要加强对构建社会主义和谐社会重大问题的调查研究和理论研究"，"加强对社会结构发展变化的调查研究，深入认识和分析阶层结构、城乡结构、区域结构、人口结构、就业结构、社会组织结构等方面情况的发展变化和发展趋势，以利于深入认识在发展社会主义市场经济和对外开放的条件下我国社会发展的特点和规律，更好地推进社会建设和管理。"① 胡锦涛同志提出对社会结构发展进行调查研究，弄清目前我国的社会结构状况，以利于通过改革和调整，形成一个合理的社会结构，这是构建社会主义和谐社会的重要基础。那么，我国目前的社会结构状况是怎样的呢？以下是我们初步的研究。

一 人口结构

中国是一个人口大国。到2003年，全国总人口已达129227万人；当年出生1603万人，死亡827万人，出生率为12.4‰，死亡率为6.4‰，自然增长率为6.01‰，这些都达到了经济比较发达国家的水平。年龄65岁以上

---

① 《加强调查和研究　着力提高工作本领　把和谐社会建设各项工作落到实处》，《人民日报》2005年2月23日第1版。

的老人为 9692 万人，占总人口的 7.5%。① 按照国际标准，65 岁以上人口超过 7% 的国家就是老龄化国家。而中国在 2000 年就达到 7%，进入了老龄化国家的行列。通常来说，经济发达的国家才有可能成为老龄化国家，然而中国却是未富先老。这一方面表明，我们在改善人民生活、重视人民健康等方面做的工作卓有成效，当然也是我们 20 多年来成功实行计划生育国策的结果，另一方面表明，今后我国的养老、社会保障等事业的任务艰巨。

在 2003 年全国总人口中，16 岁以上的劳动年龄人口为 99889 万人。② 据有关部门测算，到 2006 年，劳动年龄人口将达到 10.5 亿人，2010 年将达到 10.8 亿人，每年增加 1541 万人。2020 年劳动年龄人口将达 11.4 亿人，到 2035 年左右，中国的劳动年龄人口将达到峰值 12 亿人。未来 30 年，如果我们的经济社会政策得当，那么我们就能够尽享劳动年龄人口众多的人口红利。这对建设社会主义现代化国家是很有利的。但是要使这 10 多亿人充分就业，都能各得其所，任务也是十分艰巨的，就业压力将是我们今后长期要解决的难题。

劳动年龄人口可以分为非经济活动人口和经济活动人口两部分。2003 年，我国的非经济活动人口为 23789 万人，其中离退休 5706 万人，占 24%；在校学生（16 岁以上）4487 万人，占 18.86%；操持家务者 6868 万人，占 28.87%；丧失劳动者 4660 万人，占 19.59%；其他人员为 2068 万人，占 8.69%。

2003 年，我国的经济活动人口为 76100 万人，其中就业人口为 74432 万人，失业人口为 1668 万人。城镇就业人员为 25639 万人，占 35.45%，乡村就业 48793 万人，占 65.55%，其中乡镇企业就业人员为 13573 万人。③

第五次全国人口普查结果显示，在 16 岁以上人口中，大专以上文化程度占 4.7%，为 4498 万人，比 1990 年第四次全国人口普查时的 1576 万人增加了 1.86 倍；高中及中专文化程度的占 14.4%，为 13781 万人，比 1990 年的 8988 万人增加 0.53 倍。这 10 年间由于国家大力发展教育事业，全国人民的文化素质有了很大提高，但全国 16 岁以上人口的平均受教育年限只有 8.1 年。农村 16 岁以上人口中，受过大专以上教育的比重不足 1%，高中以上的占 7.8%，小学以下的占 50% 以上，平均受教育年限仅有 6.8 年。这对

---

① 国家统计局编《中国统计摘要·2004》，北京：中国统计出版社，2004 年 4 月，第 37 ～ 38 页。

② 参见国家统计局编《中国统计摘要·2004》，北京：中国统计出版社，2004 年 4 月，第 49 页。

③ 国家统计局编《中国统计年鉴·2004》，北京：中国统计出版社，2004 年 9 月，第 119 页。

农村劳动力向城市二三产业转移非常不利。

二　就业结构

经济结构和就业结构同步是市场经济体制的一般规律。由于特殊的历史原因，中国的就业结构与经济结构很不相称。2003 年国内生产总值（GDP）的构成：第一产业 14.6%，第二产业 52.2%，第三产业 33.2%；当年全国从业人员的就业结构：第一产业 49.1%，第二产业 21.6%，第三产业 29.3%。[1]从上述经济结构来看，农业与非农业的产值结构为 14.6∶85.4。这表明我国工业化程度已经进入中期水平，但同期农业和非农业的就业结构是 49.1∶50.9，还是工业化初期的水平。这种结构偏差源于城乡结构不合理，也是造成当前农民贫穷的结构性原因。

前面说过，我国目前正处于劳动年龄人口增长的高峰期。据有关部门测算，2007～2010 年，我国每年进入劳动年龄的人口都在 1800 万人以上。除去死亡、退休等因素，每年纯增劳动力在 1000 万人以上。在新增的劳动力中，大部分是农村劳动力，他们都要到城镇二三产业中就业。加上我国实行经济增长方式转变，走新型工业化道路，企业采用新技术新设备，经济增长对就业的推动作用减弱，就业弹性系数下降（20 世纪 80 年代，年均就业弹性系数约为 0.30，90 年代已下降到 0.11），所以，今后的就业形势非常严峻。而就业是民生之本。在城市化社会中，失业不仅是失去了工作，也是失去了收入和经济来源，即使有社会保障，生活水平也会下降。失业待业的人数多了，肯定会对社会稳定不利，影响社会和谐。所以，就业又是社会稳定的前提。因此，有关部门提出"就业优先"的主张是很有见地的。

三　城乡结构

中国现在已进入工业化的中期阶段，但 2004 年城市化率只有 41.8%[2]（低于世界城市化平均水平近 10 个百分点），还处于城市化的初期阶段。城

---

① 国家统计局编《中国统计年鉴·2004》，北京：中国统计出版社，2004 年 9 月，第 54、120 页。

② 国家统计局编《中国统计摘要·2005》，北京：中国统计出版社，2005 年 5 月，第 39 页。

市化严重滞后于工业化，阻碍了整个现代化的进程，使第三产业难以发展起来，影响了人民生活和消费水平的提高，实际上已经在阻碍经济持续健康地发展。另外，在占总人口 41.8% 的城市人口中，约有 1.3 亿人是进城半年以上的农村人口和外地人口。他们只是统计意义上的城市人口，并没有享有同城市居民同等的政治、经济和社会保障等方面的权利。其中，有 1 亿左右是农民工，他们干的是第二、第三产业的劳动，但其生活方式和思想观念还是农村的。他们是城市里的边缘人，二等公民。有人说，现在城乡二元结构进到城里来了：地方政府对本城居民实行一种政策，对外地人、农民工实行另一种政策，一城两制，又引发了诸多社会问题。工业化中期阶段的经济结构和城市化初期阶段的社会结构同处在一个城市社会中，导致城乡结构很不合理，而且城乡差距很大。20 世纪 90 年代中期以来，城乡差距越来越大。这是当今中国发生诸多社会矛盾、社会问题的主要根源。

四　区域结构

中国的地区差距本来就很大，发展很不平衡。自 20 世纪 90 年代以后，地区之间差距扩大的速度加快了，而且有越来越大的趋势。以东、中、西部的上海市、河南省、贵州省做比较：

表 1　各地区人均 GDP 变化的比较

单位：元

地区	1985 年	1990 年	1998 年	2003 年
上海	3855	5818	28253	46718
河南	580	1045	4712	7530
贵州	420	793	2342	3601
上海：贵州	9.18：1	7.33：1	12.06：1	12.97：1
上海：河南	6.65：1	5.49：1	6：1	6.2：1
河南：贵州	1.38：1	1.32：1	2.03：1	2.09：1

资料来源：《中国统计摘要·2004》，第 25 页；《中国统计年鉴·1999》，第 65 页；《中国统计摘要·1992》，第 7 页；《新中国五十年统计资料汇编》，第 342、517、700 页。

从表 1 中我们可以看到，1990 年以来，上海市和河南省的差距从 5.5 倍扩大到 6.2 倍，同贵州省的差距从 7.3 倍扩大到 13 倍。而河南省和贵州省的差距也在扩大，从 1.3 倍扩大到 2.1 倍。地区之间如此大的差距，在国际上也是少见的。例如，2002 年欧盟 15 国 24 个地区之间最大的差距只有 2.4 倍。

究其原因，除了自然条件和经济社会等历史原因外，近年来，东、中、西部的差距之所以急剧扩大，实际上是城乡差距扩大的反映。上海市主要是城区，而河南省、贵州省主要是农村。如果以上海市、郑州市、贵阳市三地相比，差距并不大。还有个原因是，上海市的市场化程度高，而河南省、贵州省的市场化程度低。另外，还有一个现象也值得重视。20 世纪 90 年代以来，中西部地区的农村劳动力，通过农民进城务工、经商等形式，大量流入东部经济发达地区。2004 年，上海市外来人口达到 536 万人，北京市 400 多万人，江苏省、浙江省都有近 1000 万人，广东省最多，有 1800 万人以上。而河南省流出的劳动力为 500 万 ~ 600 万人，四川省约 600 万人，安徽省 400 万人，江西省 300 多万人，贵州省流出的也超过 300 万人。其中大部分人是青壮年劳动力，也有一部分是高学历的人才。他们创造的巨额财富都留在了输入地，使富者愈富，这也是地区差距扩大的重要原因。我们可以看到，如果不采取相应的经济社会政策，这种地区差距还会继续扩大。

五　社会阶层结构

自从人类进入阶级社会以后，就形成了由不同的阶级、阶层组成的社会结构。不同的社会发展阶段，就有不同的社会阶级阶层结构。中华人民共和国成立以后，中国通过土地改革和实行国家工业化，对私营工商业、个体手工业和个体农业进行改造，到 1957 年，全国实行生产资料公有制，形成了工人阶级、农民阶级和知识分子阶层的社会结构（对"两个阶级，一个阶层"理论，国内外学术界仍有争论，但经济上实行单一的公有制后，社会阶级阶层结构的组成相对简化了，则是事实）。1978 年改革开放，我国实行以公有制为主体、多种所有制共同发展的基本经济制度，经济结构发生了极大的变化，经济事业有了极大的发展，推动了社会结构的变化。原来的工人阶级、农民阶级和知识分子阶层都发生了分化，产生了诸如私营企业主、个体工商户、三资企业的科技和管理人员、农民工等新的社会阶层和群体，形成了新的社会结构。

我们课题组经过长期的调查和分析研究，认为当代中国已经形成由十个社会阶层组成的社会阶层结构。①

①国家与社会管理者阶层，指在党政机关事业单位和社会团体中，行使行政职权的领导干部。2001 年，在全国 7 亿多就业人口中（下同）占 2.1%。

②经理人员阶层，指国有大中企业、城乡各种股份制大中型企业、大中型三资企业和私营企业中的中高层管理人员，约占 1.5%。

③私营企业主阶层，指拥有私人资本，雇用 8 人以上的企业主，约占 1%。

④专业技术人员阶层，指在国家机关、事业单位以及各种经济成分的企业中从事科学技术的专业人员。他们是脑力劳动者，拥有文化资源优势，约占总就业人员的 4.6%。在特大城市、大中城市，这个阶层的比重要高很多。

⑤办事人员阶层，指协助党政机关、企事业单位的领导处理日常事务的专职业务人员，约占 7.2%。

⑥个体工商户阶层，指拥有少量资本，从事小规模生产、经营活动，雇工在 7 人以下的小业主、工商户，也有称自雇佣者的，占 7.1%。

⑦商业服务人员阶层，指在第三产业中从事体力或非体力劳动的员工，约占 11.2%，其中约 1/3 是农民工。

⑧产业工人阶层，指在第二产业（工业、建筑业）中从事直接或辅助性生产的体力、半体力劳动的员工，约占 17.5%，其中农民工已占大多数。

⑨农业劳动者阶层，指承包集体耕地，从事农林牧渔业生产，并以此为收入或主要生活来源的农民，约占 42.9%。

⑩城乡无业、失业、半失业人员阶层，包括失业、失地、待业的人员。自 20 世纪 90 年代中期以来，由于国企改制、农村征地、城市拆迁等原因，这部分人员大量增加，约占 4.8%。

现在形成的这个社会阶层结构有以下几个特点。

第一，中国现在已经形成现代社会阶层结构，但这个阶层结构还只是一个雏形，正在继续发育成长。我们为什么会做出这样的判断呢？首先，现代社会应有的社会阶层，中国都有了。今后只是各构成阶层的规模、比重会发生变化，但构成的阶层不会再有大的变化。其次，中国各社会阶层

---

① 参见陆学艺主编《当代中国社会阶层研究报告》，北京：社会科学文献出版社，2002 年 1 月，第 10 ~ 23 页。

在社会阶层结构中的位序已经确立，今后也不会有大的变化，但各阶层内的人员是可以流动的。

第二，现代社会的流动机制正在形成，并逐渐代替传统社会的社会流动机制。1978 年以前，我国实行的是身份分层、政治分层。在计划经济体制条件下，由于户籍制度等的限制，凡是出生在农业人口家庭的人，只能从事农业，做农民；凡是出生在工人、干部家庭的人，一般就是工人和干部。农民想转为工人，工人想转为干部，几乎是不可能的。这种先赋性的社会流动机制限制了人们通过后天努力获得向上流动的积极性，既不公平，也不合理，并且使经济社会发展缺乏活力和动力。改革开放以来，我国已经逐步改革了这种体制，社会流动渠道逐步开放，越来越多元化，使人们可以凭借自己的才能和努力，改变自己的社会地位，获得向上流动的可能。

第三，现阶段的中国社会阶层结构是在经济体制改革、经济结构调整、经济大发展的推动下形成的，然而，由于其又是在社会体制改革滞后的背景下自然、自发形成的，因此有时表现得还不合理，与社会主义现代化建设及其要求还不相适应。

社会阶层结构是社会结构中最重要的核心结构，同时，社会阶层结构也是整个社会结构的整体反映。上述中国现阶段的人口结构、就业结构、城乡结构、区域结构等方面的不合理状态，就影响、形成、决定了中国现阶段的社会阶层结构还不合理的构成和状态。所以说，社会阶层结构也是整个社会结构的表现。

从世界各个已经实现现代化的国家的历史经验来看，一个现代化国家一定有一个合理而有活力的现代化社会阶层结构。这个社会阶层结构是与经济结构相适应且相辅相成的，可以使经济社会协调发展。这样合理而有活力的现代化社会阶层结构的形态，无一例外都是"中间大，两头小"的"橄榄型"结构。所谓"两头小"，是指拥有各种社会资源很多，处于最高和较高地位的社会阶层，其规模很小，而拥有社会资源很少，社会地位低的社会阶层的规模也小；所谓"中间大"，是指这个社会已经培育形成了一个庞大的社会中间阶层（有的国家也称中产阶级），他们拥有的社会资源足以使他们过上小康乃至更高水平的生活。他们是政治社会稳定的中坚力量，也是经济、文化发展的重要力量。一个国家形成了这样一种"橄榄型"的社会阶层结构，那么这个国家也就实现了现代化。

比较而言，中国现阶段的社会阶层结构离合理、开放的现代社会阶层结构还有一定距离。其结构形态还只是一个中低层过大，中上层发育还没有壮大，最上层和底层都比较小的"洋葱头型"阶层结构形态。就当前中国各社会阶层的构成和规模来说，我们可以将其概括为：该小的还没有小下去，该大的还没有大起来。

该小的没有小下去，是指农业劳动者阶层规模应该继续缩小。前面说过，2003 年我国 GDP 中，农业产值只占 14.6%，但因为户口、就业、城乡体制的限制，农业劳动者阶层还占全部就业人员的 42.9%。如果我们通过改革，加速工业化、城市化，使这个阶层的占比降到 20% ~ 25% 以下，就比较合理了。

该大的没有大起来，是指社会中间阶层（有的国家也称中产阶级）应该有较大规模的扩大。据我们课题组测算，中国的社会中间阶层 1999 年为 15% 左右，近几年来发展得比较好，平均每年增加约 1 个百分点，2003 年已接近 20%。如果我们能深化改革，制定相应的社会政策，引导、调控中国的社会阶层结构形态，使其达到"中间大，两头小"的"橄榄型"结构，形成合理开放的现代化社会阶层结构。社会中间阶层规模过小，意味着社会结构的不合理与不稳定。这也是当前中国诸多社会问题产生的结构性原因。

党的十六届四中全会提出要构建社会主义和谐社会，并提出要加强社会建设和管理。如何实现这个战略性的任务呢？从社会结构理论来说，我们要在今后的实践中，继续深化改革，创新和制定恰当的经济社会政策，推进户籍、就业、人事、社会保障等方面体制的改革，调整城乡、区域和就业结构，使该小的农业劳动者阶层规模逐渐缩小，该大的社会中间阶层规模逐渐扩大。引导培育形成一个合理开放的现代社会阶层结构，形成构建社会主义和谐社会的坚实的基础，这是我们今后要特别加以重视并做好的任务。

中国社会结构的变化及发展趋势[*]

中国自周秦时期建立封建社会以后，2000 多年来虽然发生过多次王朝更迭、治乱兴衰，但中国一直是个农业国家，以农民和地主两大社会阶级为主体的社会阶级结构没有什么变化。一个王朝兴起了，有过繁荣和辉煌，但不久就衰败了，又会有新的王朝建立起来，繁荣了，又衰败了，循环反复，但封建社会的性质、农业国家的社会结构没有多少变化。1840 年鸦片战争以后，中国封建社会的社会结构开始发生变化。自洋务运动开展以来，中国开始有了近代工业，有了新的工人阶级和新的资产阶级，由于受到列强的侵略压迫和自身的原因，中国沦为半殖民地半封建的国家。近代工业发展得非常缓慢，社会结构变化也非常缓慢。到 1949 年，中国的社会结构还是农民占总人口 89.4% 的农业社会。[1] 1953 年，新中国第一个五年计划开始，进行大规模的工业建设，动员投入了大量的人力、物力、财力，也取得了巨大的成功。但因为我们选择了计划经济的发展模式，一直到 1978 年，农业在 GDP 中的比重，已经降到 28.1%，但从事农业的劳动力，仍占总就业劳动力的 70.5%，农民仍占总人口的 82.1%。[2] 所以中国仍然是一个

---

* 本文原载《云南民族大学学报》（哲学社会科学版）2006 年第 5 期，发表时间：2006 年 9 月 15 日。该文写于 2006 年 4 月 5 日，系作者 2006 年 4 月 29 日出席台湾政治大学国际关系研究中心主办的"中国市场转型与社会发展：变迁、挑战与比较"研讨会提交的会议论文。该文部分内容首次摘要发表于《中国社会科学院院报》2006 年 1 月 19 日第 3 版，题为《我国社会结构的历史性变化》，并以《当代中国社会结构的变迁》为题部分摘发于中共中央党校内部刊物《理论动态》第 1716 期（2006 年 8 月 20 日）、《社会科学报》2006 年 9 月 7 日第 2 版、《学习与研究》2006 年第 12 期（2006 年 12 月 1 日）等报刊。该文还收录于黄明翰、杨沐主编《展望中国——未来十年经济转型和社会变迁的挑战》，北京：经济管理出版社，2008 年 5 月。——编者注

① 国家统计局编《中国统计年鉴·1983》，北京：中国统计出版社，1983 年 10 月，第 104 页。
② 国家统计局编《中国统计年鉴·2005》，北京：中国统计出版社，2005 年 10 月，第 52、93、118 页。

农业国家的社会结构。

　　中国的社会结构，真正发生历史性的大变迁是在 1978 年改革开放以后。中国实行改革开放，大大加快了中国由传统的农业、农村社会向工业化、城市化的现代社会转型。需要指出的是，实行改革开放的同时，也就开始了由计划经济体制向社会主义市场经济体制转轨。这种经济体制的改革和体制的转轨，极大地推动了社会转型的步伐，而社会转型的加快和成功，也反过来影响和推进体制转轨的持续进行。这种社会转型和体制转轨的同时进行，在历史上并不多见。而恰恰是这种转型和转轨的同时进行，是中国自改革开放 28 年来，经济发展取得巨大成功，社会结构发生深刻变化的原因。有一利必有一弊。这种社会转型和体制转轨的同时进行，也是中国当前产生了如此众多的经济和社会问题，社会矛盾和冲突凸显的根本原因。

　　总结和研究中国自改革开放以来社会结构的变化和发展趋势，有利于认识目前还在继续展开的中国社会转型和体制转轨的关系，有利于持续推进中国经济的发展和社会的全面进步。本文从当前中国社会结构几个主要方面的变化说起。

一　人口结构的变化

　　中国是世界上人口规模最大的国家。2005 年 1 月 6 日，总人口超过 13 亿，年底为 130756 万人，比上年增加 768 万人。全年出生 1617 万人，出生率为 12.40‰，死亡 849 万人，死亡率为 6.51‰，自然增长率为 5.89‰。[①]中国已经是一个低生育率、低死亡率和低自然增长率的国家，比预料的要好。这是中国改革开放以来经济持续发展并长期坚持实行计划生育的结果。

　　1972 年召开了第一次全国计划生育会议，自此制定推行了一系列控制人口数量、提高人口素质、调整人口结构的改革政策，从中央到地方，各级政府，把计划生育作为基本国策来执行。坚持实行 30 多年，终于得到了全国绝大多数人的认同，人口出生率和自然增长率大幅下降，降到了世界平均水平以下。1972 年，全国人口出生率为 29.77‰，死亡率为 7.61‰，自然增长率为 22.16‰[②]，纯增 1948 万人（1971 年纯增 2239 万人，为历史最高）。1972 年，中国的人口占世界总人口的 23.2%，1981 年占 22.2%，

---

①　《中华人民共和国 2005 年国民经济和社会发展统计公报》，《人民日报》2006 年 3 月 1 日，第 5~6 版。
②　国家统计局编《中国统计年鉴·1983》，北京：中国统计出版社，1983 年 10 月，第 105 页。

1991 年占 21.49%。[①] 2006 年 1 月，世界总人口达到 65 亿人。以此推算，2005 年中国的人口占世界总人口的 20.12%。联合国人口组织推算，到 2025 年，中国的人口将为世界总人口的 18.5%。据国家计生委 1999 年《中国人口信息研究中心对中国人口发展的预测》：按高方案计，中国的人口到 2040 年将达到 15.44 亿的峰值，以后将逐渐下降。上述这个机构预测的 2005 年人口为 13.22 亿人，实际人口比预测数少 1444 万人。所以，有的专家预计，中国的人口峰值将在 2035 年左右到来，总人口将在 15 亿以内。

由于实行计划生育，所以人口的出生率和自然增长率下降。到 20 世纪 70 年代后期，劳动人口在总人口中的比重超过 60%，老年负担系数和少儿负担系数相对较低，劳动人口因为负担轻而可能增加积累，以促进经济和社会发展。一般把这一历史时期称为人口"红利"时期。中国 2005 年的劳动力人口占 72.04%，到 2020 年，仍有 69.5%，所以这一时期仍是人口"红利"时期，也可以说是进行现代化建设的人口机遇期。当然，安排好这近 10 亿劳动力人口的充分就业，充分发挥他们的作用，是我们要解决好的重大课题。

表 1　1953~2000 年五次全国人口普查基本情况及 21 世纪前 20 年人口预测情况

年份		1953	1964	1982	1990	2000	2005	2015	2020
总人口（万人）		59435	69458	100818	113368	126583	130756	140095	142868
家庭户规模（人/户）		4.33	4.43	4.41	3.96	3.44	—	—	—
各年龄段人口（%）	0~14 岁	36.28	40.69	33.59	27.69	22.89	20.3	19.25	18.59
	15~64 岁	59.31	55.75	61.50	66.74	70.15	72.0	71.15	69.50
	65 岁及以上	4.41	3.56	4.91	5.57	6.96	7.7	9.6	11.9
受教育程度（人/10 万）	大专及以上	—	416	615	1422	3611			
	高中和中专	—	1319	6779	8039	11146			
	初中	—	4680	17892	23344	33961			
	小学	—	28330	35237	37057	35701			
文盲率（%）		—	33.58	22.81	15.88	6.72			
平均预期寿命（岁）		—	—	67.77	68.55	71.40			

资料来源：2004 年以前数据参见国家统计局编《中国统计年鉴·2005》，北京：中国统计出版社，2005，第 95 页；2005 年数据参见《中华人民共和国 2005 年国民经济和社会发展统计公报》，《人民日报》2006 年 3 月 1 日，第 5~6 版；2006 年以后为预测数，参见张伟民等《人口变动预测》，载田雪原等主编《全面建设小康社会中的人口与发展》，北京：中国人口出版社，2004，第 121 页。

[①]　国家统计局编《中国统计年鉴·1983》，北京：中国统计出版社，1983 年 10 月，第 561 页；国家统计局编《中国统计年鉴·1993》，北京：中国统计出版社，1993 年 9 月，第 883 页。

从表1可以看到，我国在2001年就进入了老龄化社会的门槛。预计到2017年，中国的老龄人口将达到10%，到2028年将为14%。这种老龄化的快速增长在历史上是鲜见的。中国又是一个人口大国，2005年，65岁以上的人口已经超过1亿人。预计到2017年为1.47亿人，2028年将超过2亿人。因为各种原因，中国是未富先老，赡养好这些老人并非易事，但这是政府和人民必定要履行好的社会责任。

1978年以来，国家十分重视扫盲和普及九年制义务教育工作。1990年，15岁以上人口中，文盲率为15.88%，到2000年下降到6.72%，2005年已降到5%以下。2004年全国义务教育人口覆盖率为93.6%，初中生入学率达到94.1%。高中阶段教育规模扩大，2005年招生1525万人，在校学生3968万人，2004年初中毕业生的升学率达到62.9%。[①] 高等教育自1999年扩大招生规模以后，发展很快，实现了历史性的跨越，进入了高等教育的大众化阶段。2005年，全国各类大学共招生505万人，毛入学率达到21%，在校大学生超过2000万人。2005年，招生各类研究生37万人，在校研究生98万人。[②] 这表明，28年来，中国的教育有了极大的发展，人口的文化素质有了很大的提高。2004年，全国15岁以上人口平均受教育年限为8.3年。

二 就业结构

从传统的农业农村社会向工业化、城市化、现代化社会转型，必然有一个大量农业劳动力逐步转变为第二、三产业从业人员的过程，这是一般规律。中国由于长期实行计划经济体制，所以转变进行得非常漫长和曲折。

表2 三次产业的社会劳动者年末人数

单位：万人，%

年份	总人口	社会劳动者人数				构成		
		合计	第一产业	第二产业	第三产业	第一产业	第二产业	第三产业
1952	57482	20729	17317	1531	1881	83.5	7.4	9.1
1957	64653	23771	19309	2142	2320	81.2	9.0	9.8

① 国家统计局编《中国统计年鉴·2005》，北京：中国统计出版社，2005年9月，第702页。
② 参见国家统计局编《中国统计年鉴·2006》，北京：中国统计出版社，2006年9月，第800～801页；国家统计局编《中国统计摘要·2006》，北京：中国统计出版社，2006年5月，第189页。——编者注

年份	总人口	社会劳动者人数				构成		
		合计	第一产业	第二产业	第三产业	第一产业	第二产业	第三产业
1978	96259	40152	28318	6945	4890	70.5	17.3	12.2
1990	114333	64749	38914	13856	11979	60.1	21.4	18.5
2000	126743	72085	36043	16219	19823	50.0	22.5	27.5
2004	129988	75200	35269	16920	23011	46.9	22.5	30.6

资料来源：国家统计局编《中国统计年鉴·2005》，北京：中国统计出版社，2005，第93、118页；国家统计局编《中国统计年鉴·1983》，北京：中国统计出版社，1983，第103页。

从表2可以看到，中国自1953年开始进行大规模工业化以后，第二、三产业发展是很快的，除了1959~1962年三年经济困难外，工业生产平均每年增长的速度都在10%以上，到1978年，经济结构已经有了很大的改变，当年三次产业结构是：第一产业占28.1%，第二产业占48.2%，第三产业占23.7%。[①] 这已经是一个工业化初期阶段的经济结构了，但因为中国受特有的户口制度等的影响，1978年的就业结构中，农业劳动者还占70.5%，所以仍是一个农业国家的就业结构。

中国社会的就业结构真正发生质的变化，是在1978年实行改革开放以后。1979年农村产业改革，实行家庭联产承包责任制，解散了人民公社，把土地等重要生产资料分包给了农民，农民得到了自主经营权和实惠，农业生产大幅增加，逐步解决了粮食等主要农产品长期短缺的问题。农民收入增加，农村市场扩大，而且农业剩余劳动力也大量涌现。这正是工业大发展的好机会。但这个时候，城市企业改革刚刚启动，加上户籍制度、粮食体制和就业制度等还没有改革，所以在20世纪80年代中期，乡镇企业就应运而生，发展得很快，从厂长到工人都是离土不离乡的农民。他们的职业改变了，但农民的身份没有变，他们进厂不进城，被称为"农民工"。到20世纪80年代后期，城市改革进入了新阶段，第二、三产业大发展，需要劳动力，于是又有了离土又离乡、进厂又进城的"农民工"。特别是在1992年以后，中国明确了要从计划经济体制向社会主义市场经济体制转轨，经济发展的势头很猛，那几年农民工每年增加上千万人，出现了"民工潮"。

从表2可以看到，在2000年，中国的72085万从业人员中，农业劳动力下降到50%，第二、三产业的劳动力增加到50%。2004年，农业劳动力

---

① 国家统计局编《中国统计年鉴·2005》，北京：中国统计出版社，2005年10月，第52页。

下降到 46.9% ，第二产业劳动力增加到 22.5% ，第三产业劳动力增加到 30.6% 。进入 21 世纪以后，中国社会的就业结构发生了根本性的转变，已经不再是农业社会的就业结构，而是工业社会的就业结构了。而且，这种发展的势头还在持续进行之中。

从表 2 的数量分析，1978 年，中国的第二、三产业职工共有 11835 万人，占总就业人员的 29.5% ；到 2004 年，第二、三产业职工共有 39931 万人，占 53.1% 。前后 26 年，第二、三产业职工增加 28096 万人，平均每年增加 1080.6 万人。每年有上千万的农民转变为制造业、建筑业、商业、服务业等第二、三产业的职工。这样大规模的社会流动，在中国历史上是从来没有过的，在世界工业化历史上也是鲜见的。这是中国改革开放的伟大成果，是中国社会结构发生了根本变化的成就，是中国进入工业社会的一个重要标志。

就业结构与产业结构同步变化是市场经济发展的规律性表现。随着工业化发展、生产力的不断提高，农业在经济结构中的比重逐渐下降，第二、三产业的比重不断上升。与此相对应，在农业中就业的劳动力也不断向第二、三产业转移，比重逐渐下降。中国 1978 年以来的就业结构也是这种趋势。但是因为直到现在，当年为适应计划经济发展而制定的一些体制（如户口制度、就业体制、人事体制、社会保障体制），还没有得到改革，所以农业劳动力向第二、三产业转移还存在着一些体制性障碍，社会流动还不顺畅。主要还存在以下几个问题。

第一，就业结构与经济结构不适应、不协调。2004 年，中国 GDP 中第一产业占 15.2% ，第二产业占 52.9% ，第三产业占 31.9%[①]；而在就业结构中，第一产业占 46.9% ，第二产业占 22.5% ，第三产业占 30.6% 。15.2% 的 GDP 同 46.9% 的农业劳动力有 31.7 个百分点的结构差，这是现在中国农民贫困、城乡差距大的结构性原因。而这种不合理的结构是由上述体制没有得到应有的改革形成的。所以要解决"三农"问题，关键的问题是要继续深化改革原来计划经济遗留下来的体制，调整结构、减少农民，农民才能富裕起来。

第二，2004 年，在城镇第二、三产业就业的总量中，有 12000 万是"农民工"。据有关部门统计，农民工在第二产业从业人员中占 58% ，在第三产业从业人员中占 52% 。"农民工"已是我国产业工人队伍中的主要组成部分。农民工在工业化建设中做出了巨大贡献，但由于我们在体制上还存在不少不合理的问题，所以在同一个企业、同一个单位里，在有城市户籍

[①]　国家统计局编《中国统计年鉴·2005》，北京：中国统计出版社，2005 年 10 月，第 52 页。

的职工和农民工之间，还存在着"同工不同酬、同工不同时、同工不同权"的状况。这是产生诸多经济和社会矛盾的重要原因。这对"农民工"地位的提高不利，对国家的长远发展不利。目前国家已经注意到这方面的问题，最近国务院印发了改善和维护农民工合法权益的文件，着手逐步解决好农民工的问题。

第三，总的就业形势严峻。中国目前正处在劳动年龄人口增长的高峰期。每年新增劳动力1800多万人，除去死亡、退休和16岁以上人口就学率提高等的因素减少的劳动力人口，每年实际增加劳动力约1000万人。因为农业就业人口已经过剩，所以都将在第二、三产业就业。加上城市已经下岗人员还要安排，就业压力很大。而从20世纪90年代以来，随着高新技术的发展，越来越多的先进技术和设备的应用，就业弹性系数不断下降，如20世纪80年代，GDP每增加1个百分点，可以增加146万个就业岗位，平均就业弹性系数为0.3，进入20世纪90年代后，GDP每增加1个百分点，只能增加72万个就业岗位，就业弹性系数下降为0.11。从总的状况看，今后10~15年，农村农业方面劳动力还会继续向城镇和第二、三产业转移，而第二产业还会发展，但增加就业空间不大，主要应通过大力发展第三产业来吸纳。从中国当前的国情出发，无论是第二产业还是第三产业，都要多发展劳动密集型产业，以解决好就业问题，这是上策。

三 城乡结构

一个国家在工业化过程中，随着经济的发展，城乡结构会不断发生变化。在工业化初期，主要以农民农村人口为主，城市人口是少数；到了工业化中期阶段，城乡人口基本相当；而到了工业化后期，城市人口就占多数和绝大多数。城乡之间的关系，在工业化初始阶段，一般是农业支持工业、农村支持城市发展；而工业化、城市化发展到一定程度以后，工业反哺农业、城市支持农村，逐渐实现城乡协调发展，实现城乡一体化，这是带有普遍性的一般规律。中国的工业化、城市化、现代化，总体上也是遵循这个规律发展的。但因为中国特有的国情和历史文化背景，在工业化过程中，城乡结构的变化、城乡关系的演变比较曲折，经历了一个有中国特色的发展过程。

1. 城乡结构的变化

中国的城市化道路，走得相当艰难和坎坷。1953年实行第一个五年计划，开始大规模的工业化。头五年，工业化发展很快，城市化也发展得很快，城乡结构发生了明显的变化。1958 年以后，工业化虽也有曲折，但总是发展的，而城市化就徘徊停滞了。1952 年，城市化率只有 12.5%，到 1958 年，城市化率提高到 16.3%，6 年提高了 3.8 个百分点，平均每年提高 0.63 个百分点。1978 年，城市化率为 17.9%，20 年只提高了 1.6 个百分点，平均每年只提高 0.08 个百分点，中间有好几年是倒退的。1978 年的 GDP 中，第一产业占 28.1%，第二产业占 48.2%，第三产业占 23.7%。[①] 城市化滞后于工业化，经济结构和城乡社会结构不协调的问题已经很严重（见表 3）。

表 3　城乡结构的变化

单位：万人，%

年份	全国总人口	农业人口	占总人口的比重	乡村人口	占总人口的比重	城镇人口	城市化率
1952	57482			50319	87.54	7163	12.46
1958	65994			55273	83.75	10721	16.25
1965	72538			59493	82.02	13045	17.98
1970	82992			68568	82.62	14424	17.38
1975	92420			76390	82.66	16030	17.34
1978	96259	83815	87	79014	82.08	17245	17.92
1985	105851			80757	76.29	25094	23.71
1990	114333	90446	79.1	84138	73.59	30195	26.41
1995	121121	92558	76.4	85947	70.96	35174	29.04
2000	126743	94244	74.4	80837	63.78	45906	36.22
2004	129988	94000	72.3	75705	58.24	54283	41.76
2005	130756	—	—	74544	57.01	56212	42.99

资料来源：

（1）总人口、乡村人口和城镇人口数据：1975 年以前参见《中国统计年鉴·1983》，北京：中国统计出版社，1983，第 103 页；1978~2004 年参见《中国统计年鉴·2005》，北京：中国统计出版社，2005，第 93 页。

（2）农业人口数据：1978 年数据源自《中国统计年鉴·1981》，北京：中国统计出版社，1981，第 89 页；1990~2000 年数据参见《中国统计摘要·2005》，北京：中国统计出版社，2005，第 39 页；2004 年的农业人口数是推算数。

（3）2005 年数据参见《中华人民共和国 2005 年国民经济和社会发展统计公报》，《人民日报》2006 年 3 月 1 日，第 5~6 版。

---

① 国家统计局编《中国统计年鉴·2005》，北京：中国统计出版社，2005 年 10 月，第 52 页。

从表3可以看到，城市人口增加，城市化率提高，主要发生在1978年改革开放以后。因为城乡分割的户籍制度做了一些调整，城市化才有了一定的提高，但至今还没有做根本性的改革，所以城市化仍然滞后于工业化。随着经济的快速发展，城市的第二、三产业需要劳动力，使大量的农村人口进城务工经商。2000年，国家统计局改变了统计指标，把进城已半年以上的农村人口称为城镇常住人口，也统计为城市人口，所以，2000年以后，城市化有了较大的发展。

2005年，城市户籍人口加外来常住人口为56212万人，城市化率为42.99%，比1978年提高了25.07个百分点，平均每年提高0.93个百分点。1978~2005年，城市人口增加38967万人，平均每年增加1443.2万人。这样大规模的农村人口转化为城市人口，在中国历史上是从来没有过的，在世界历史上也是罕见的。大量的农民进城，接受城市化、社会化的洗礼，正在逐步转变为市民，由此改变了中国的城乡结构，这是中国工业化进入了新阶段的一个重要标志。

2. 城乡结构还不合理

在农业国家向工业化国家转型过程中，城市化与工业化是同步的，有些国家的城市化还超前于工业化。中国由于实行了计划经济体制等原因，城市化发展受到体制性的阻滞，城乡关系也不合理、不协调。

①城市化严重滞后于工业化。中国的经济发展水平已经是工业化中期阶段，2005年的GDP中，非农产业已经占87.6%[①]，而城市化率只有42.99%，低于全世界城市化的平均水平，还是城市化的初期阶段。城市化滞后于工业化，经济结构和社会结构不能协调发展。以现代服务业为主的第三产业发展不起来，阻碍了整个现代化进程，使许多人不能充分就业。这也影响了人民消费生活水平和购买力的提高，使扩大内需的目标难以实现，实际上已在阻碍经济持续地快速、稳定、健康的成长。

②在城市内部，也存在城乡二元结构的矛盾。2005年，在56212万城镇人口中，约有1.4~1.5亿进城半年以上的农业人口和非本地的城镇人口，其中1.2亿是农民工。地方政府对本市的城镇人口实行一种政策，对农民工、非本地户籍的人口实行另一种政策。长期实行"一城两策"，实际是把城乡二元经济社会结构的矛盾扩展到城市里来了，在同一个工厂、学校、

---

① 《中华人民共和国2005年国民经济和社会发展统计公报》，《人民日报》2006年3月1日第5~6版。

机关、单位里，两种不同身份的人，做同一类的工作，享受很不相同的待遇。由此引发了诸多的经济、社会矛盾和社会问题。诸如城市的社会管理、社会文明程度、社会秩序乃至社会治安等方面都存在较多问题，而且经屡次整顿和治理，总不大见效。为什么？一个重要原因是实行这种"一城两策"的结果，所以，就城市自身发展的要求，也应该尽快改革城乡分割的二元结构的体制。

③城乡关系不合理。表现之一是城乡差距扩大的趋势仍在继续。1978 年，农民人均纯收入和城市居民可支配收入的差距为 1：2.57，1985 年缩小为 1：1.8。1986 年以后开始反弹，1995 年扩大为 1：2.72，2000 年为 1：2.79，2001 年为 1：2.91，2002 年为 1：3.11，2003 年为 1：3.23，2004 年为 1：3.21，2005 年为 1：3.22。

2002 年，中共十六大提出要统筹城乡经济社会发展，要扭转城乡差距扩大的趋势。近几年，政府采取了多项惠农政策，诸如税费改革、减免农业税、对种粮农民直接补贴、增加支农投入等，农民收入也确有增加。如 2005 年农民人均纯收入 3255 元，比 2002 年的 2476 元增加 779 元，年均增加 260 元，年均递增 9.5%，这在历史上是比较高的。而 2005 年城市居民可支配收入 10493 元，比 2002 年的 7703 元增加 2790 元，年均增加 930 元，年均递增 10.1%。① 所以，城乡差距还是有扩大的趋势。这表明，城乡差距的存在和扩大，是由城乡结构不合理、城乡关系不正常造成的。说到底，这是城乡二元经济结构和表现。要解决这个问题，必须通过改革，改变城乡二元经济社会结构。

3. 中国特有的城乡二元经济社会结构

中国是一个非常特殊的城乡二元结构的国家。一般讲的城乡二元结构是指发展中国家存在着落后的传统农业部门和先进的现代经济部门的格局，而随着经济的发展，农业社会逐渐向现代工业社会转变，二元结构逐渐消解，所以城乡二元结构是个过渡型的状态。中国本来也是一个一般的城乡二元结构的国家。自从 20 世纪 50 年代，在大规模推进国家工业化的时期，实行苏联式的计划经济体制。20 世纪 50 年代末期，遭遇了"三年经济困难"，自此，实行严格的限制农业人口转为非农业人口的中国特有的城乡分

---

① 国家统计局编《中国统计年鉴·2005》，北京：中国统计出版社，2005 年 10 月，第 335 页；《中华人民共和国 2005 年国民经济和社会发展统计公报》，《人民日报》2006 年 3 月 1 日第 5~6 版。

治的户籍制度。这本来是应对粮食短缺等经济困难的权宜之计，但接着是十年"文化大革命"，农业和经济问题严重，物资短缺，供应困难，于是以城乡分隔的户籍制度为依据，逐渐形成了对城镇、对非农业户口的居民实行一种政策，对农村、对农民（农业户口）实行另一种政策，久而久之，就形成了"城乡分治，一国两策"的体制和格局。在就业、社会保障、教育、医疗、住房、文化设施、公共事业、基础设施等方面，城乡都是不同的体制。改革开放以来，在经济体制、社会体制等方面都进行了改革，但由于户籍等基本体制还没有进行根本性的改革，城乡的改革基本上是分别进行的。城市这一边，已经按建立社会主义市场经济体制的要求，基本上改过来了，而农村这一边，虽然，农村是率先改革的，在向社会主义市场经济体制转轨方面跨出了第一步，但 20 世纪 80 年代中期以后，农村的改革滞后了，时至今日，计划经济体制时期形成的一些体制和政策，在农村，还没有得到应有的改革和调整。

说中国是一个非常特殊的城乡二元结构的国家，和一般讲的城乡二元结构国家不同主要是因为以下几点。

①中国有特有的城乡分隔的户籍制度，至今还实行严格限制农业户口转为非农业户口的体制。农村的劳动力居民不能自由流动迁入城市，即使他们进城从事第二、三产业劳动了，户籍也不能改，实际实行的是一种城乡居民不同的身份制。一般城乡二元结构国家没有这种户籍体制，城乡的劳动力和居民流动迁徙是自由的。

②中国实行的是城乡二元经济社会结构体制。1960 年以来，严格实行以居民的户籍身份为标准，对有非农业户籍的居民实行一种经济社会政策，对农业户籍的居民实行另一种经济社会政策，前者在就业、受教育、医疗和社会保障等方面有种种优惠，后者则基本不享有这种权利。所以中国城乡差别很大，这种差距不仅表现在经济方面，还表现在社会方面，如城乡居民的教育和医疗等方面差距都很大。政府已采取了多方面的措施，要遏制差距的扩大和力图缩小差距，但收效都不大，主要是因为这种城乡差距，是体制性、结构性的，不改革体制，不调整结构，就很难奏效。而一般讲的城乡二元结构国家主要是指经济方面的。

③中国的城乡二元结构，本来也和一般的发展中国家的二元结构是相同的，但在实行了数十年的计划经济体制以后，在政治、经济、社会、文化等方面都以各种条例、政策、法规乃至法律加以规范和体制化了，形成了中国特有的城乡二元经济社会结构的格局。实践表明，这种体制化了的

二元结构，已经深入生活的各个领域，可谓盘根错节、相当僵化，个人、单位、利益群体乃至地方政府想改变这种格局，都是无能为力的。只有通过整体的改革，才能逐步破解这个难题，实现城乡一体的目标。中国的"三农"问题屡解不了，就是因为没有能通过改革，破除城乡二元经济社会结构的格局。

④中国的城乡二元经济社会结构，是在工业化初期阶段开始建立，后来逐渐形成的。从本质上说，是为了以农业支持工业、农村支持城市，为工业化、城市化提供积累的。从1950年开始，就有农民卖爱国粮，为国家做贡献的说法。问题是中国已到了工业化中期阶段，应该是工业反哺农业、城市支持农村了。胡锦涛同志在2004年12月召开的中央经济工作会议上就指出："我国现在总体上已经到了以工促农、以城带乡的发展阶段。我们应当顺应这一趋势，更加自觉地调整国民收入分配格局，更加积极地支持'三农'发展。"[①] 近几年，政府也确实做了不少惠农、助农的好事，但是城乡之间的差距还是在扩大，如2005年，城市居民的可支配收入增长了9.6%，而农民人均纯收入只增长了6.2%。这说明两点：其一，如上述，现在的城乡差距是由城乡二元经济社会结构体制造成的，不改革这种体制，不调整现在的城乡结构，就解决不了问题；其二，长期实行这种城乡二元结构体制，已经形成了若干个不同的利益群体。在一定意义上说，可以分成两类：一类是有城市非农业户籍的若干个群体，他们是从现行的二元结构中受益的；一类是农村的有农业户籍的若干个群体，在现行的二元结构条件下，他们的利益是受损的。后者非常盼望能早日改革二元结构的体制，实现城乡一体，以维护他们的权益；前者对改革二元结构并不积极，有的甚至还希望维持这种二元结构的格局，以保护他们的既得利益。所以，改革这种城乡二元经济社会体制，实质上要进行现有的利益关系格局的调整，难度是很大的。

四　社会阶层结构

1950年，中国实行土地改革，没收了地主的土地，消灭了地主阶级，把土地无偿分给无地和少地的广大农民，真正做到了耕者有其田。1955年，

---

① 转引自王伟光主编《建设社会主义新农村的理论与实践》，北京：中共中央党校出版社，2006年2月，第38页。

国家通过公私合营等形式实现了对私营工商业的改造,对个体手工业的改造,通过农业合作化实现对个体小农的改造,在全国实行生产资料公有制,形成了工人阶级、农民阶级和知识分子阶层的社会阶层结构。虽然,学术界对社会主义计划经济国家的社会结构是否就是两个阶级一个阶层的结构还存有争议,但社会的阶级和阶层确实简化了,这是事实。

1978 年的改革开放,实行了由计划经济体制向社会主义社会经济体制转变,通过经济体制改革,形成了以公有制为主体、多种所有制共同发展和以按劳分配为主体、多种分配方式并存的经济格局,并在经济大发展的条件下,中国的社会阶层结构发生了很大的变化,农民阶级分化了,工人阶级也变化了,并产生了诸如私营企业主、个体工商户、经理人员等一批新的社会阶层。一些阶层的社会地位上升了,规模也扩大了,一些社会阶层的社会地位下降了。一个与现代社会相适应的社会阶层结构正在形成。

社会阶层结构是社会结构的集中反映,也是社会结构中最重要、最核心的结构。社会阶层结构的演变和优化表明目前中国的社会结构正在向现代化社会转变。

1952 年,中国的私营工商业者约有 60 万人。1978 年后落实政策,私营工商业者有 16 万人,还有 400 多万户个体工商户。上面提到,通过公私合营等形式的改造,民族资产阶级基本消失了。1981 年中国有了第一个私营企业主,以后逐步发展,到 2004 年在工商局登记的私营企业为 365 万户,投资人接近 1000 万人,拥有 47936 亿元注册资金,平均每户的注册资金为 131 万元,约有 30% 注册资金超过 300 万元,其中一亿元以上的有 2000 多户,雇工近 4000 万人。另外还有个体工商户,1978 年,全国只有 15 万户,以后逐年发展,到 2004 年已经有 2350 万户,城镇个体从业人员 2521 万人,注册资金 5058 亿元。[①]

1952 年,全国的国有、集体企业加私营工商企业的经理人员共有 46 万人。到 2001 年,全国的公有大中型企业经理人员,加上三资企业、私营企业的经理人员,三者合计有 1095 万人。[②]

经理人员阶层和私营企业主阶层是社会主义市场经济的组织者和管理

---

① 国家统计局编《中国统计年鉴·2005》,北京:中国统计出版社,2005 年 9 月,第 121、148~149 页。其中,注册资金数参见中华全国工商业联合会、中国民(私)营经济研究会主编《中国私营经济年鉴(2006.6~2008.6)》,北京:中华工商联合出版社,2009,第 212~213 页。——编者注

② 据中国社会科学院社会学研究所"社会结构变迁研究"课题组 2001 年问卷调查汇总。

者，现在已超过 2000 万人。据有关部门的统计，仅私营企业主自 1995 年来每年增加约 81 万人。这两个阶层主要分布在东南沿海各省市，上海市现在每 30 个有上海户籍的成年人中就有一个是私营企业主，在浙江温州等地，这个比例还要高。这是一支发展社会主义市场经济的重要力量。

1978 年商业服务人员阶层和产业工人阶层分别为 863 万人和 7950 万人，共计 8813 万人，占总就业人员的 21.95%。2001 年，商业服务人员为 8178 万人，产业工人为 12779 万人，共计 20957 万人，占总就业人员的 28.7%。[①]

近几年，这两个阶层又有了新的发展，大量的农村劳动力转移到第二、三产业中来，2004 年已接近 2.5 亿人，其中约 60% 为农民工。从发展趋势来看，未来商业服务业人员阶层和产业工人阶层的规模还会有大的扩展。

商业服务人员阶层和产业工人阶层都是直接创造国家财富的阶层，是工业化国家的社会基础。这两个社会阶层的扩大发展，以及他们积极性的充分发挥，是关乎国家前途和命运的决定性力量。这个大变化还在继续之中。中国现在已经形成了工业化国家的社会阶层结构。当然，还需要继续发展和完善，但这方面取得的伟大成就，怎么估量都是不为过的。

不同的社会发展阶段，就有不同的社会阶层结构。1978 年改革开放以来，经济有了极大的发展，推动了社会阶层结构的变化，原来的工人阶级、农民阶级和知识分子阶层都发生了分化，产生了诸如私营企业主、个体工商户、三资企业的科技和管理人员、农民工等新的社会阶层和群体，形成了新的社会阶层结构。据中国社会科学院社会学研究所课题组研究，当代中国已经形成了由十个社会阶层构成的社会阶层结构（见表 4）。

表 4　中国社会十大阶层

单位：%

社会阶层	所占比例
国家与社会管理阶层	2.1
经理人员阶层	1.6
私营企业主阶层	1
专业技术人员阶层	4.6
办事人员阶层	7.2

① 据中国社会科学院社会学研究所"社会结构变迁研究"课题组 2001 年问卷调查汇总和推算。

续表

社会阶层	所占比例
个体工商户阶层	7.1
商业服务人员阶层	11.2
产业工人阶层	17.5
农业劳动者阶层	42.9
城市失业半失业人员阶层	4.8

资料来源："社会结构变迁研究"课题组 2001 年的全国抽样调查。

中国现在已经形成了现代化社会阶层结构，但还只是一个雏形，正在继续发育成长，有以下几个方面的特点。

第一，现代社会应有的社会阶层，中国都有了。

第二，中国社会各阶层的位序已经确立，今后不会有大的变化，但各阶层的人员在各阶层之间是可以流动的。

第三，现代社会的社会流动机制正在形成，正在逐渐替代传统社会的社会流动机制。在计划经济体制条件下，由于户籍、就业、人事、社会保障制度等的限制，农民想转为工人，工人想转为干部，几乎是不可能的。这种先赋性的社会流动机制，限制了人们通过后天努力而获得向上流动的积极性，很不公平，也不合理，经济社会发展缺乏活力和动力。

第四，社会阶层结构是社会结构中最重要的核心结构，也是整个社会结构的整体反映。上述人口结构、就业结构、城乡结构等方面的不合理状态，就影响和决定了中国现阶段的社会阶层结构还不合理，所以说，社会阶层结构也是整个社会结构的表现。从世界的历史经验看，一个现代化国家一定要有一个现代化的经济结构，也一定要有一个合理的现代化的社会阶层结构。这个现代化的社会阶层结构的形态，一般都是"中间大，两头小"的"橄榄型"结构。

所谓"两头小"，是指拥有很多社会资源，处于最高和较高地位的社会阶层，其规模很小；而拥有的社会资源很少、社会地位低的社会阶层的规模也小。所谓"中间大"，是指这个社会已经形成了一个庞大的社会中间阶层（也称中产阶级），他们拥有相当多的社会资源，足以使他们过上小康乃至更高水平的生活。他们是政治社会稳定的中坚力量，也是经济和文化发展的重要力量。一个国家形成了这样一种"橄榄型"的社会阶层结构，这个国家也就实现了现代化。

中国现阶段的社会阶层结构，离合理的、开放的现代化社会阶层结构还有一定距离。就结构形态而言，还只是一个中低层过大，中上层还没有壮大，最上层和低层都比较小的一个"洋葱头型"的社会阶层结构形态。当前中国社会阶层结构不合理，可以概括为一句话，就是：该小的阶层还没有小下去，该大的阶层还没有大起来。

"该大的没有大起来"，是指社会中间阶层还没有大起来。据我们课题组测算，中国的社会中间阶层 1999 年为 15% 左右，近几年发展得比较好，平均每年增加约 1 个百分点，2003 年已接近 20%。按这个势头发展，到 2020 年社会中间阶层的比重可达 38% 左右。

"该小的没有小下去"，是指受户口、就业、城乡体制的限制，农业劳动者阶层还没有小下去，到 2001 年还占 42.9%。近几年还在逐渐减少，预计到 2020 年农业劳动者阶层的比重将降到 30% 以下。

从社会结构理论来说，要在今后的实践中，继续深化改革，创新和制定恰当的经济社会政策，推进户籍、就业、人事、社会保障等方面体制的改革，调整城乡、区域和就业结构，使该小的农业劳动者阶层的规模逐渐缩小，使该大的社会中间阶层的规模逐渐扩大，引导培育形成一个合理的开放的现代化社会阶层结构。

五　结论[①]

改革开放 28 年来，中国的社会结构已经发生了历史性的变化。但是，如果与同时期的经济发展和经济结构变化相比较，就会发现，在社会发展和社会结构调整方面都滞后了，由此产生了城乡发展不协调、经济社会发展不协调、区域发展不协调的诸多矛盾，这主要是社会体制改革滞后的缘故。2002 年中共十六大以后，开始注意这方面的问题，也采取了一些措施，力图改变这种状况。由于中国实行计划经济体制，而且数十年来，已经渗透到政治、经济、文化等体制的方方面面，根深蒂固，盘根错节，已经与一些社会阶层的利益相结合，所以社会体制等方面改革的难度很大，被称为改革的攻坚战，现在正在爬坡。

中国要实现现代化，经济一定要可持续发展，经济社会一定要协调发展，社会结构一定要同经济结构相适应，社会体制的改革一定要加快进行，

---

　①　"结论"部分根据中共中央党校内刊《理论动态》2006 年 1716 期文增补。——编者注

原来计划经济体制遗留下来的阻碍经济发展、社会全面进步的条条框框一定会逐渐被破除，这已成为社会上下的共识。目前正在全国进行的社会主义新农村建设本质上就是一场改革，目标是推进经济的发展，同时也是城乡体制和经济社会体制的调整，困难当然很多。但是，任务已经提出来了，方向已经明确，假以时日，这场攻坚战，是能够成功的。总体来说，中国的社会结构已经发生了历史性的变化，而且还将随着经济发展继续发生深刻的变化，前景是比较乐观的。

当代中国社会结构历史变迁过程中的
若干重大问题[*]

　　"当代社会变革与发展研究丛书"是山东大学"985 工程"哲学社会科学创新基地二期建设项目的标志性成果。这些成果涉及当代中国社会发展与变革的理论探讨及具体的政策与应用研究,着力探讨的是一些重大的社会发展变革问题。我很高兴借此机会为此丛书作序。

　　当代中国经济飞速发展,社会结构也发生了重大转变。中国正处于由传统的农业、农村社会向工业化、城市化的现代社会转型的过程中,同时也处于由计划经济向社会主义市场经济转变的过程中。这是前所未有的社会历史变迁,必将对中国的未来发展产生深远的影响。

　　同时,我们也要认识到,在经济社会发展过程中还存在许多亟待研究和解决的问题。社会学就是要研究和提出经济持续健康发展、社会全面进步、人民幸福安康、国家长治久安的理论和策略。今后 20 年将是社会学大发展、社会学学者大有作为的时期。因为经济还要继续发展,但社会结构、社会秩序、社会进步的问题已被提到议事日程上来,这为社会学的发展拓展了更广阔的空间,也提出了更为艰巨的任务。今后 20 年,将是中国社会学大发展的黄金时期。改革开放需要社会学,中华民族的伟大复兴需要社会学,社会学也将在社会主义现代化建设过程中发展和繁荣起来,一大批社会学学者、社会工作者将会应运而生。

　　当代中国社会结构的历史性变迁体现在各个方面,主要的是就业结构、

---

　　* 本文源自《社会信任和社会资本重建》(林聚任等著,济南:山东人民出版社,2007 年 11月),第 1~4 页。原稿写于 2006 年 12 月 28 日,系陆学艺为"当代社会变革与发展研究丛书"(林聚任、何中华主编)撰写的总序,现标题为本书编者根据总序内容所拟定。——编者注

城乡结构、社会阶层结构的变化。在这一变迁过程中，我认为还有一系列重大问题需要研究，也值得研究。

首先，经济社会协调发展问题。改革开放以来，我国对经济体制进行了改革，经济有了极大发展，经济结构发生了深刻变化。比较而言，社会体制改革、社会事业发展、社会结构调整方面，都相对滞后了，由此产生了诸多经济社会问题，形成了"一条腿长，一条腿短"，经济社会发展不平衡的局面。党的十六届六中全会提出要推进"社会体制改革和创新"，这是完全正确的，应抓紧进行。对诸如户籍、就业、人事、社会保障等社会体制方面进行改革，加快社会事业发展的步伐，调整社会结构，使经济社会协调发展，这是当前全面推进中国特色社会主义现代化事业的关键。所以，怎样才能使经济社会协调发展？这是需要研究的一个重大问题。

其次，社会结构变迁问题。经济结构已经变化了，但社会结构还没有相应调整过来。就经济结构来说，我国已经达到工业化中期阶段，但社会结构还只达到初期阶段。这两大结构的不平衡、不契合、不协调，是当前诸多社会矛盾、社会问题产生的总根源。这种结构性矛盾，只有通过调整社会结构才能解决。例如，当前我国的城市化严重滞后于工业化，城乡关系不协调，城乡差距还在继续扩大，"三农"问题屡解不决。为什么呢？

从社会学的角度看，"三农"问题本质上也是个结构性问题，是由于经济结构和社会结构不相协调产生的。按照国家统计局 2004 年的统计数据，在经济结构中，农业增加值占全国 GDP 的比重是 13.1%；在社会结构中，农业劳动者占全部就业劳动力的 46.9%，农村居民占总人口的比例为 58.2%。[1] 也就是说，46.9% 的劳动力创造了 13.1% 的财富，由 58.2% 的人去分享，农民焉得不苦？焉得不穷？从农业产值占 GDP 的 13.1% 来说，这已经是工业化中期的经济结构；但是就农业劳动者的比例占 46.9%、农村居民比例为 58.2% 来说，这还是工业化初期的社会结构。这种经济结构和社会结构的矛盾是"三农"问题长期解决不了的根本原因。所以，只有通过对计划经济体制时期形成的户籍、就业、社会保障等社会体制进行改革，逐步破除城乡二元经济社会体制对农民的束缚，使农民享有社会主义市场经济体制下应有的国民待遇，能够自主择业，使一部分乃至大部分农

---

① 国家统计局编《中国统计年鉴·2006》，北京：中国统计出版社，2006 年 9 月，第 58、99、126 页。

业劳动者能够从农村中逐步转移出来，逐步成为二、三产业的职工，逐步成为城镇居民。也就是说，只有减少农民，才能增加农民收入，才能富裕农民。"三农"问题的核心，是农民问题。一个工业化国家，农业劳动者必定占少数、极少数，农民不再是穷人，这个国家就现代化了。如何减少农民、富裕农民，是我们要研究的大课题。

最后，社会结构调整问题。随着经济发展、经济结构的调整，社会阶层结构发生了深刻的变化，有些阶层分化了，有些阶层新生了，整个社会阶层结构向多元化方向发展。如何通过调查研究，正确认识社会阶层结构的新变化，做出新的概括，并据此制定新的经济社会政策，协调好国家和各社会阶层的关系，协调好社会各阶层之间的关系，进一步调动各个社会阶层的积极性，促进整个社会的安定团结，维护社会稳定，这是我们面临的一个重大课题。社会阶层结构是多重社会结构的集中反映，也是社会结构中最重要、最核心的结构。中国现阶段的社会结构，离合理、开放的现代化社会结构还有一定距离。

党的十六届六中全会通过的《中共中央关于构建社会主义和谐社会若干重大问题的决定》（以下简称《决定》），是我党历史上第一个关于和谐社会建设的纲领性文件。《决定》明确提出了构建和谐社会的指导思想、目标任务和原则，对推进社会建设、经济建设、政治建设和文化建设做了全面部署。这对于巩固和发展我国经济社会建设的大好形势、推进中国特色社会主义现代化建设具有十分重要的意义。《决定》明确指出："目前，我国社会总体上是和谐的。但是，也存在不少影响社会和谐的矛盾和问题。"今后，"必须坚持以经济建设为中心，把构建社会主义和谐社会摆在更加突出的地位"[1]。这就为今后我国的经济社会协调发展、社会主义新农村建设、解决"三农"问题、调整社会结构等方面的研究指明了方向。在实现构建社会主义和谐社会战略任务的过程中，有许多理论问题和现实问题需要我们社会学工作者去探讨、去研究，这正是社会学学科发展的大好机遇，也是社会学工作者大有作为的大好时期。正如中央领导同志指出的，"社会学的春天来了"。我们应当更加深入地进行调查研究，到农村去、到街道社区去、到工厂企业去，总结新经验，发现新问题，概括新理论。"社会主义和

① 《中共中央关于构建社会主义和谐社会若干重大问题的决定》，北京：人民出版社，2006 年 10 月，第 3 页。

谐社会是一个不断化解社会矛盾的持续过程"①，正是在这一伟大实践过程中，我们要做出应有的贡献。

"当代社会变革与发展研究丛书"，就是社会学工作者深入研究当前中国社会发展实践与问题的重要成果，值得研读，值得借鉴。

① 《中共中央关于构建社会主义和谐社会若干重大问题的决定》，北京：人民出版社，2006年10月，第4页。

2000～2005 年：我国职业结构和社会阶层结构变迁[*]

职业与阶层结构是一个国家的基本社会结构。社会学认为，职业是现代社会中社会分层的主要载体，人们的阶层地位流动主要是在职业结构这一框架内进行的，职业结构变迁既是社会发展和社会变迁的结果，也是社会发展程度的一个重要标志。掌握我国当前的职业与阶层结构，对于构建社会主义和谐社会具有重要的现实意义。

根据 2000 年全国第五次人口普查数据，笔者曾进行过职业和社会结构分析研究，揭示了当代我国社会阶层结构及其演变。之后，2001～2005 年"十五"建设时期，我国经济社会发生了巨大变化，工业化、城镇化、市场化、国际化步伐加快，职业结构趋高级化，这些变化作为社会阶层结构变化的经济和社会基础，引领我国社会结构也产生了明显变化。本研究利用 2005 年 1% 人口抽样调查中 10% 的抽样数据，对 2005 年我国就业人员的职业结构和社会阶层结构进行了进一步统计分析，并通过与"五普"数据的分析结果进行比较，探究了 5 年来我国职业结构和社会阶层结构的变化。

一　我国职业结构的变迁

职业结构变迁有一定的规律，是一个不以社会成员的个人意志为转移的社会变迁过程。在社会现代化的过程中，职业结构是一个动态的不断趋高级化的过程。正是较高层级职业的增加，为越来越多的社会成员提供了

---

　　* 本文原载《统计研究》2008 年第 2 期，发表日期：2008 年 2 月 15 日。该文作者署名：当代中国社会结构变迁研究课题组，课题组成员：陆学艺、冯乃林、赵卫华、陈光金、贾毓慧。——编者注

向上流动的机会。①

在现代化过程中，西方发达国家的职业变迁也经历了职业结构逐步趋向高级化的过程。以美国为例，在农业社会向工业社会和后工业社会转型的过程中，其职业结构变迁的一个基本特点就是体力劳动职业大幅度减少，非体力劳动职业大幅度增加。1870 年美国职业结构中农场主和农业工人的比重是 53%，到 1900 年这一比重就下降到了 37.5%，1980 年下降到 2.8%，1995 年进一步下降到 1.9%。1950 年左右，操作工成为单一职业中人数最多的职业类型，所占比重达到 20.4%，此后尽管制造业仍在稳步发展，但操作工的比重开始下降。在农业工人持续减少、非农业蓝领工人剧增又逐渐下降的过程中，白领雇员逐渐增加。到 1980 年白领雇员占全部劳动力的 1/2 以上。专业人员、技术人员、公务员等职业都在大幅度增加，1870~1980 年，推销员和公务员的比例从 4% 增加到 18.6%。②

（一）我国职业结构变迁的高级化趋势加快

1990 年以来，随着经济发展和产业结构不断变化，我国职业结构的变迁在加速。1990~2005 年 15 年间，农林牧渔水利业就业人员的比重呈加速下降趋势，从 70.69% 下降到 56.95%，其中前 10 年下降了 6.31 个百分点，后 5 年则下降了 7.43 个百分点。专业技术人员、办事人员、商业服务业人员以及生产和运输设备操作人员则有不同幅度的增加。特别是各类专业技术人员增长显著，其比重 2000 年比 1990 年增长了 0.35 个百分点，2005 年比 2000 年增长了 1.93 个百分点（见表 1）。

表 1　1990 年以来我国职业结构的变化趋势

单位：%

职业	1990 年	2000 年	2005 年	1990 年比 1982 年增长	2000 年比 1990 年增长	2005 年比 2000 年增长
国家机关和党群组织负责人	0.62	0.50	0.50	0.12	-0.12	0.00
企事业单位负责人	1.13	1.19	—	0.07	0.06	—
其中企业负责人	—	1.01	1.02	—	—	0.01
专业技术人员	5.32	5.67	7.60	0.25	0.35	1.93

---

① 参见陆学艺主编《当代中国社会流动》，北京：社会科学文献出版社，2004 年，第 98 页。

② 丹尼尔·吉尔伯特、约瑟夫·A. 卡尔：《美国的阶级结构》，北京：中国社会科学出版社，1992 年，第 8 页。

续表

职业	1990 年	2000 年	2005 年	1990 年比 1982 年增长	2000 年比 1990 年增长	2005 年比 2000 年增长
办事人员	1.74	3.08	3.68	0.44	1.34	0.60
商业服务业人员	5.41	9.22	12.17	1.39	3.81	2.95
农林牧渔水利业人员	70.69	64.38	56.95	−1.29	−6.31	−7.43
生产和运输设备操作人员	15.03	15.89	17.85	−0.96	0.86	1.96
不便分类人员	0.05	0.07	0.23	−0.03	0.02	0.16
合计	100	100	—	—	—	—

资料来源：1990 年数据来源于国务院人口普查办公室《我国 1990 年人口普查资料》（第 2 册）；2000 年数据来源于 2000 年人口普查 0.95‰抽样数据库；2005 年数据来自 1% 人口抽样数据库。

（二）我国职业人口的构成特点

1. 各职业的性别结构不平衡。总体上看，就业市场上男性比例大于女性，地位较高的职业，如国家、党群组织、事业单位负责人，办事人员等职业的男性比例更高。专业技术人员、商业服务业人员和农业生产人员的男女比例基本平衡。2005 年较 2000 年一个显著的变化是，国家、党群组织、事业单位负责人员中女性的比例有所上升（见表 2）。

表 2　2000 年和 2005 年不同职业的性别结构比较

单位：%

职业	2000 年人口普查			2005 年 1% 抽样调查		
	男	女	合计	男	女	合计
国家、党群组织、事业单位负责人	82.97	17.03	100.0	77.25	22.75	100.0
企业单位负责人	83.78	16.22	100.0	78.42	21.58	100.0
专业技术人员	48.19	51.81	100.0	50.14	49.86	100.0
办事人员	70.02	29.98	100.0	67.32	32.68	100.0
商业服务业人员	50.28	49.72	100.0	50.51	49.49	100.0
农林牧渔水利业人员	51.48	48.52	100.0	50.22	49.78	100.0
生产和运输设备操作人员	66.48	33.52	100.0	66.84	33.16	100.0
不便分类人员	66.12	33.88	100.0	65.64	34.36	100.0
总体	54.69	45.31	100.0	54.30	45.70	100.0
被调查人数（人）	365722	303044	668766	760546	639967	1400513

2. 平均年龄增大，农业就业人口年龄偏大。2005 年就业人口的平均年龄比 2000 年提高了 2 岁，由 38 岁提高到 40 岁。其中，国家、党群组织、事业单位负责人和农林牧渔水利业人员两个职业群体的平均年龄高于总平均年龄。农林牧渔水利业人员平均年龄 42 岁，比 2000 年提高了 3 岁，是各类职业群体中平均年龄上升最多的群体。农业劳动人口的平均年龄快速上升的主要原因是大量年轻劳动力进入第二、第三产业。企业单位负责人这一职业群体相对年轻化了，其平均年龄仍然是 40 岁，从 2000 年高于平均年龄下降到 2005 年的平均年龄（见表 3）。

表 3 2000 年和 2005 年不同职业的年龄结构比较

单位：岁，%

职业	2000 年				2005 年				
	平均年龄	出生时段构成			平均年龄	出生时段构成			
		1960 年前	1960~1969 年	1970 年后		1960 年前	1960~1969 年	1970~1979 年	1980 年后
国家、党群组织、事业单位负责人	43	61.60	30.30	8.11	43	41.06	37.74	17.28	3.91
企业单位负责人	40	48.59	35.38	16.03	40	28.86	37.90	28.38	4.86
专业技术人员	36	30.39	32.53	37.08	38	24.05	29.80	32.53	13.62
办事人员	37	37.56	30.74	31.71	38	26.18	30.19	30.50	13.13
商业服务人员	35	29.18	32.98	37.83	36	19.52	29.85	31.46	19.18
农林牧渔水利业人员	39	43.28	26.74	29.98	42	39.92	27.04	20.78	12.26
生产和运输设备操作人员	33	22.79	31.79	45.42	35	15.93	29.76	31.57	22.74
不便分类人员	36	33.06	28.37	38.57	38	26.12	31.74	25.96	16.18
总体	38	37.99	28.68	33.33	40	31.30	28.37	25.33	15.00

3. 农业户籍人口在非农职业中的比重上升。在职业结构趋高级化的过程中，大量农业户籍劳动力流向非农职业。2000~2005 年，农业劳动力中农业户籍人员比重有所下降，其他职业中农业户籍人员比例均有所上升，其中专业技术人员，国家、党群组织、事业单位负责人，企业单位负责人以及生产和运输设备操作人员等职业中，农业户籍人员所占比重上升幅度较大。在以体力劳动为主的非农职业中，农业户籍人员已经占据了大多数，尤其是生产和运输设备操作人员中农业户籍人员已达 70.49%，比 2000 年增加 8.64 个百分点，商业服务业人员中农业户籍人员已占 54.89%，比 2000 年提高了 2.84 个百分点。除办事人员外，其他各职业中农业户籍人员

所占比重均已超过 1/3（见表 4）。

表 4　2000 年与 2005 年不同职业的户籍结构比较

单位：%

职业	2000 年		2005 年		2005 年农业户籍比重比 2000 年增减
	农业户籍	非农业户籍	农业户籍	非农业户籍	
国家、党群组织、事业单位负责人	22. 72	77. 28	33. 30	66. 70	10. 58
企业单位负责人	27. 90	72. 10	36. 91	63. 09	9. 01
专业技术人员	15. 09	84. 91	34. 75	65. 25	19. 66
办事人员	15. 74	84. 26	20. 41	79. 59	4. 67
商业服务业人员	52. 05	47. 95	54. 89	45. 11	2. 84
农林牧渔水利业人员	98. 21	1. 79	97. 80	2. 20	− 0. 41
生产和运输设备操作人员	61. 85	38. 15	70. 49	29. 51	8. 64
不便分类人员	54. 34	45. 66	58. 84	41. 16	4. 5
合计	79. 70	20. 30	79. 04	20. 96	− 0. 66
样本量	532111	135533	1106314	293440	—

注：2005 年调查中有 0.05% 的调查对象没有填户口性质，这一部分人在统计中被忽略。

4. 职业人口的受教育程度有所提高。与 2000 年比较，2005 年职业人口的受教育程度有一定的提高。其中小学毕业的就业人口下降了 4.31 个百分点，初中和高中毕业的就业人口分别上升了 2.53 和 3.2 个百分点，大专、本科和研究生就业人口也分别提高了 1.22、0.86 和 0.08 个百分点。各职业中，国家、党群组织、事业单位负责人，企业单位负责人，专业技术人员、办事人员大专以上学历人口的比例上升较大（见表 5）。

表 5　2000 年和 2005 年各职业受教育程度比较

单位：%

职业	年份	小学以下	初中	高中	中专	大专	本科	研究生	合计
国家、党群组织、事业单位负责人	2000	4. 35	18. 23	17. 20	15. 13	29. 86	14. 10	1. 14	100
	2005	9. 12	20. 82	22. 50	—	27. 83	17. 96	1. 76	100
企业单位负责人	2000	6. 96	32. 03	23. 16	9. 59	19. 21	8. 45	0. 59	100
	2005	8. 41	31. 74	29. 48	—	18. 23	10. 63	1. 51	100
专业技术人员	2000	2. 16	14. 07	16. 30	27. 07	27. 00	12. 44	0. 96	100
	2005	12. 53	21. 18	24. 13	—	25. 93	14. 84	1. 39	100

续表

职业	年份	小学以下	初中	高中	中专	大专	本科	研究生	合计
办事人员	2000	6.39	23.60	22.82	15.14	22.97	8.64	0.44	100
	2005	6.47	21.05	29.47	—	27.81	14.33	0.87	100
商业服务业人员	2000	20.61	50.71	19.43	5.31	3.19	0.73	0.02	100
	2005	17.50	51.53	24.33	—	5.10	1.47	0.07	100
生产和运输设备操作人员	2000	20.13	57.52	15.95	4.18	1.83	0.38	0.00	100
	2005	19.80	59.35	17.77	—	2.51	0.56	0.02	100
农林牧渔水利业人员	2000	54.92	40.50	4.13	0.36	0.08	0.01	0.00	100
	2005	51.89	43.24	4.68	—	0.18	0.00		100
不便分类人员	2000	28.37	46.53	14.69	5.71	4.29	0.20	0.20	100
	2005	23.41	50.51	19.99	—	4.83	1.20	0.06	100
合计	2000	40.90	41.89	8.97	3.59	3.28	1.29	0.09	100
	2005	36.59	44.42	12.17	—	4.50	2.15	0.17	100

二 我国阶层结构的现状与变化

社会分层是社会学最重要的研究领域之一。国内外有关社会分层的理论较多，本研究是基于中国社科院陆学艺的"十大社会阶层说"展开分析的。

"十大社会阶层说"以职业结构为主线，以人们占有的组织资源、经济资源和文化资源为标准，认为我国经过 20 多年的社会转型变迁，当前社会已经分化为十大社会阶层：国家与社会管理者阶层、经理人员阶层、私营企业主阶层、专业技术人员阶层、办事人员阶层、个体工商户阶层、商业服务业员工阶层、产业工人阶层、农业劳动者阶层、城乡无业失业半失业者阶层。其中，国家与社会管理者阶层拥有较多的三种资源，城乡无业失业半失业者阶层则很少拥有这些资源。这些阶层在整个阶层结构中所占比重各不相同，因而构成了一种金字塔形态。

（一）当前我国社会阶层结构现状

随着产业结构的升级和就业结构的变化，以职业为基础的社会阶层结构发生了巨大变化，我国十个社会阶层的基本情况描述如下（见图 1 和表 6）。

1.国家与社会管理者是指通常所说的干部。在这里干部的统计口径较宽，既包括财政负担的国家干部，也包括财政负担的农村干部，还包括各类社会团体的负责人。这一阶层是我国的政治精英，占有着较多的组织资源、文化资源和经济资源。这个阶层的比例为 0.46%。

2. 经理人员是指在企业及其职能部门中担任领导职务并具有决策和管理权的人员，包括各类所有制企业的企业董事、企业经理、企业职能部门经理或者主管。这一阶层拥有丰富的经济资源，也拥有较多的组织资源。近年来这一阶层发展较快。随着国有企业的改革和现代企业制度的建立，特别是随着外资企业、私营企业的发展，出现了一大批经理人员，进一步增强了这一阶层的力量。目前这一阶层所占比例为 0.5%。

3. 私营企业主是改革开放以来出现的一个新兴阶层。这个阶层的出现，是改革开放以来我国阶层结构的最显著变化之一，并对我国的政治经济社会生活产生着越来越大的影响。截至 2006 年底，全国登记注册的私营企业达到 494.7 万户，投资者人数 1224.9 万人，注册资金超过 7.5 万亿元。[1] 如果按照投资者人数计算，私营企业主投资者在全国就业人员中的比重已经达到 1.6% 左右。但是考虑到有些投资人并不参与企业经营，而是有自己的职业，并且在主观上也不把自己归属于雇主之列，所以实际私营企业主人数要小于投资者人数。按照 2005 年 1% 人口抽样数据计算的私营企业主，是指就业身份是雇主而工作单位类型又不是个体工商户的人，其占就业人口的比重为 0.54%。

4. 专业技术人员是指专门从事各种科学研究和专业技术工作的人员，这类人员一般接受过系统的专业教育，具有相应的专业技术知识，因此拥有较多的文化资源。这一阶层在全国就业人口中所占比例为 6.8%。

5. 办事人员是指国家机关、党群组织、企事业单位中从事行政业务、事务工作的人员，以及从事安全保卫、消防等业务的人员。这些人也从事脑力劳动，拥有一定的文化资源和组织资源，这一阶层所占比重为 3.41%。

6. 个体工商户是在改革开放以后壮大起来的阶层，包括个体劳动者和个体工商户。本研究中，个体工商户包括有少量雇工的个体工商户和没有雇工的自营劳动者。数据显示这一阶层的比重是 10.14%，是仅次于产业工人和农业劳动者的第三大阶层。

7. 商业服务业员工是指从事商业、餐饮、旅游、娱乐、运输、医疗辅助服务、社会和居民生活服务的人员。随着现代化的发展，这一阶层的人员会越来越多。他们主要从事轻体力或半体力劳动，各种资源的占有量都

① 黄孟复：《民营经济是构建和谐社会的重要力量——2006 年度中国民营经济发展形势分析》，《民营经济内参》，2007 年。

比较少。大量的农业户口人员流入了这一阶层，这一阶层在全国所占比重为 6.35%。需要说明的是，森林防护人员、野生生物保护人员和动物防疫人员事实上属于广义的农业服务业人员，应当归入商业服务业人员，在分析"五普"数据时，笔者把这部分人员从农业劳动者中分离出来了，2005年 1% 人口抽样调查没有设置职业小类，所以这部分人员现在被划入农业劳动者阶层，但这一群体的比例很小，影响不大。

8. 产业工人是指制造业、建筑业和采掘业中的体力劳动者，以及在这些领域从事生产和运输设备操作工作的体力劳动者。这一阶层是从事体力劳动的阶层，比例为 13.77%。同样也需要说明的是，农林牧渔业中的农产品和水产品加工人员、水利设施养护人员和农业专用机械操作人员，这些人所从事的工作事实上属于非农范围，"五普"抽样数据分析中把他们划入了产业工人类型，本研究也因为数据原因未做区分。这一部分人员在抽样数据中所占比例也很小，影响不大。

9. 农业劳动者是指主要从事农林牧渔生产经营，并且以这种生产经营活动作为主要收入来源的人员，一般被称为"农民"。农民也是从事体力劳动的阶层，各种资源的占有量更少。根据本研究的数据计算，这一阶层在全国就业人口中占 53.11%。

10. 无业失业半失业者是指调查时点前一周"毕业后未工作"、"因单位原因失去原工作"、"因本人原因失去原工作"和"承包土地被征用而失去工作"的人员。从全国看，这个阶层占全国就业人口的 4.78%。

图 1 是根据上述各阶层所占比例绘制而成的，基本上是一个金字塔形状，大致反映了目前全国的社会阶层结构形态。

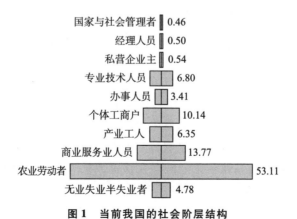

国家与社会管理者　0.46
经理人员　0.50
私营企业主　0.54
专业技术人员　6.80
办事人员　3.41
个体工商户　10.14
产业工人　6.35
商业服务业人员　13.77
农业劳动者　53.11
无业失业半失业者　4.78

图 1　当前我国的社会阶层结构

（二）五年来我国社会阶层结构的变化

五年来我国的社会阶层结构发生了较大变化（见表 6），具体表现在以下几个方面。

表 6　2000 年和 2005 年的社会阶层结构对比

单位：%

阶层	2000 年的社会阶层结构	按 2000 年标准划分的 2005 年社会阶层结构	按新标准划分的 2005 年社会阶层结构
国家与社会管理者	0.66	0.47	0.46
经理人员	0.97	0.97	0.50
私营企业主	—	—	0.54
专业技术人员	5.47	7.24	6.80
办事人员	2.97	3.51	3.41
个体工商户	—	—	10.14
商业服务业人员	8.96	11.59	6.35
产业工人	15.5	17.00	13.77
农业劳动者	61.7	54.23	53.11
无业失业半失业者	3.58	4.78	4.78
不便分类人员	0.07	0.22	0.15
合计	100	100	100

注：2000 年的十个阶层是根据普查仅有的"职业"变量划分的；2005 年的十个阶层则是根据 1% 抽样调查的"职业"、"未工作情况"、"工作单位或工作类型"和"就业身份"4 个变量划分的。

1. 社会阶层结构继续向现代化的社会阶层结构转变，但仍处于工业化初期阶段。从变迁方向看，我国社会阶层结构在进一步向现代化社会阶层结构转变。一是专业技术人员和办事人员等脑力劳动阶层的比重有明显提高，5 年来分别提高了 1.77 和 0.54 个百分点；二是商业服务业人员和产业工人等第二、三产业的体力和半体力劳动者的比重也提高很快，分别上升了 2.63 和 1.5 个百分点；三是农业劳动者的比重进一步降低，比 2000 年下降了 7.47 个百分点，表明 5 年来农村劳动力向非农产业转移的速度很快。

2. 个体工商户和私营企业主阶层在快速成长。1978 年我国个体劳动者只剩下 15 万人，私营企业主则没有。改革开放以后，随着市场经济的推进和繁荣，这两个阶层得到发展和壮大。在 2000 年全国第五次人口普查数据中，由于变量原因无法识别这两个阶层，2005 年 1% 人口抽样调查数据则为分析这两个阶层提供了数据支持。

从 1％人口抽样调查数据看，个体工商户（包括有雇工的个体工商户和自营劳动者）的比重在全国已经达到 10.14％，在非农阶层中规模仅次于产业工人，高于商业服务人员的比重。在东部和南部沿海地区，这一比重分别达到 14.66％和 12.65％。以上表明个体工商经营已经成为我国劳动力就业的主要方式之一。私营企业主阶层是改革后新出现的阶层，2005 年该阶层在全国就业人口中的比重已经达到 0.54％，在东部沿海和南部沿海的比重已经分别达到了 1.19％和 0.84％。

在现实情况中，由于个体工商户的登记门槛较低，一些有一定生产经营规模的私营企业也登记为个体工商户，还有大量的个体工商户没有登记，但他们实际上从事着各种个体经营，如街头小摊贩、社区修鞋匠等。因此个体就业者的实际数量要大大多于统计数量。

3. 社会中间阶层的比重上升，但规模仍然较小。我国哪些群体属于社会中间阶层，目前说法不一。在西方，社会中间层主要由两部分人组成：一部分包括中小私营企业主、个体工商户和富裕的自耕农，另一部分是由包括专业技术人员、经理人员、行政与管理人员、办事人员、商业服务业人员和技术工人组成的新中间层。但是我国的个体工商户绝大多数属于自营劳动者，经济地位和社会声望还比较低，所以很多研究不把该阶层列入社会中间阶层的行列。被纳入社会中间阶层的，主要是脑力劳动阶层如国家与社会管理者、经理人员、专业技术人员和办事人员，以及私营企业主中的中小私营企业主。按照这个标准，目前我国社会中间阶层的比例并不高，大致为 11.7％，比 2000 年的 10.07％增加了 1.63 个百分点。由于我国区域发展不平衡，在北部沿海、东部沿海和南部沿海地区，这一比例已经分别达到 12.36％、13.78％和 13.34％。如果把个体工商户也纳入中产阶层范畴的话，那么社会中间阶层的比重在全国可达到 21.84％，在沿海地区最高可达到 28.44％。

4. 失业人口有所增加。20 世纪 90 年代中后期以来，国有企业改革、城市化扩张使得大量的下岗工人和失地农民出现，就业市场的结构不平衡也导致了一些失业人口的出现，近年来失业问题、大学生就业难等问题比较突出。

（三）我国社会阶层结构的区域差别

我国区域经济协调发展的宏观框架已经形成。东部率先、西部开发、东北振兴、中部崛起，"四大板块"正在打破行政区划的局限，朝着区域一体化的新格局发展。

表7反映了四大区域的社会阶层结构状况。可以看出，东部和东北的社会阶层结构变迁要快于中部和西部地区。东部的农业劳动者阶层已经下降到40.85%，产业工人上升到21.14%，商业服务业人员和个体工商户的比重也都高于中部和西部地区。在中部和西部地区，农业劳动者的比重还在60%以上，西部地区则接近70%，仍旧是传统农业社会的社会阶层结构。

表7　四大区域的社会阶层结构

单位：%

阶层	东部	中部	西部	东北	总计
国家与社会管理者	0.45	0.53	0.36	0.52	0.46
经理人员	0.69	0.43	0.22	0.54	0.50
私营企业主	0.80	0.41	0.33	0.31	0.54
专业技术人员	6.74	6.97	6.41	7.60	6.80
办事人员	4.07	2.91	2.63	3.99	3.41
个体工商户	11.84	9.94	7.27	10.30	10.14
商业服务业人员	8.42	4.80	4.27	7.26	6.35
产业工人	21.14	9.29	6.75	12.16	13.77
农业劳动者	40.85	60.23	68.08	47.67	53.11
不便分类人员	0.15	0.18	0.11	0.20	0.15
无业失业半失业人员	4.85	4.31	3.58	9.46	4.78
合计	100.00	100.00	100.00	100.00	100.00

"十一五"规划将四大板块又进一步划分为八大综合经济区，区域功能的不同定位及其产业结构的特点将会对社会阶层结构产生很大影响，使得社会阶层结构在未来的演变中出现不同的特点。数据研究结果表明，不同区域之间的社会阶层结构存在不小的差别（见表8）。

表8　八大综合经济区的社会阶层结构

单位：%

阶层	东北	北部沿海	东部沿海	南部沿海	黄河中游	长江中游	大西南	大西北
国家与社会管理者	0.52	0.61	0.36	0.35	0.56	0.47	0.30	0.55
经理人员	0.54	0.63	0.82	0.81	0.56	0.28	0.17	0.37

续表

阶层	东北	北部沿海	东部沿海	南部沿海	黄河中游	长江中游	大西南	大西北
私营企业主	0.31	0.58	1.19	0.84	0.37	0.44	0.31	0.36
专业技术人员	7.60	7.16	6.70	6.49	8.95	5.44	6.10	6.34
办事人员	3.99	3.38	4.71	4.85	3.16	2.80	2.35	3.13
个体工商户	10.30	9.63	14.66	12.65	7.96	11.03	7.57	8.15
商业服务业员工	7.26	6.95	9.89	10.07	4.60	5.03	4.16	4.55
产业工人	12.16	15.44	27.14	27.40	9.20	9.14	6.52	6.57
农业劳动者	47.67	51.42	28.16	31.29	60.00	61.00	69.10	66.18
无业失业半失业人员	9.46	4.05	6.24	5.12	4.41	4.22	3.30	3.69
不便分类人员	0.20	0.15	0.14	0.13	0.21	0.14	0.12	0.11
合计	100	100	100	100	100	100	100	100

第一，东部沿海和南部沿海地区的社会结构演进大大快于中西部地区，现代化社会结构的雏形已经显现。

东部沿海和南部沿海地区农业劳动者比重大大降低，已经分别降低到28.16%和31.29%；产业工人的比重分别达到27.14%和27.40%，接近农业劳动者的比重；商业服务业员工分别达到9.89%和10.07%，如果把产业工人和商业服务业员工看作非农产业的体力劳动者，则两者合计分别占了37.03%和37.47%，超过了农业劳动者的比重；个体工商户在东部沿海是14.66%，在南部沿海是12.65%，均高于其他区域，个体工商户阶层的发展为社会下层向上流动提供了一个平台，是社会结构现代化变迁中的一个进步标志；这两个区域中的私营企业主阶层的比例也是最高的，分别达到1.19%和0.84%，作为改革开放以来新崛起的一个阶层，私营企业主阶层在经济领域的地位越来越重要，私营企业的发展和繁荣成为该区域经济快速发展的主要推动力之一。

值得一提的是，这两个地区的国家与社会管理者的比重偏小，东部沿海仅占0.36%，南部沿海仅占0.35%，均低于全国平均水平。

第二，东北地区社会结构的现代化程度明显高于其他内陆地区，高比例的专业技术人员与高比例的失业人口并存。

目前东北地区的经济发展水平不是很高，但作为国家的老工业基地，其社会结构的现代化程度却比较高，特别是专业技术人员的比例很高，达到7.6%，在八个区域之中仅次于黄河中游区。高比例的专业技术人员是社会经济发展的优势，将为东北地区的崛起提供重要的智力支撑。当前东北地区的失业人口比例也是最高的，达到 9.46%，这是国有企业改制引发的一个重要社会问题。失业人口比例太高，对经济发展和社会稳定都是不利的，这也是目前社会结构调整中的一个难点。由于过去是国有重工业基地，国有企业较多，民营企业发育不够，东北地区的私营企业主阶层比重是最少的，只有 0.31%。私营企业主阶层作为当前我国经济中最活跃的一支力量，在东北地区快速成长将会有效地缓解失业压力，促进当地社会经济的健康发展。

第三，北部沿海经济区整体的社会结构发育明显滞后于东部沿海和南部沿海。

按照国家发展战略定位，北部沿海区域是最有实力的高新技术研发和制造中心之一，北京、天津两个直辖市又是高层次人才聚集的地方，专业技术人员阶层高达 7.16%，是人力资本比较丰富的区域，但是其社会结构发展很不均衡，其个体工商户阶层（9.63%）、商业服务人员阶层（6.95%）和产业工人阶层（15.44%）的比重都低于上述三个区域，但农业劳动者的比重（51.42%）则大大高于前述三个区域，因此对于这个区域社会结构调整而言，加快农业劳动力向非农领域的转移是经济社会发展的一个重要任务。

第四，中西部四个区域基本上仍处于传统农业社会结构。

黄河中游、长江中游、大西南和大西北四个综合经济区农业劳动者的比重都在 60% 以上，大西南区农业人口的比重仍高达 69.1%，大西北区农业人口的比重也高居 66.18%。对于这些区域来说，在资源和环境保护的约束下发展工业，加快农业劳动力向非农领域转移，促进非农就业，提高农业劳动力的素质和农业生产的技术含量尤为重要。

三　政策建议

（一）推进职业结构现代化

目前我国的社会阶层结构与经济发展水平很不相称。社会结构变迁还处于工业化初期阶段水平，而经济结构的变迁则已经达到工业化中期阶段，前者明显滞后于后者。造成的结果是，我国社会各个阶层中，规模应该缩小的阶层（如农业劳动者）没有小下来，应该扩大的阶层如商业服务业员工、办事人员、专业技术人员等阶层则还没有大起来，社会中间层的规模太小，大多数社会成员处于社会中下层和底层。这种社会阶层结构是不稳定的，不利于构建社会主义和谐社会。应当指出，我国迄今为止的社会阶层结构变动很大程度上是在社会政策缺位甚至阻碍的情况下由经济发展的力量自发推动的。当前我国的职业结构和社会阶层结构正处于快速变迁期，应当抓住这个机会，加大社会政策的调整力度，改变不利于职业结构变迁的制度和体制，推进社会阶层结构的合理化、现代化。

一个国家的社会结构不是自发形成的，政策和制度的调整对社会结构的形成非常关键。改革开放以后，我国制度和政策的调整催生了一些新的社会阶层如私营企业主阶层、个体工商户，在工人阶级中也出现了规模庞大的农民工群体。另外，2000～2005年，我国专业技术人员大幅度增长，这在很大程度上得益于高等教育扩大招生规模的政策。所以，一个国家的社会阶层结构演变成什么形态以及怎样发生这种变化，政策调整的影响是非常关键的。当前我国农业产值在GDP中所占比重只有13%左右，而农业劳动力还占大约50%。不改变这一基本结构，我国社会就很难实现现代化。再如个体工商户阶层，这一阶层目前在我国十大阶层中已经占了10%以上，它是我国较低社会阶层实现向上流动的途径，很多私营企业主就是从个体工商户一步步发展而来的，同时该阶层的发展对于扩大就业、加快我国社会阶层结构的调整都是非常有益的。但是一些与这一阶层的生存密切相关的政策，往往对其发展非常不利。因此，合理调整社会政策，促进社会阶层结构向现代社会的社会阶层结构转变是非常必要的。

（二）促进社会阶层结构变迁的区域均衡

当前我国社会阶层结构的演变具有显著的区域不平衡性。在沿海地区，社会阶层结构已经形成现代化社会阶层结构的雏形，而在整个中部和西部地区，社会阶层结构的调整还非常缓慢，结构变迁大大滞后于东部地区，大量劳动力还是主要从事农业生产，因而其职业结构和社会阶层结构仍然具有很强的传统社会结构色彩。因此，应当执行区域均衡发展的策略，结合各个区域的不同经济社会发展条件，推进职业结构和社会阶层结构的区域均衡发展。

（三）缩小不同社会阶层间的差距

社会阶层之间存在一定的收入差距是很正常的，但是差距过大就会影响社会的和谐和稳定。当前收入差距大而且低收入人员比例偏高，已经成为一个严重的社会问题。从 2005 年 1% 人口抽样调查的结果看，月收入在500 元的人员在全体就业人员中占 64%，1000 元以下的占 88.6%，3000 元及以上的人员不到 1%。私营企业主阶层的收入最高，其收入是农业劳动者收入的 8.33 倍。此次调查的各阶层平均收入低于统计上的居民收入水平，但是可以肯定，实际的居民收入差距会更大，所以国家要根据不同阶层的职业特点和收入特点，加大收入差距调整和调节的政策力度。

（四）拆除制度障碍，使社会流动更加通畅

当前计划经济时代遗留下来的一些体制性障碍还在阻碍着社会成员在各个阶层之间合理流动，人们的职业地位获得和收入水平的差别还有一部分是由体制性原因造成的。一些优势阶层和劣势阶层的代际继承率还比较高，这对于不同阶层的合理流动，对于收入差距的缩小都是不利的。所以要使我国社会成为开放程度较高的现代社会，必须从体制上拆除相关障碍，为合理的社会流动创造良好的制度环境。

努力构建合理、开放的现代社会结构[*]

中国社会已由农业社会转变为工业社会

记者：改革开放30年来，中国社会发生了哪些变化？

陆学艺：社会的变迁实际上是社会结构的变迁。社会结构主要包括人口结构、家庭结构、就业结构、城乡结构、区域结构、组织结构、社会阶层结构、消费结构、收入分配结构、文化结构等方面。如果把这几个重要的社会结构讲清楚了，变化就清楚了。这里我主要从三个方面来讲。

一是就业结构，有的地方叫职业结构。1978年，从事一产的劳动力占70.5%，从事二产的占17.3%，从事三产的占12.2%。从事一产的劳动力所占的比重呈逐年下降趋势：1997年，一产从业比重下降到49.9%，二、三产业从业比重超过50%，这标志着我国在就业结构方面已经实现了工业化；2007年我国一产从业比重为40.8%，二产从业比重为26.8%，三产从业比重为32.4%。[①] 在这一过程中，数以亿计的农业劳动力转变为制造业、建筑业、商业等二、三产业的职工，这在中国历史上是从来没有过的。

二是城乡结构。一个国家要现代化，不仅要工业化，还要搞城市化，二者是同步的。所有的工业化、现代化国家，农业人口占总人口的比重都要减少到50%，甚至40%、30%以下，这是普遍规律。1978年我国城市化率仅为17.92%，到2006年，城市化率达到了43.9%，近半数中国人成为城市居民。[②] 这和以前绝大多数人口聚集在农村有了巨大的不同。实际上，

---

[*] 本文原载《中国党政干部论坛》2008年第12期"纪念改革开放30周年"专栏，发表时间：2008年12月6日。——编者注

① 国家统计局编《中国统计年鉴·2008》，北京：中国统计出版社，2008年9月，第112页。

② 国家统计局编《中国统计年鉴·2008》，北京：中国统计出版社，2008年9月，第87页。

由于统计方面的原因，城市人口还被少算了。比如，深圳统计表上 2006 年常住人口是 846 万人，有关方面说实际管理的人口有 1200 多万人。城市人口的迅速增加，标志着中国的工业化、现代化进入了一个新的阶段。[①]

三是社会阶层结构。社会阶层结构是社会结构的集中表现，也是社会结构中最重要、最核心的结构。社会阶层结构的演变和优化表明，目前中国的社会结构正在向现代化社会转变。改革开放前，我国是两个阶级（工人阶级、农民阶级）和一个阶层（知识分子）的社会结构。改革开放以来，随着经济的大发展、经济格局的多元化，中国的社会阶层结构发生了很大的变化，农民阶级分化了，工人阶级也变化了，并产生了诸如私营企业主、个体工商户、经理人员等一批新的社会阶层。经理人员阶层和私营企业主阶层是社会主义市场经济的组织者和管理者，现在已超过 2000 万人。据有关部门统计，仅私营企业主自 1995 年以来每年增加约 81 万人。上海市现在每 30 个有上海户籍的成年人中就有一个是私营企业主，在浙江温州等地，这个比例还要高。这是一支发展社会主义市场经济的重要力量。商业服务人员和产业工人阶层 1978 年分别为 4890 万人和 6945 万人，共计 11835 万人，占总就业人员的 29.5%。2006 年，商业服务人员为 24614 万人，产业工人为 19225 万人，共计 43839 万人，占总就业人员的 57.4%。[②] 从发展趋势看，未来，商业服务业人员和产业工人阶层的规模还会有大的扩展。商业服务人员阶层和产业工人阶层都是直接创造国家财富的阶层，是工业化国家的社会基础。这两个社会阶层的扩大发展，以及他们积极性的充分发挥，是决定国家前途和命运的决定性力量。这个大变化还在继续。中国现在已经形成了工业化国家的社会阶层结构，现代社会应有的阶层，中国都有了。中国社会各阶层的位序已经确立，今后这个位序不会有大的变化，但各阶层内的人员是可以流动的。现代社会的流动机制正在形成，我国正在由"先赋型"（社会身份是先天赋予的）社会演变为"后致型"（社会身份经过后天努力可以改变的）社会。

综合以上三个方面，我们可以说，我们的社会已经从农业社会转变为工业社会，虽然还不完善，但基本实现了。这方面取得的伟大成就，是怎么估量都不为过的。当然还要继续转，包括经济结构、社会结构，都还要转。

---

① 邓平主编《深圳统计年鉴·2007》，北京：中国统计出版社，2007，第 56 页。
② 国家统计局编《中国统计年鉴·2007》，北京：中国统计出版社，2007，第 131 页。

社会结构落后于经济结构是主要问题

记者：您刚才说中国的社会结构还不完善，主要体现在哪些方面？

陆学艺：现在的主要问题是，我国的社会结构和经济结构还不相适应，社会结构明显落后于经济结构。经济结构已经到了工业化的中期阶段，但社会结构还处于工业化的初级阶段。现在产生这么多社会问题和经济问题的主要原因就在于此。要解决这些社会问题、社会矛盾，治本之策是加快社会发展，调整社会结构，使社会结构和经济结构相适应、相协调。从国际上正反两方面的经验来看，一个现代化国家的形成，社会结构比经济结构更重要。有的国家经济人均 GDP 上七八千美元，达到现代化水平，但社会结构没有现代化。一次经济危机、一次战争就把经济搞垮了，整个国家就倒回去了。如果这个国家社会结构也现代化了，纵然遇上经济危机或者战争，经济垮了，但社会结构垮不掉。这样经济恢复会很快，还是现代化国家。所以说，建构现代化的社会结构更重要。现代化的社会结构，是现代化社会最牢固的基础。

目前，我国的就业结构、城乡结构、社会阶层结构都存在一定的问题。

就业结构方面，农业劳动力向二、三产业转移还存在着一些体制性障碍，社会流动还不顺畅。主要存在三个方面的问题。一是就业结构和经济结构不适应、不协调。2007 年，我国 GDP 中第一产业占 11.3%，而在就业结构中，第一产业占 40.8%。11.3% 的 GDP 同 40.8% 的农业劳动力有 28.5 个百分点的结构差，40.8% 的人只创造 11.3% 的财富，农业劳动生产率太低，而且这 11.3% 的财富要由 55.1% 的农村常住人口去分享，农民岂能不穷，岂能不苦？[①] 这就是结构问题。之所以搞成这样的结构，就是因为户口制度、就业制度、社会保障制度还没有得到改革和调整，农民被拴在土地上，出不来。所以要解决"三农"问题，关键的问题是要继续深化改革原来计划经济遗留下来的体制，调整结构、减少农民，如此农民才能富裕起来。二是在城镇二、三产业就业总量中，有 1 亿多是农民工。农民工在工业化建设中做出了巨大贡献，但由于我们在体制上还存在不少不合理的问题，所以在同一个企业、同一个单位里，有城市户籍的职工和农民工之间，还

---

① 国家统计局编《中国统计年鉴·2008》，北京：中国统计出版社，2008 年 9 月，第 38、112、87 页。

存在着"同工不同酬、同工不同时、同工不同权"的状况，这是产生诸多
经济社会矛盾的又一个重要原因。三是总体就业形势严峻。因为农业就业
人口已经过剩，未来都将在二、三产业就业，加上城市已经下岗的人员还
要安排，就业压力很大。而 20 世纪 90 年代以来，随着高新技术的发展、越
来越多的先进技术和设备的应用，就业弹性系数不断下降，如 20 世纪 80 年
代，GDP 每增加 1 个百分点，可以增加 146 万个就业岗位，平均就业弹性系
数为 0.3；进入 20 世纪 90 年代后，GDP 每增加 1 个百分点，只能增加 72 万
个就业岗位，就业弹性系数下降为 0.11。

　　从城乡结构来说，在农业国家向工业化国家转型过程中，一般市场化
国家的城市化与工业化是同步的，有些国家的城市化还超前于工业化。中
国由于实行了计划经济体制等，城市化发展受到体制性的阻滞，城乡关系
不合理、不协调。一是城市化严重滞后于工业化。中国的经济发展水平已
经是工业化中期阶段，2007 年的 GDP 中，非农产业已占 88.7%，而城市化
率只有 44.9%[①]，低于全世界城市化的平均水平，还是城市化的初期阶段。
城市化滞后于工业化，经济结构和社会结构不能协调发展，以现代服务业
为主的第三产业发展不起来，阻碍了整个现代化进程，使许多人不能充分
就业，也影响人民消费水平和购买力的提高，使扩大内需的目标难以实现，
实际上已在阻碍经济持续、快速、稳定、健康地增长。二是在城市内部，
也存在城乡二元结构的矛盾。地方政府对本市的城镇人口实行一种政策，
对农民工、非本地户籍的人实行另一种政策。长期实行"一城两策"，实际
上是把城乡二元经济社会结构的矛盾扩展到城市里来了。所以，城市里的
社会矛盾、社会问题空前增加，使居民不安。三是城乡关系不合理。重要
的表现是城乡差距扩大的趋势仍在继续。1978 年，农民人均纯收入和城市
居民可支配收入的差距为 1∶2.57，1985 年缩小为 1∶1.86。1986 年以后开
始反弹，1995 年扩大为 1∶2.71，2000 年为 1∶2.79，2001 年为 1∶2.9，
2002 年党的十六大明确提出要缩小城乡差距，采取了很多措施和政策，但
2003 年为 1∶3.23，2006 年为 1∶3.28，2007 年为 1∶3.33。[②]

　　再看社会阶层结构。现代化国家的社会阶层结构形态，无一例外的都
是"中间大、两头小"的橄榄型结构。一个国家形成了这样一种橄榄型的

---

① 国家统计局编《中国统计年鉴·2008》，北京：中国统计出版社，2008 年 9 月，第 38 页，
第 87 页。
② 国家统计局编《中国统计年鉴·2008》，北京：中国统计出版社，2008 年 9 月，第 317 页。

社会阶层结构，这个国家也就实现了现代化。中国现阶段的社会阶层结构，离合理、开放的现代化社会阶层结构还有一定距离。就结构形态而言，还只是一个中低层过大、中上层还没有壮大、最上层和低层都比较小的洋葱头型的社会阶层结构形态。当前中国社会阶层结构不合理，可以概括为两句话，就是：该小的阶层还没有小下去，该大的阶层还没有大起来。该大的没有大起来，是指社会中间阶层还没有大起来。据测算，中国社会的中间阶层1999年占15%左右，近几年发展得比较好，平均每年增加约1个百分点，2007年大致在23%左右。而现代化国家一般在50%以上，有的占60%~70%。该小的没有小下去，因为户口、就业、城乡体制的限制，农业劳动者阶层还没有小下去，2007年仍占40.8%。①

总体来看，我国社会结构落后于经济结构，主要是由改革不到位造成的。在今后的实践中，要继续深化改革，创新和制定恰当的经济社会政策，推进户籍、就业、人事、社会保障等方面体制的改革，调整城乡、区域和就业结构，使该小的农业劳动者阶层逐渐缩小，使该大的社会中间阶层的规模逐渐扩大，引导培育形成一个合理、开放的现代化社会阶层结构。

记者： 您刚才提到中间阶层，目前这一概念似乎争议比较大，能否界定一下？

陆学艺： 说到中间阶层这个概念，国外一般叫中产阶级，但这个概念我们的主流媒体一般还不用。经济学家推出了一种说法叫中等收入者。什么叫中等收入者？按照现在的统计原理来说，人均1000美元时有中等收入者，3000美元时也有中等收入者，3万美元时也还是有中等收入者，除去最高的20%和最低的20%，中间的就是中等收入者，永远有中等收入者，所以这个概念用来分析研究问题不贴切。我觉得还是用中间阶层或中产阶层这个概念为好。这是以职业分类为基础，兼及收入、声望等因素的分析概念。

一般来说，中产阶层包括两部分人，一部分是资产在千万元以下的那部分有产者。他们一般有几十万、上百万元的资产。现在中国有1500多万个老板，其中1400多万个是中小企业主，这些中小企业主都算中产阶层。农村里的专业大户，也应该是中产阶层。国外称这部分人为老中产。另一部分被国外称为新中产，主要是知识分子这一块，专业技术人员，如医生、教授、律师、记者等。这两部分是中国和西方都包括的。另外，就是中下级

---

① 国家统计局编《中国统计年鉴·2008》，北京：中国统计出版社，2008年9月，第112页。

的官员、基层干部。他们的生活、他们的观念、他们的地位，也是属于中产阶层的。局级以下的公务员可能都属于这一部分。这个队伍也是非常庞大的。

把这两部分人都算上，1978 年，中产阶层不过 10% 左右，主要包括中小学教员、医生、干部等；到 1999 年做调查时测算是 15%，以后基本按每年提高 1 个百分点的比例增加，现在我们看到，2007 年中产阶层大致在23% 左右。按说，以我们国家的经济水平，这个比例应该是偏小了，要我看，到 2020 年应该达到 38% 左右，那时候的社会就会比现在的社会进步得多，也安定得多，大概达到了日本 20 世纪 80 年代的水平。

构建和谐社会的两大任务

记者： 您刚才说过，改革开放以来，我国社会阶层结构发生了很大变化，一些阶层的社会地位上升了，规模也扩大了，一些社会阶层的社会地位下降了，那么，社会阶层关系呈现怎样的特征？

陆学艺： 我们只用了 30 年的时间就达到现在的样子，经济发展的速度实在快，但是，社会环境、社会舆论、社会习惯、人与人之间的关系等，与经济的发展还不配套，还没有形成完整的、稳定的社会秩序。我觉得其中有一个大的问题是各个阶层都还不稳定，各有各的问题。举个例子来说，现在主要有两个大的阶层关系还没有处理好：老板和工人的关系。现在这个老板阶层是个新生的，他们都是 20 世纪 80 年代以后产生的，而且父辈都不是老板，他们中的很多人，还不知道怎样当老板。很多情况下，老板不知道怎样对待工人、怎样对待同行、怎样对待政府，他们在积累经验，大家都在磨合。老板阶层正在学习怎样当老板；另外，工人也不知道怎样当工人、怎样对待老板、怎样和同事相处、怎样和政府打交道，因为他们也是新生的，很多是农民工。不少国外的朋友问我，怎么一年都不发工资工人还愿意干活，要是他们早就不干了。我这样解释：这些工人是农民转过来的，原来在集体经济里面农民年终才分红，另外，农业劳动的收成是季节性的，年终才算账，所以农民没有每周拿工资或者每月拿工资的概念。正因为大家都在磨合，都还没有找到应该有的规范，所以才会发生农民工拿不到钱就跑到天桥上或者把老板绑起来的现象。新的阶层关系还处于不断磨合和建构当中，阶层关系呈现多样化、复杂化的特征。

因为中国正处在大发展之中，形势比较好，总体来说，当前中国阶层关系是基本协调的，但是还存在不少影响阶层关系协调的矛盾与问题。首先，当前中国阶层关系存在的问题主要表现为劳资、干群、新中间阶层与其他阶层之间的关系还不协调。劳资矛盾前面讲过，其根源是劳资之间利益分配失衡，资强劳弱。其次，从干群关系角度看，存在着部分干部以权谋利、与民争利的现象，加之管理方法、管理手段的落后，以及作风粗暴和腐败现象的滋生蔓延，导致干群矛盾。某些地方干群关系还相当紧张。例如，在有些县市，书记、县市长异地为官，是经常轮换的，但副书记、常务副县长以下是"永久牌"的，几十年在这个县市，因为各种原因，有的逐渐形成了集团势力。亲戚朋友、裙带关系、门生故吏，结成利益集团。遇有与群众利益冲突，小民百姓必输无疑，而且求告无门。百姓意见无处宣泄，日积月累，一遇事端，轰然爆发。这是近几年恶性群体事件多点爆发的重要原因。最后，从社会中间阶层与其他阶层关系来看，同样存在着一定的利益冲突。一是社会中间阶层作为独立的利益主体，或者与政府分离而自行其道，或者与社会底层达成沟通和共识，抵制社会上层的不当作为和不作为。二是这些阶层的某些成员有可能通过自身特有的专业知识和技能等，依附或联合作为社会上层的干部、经理人员和私营企业主阶层，形成利益集团，共同垄断公共资源，欺诈社会底层，获取不当利益。三是社会中间阶层成员在从事社会公共服务的过程中，其个人私利也会膨胀，如学术造假、行业乱收费等，造成社会矛盾，损害人民群众的公共利益，引发社会不安。社会中间阶层与其他阶层的利益摩擦，根本原因在于权力制约机制缺失、利益分配不均、道德诚信下滑等结构性要素失调。总体而言，目前我国各社会阶层之间利益分配的失衡通过基尼系数的增大清晰地呈现出来。据有关方面统计，我国最近几年的基尼系数超过 0.45，而且有继续增大的趋势。阶层间利益差距扩大的背后往往是权力关系的不协调，社会上层权力过大，下层权力过小；上层缺乏必要的权力约束，下层缺乏必要的权力保障。不同阶层之间权力分配不均，话语权失衡。伴随着利益关系与权力关系的不协调，阶层间的观念冲突也在一定程度上出现：一方面是对低层群众的疾苦关怀不够，缺少应有的同情心；另一方面是嫉富仇富的情绪比较普遍地存在。改革开放以前，中国阶层关系受到意识形态强有力的整合；改革开放以后，随着市场化进程中价值取向多元化的社会剧变，原有意识形态对阶层关系的实际整合功能逐步弱化，而与发展社会主义市场经济相适应的公平、正义、契约理性等价值观念的社会整合尚在建构中，因而影响到阶层关系的整合。这些都是构建和谐社会必须要解决的问题。

记者：要构建和谐社会，除了协调好阶层关系外，建立公正合理的社会流动机制也十分重要，您认为这一机制是否已经建立？

陆学艺：改革开放 30 年来，随着经济发展，工业化、城市化的推进，我国已经从一个基本封闭的社会转变为基本开放的社会，社会流动渠道多元化，社会流动频率加快，亿万群众通过努力奋斗，实现了向上流动的愿望，涌现了诸如私营企业主、个体工商户、经理、自由职业者、农民工等一些新的社会阶层和社会群体，产业工人、科技人员、国家与社会管理者等社会阶层的队伍极大地扩大了，农业劳动者阶层的规模缩小了。整个国家正在形成合理、开放的现代化社会阶层结构，现代社会的流动机制正在中国形成。只要你自己努力，就有机会实现向上流动的理想。而且，中国正处在快速发展之中，整个社会的职业正在趋向高级化，整个社会在发展，在往上走。这样，群众就有希望，社会充满活力、充满希望。这一点，你如果有机会去国外旅游或访问，对那里的青年、中年、老年人做点访谈，或者对来访的外国人做点访谈，就会明显地感觉到。

但是，户籍、就业、人事这三个制度，以及社会保障和教育制度的不合理，使社会流动不畅，也在阻碍着现代化的社会阶层结构的形成。形成于计划经济时代的户籍制度，直接阻碍着各阶层之间的流动。另外，在现有的干部人事制度下，无论是农民还是城市工人，都很少有机会获得干部身份，向干部阶层流动。目前我国处于社会优势地位的阶层，其子女继承性明显增强，我们的调查数据表明，干部子女当干部的机会比常人高 2.1 倍。而社会较低阶层的子女进入较高阶层的门槛明显在提高，两者间的社会流动障碍在增强。

事实上，经过多年改革，户籍制度、社会保障制度、就业制度、人事制度等正在逐步走向公平公正，但与之相比，中国教育的公平性还存在很多问题。国民占有教育资源严重不平等所造成的公民在个人知识技能获得方面的不平等，正是社会合理流动的最大障碍之一。教育机会应该均衡分配，向着日趋大众化和平等化的方向发展，使教育成为缩小阶层差异和促进社会经济均等化的重要工具。值得注意的是，当前教育机会的分配正在向更有利于有优势家庭背景的人倾斜，教育成为促进社会经济分化的重要工具。这是很多人对教育现状不满的主要原因。一方面，教育经费不足，无法满足社会需要，贫困儿童受教育的权利得不到应有的保障；另一方面，在为数不多的教育投入中，城乡和区域之间的分配也不合理。2002 年全社会的各项教育投资是 5480 多亿元①，其中用在占总人口不到 40% 的城市人口上的投资占 77%，而占总人口数 60% 以上的农村人口只获得 23% 的教育投资。高等教育所获得的公共资源远远多于基础教育，上亿的财政拨款往往投给几所办学条件已经相当不错的大学；而农村中小学校危险教室改造的经费，则要通过集资或希望工程的方式解决，落后地区尤其是农村地区的教育经费连起码的教师工资都不能及时足额发放，教学设备、师资力量严重不足。这些都直接导致社会底层接受教育和培训的机会减少。这样一种不公平的教育资源配置制度，导致的直接结果就是广大农民和贫困阶层陷入结构性、制度性的机会不公状态，在参与市场竞争方面缺少足够的能力，不能保证做到起点公平，因而也就缺少适当的向上流动机会。公共资源配置的不公正导致的机会不平等，是阻碍现代社会阶层结构发育成长的一种制度性缺陷。党的十六大以来，党和政府十分关注教育事业的发展，加大了对中西部教育事业的投入，公共教育资源向农村、向中西部地区倾斜，普及农村义务教育，将义务教育全面纳入公共财政保障范围，做了很多工作。情况正在好转，但是因为欠账太多，形成的差距太大，要达到理想的目标，还有很多工作要做。

以社会建设推动现代化建设又好又快地进行

记者： 以前，我们在谈社会主义现代化建设时，提的都是经济建设、政治建设、文化建设，并没有提社会建设，直到近几年才提社会建设，这是什么原因？对我国社会主义现代化建设将产生何种影响？

陆学艺： 社会主义建设的总体布局由经济建设、政治建设、文化建设"三位一体"扩展为包括社会建设在内的"四位一体"，这个事实本身既反映了当今中国社会已经发生了深刻变化的客观实际，也反映了我们对于这种经济社会结构的深刻变化有了新的概括，有了突破性的新的认识。从世界各国发展经验来看，在现代化进程中，从农业社会向工业社会转变，首先经历的是经济发展为主的阶段；在工业化中期向工业化后期转变中，关注的是经济社会协调发展；进入后工业社会时期，则是社会发展为主的阶段。最早把我国的建设分为政治、经济、文化三个方面，是毛泽东同志在 1940 年撰写的《新民主主义论》一书中提出来的。那时的中国，还是半殖

---

① 国家统计局编《中国统计年鉴·2004》，北京：中国统计出版社，2004 年 9 月，第 804 页。

民地半封建的农业社会，小农经济是汪洋大海，农民占 90% 以上。在这样的背景下，对未来作构想，勾勒出政治、经济、文化三大领域，是符合我国国情的。新中国成立以后，我们在谋划社会主义建设总体布局时，还常以经济建设、政治建设、文化建设为架构。1982 年，制订第六个五年计划时，增加了社会发展的内容，此后的五年计划，都冠名为国民经济与社会发展计划。2004 年的党的十六届四中全会，提出了构建社会主义和谐社会和社会建设两个新概念、新理论。前者是我国今后发展的战略目标，后者是实现社会主义和谐社会的路径和手段。社会主义和谐社会主要通过经济建设、社会建设、政治建设、文化建设等方面来实现。这反映了改革开放以来我国的经济社会已经发生了深刻的转变，国家总体上已经从农业社会转变为工业社会，已经从乡村社会转变为城市社会，这种转型对于经济社会建设提出了新的要求。生产力极大提高，经济结构深刻变化，要求社会结构变化与之相协调；经济高速发展，要求社会事业发展与之相配合；人民物质生活极大提高，要求社会安定有序。这两个新概念、新理论体现了我们党对社会主义现代化建设规律认识的深化。党的十六届六中全会专门就构建社会主义和谐社会若干重大问题做出决定，党的十七大则进一步指出要加快推进以改善民生为重点的社会建设。几年来，关于构建社会主义和谐社会、关于社会建设的理论正在逐步形成，成为中国特色社会主义理论体系中的一个重要组成部分，这是一项新的理论成就。

事实上，中国社会建设的实践一直在进行着。1949 年后，我们在进行大规模的经济建设的同时，也展开了社会建设，只是过去没有用社会建设这个概念去指称它，而是把它分别归到经济建设、政治建设、文化建设的名下。1982 年以后，我们又把社会领域的建设统称为社会发展。党的十六届四中全会正式提出社会建设这个新概念、新理论，适应了我国工业化、城市化、现代化发展新阶段的需要，把正在进行的社会结构的构建，社区和社会组织的建设，社会管理、社会秩序的治理，科、教、文、卫、体等社会事业的发展等方面，给出了一个明晰的概括，明确叫作社会建设，从而使上述诸方面工作的地位得到了提高，理论上有了依据，建设目标更加明确，未来前景也更加清楚。所以，社会建设这个新概念、新理论的提出，很快就得到了全国上下广大干部和群众的关注和认同。这对于进一步调动各方面的积极性，贯彻落实科学发展观，进行社会建设，促进社会和谐，使整个社会主义现代化建设又好又快地进行，必将产生巨大的推动作用。

记者：谢谢您接受我们的采访。

30 年来中国社会结构变迁的几个问题[*]

社会结构和经济结构一样，是一个国家、一个地区最重要、最基本的结构，也是国内外社会学研究的核心课题。我侧重从人口结构、就业结构、城乡结构和社会阶层结构四个方面来谈谈改革开放 30 年来中国社会结构的深刻变动。

第一，人口结构发生了深刻的变化。中国是世界第一人口大国，13 亿人口，这 30 年来最重要的变化，已经从一个"三高"——高生育率、高死亡率、高自然增长率转变为"三低"——低生育率、低死亡率、低自然增长率的国家。不仅如此，我国人口的文化素质有了很大提高，1990 年人口普查的时候，全国总人口里面，大专以上学历的比例是 1.4%，2007 年这个指标已经达到 6.2%。[①] 一百人里面有 6.2 个大专文化程度的人，像北京这样的城市一百人里面有超过 30 人是大专学历。所以说，人口结构发生了变化。

第二，就业结构发生了深刻变化。现在不光是人口增加了，劳动力大量增加了，在二、三产业就业的劳动力大量增加了，可以说是从原来农业社会的结构现在已经转向工业社会、城市社会的结构。1978 年的时候我们二、三产业的 GDP 已经超过 70%，但是在总就业劳动力里面，二、三产业的就业还没有超过 30%，农村劳动力占 70.5%。2007 年我国就业劳动力总数是 76990 万，这些人里面从事第一产业的劳动力下降到 40.8%，从事第

* 本文源自《社会建设论》（陆学艺著，北京：社会科学文献出版社，2012 年 3 月）第 173 ～ 176 页，原稿写于 2009 年 3 月。该文收录于《中国社会结构与社会建设》（陆学艺著，北京：中国社会科学出版社，2013 年 8 月），还以《三十年来中国社会结构变迁的几个问题》为题收录于《前沿创新发展——学术前沿论坛十周年纪念文集》（2001 ～2010 年）。——编者注

① 国家统计局编《中国统计摘要·2008》，北京：中国统计出版社，2008 年 5 月，第 38 页。

二产业的劳动力上升到 26.8%，从事第三产业的劳动力上升到 32.4%，二、三产业的劳动力达 59.2%，超过了 50% 临界点的水平，已经是工业化社会的就业结构。1978 年我国二、三产业的职工是 11835 万人，2007 年增加到 45546 万人[1]，29 年间年均二、三产业职工增加 33711 万人，年均增加 1162 万人，其中约 60% 是从农村转移出来的，相当一部分人至今还是农民工。但是无论怎样，我们原来是个主要生产农产品的农业国家，现在已经有了四亿多二、三产业的职工，已经是个制造业大国，"世界工厂"，也可以说我们的多数劳力已经从经济效益比较低的农业部门转到经济效益比较高的二、三产业，这也可以说明为什么这些年我们经济发展比较快。

第三，城乡结构的变化。一直到 1949 年我们还是农业社会，90% 是农民，1949 年的时候城镇化率只有 10.6%。[2] 1950 年代中期前，城镇化发展较快。到了 1958 年"大跃进"，三年经济困难以后，我们把城门关起来，实行城乡分治的户口制度，严格限制农转非，限制农民进城，城市化发展缓慢，一直到 1978 年我们的城镇化率只达到 17.9%。改革开放以后，特别是世纪之交以后，城镇化发展很快，2007 年的城镇化率是 44.94%[3]，但是还没有达到现代化社会应该有的 50% 指标。我们现在的问题是城镇化严重滞后于工业化，这是历史原因造成的，是计划经济体制留下来的户口制度、就业制度、社会保障制度还未改革等原因造成的。现在的城镇化数据从统计上看有 44.94% 是城镇人口了，但这里有统计指标变动的因素。我国 1999 年的城镇化率是 30.9%（见 2000 年《中国统计年鉴》），2000 年统计指标一改城镇化率就上升到 36.2%。从 2000 年开始把在城镇里打工的住满半年以上的农业户口的人也统计为城镇常住人口，这样的城镇化率就大大提高了。同原来的统计指标相比，约有 5~8 个百分点的差别。但是，不管怎么说，我国的城镇人口在 1978 年是 17245 万人，2007 年为 59379 万人，29 年增加 42134 万人，平均每年增加 1453 万人[4]，其中大多数是农村转出来的。这是一项大的历史工程，是巨大的社会变迁，是一项大的成就。所以产生一些社会问题也是可以理解的。

第四，社会阶层结构的变化。社会阶层结构是所有社会结构里最核心

---

[1]　国家统计局编《中国统计年鉴·2008》，北京：中国统计出版社，2008 年 9 月，第 38 页，第 112 页。

[2]　国家统计局编《中国统计年鉴·1981》，北京：中国统计出版社，1982 年 8 月，第 89 页。

[3]　国家统计局编《中国统计年鉴·2008》，北京：中国统计出版社，2008 年 9 月，第 87 页。

[4]　国家统计局编《中国统计年鉴·2008》，北京：中国统计出版社，2008 年 9 月，第 87 页。

的部分，因为所有的结构都要反映到社会阶层结构中来。了解社会阶层结构也可以了解整个国家的社会结构，研究社会阶层结构非常重要。在 1978年以前我们是"两个阶级、一个阶层"，也就是工人阶级、农民阶级和知识分子阶层的结构。改革开放以后，随着经济体制的改革、经济的发展、经济结构的调整，中国的社会阶层结构也变了，显然不能用两个阶级、一个阶层的结构来概括，更不能据此来制定政策。但是我们这方面的调查研究开展得还很不够。前些年，我们社会学研究所课题组做了一项研究，把中国划分为十个阶层。发表以后，有赞成的，也有提出质疑的，也有提出另一种划分办法的。这方面的研究工作应该开展、进行下去。这也是社会建设、社会管理的一项内容吧！国外讲，现代化管理是"数目字"管理，但是我们总是糊糊涂涂办事。前不久，北京成立一个社会管理中心。请我们去，我在会上说：社会管理就是人的管理。到底北京有多少人，先要弄清楚。比如说统计户口北京有 1280 多万人，常住人口 1500 万人，接近 1600万人，实际管理人口 1800 万人。这些人都是些什么人，他们都住在哪儿？都分布在哪儿？这些都弄不清楚，怎么搞社会管理？所以，建议呼吁政府要做这件事情，至少北京要搞清楚。最近北京推个好政策，对农村 60 岁以上的老人，不管有钱没钱，每人每月发 200 元。这对一般家庭，特别是贫困家庭的老人，非常好，老人们拍手称好；但对富裕户，很富裕户的老人，他们并不需要，这样平均发，效果不是最好的。

这 30 年我们从农村转向城市、从农民转向工人，不管怎么样我们二、三产业职工增加了 3.3 亿人，现在二、三产业职工达到 4.5 亿人，所有发达国家的工人加起来也没有这么多。在工业化过程中，同时产生了一个私营企业主阶层或者说老板阶层。据 2007 年统计，全国雇工在 8 人以上的私营企业有 551 万户[1]，私营企业的投资人，也就是私营企业主的数量将近 1400万人。这在全世界也是少见的。党的十五大以后，我们把工人称为社会主义劳动者，把私营企业主称为社会主义建设者，这两个阶层的大发展，对于我国工业化、城市化、现代化的发展，起了重要的推动作用。

然而，由于社会结构这方面的调整、改革还没有完全跟上，所以出现一个大问题，即经济结构我们现在已经达到了工业化的中期阶段，而社会结构现在无论从哪个方面衡量，都属于社会工业化的初级阶段。这两个基

---

① 中华全国工商联合会、中国民（私）营经济研究会编《中国私营经济年鉴（2006.6 ~ 2008.6)》，北京：中华工商联合出版社，2009 年 3 月，第 6 页。

本结构产生了矛盾，社会结构和经济结构还不适应，还不协调，这是产生诸多经济社会矛盾的结构性原因。例如"三农"问题。"三农"问题的本质是个结构问题，2007 年我们的 GDP 里面，农业创造的增加值占 11.3%，但同年在就业结构里，7 亿多劳动力里，从事农业劳动的占 40.8%①，就是说 40.8% 的人创造了 11.3% 的 GDP，这不是农业劳动生产率太低了吗？不是中国农民傻，不是中国农民不好好干活，中国农民非常勤劳，原因在于生产资料少，所以只创造了 11.3% 的财富。而且当年的城市化率是 44.9%，就是说有 55.1% 的农村人口要分这 11.3% 的财富，农民焉能不穷？农民焉能不苦？不调整这个结构，农民不减少，"三农"问题就解决不了。而这个结构是现在的土地体制、户口体制、人事体制、社会保障等体制造成的，这些体制相当一部分还是计划经济留下的模式。所以要解决农村、农业、农民问题，必须对现在还束缚农民的计划经济体制的东西继续进行改革。改变这些体制，使之与市场经济相适应。现在可以这样说：我们的城市基本实现了社会主义市场经济体制，而农村基本上还不是，所以"三农"问题不好解决。好在这次党的十七届三中全会专门讲城乡二元结构是农村产生这些问题的原因，要城乡一体化，用改革发展的办法来解决，这个问题讲到点子上了。

---

① 国家统计局编《中国统计年鉴·2008》，北京：中国统计出版社，2009 年 9 月，第 38、112 页。

研究当代中国社会结构的理论与方法[*]

本书是中国社会科学院社会学研究所"当代中国社会结构变迁研究"课题组,继《当代中国社会阶层研究报告》(2002)和《当代中国社会流动》(2004)之后的第三个公开出版的研究报告。2004年秋季以后,课题组先后在四川省成都市和大邑县、广东省深圳市、北京市怀柔区、福建省晋江市、浙江省宁波市、江苏省太仓市等地的城市和农村做了长期深入的调研,研读了大量的文献资料,召开了多次理论研讨会。开始,我们着重调查研究当前社会各个阶层间的利益关系、权力关系和观念关系的状况及存在的问题。在实际调研过程中,我们感到,随着经济的高速发展,社会结构正在发生深刻变化,社会阶层的利益关系正在调整,社会矛盾和问题凸显。经过酝酿,我们认为这正是研究社会结构变化的好时机,有利于从整体上把握基本国情。所以,课题组做出决定,对社会阶层关系研究做初步总结后,就把重点转向当代中国社会结构变动的调查和研究。

进入新世纪以后,中国社会主义现代化建设进入了一个新阶段,站到了新的历史起点上。新阶段、新形势的基本特征是:一方面,经济持续高速增长,成绩斐然,捷报频传;另一方面,社会矛盾、社会问题凸显,此起彼伏,消息也是频传。如何正确认识这种矛盾的社会现象,找准产生这种矛盾的原因,采取恰当的政策和措施,解决好这些矛盾,推进经济社会

---

* 本文源自陆学艺执笔的《当代中国社会结构》前言的手稿,原稿写于2009年8月5日,作者署名:中国社会科学院社会学研究所"当代中国社会结构变迁研究"课题组。该前言刊载于《当代中国社会结构》(陆学艺主编,北京:社会科学文献出版社,2010年1月),第1~6页,发表时有改动。该前言还以《研究当代中国社会结构的理论与方法》为题收录于《社会建设论》(陆学艺著,北京:社会科学文献出版社,2012年3月)和《中国社会结构与社会建设》(陆学艺著,北京:中国社会科学出版社,2013年8月)。本文使用了上述两部文集中的标题。——编者注

协调发展，使"社会更加和谐"，这是实践和理论工作者面临的新的历史任务。长期以来，在以经济建设为中心的大背景下，我们已经习惯于运用经济理论和方法观察分析问题，用经济的政策和手段来解决矛盾，这在一定的阶段是必要的。但是当经济发展到新的阶段，出现了上述"经济报喜，社会报忧"的矛盾现象时，就有必要同时运用社会理论和方法来观察分析问题，采用社会政策和措施来解决矛盾。

据多年的调研和探索，我们认为在新阶段、新形势下，提出运用社会结构理论，作为观察新阶段、新形势的新视角，并运用相应的理论和方法，制定社会政策，改革社会体制，调整社会结构，加强社会建设和社会管理，这是适应我国进入改革发展关键时期的客观要求，也是从根本上解决若干年来"经济报喜，社会报忧"这个现实矛盾的需要。

2004 年 10 月，党的十六届四中全会提出了构建社会主义和谐社会的重大战略思想，得到了全党和全国人民的高度认同和热烈拥护。2005 年 2 月 21 日，中共中央政治局第二十次集体学习会上，胡锦涛总书记指出："各级党委、政府和领导干部要切实加强对本地区本部门和谐社会建设有关情况和工作的调查研究，全面分析和把握社会建设和管理的发展趋势，为制定政策、开展工作奠定坚实的基础。要加强对社会结构发展变化的调查研究，深入认识和分析阶层结构、城乡结构、区域结构、人口结构、就业结构、社会组织结构等方面情况的发展变化和发展趋势，以利于深入认识在发展社会主义市场经济和对外开放的条件下我国社会发展的特点和规律，更好地推进社会建设和管理。"[1] 2006 年 10 月，党的十六届六中全会专门就构建社会主义和谐社会做了研究，并对若干重大问题做了决定。《中共中央关于构建社会主义和谐社会若干重大问题的决定》指出："我国已进入改革发展的关键时期，经济体制深刻变革，社会结构深刻变动，利益格局深刻调整，思想观念深刻变化。这种空前的社会变革，给我国发展进步带来巨大活力，也必然带来这样那样的矛盾和问题。……构建社会主义和谐社会是一个不断化解社会矛盾的持续过程。我们要始终保持清醒头脑，居安思危，深刻认识我国发展的阶段性特征，科学分析影响社会和谐的矛盾和问题及其产生原因，更加积极主动地正视矛盾、化解矛盾，最大限度地增加和谐因素，

---

① 《加强调查和研究 着力提高工作本领 把和谐社会建设各项工作落到实处》，《人民日报》 2005 年 2 月 23 日第 1 版。

最大限度地减少不和谐因素，不断促进社会和谐。"①

社会结构历来是社会学研究的核心议题。社会结构既是对社会做静态分析的终点，也是对社会做动态分析的起点。从认识上把握了一个国家或地区的社会结构，就可以从根本上认清这个国家或地区社会变迁的原因和趋向。所谓社会变迁，也就是社会结构的变迁。社会结构是一个有机的整体。社会结构是社会诸要素及其相互关系按照一定的秩序构成的相对稳定的形式，是对纷繁复杂的社会现实的理论抽象。19 世纪著名的法国社会学家迪尔凯姆说过：对社会结构的分析，是理解一切社会现象的出发点。

我们课题组从我国改革发展已进入新阶段的客观实际和需要出发，对中国社会结构的发展变化做了实践层面和理论层面，乃至历史的调研和考察。《当代中国社会结构研究》就是我们三年来调研考察的结晶。

本书共十章，第一章总报告是全书的总论，第二章到第十章分别是：人口结构、家庭结构、就业结构、城乡结构、区域结构、分配结构、消费结构、社会组织结构和社会阶层结构。本书对中国社会结构的历史和现状做了总体描述和分析，通过对中国社会结构发展变化和发展趋势的调查研究，我们有以下几点认识和体会。

第一，中国已进入以社会建设为重点的新阶段。当前，落实科学发展观、构建社会主义和谐社会、进行社会建设的核心内容是要调整社会结构，形成与经济结构相协调的现代社会的社会结构，这既是经济持续健康发展的支撑，也是构建社会主义和谐社会的基础。

第二，中国的社会结构已经发生了深刻的变化，但仍处于工业社会的初期阶段，而经济结构已经是工业社会的中期阶段。我国的两个基本结构存在结构性的矛盾，这是当前诸多社会矛盾和问题频发的主要根源。

第三，据我们比较、测算，中国现在的社会结构大约滞后于经济结构10～15 年。以城乡结构为例，2007 年的城市化率为 44.9%，比 1978 年的17.9% 提高 27 个百分点，平均每年提高 0.93 个百分点。据霍利斯·B. 钱纳里等学者研究，工业化中期阶段的城市化率应在 60% 以上。要达到 60%的指标，即以上述每年提高 0.93 个百分点的速度递增，需要 16.2 年。中国的城市化长期严重滞后于工业化，由此引发了一系列经济社会矛盾和问题，可以说，这是中国改革发展面临的瓶颈，亟待优先解决。

---

① 《中共中央关于构建社会主义和谐社会若干重大问题的决定》，北京：人民出版社，2006 年10 月，第 3～4 页。

第四，社会结构严重滞后于经济结构的主要原因，是我们没有适时地抓好社会体制改革和社会建设。过去革命分阶段，不同的革命阶段有不同的具体目标和不同的历史任务，乃至革命的方式、方法也有不同。改革发展也分阶段，不同的改革发展阶段，具体的目标和历史任务是不同的，改革的方式、方法也应不同。在我国改革开放初期，确定以经济建设为中心，进行经济体制改革，推动经济发展，是完全正确的。进入 20 世纪 90 年代中后期，GDP 翻了两番，解决了短缺经济等问题以后，进入了改革发展的新阶段，此时就应该适时相应地进行社会体制改革，加强社会建设，推进社会结构的调整。这就产生了两方面的问题：其一，由于我们缺乏经验和理论准备不足等原因，没有及时对计划经济体制时期形成的户籍、就业、人事、社会保障等体制实行必要的改革，致使城乡二元结构依旧存在，城乡结构、就业结构等社会结构仍严重滞后于经济体制；其二，以改善民生为重点的社会建设，没有得到应有的加强，投入严重不足，进入新世纪以来，投入有所增加，但因欠账太多，社会事业仍很薄弱，上学难、看病难、住房难、养老难等呼声仍不绝于耳，特别是在中西部。

第五，当前是进行社会体制改革、调整社会结构最关键、最紧要的时期。纵观世界各国现代化建设的历史，一般都是经济发展、经济结构调整在前，社会发展、社会结构调整在后，但要形成与经济结构相协调、相辅相成的社会结构，则是经过了长期不断的调整、磨合，乃至出现震荡，经过社会变革才实现的。形成与现代经济结构相适应的现代社会结构，是现代化国家建成的标志。迄今为止，这样的国家和地区只有 30 多个，主要在欧美，亚洲只有日本和"四小龙"。而多数国家还是发展中国家，有的经济指标达到了，但社会结构落后（如拉美和盛产石油的国家），就还不是现代化国家。

改革开放以来，我国通过经济体制改革，经济结构调整，建立社会主义市场经济体制，经济持续快速发展，已经进入了工业社会的中期阶段，而且发展趋势良好，经济这道坎是迈过来了。但社会结构还处在初期阶段，经济社会发展还很不协调。党的十七大报告中指出的新世纪新阶段存在的八对矛盾[①]，就是经济结构和社会结构不协调的表现。这八对矛盾同党的十六大报告中指出的七个问题[②]，多数是重合的。重合的内容，主要是社会矛

---

① 参见《中国共产党第十七次全国代表大会文件汇编》，北京：人民出版社，2007 年 10 月，第 13 ~ 14 页。

② 参见《中国共产党第十六次全国代表大会文件汇编》，北京：人民出版社，2002 年 11 月，第 18 页。

盾和问题，可见这些问题存在已经很久了。这些"改革攻坚面临的深层次矛盾和问题"①，如果长期得不到妥善解决，就会出现前些年有些社会学家说的，"社会利益格局定型化""社会结构断裂"的局面②，迈不过进入现代化国家的大坎，乃至陷入拉美化的泥潭。

当前是贯彻落实科学发展观、进行社会体制改革、加强社会建设、调整社会结构最关键、最紧迫的大好时机。一方面，我们在经济上有雄厚的物质基础；另一方面，广大人民群众，特别是9亿农民群众有强烈的要求深化改革的愿望，我们应该抓住机遇，善于引导，补好进行社会体制改革、调整好社会结构这一课。

第六，目前，进行社会体制改革、加快社会建设、调整社会结构的突破口是推进城市化。20世纪90年代中期以来，困扰我们的主要问题有三个：第一，内需总是扩大不了；第二，城乡差距扩大的趋势总是遏制不住；第三，刑事犯罪、社会治安案件总是降不下来。我们是努力了，千方百计，全力矫治，但还是该升的升不上去，该降的降不下来。为什么？总结到一点，就是在新的发展阶段，没有按新形势的要求办事。

国内外实现现代化的经验表明，工业化的过程是农民逐步转化为二、三产业职工，转变为城市居民的过程。搞工业化一定要搞城市化，城市化是工业化的载体，也是现代化的载体。迄今为止，还没有一个现代化国家是靠农业、靠大多数人口是农民在农村实现的。

在城市化问题上，由于我们在20世纪50年代和60年代之交，吃了"三年困难时期"的大亏，从此关闭城门，严格实行城乡分治的户籍制度，把农民堵在城外。改革开放实行了社会主义市场经济体制，经济形势大变，短缺经济变了，卖方市场成了买方市场，但城门还是关着，于是就出现了上述这些经济社会问题。50多年来，亦工亦农、社队企业、离土不离乡、进厂不进城、乡镇企业、小城镇、离土又离乡、农民工、新市民等，种种想让农民留在农村搞工业化的办法都试过了，结果都不灵。我们应该正确总结"三年困难时期"的历史教训，不能把主要原因归结为"农民进城太多""城市化太快"，更不能由此就紧闭城门，拒绝农民进城，总怕农民进城会出现这样那样的问题。国内外的实践证明，这是不必要的，而且也是

① 《中国共产党第十七次全国代表大会文件汇编》，北京：人民出版社，2007年10月，第13页。

② 参见孙立平《转型与断裂——改革以来中国社会结构的变迁》，北京：清华大学出版社，2004年7月。

不符合社会发展规律的。

新世纪、新阶段、新形势，现在到了打开城门让农民进城、大力推进城市化的时候了，并由此改革户籍、就业、社保等体制，最终实现城乡一体化。这是建立完善的社会主义市场经济体制的必需，也是 9 亿农民盼了 50 多年的强烈愿望，符合客观历史规律。真能做到这一点，上述 3 个久解不了的问题就能基本解决，前述城乡结构滞后于经济结构 16 年的问题，也可能 5～8 年就解决了。

总结新中国成立 60 年的历史，有一条基本经验：凡是党的政策，符合广大农民的切身利益，符合广大农民的愿望，一经实现，就威力无穷。远的土地改革是这样，近的包产到户也是这样。改革开放发轫时，党中央支持农民要求，实行家庭联产承包责任制，3 年工夫就在全国实现了。农业生产、农民生活、农村社会的面貌，就从根本上改变了。改革户籍制度，打开城门，推进城市化，这个大政策真的实行了，那是中国农民的第三次解放，会调动亿万农民的积极性，推动生产力发展，经济再上一个新的台阶，从而使城乡结构、区域结构、就业结构等社会结构产生大的调整，这是可以预期的。

上面讲到的六个方面，是我们在探讨当代中国社会结构发展变化过程中的体会，也是本书阐述的主要内容。当代中国正在发生着由传统的农业、农村社会向工业化、城市化的现代社会转变，正在发生着由高度集中的计划经济体制向充满活力的社会主义市场经济体制的转变，整个社会正在发生着中国历史上从未有过的广泛而深刻的大变革。前人预见的"几千年未有之大变局"行将实现。改革开放 30 年来，我们取得的成就辉煌灿烂，历史上从未有过。但我们也要清醒地认识到，我们现在正处于改革发展的关键时期，我们现在遇到的社会矛盾和社会问题，错综复杂，涉及面广，关联性强，破解的难度很大，往往是屡解不决，层出不穷。其中有些问题是历史上从未有过的。

我们课题组对其中几个社会矛盾和问题做了研究。我们认为这些屡解不决的难题，都属于体制性、结构性的问题，所以用行政的、经济的方法和手段是破解不了的。"不同质的矛盾，只有用不同质的方法才能解决。"[①]解决这些社会矛盾和问题，必须创新社会政策，进行社会体制改革，调整

---

① 毛泽东：《矛盾论》，载《毛泽东选集》第 1 卷，北京：人民出版社，1991 年 6 月第 2 版，第 311 页。

社会结构，如此才能根治这些社会矛盾和问题。所以，我们课题组提出，社会结构分析是新阶段、新形势下观察分析问题的新视角，也是解决社会矛盾和问题的新方法。本书的核心内容就是向社会和广大读者推荐"关于社会结构的理论和方法"。

中国社会阶级阶层结构变迁 60 年[*]

  中国现在正处在一个社会大变动时期。这个变动始自 1840 年鸦片战争，历经辛亥革命、北伐战争、抗日战争、解放战争、新中国成立、一化三改、人民公社化、"文化大革命"、改革开放等阶段。就其社会性质来说，1949 年新中国成立以前，属新民主主义革命阶段，革命的主要任务是反帝反封建，改变殖民地、半殖民地、半封建的社会形态，为建立社会主义社会做准备。新中国成立，标志着新民主主义社会的建立，接着社会主义革命和社会主义建设随之开始。

  新中国成立 60 年来，中国社会一直处于大变动中，变动的目标主要是使贫穷落后的传统农业、农村社会转变为繁荣富强的工业化、城市化、现代化的社会主义社会。在中国共产党的领导下，全国各族人民经过艰苦奋斗，经过一化三改、人民公社化、"文化大革命"、改革开放，第 1 个到第 11 个五年计划等多个社会大变动的阶段，正在逐步实现中华民族伟大复兴的目标。

  不同的社会发展阶段有不同的社会阶级阶层结构，本文专就新中国成立 60 年来社会阶级阶层结构的变动情况做一个分析。

  周秦以来，中国是一个由皇权和封建官僚集团控制的农业社会，以地主和农民两大社会阶级为主体的社会阶级阶层结构，两千多年没有什么变化。1840 年鸦片战争以后，中国被迫开放口岸与外国通商，开始了洋务运动，有了近代的工业和商业，有了中国工商业资产阶级和工人阶级，走上了由农业社会向工业社会转变的道路。由于外国帝国主义的侵略和国内地主、官僚阶级的封建统治，近代的工业和商业发展非常缓慢，社会阶级阶

---

  * 本文原载《北京工业大学学报》（社会科学版）2010 年第 3 期，收稿日期：2010 年 5 月 7 日，发表时间：2010 年 6 月 30 日，原稿写于 2009 年 10 月 9 日。中国人民大学复印报刊资料《社会学》2010 年第 10 期全文转载。该文还收录于文集《社会建设论》（陆学艺著，北京：社会科学文献出版社，2012 年 3 月）、《中国社会结构与社会建设》（陆学艺著，北京：中国社会科学出版社，2013 年 8 月）。——编者注

层结构变化也非常缓慢。直到 1949 年，中国的农业产值占工农业总产值的 70% 以上，农民占总人口的 89.4%①，中国仍是个农业社会的国家。

1949 年，中华人民共和国成立，60 年来，中国各族人民在中国共产党的领导下，努力进行社会主义革命和社会主义建设，取得了辉煌的成就，使社会经济面貌发生了历史性的变化，中国的社会结构也发生了"几千年来未有的大变局"，以下分 5 个历史阶段勾勒中国社会阶级阶层结构演变的轮廓。

一 新中国成立前的社会阶级阶层结构

1926 年，毛泽东同志关于《中国社会各阶级的分析》系统深刻地阐述了关于新中国成立前的社会阶级阶层状况，他从"分清谁是革命的敌人，谁是革命的朋友"这个视角分析了旧中国的社会阶级阶层。当时中国社会各阶级阶层的情况体现在 7 个方面。

第一，地主阶级和买办阶级。这是两个代表中国最落后和最反动的生产关系的阶级，他们是帝国主义统治中国的社会基础，是中国革命的对象。该文指出，特别是大地主和大买办阶级，他们始终站在帝国主义一边，是极端的反革命派。后来，提出了官僚资产阶级。在《目前形势和我们的任务》一文中，毛泽东说："新民主主义的革命任务，除了取消帝国主义在中国的特权以外，在国内，就是要消灭地主阶级和官僚资产阶级（大资产阶级）的剥削和压迫。"② 关于这几个阶级的数量，有关方面没有公布过详细数据。关于地主阶级，在《中国革命和中国共产党》一文中，有过 1 个数据，富农占农村人口 5% 左右（连地主一起占农村人口 10% 左右）。③ 但这个占农村人口 5% 左右的说法，是个估计数。20 世纪 50 年代，全国进行土地改革，浙江省在土改后公布过 1 组数据，全省地主占农户总数的 2.8%，占有土地总量的 20.67%，富农占总户数的 2.01%，占土地总量的 6.7%。河北省定县，地主占总农户的 1.9%，人口占 3.01%，富农占农户总数的 4.43%，人口占 7.07%。④ 定县是老解放区，1947 年土改，划定的地主富农

---

① 国家统计局编《中国统计年鉴·1983》，北京：中国统计出版社，1983 年 10 月，第 20 页，第 104 页。

② 《毛泽东选集》第 4 卷，北京：人民出版社，1991 年 6 月第 2 版，第 1254 页。

③ 《毛泽东选集》第 2 卷，北京：人民出版社，1991 年 6 月第 2 版，第 643 页。

④ 陆学艺主编《当代中国社会阶层研究报告》，北京：社会科学文献出版社，2002 年 1 月，第 162～163 页。

多一些，浙江是 1950～1952 年土改的，划定的地主富农要少一些。全国大多数地区是 20 世纪 50 年代初土改的，所以浙江的数据有代表性。

第二，民族资产阶级。毛泽东同志在其论文中称他们为"中等资产阶级"[①]。19 世纪 60 年代以后，中国开始有了近代工业，产生了第一批资本家。他们办工厂、开矿山、开银行等新式企业，这些人大多是由原来的官僚、地主和富商转化过来的。开始发展相当缓慢，直到 20 世纪初，特别是第一次世界大战期间，英、法、德等列强陷于战争，中国的近代工商业才较快地发展起来，上海、天津、武汉、广州等新兴城市迅速崛起，一批民族资本家涌现出来。

民族资产阶级是中国城市资本主义生产关系的阶级代表。民族资产阶级是一个带有两重性的阶级，他们对于中国革命具有矛盾的态度。一方面，民族资产阶级受帝国主义的压迫，又受封建主义的束缚，他们要自强，要发展，他们同帝国主义封建主义有矛盾，所以他们也是革命的力量。另一方面，民族资产阶级在政治上、经济上软弱，自身力量并不强大，有不少民族资本家原本就是由官僚、地主转化而来或出生在官僚、地主家庭，与这些阶级有千丝万缕的联系。民族资产阶级同工人、农民又有剥削被剥削的关系，这就决定了他们的两重性，在整个新民主主义时期是动摇不定的中间派。

第三，小资产阶级。如自耕农、手工业主、小知识阶层——学生界、中小学教员、小员司、小事务员、小律师、小商人等都属于这一类。这个阶级，一般拥有少量的生产资料或拥有专业技术知识，自己劳动，不剥削人。自耕农和手工业者、小商人都是小生产经济，中小学教员、小律师、医生、事务员属自由职业者，都处于小资产经济地位。这个阶级人数众多，同时受到帝国主义、封建主义和大资产阶级的压迫，一般都能拥护革命和参加革命，是革命很好的同盟军。

第四，半无产阶级。包括半自耕农、贫农、小手工业者、店员、小贩等。这里的半自耕农是指自有的耕田不够种，还要租别人的田种，或者还要出卖劳动力，受人剥削。这就是后来所称的下中农。贫农是农村中的佃农，他们受剥削最重，是农民中的极艰苦者，极易受革命宣传影响。下中农和贫农在农村人口中约占 70%。所谓农民问题，主要就是他们的问题。小手工业者（即农村中的五匠）、店员、小贩的经济地位同贫农不相上下，也是革命的力量。

第五，无产阶级。他们是现代工业的产业工人，当时主要是铁路、矿

[①] 《毛泽东选集》第 2 卷，北京：人民出版社，1991 年 6 月第 2 版，第 640 页。

山、海运、纺织、造船等产业的工人。中国的工人阶级，他们人数不多，毛泽东估算当时约为200万人。但他们是中国新的生产力的代表者，是近代中国最进步的阶级，做了革命运动的领导力量。他们的经济地位最低下，除双手外别无长物，他们受到帝国主义、军阀、资产阶级的极残酷的待遇。所以他们特别能战斗。此外，城市中的苦力、搬运夫、清道夫和农村中的雇农，也属于工人阶级一类，他们的经济地位同产业工人相似，惟不及产业工人集中和生产上的重要。

第六，游民无产者阶层。城市失业的人群中，有很多人被迫沦落到没有任何谋生的正当途径，不得不寻找不正当的职业过活，成为土匪、流氓、乞丐、娼妓，成为游民。他们是人类生活中最不安定者，往往结成各种秘密组织，这是个动摇的阶层，一部分容易被反动势力所收买，也有参加革命的可能性。

第七，农民阶级。毛泽东在这篇纲领性的文件中，精辟地分析了占当时人口绝大多数的农民群体。但他没有把农民阶级单独列出来分析，而是分散在各节中。他把农民阶级分为4个阶层：（1）富农，农村中的资产阶级；（2）自耕农（中农），农村中的小资产阶级；（3）半自耕农、贫农，农村中的半无产阶级；（4）雇农，农村中的无产阶级。据后来毛泽东在《中国革命和中国共产党》一文中的估算，富农和地主各占农村人口的5%，中农约占农村人口的20%，贫农连同雇农约占农村人口的70%。[①]

二　1949～1952年经济恢复时期的社会阶级阶层结构

1949年10月新中国的成立，不仅彻底打碎了旧的国家机器，建立了新的共和国和各级人民政府，而且通过没收官僚资本等措施改变了原来的经济体制和经济结构，同时也改造了旧中国的社会阶级阶层结构，形成了新的社会结构。早在1949年4月，中央通过《中国人民解放军布告》宣布："凡属国民党反动政府和大官僚分子所经营的工厂、商店、银行、仓库、船舶、码头、铁路、邮政、电报、电灯、电话、自来水和农场、牧场等，均由人民政府接管。"[②] 据此，人民解放军所到之处，立即将上述官僚资本收归人民政府所有。到1949年底，人民政府共没收官僚资本的工业企业2858

---

① 《毛泽东选集》第2卷，北京：人民出版社，1991年6月第2版，第643页。
② 《毛泽东选集》第4卷，北京：人民出版社，1991年6月第2版，第1457页。

个，没收了中央银行、中国银行、交通银行、中国农民银行和地方银行2400 多家，没收了国民党政府交通部系统的运输企业和铁路车辆及船舶修造厂 30 多家，没收了中国石油、中国盐业、中国茶叶、中美实业等数十家垄断性贸易公司。没收这些官僚资本，归全民所有，经过改造、调整，成为后来国有企业、国有经济的主体。在没收的工业企业中，仅职工就达 129万余人，其中生产工人 75 万人。到 1949 年底，在全部 91 亿元工业资金中，国营工业有 70.9 亿元，占 78.3%，已处于占主体的地位。[①]

1950 年 6 月，新成立不久的中央人民政府颁布了《中华人民共和国土地改革法》，明确指出，"废除地主阶级封建剥削的土地所有制，实行农民的土地所有制，借以解放农村生产力，发展农业生产，为新中国的工业化开辟道路"。[②] 自此，土地改革运动在全国新解放区全面展开，到 1952 年底胜利结束，土改使全国 3 亿多无地少地的农民分得了 7 亿多亩土地和一部分生产资料，实现了耕者有其田的理想。

土地改革运动彻底摧毁了中国的封建剥削制度，消灭了地主阶级。土地改革运动的总路线、总政策是"依靠贫、雇农，团结中农，中立富农，有步骤地有分别地消灭封建剥削制度"，所以土改之后使农村中的贫农、下中农、雇农的政治地位、经济地位大大提高。贫、雇农和一部分中农成为农村基层政权、基层组织的领导骨干，成为中国共产党的社会基础。

1949~1952 年，历史称作国民经济恢复时期，在此期间还进行了抗美援朝、三反五反、镇压反革命等运动。通过这些运动和斗争，打击严惩了国内外的敌对势力，人民政权在各地普遍建立，并且得到了巩固，国民经济恢复发展，社会生活秩序正常。新中国的社会阶级阶层得到了重构。官僚买办阶级、地主阶级被消灭，工人阶级、农民阶级的经济社会地位有了极大的提高，成了国家的领导力量和社会基础，形成了工人阶级、农民阶级、小资产阶级、资产阶级四个基本阶级的格局。

三　1953~1956 年社会主义改造时期中国 社会阶级阶层结构

学术界一般把 1949 年 10 月至 1956 年 12 月称为"过渡时期"，又把过

---

① 谢春涛等：《中国政治通史》（第 12 卷），济南：泰山出版社，2003 年 8 月，第 12 页。
② 《中华人民共和国土地改革法》（1950 年 6 月），载中共中央文献研究室编《建国以来重要文献选编》（第一册），北京：中央文献出版社，1992 年 5 月，第 336 页。

渡期的前期 1949~1952 年称为国民经济恢复时期，把 1953~1956 年称为社会主义改造时期。本节讨论的是社会主义改造时期阶级阶层变动的状况。

毛泽东说，"党在过渡时期的总路线和总任务，是要在十年到十五年或者更多一些时间内，基本上完成国家工业化和对农业、手工业、资本主义工商业的社会主义改造"①。这是我们后来常说的"一化三改"。

国家工业化。经过 3 年的整顿治理，到 1952 年底，国民经济恢复了，工农业生产都达到了历史最高水平（1936 年）。1952 年的工农业生产总值 827.2 亿元，比 1949 年增长 77.5%，约比最高水平增长 20%，财政收入 183.7 亿元，钢产量 134.9 万吨，粮食 3278 亿斤②，职工工资和农民收入都有较大增长，人民生活普遍得到初步改善。这就为进行经济建设准备了条件。早在 1951 年中央政府就酝酿制订经济建设的计划，1952 年初成立了以周恩来、陈云为首的领导小组，经过长期的研究讨论，并且听取了苏联领导和专家的意见，数易其稿，编制成了第一个五年经济发展计划。并且决定从 1953 年 1 月 1 日起开始实施，进行大规模以工业为主的国民经济建设。第一个五年经济发展计划进行得很顺当，首先是党和政府倾注了最大的力量，且中央和各级领导认真执行，动员了全国的人力、财力和物力投入经济建设，广大群众非常拥护，建设热情极高，并且得到了苏联党政的大力支持和援助，先后援建了 156 项重点工程，加上各地自建的 694 项限额以上的重点工程，"一五"期间共投入建设资金 766 亿元，约合 7 亿两黄金，其中在工业制造、交通、运输、邮电等基本建设上的投资占大多数，而在工业建设上又以重工业为主。"一五"建设奠定了中国工业化的基础，为后来的工业化发展开了个好头。

三大改造。就在国家工业化的同时，政府对农业、手工业和资本主义工商业实行社会主义改造。三大改造原来准备用 10~15 年时间完成，但在实践过程中，都大大超前实现了。首先是农业，这是具有决定意义的，通常称作农业合作化运动。早在 1951 年 12 月，中共中央就作出决定，准备通过互助组（生产资料私人所有、家庭经营、集体劳动）、初级农业合作社（生产资料私人所有、集体劳动、集体经营）、高级农业合作社（生产资料集体所有、集体劳动、集体经营）的形式，逐步把农户组织起来。但到 1955 年夏天以后，大大加快了农业合作化的步伐。到 1956 年底，全国就实

---

① 中共中央文献研究室编《毛泽东著作专题摘编》（上），北京：中央文献出版社，2003 年 11 月，第 820 页。

② 国家统计局编《中国统计年鉴·1981》，北京：中国统计出版社，1982 年 8 月，第 17、395、223、143 页。

现了合作化。有 96.3% 的农户入了社，其中 87.8% 的农户入了以土地和主要生产资料集体所有的高级农业合作社。[①] 有很多农户并没有经过互助组、初级社就直接成了高级社的社员。

全国众多的手工业者，有的是在农村的木匠、瓦匠、石匠、裁缝、铁匠等。有的在城镇，如铁匠铺、木工铺、理发店、农具修理店等。由于在农村的手工业者大都还种着田，所以在农村合作化运动中都入社成了农业合作社的社员。在城镇中的绝大部分手工业者也都参加了各地城镇的各种手工业合作社或是手工业联社，这些合作社都实行生产资料集体所有制，城镇手工业者成了大集体经济的合作社成员。到 1956 年底，全国 90% 的手工业者，都加入了城镇的合作社，实现了手工业的社会主义改造。

在三大改造中，对资本主义工商业者采取了和平改造的"赎买"政策，先是通过国家资本主义的初级形式，由国营经济部门对私营企业实行加工、订货、统购、包销、经销、代销等，再逐步过渡到国家资本主义的高级形式，实行公私合营。到 1956 年底全国普遍实行了全行业的公私合营。在公私合营的企业里，由国家投资或者国家派遣干部进入企业代表公股负责企业的领导和管理，原来资本主义工商业者的资产作价入股。此时的企业生产关系发生了根本变化。生产资料由资本家私有改变为公私共有，企业的领导权基本上属于国家，生产经营纳入国家计划。资本家本人按照"量材使用，适当照顾"的原则，在企业里变成一般管理人员或技术人员。企业每年经营的盈余，按国家的所得税、企业公积金、职工福利奖金和企业股东股息分配。资本家得到的股息规定为上述作价资产的 5%。"公私合营"的时间原定为 7 年，而后又延长 3 年。7~10 年后，所有公私合营的企业都完全转变为国有经营经济。资本家本人也转变为国营经济中的一般管理人员或技术人员。中国的民族资产阶级作为一个阶级消失了。

到 1956 年底，中国的"一化三改"取得了超过原定设想的进展。第一个五年经济发展计划提前实现，国家工业化发展很好。1956 年工业总产值达到 703.6 亿元，比 1952 年的 343.3 亿元增长 105%，翻了一番还多。全国职工队伍由 1952 年的 1603 万人发展到 1956 年的 2977 万人。[②]

三大改造基本完成。通过农业合作化运动把 11171 万个农户、5 亿多农

---

① 贾平安、郝树亮主编《统战学辞典》，北京：社会科学文献出版社，1993 年 4 月，第 366 页。

② 国家统计局编《中国统计年鉴·1983》，北京：中国统计出版社，1983 年 10 月，第 214、123 页。

民，组织到 500 多万个农业合作社里，把 2000 多万手工业者，其中约有 1200 多万城镇手工业者组成了 104430 个手工业联社等合作组织，农村的手工业者参加农业合作社。约 71 万民族资本主义工商业者和 10 万资方代理人转变为公私合营企业的职工。到 1956 年底，全国的生产资料私有制基本被消灭，在城镇实行全民所有制和集体所有制，在农村实行集体所有制，国家和集体掌控了各种资源的配置权，这就是说，到 1956 年，以生产资料公有制为基础的社会主义制度已经建立起来。中国实现了从新民主主义向社会主义的转变。也就是在这个"一化三改"的过程中，向苏联学来的计划经济体制逐步在全国各地各行各业建立起来，成为社会主义制度一个基本特征。与此同时，随着所有制的变革，中国社会的阶级阶层结构也发生了深刻的变化，由原来的工人阶级、农民阶级、小资产阶级、资产阶级组成的阶级阶层结构演化为工人阶级、农民阶级和知识分子阶层组成的所谓"两个阶级，一个阶层"的阶级阶层结构。对此，在 1956 年 9 月召开的中共八大的政治报告中作了阐述："官僚买办资产阶级已经在中国大陆上消灭了。封建地主阶级，除个别地区以外，也已经消灭了。富农阶级也正在消灭中。原来剥削农民的地主和富农，正在被改造成为自食其力的新人。民族资产阶级分子正处在由剥削者变为劳动者的转变过程中。广大的农民和其他个体劳动者，已经变为社会主义的集体劳动者。工人阶级已经成为国家的领导阶级。……知识届已经改变了原来的面貌，组成了一支为社会主义服务的队伍。"[1]

从 1949～1956 年的 7 年多时间里，中国的社会结构发生了两次巨大的变动，而且是在这样一个拥有 6 亿人口的大国中实现了，这在人类历史上是非常罕见的，这也为后来数十年间中国发生了长期尖锐的、错综复杂和激烈的政治、经济、社会斗争，埋下了伏笔。

四 1957～1977 年中国社会阶级阶层结构

1957～1977 年的中国在毛泽东领导下，经历了正确处理人民内部矛盾、反右派运动、大跃进、人民公社、中苏论战、三年灾难、四清运动、"文化大革命"、中苏开战、尼克松访华、林彪事件、批邓反右、打倒四人帮等。中国这 20 年，经历的这些都是全国性的，把每个人、每个家庭都卷入其中，

---

① 刘少奇：《在中国共产党第八次全国代表大会上的政治报告》（1956 年 9 月 15 日），载《刘少奇选集》（下册），北京：人民出版社，1985 年 12 月，第 202～203 页。

起伏沉浮，震动朝野，震惊世界。但是，对于这段历史，有人说是不堪回首，认为是大折腾，黑得不能再黑；有人说是历史必然，在所难免，认为这是试验和探索，孕育了"改革开放"的好结果。政界、学界至今没有一个公允的说法。2008 年，对改革开放 30 年做了许许多多的总结，到 2009 年新中国成立 60 年，至今却没有一个像样的总结。最大的问题是对前 30 年和后 30 年如何界定、如何衔接，还没有正确公允的评说。

以阶级阶层理论的视角来观察，这 20 年，是中国阶级斗争进行得异常剧烈、异常频繁的 20 年，但都是哪个阶级同哪个阶级斗争呢？为什么利益而斗争呢？至今还没有说清楚。一个很特殊的现象是，自从 20 世纪 50 年代中期以后，用了苏联关于社会主义社会的阶级阶层结构是"工人阶级、农民阶级和知识分子"的说法以后，20 年间，基本上没有讨论过，上下默认，也没有为此专门进行过系统的调研。

关于这一阶段的社会阶级阶层的变动情况，只能从统计数据和资料中作出一些判断。

在经济上，随着第一个五年经济发展计划超额完成，156 项重点工程陆续建成投产，公私合营企业逐步转变为国营经济，全民所有制的工业商业空前发展。在农村实现了人民公社化，政社合一，集体所有制又进一步发展。有一个时期，农民的自留地被没收，家庭副业受到限制，农村农贸市场被关闭，一度想建立一个纯而又纯的公有制社会，彻底消灭私有经济。在这个过程中，高度集中的计划经济体制在全国建立起来。至此，国家完全控制了城乡社会全部经济资源配置的权力。当然，这种违背了经济规律的举措，必然遭到抵制。在大跃进失败之后，出现了三年经济困难，不得不进行大调整，发还了农民的自留地，开放家庭副业经营和农贸市场，缩小基本核算单位等。到 1965 年，经济稍有好转。1966 年十年动乱开始，引发"全国内战"，这实质又是一场严重的阶级斗争，最后把经济拖到了崩溃的边缘。但是生产资料、社会的经济资源全部实行公有制（全民所有制、集体所有制）的格局没有变化，国家通过计划经济体制配置人、财、物等多种资源的体制没有变，社会全体成员都不再拥有生产资料所有权，绝大多数人都是依靠"按劳分配"的收入过生活。二、三产业的职工靠单位的工资，农民靠生产队的工分。社会成员之间的差异主要是社会分工的不同、职业的不同。从这个意义上论，社会成员的阶级阶层差别确实是大大地简化了。表面上看，工人阶级、农民阶级和知识分子阶层的概括有一定的道理，但两个阶级和一个阶层都有太多的内涵，否则怎么能有这么复杂、尖锐、连绵不断的阶级斗争？

表1 1957～1977年中国经济社会发展的状况

年份	总人口（万人）	城市化率（%）	GDP产业构成与人均GDP					就业的产业构成与城市就业人口					
			GDP总量（亿元）	一产（%）	二产（%）	三产（%）	人均GDP（元）	总就业人数（万人）	一产（%）	二产（%）	三产（%）	城镇（万人）	农村（万人）
1957	64653	15.4	1068	40.3	29.6	30.1	168	23771	81.2	9	9.8	3205	20566
1965	72538	18	1716.1	38	35.1	26.9	240	28670	81.6	8.4	10.0	5136	23534
1977	94974	17.6	3201.9	29.4	47.1	23.5	339	39377	74.5	14.8	10.7	9127	30250

资料来源：国家统计局国民经济综合统计司编《新中国55年统计资料汇编》，北京：中国统计出版社，2005年12月，第6、9～10、7页。

从表 1 中，我们看到，这 20 年，国内生产总值增长近 2 倍，人均 GDP 增长 1 倍，经济结构已从一、三、二的格局转变为二、一、三的格局，而且工业增加值已占 47.1%，农业增加值降到 30% 以下。但是在就业结构中，农业劳动力仍占 74.5%，20 年只下降 6.7 个百分点，特别是因为 1959～1961 年的三年自然灾害后，为了应对困难，实行城乡分治的户籍制度，严格限制农民进入城镇，城市化率倒退到 17.6%，形成了中国特有的城乡二元经济社会结构，城市化严重滞后于工业化。在 1977 年的总人口中农业户口的人占 82.4%，农业劳动力占就业人数的 74.5%，中国还是农业国家的社会结构。

按照"两个阶级、一个阶层"的框架分析，1977 年的社会阶级阶层的状况如下。

（一）工人阶级

1977 年底，在工业交通基建部门工作的职工共计 4079.3 万人，比 1957 年的 1185.9 万人增长 2.4 倍，比 1965 年的 1866 万人增长 1.2 倍。在商业饮食服务业、城市公用事业和金融部门的职工，1977 年共有 1058 万人，比 1957 年的 546.7 万人增长 93%，比 1965 年的 630 万人增加 68%。中国的二、三产业职工从 1957 年的 1732.6 万人发展到 1977 年的 5137.3 万人，20 年间共增加 3404.7 万人，平均每年增加 170 万人[①]，其中约 60% 是从农村转移出来的。

1957～1977 年，正是中国国家工业化大发展时期，虽然遇到"三年经济困难""文化大革命"等的困难和冲击，但工业化一直在推进着，所以还是发展很快，职工人数逐年增加。在这一阶段，工人阶级的政治、社会地位很高。宪法明确规定，工人阶级是共和国的领导阶级。在实际工作中，在舆论宣传等方面，报纸杂志各类媒体、大小会议，大量宣传工人阶级的先进性、优越性。在社会上，工人职业很有社会地位，被尊称为师傅、工人老大哥。能在国有大厂、大矿上当个工人，在当时是许多青年人的理想。在有的大工矿企业里，有一家三代都在一个厂里上班的。在企业里，有职工代表大会等各种组织。工人参加管理，收入稳定，号称是捧铁饭碗的。在 20 世纪 50 年代以后，工业战线上还涌现了诸如孟泰、郝建秀、赵梦桃、王进喜等一大批全国闻名的劳动模范，并且还从工人阶级队伍中选拔和任

---

① 国家统计局编《中国统计年鉴·1983》，北京：中国统计出版社，1983 年 10 月，第 126 页。

用了一批党政干部，有的还担任了党和政府的领导人。

（二）农民阶级

1977 年底，中国农村人口 78305 万人，占全国总人口的 82.45%，比 1957 年的 54704 万人，增加 23601 万人，平均每年增加 1180 万人。① 中国 自 1952 年以后，一面大搞工业化，一面农民数量在逐年增加，一直持续到 1995 年，这个现象是中国特有的。

1957～1977 年，中国农民在计划经济体制逐渐在农村建立的过程中，进一步被组织起来，进一步失去生产经营的自主权，逐渐形成中国特有的城乡经济社会二元结构，农民沦为"城乡分治、一国两策"条件下的二等公民。

1958 年 1 月，全国人大通过了城乡分治的户口登记办法，限制农民由农业人口转化为非农业人口，限制农民进入城镇。1958 年秋季以后，全国实行人民公社化，农民被组织到 23630 个人民公社里。1962 年以后，农村实行"人民公社六十条"，实行"三级所有，队为基础"的体制，到 1977 年，全国有 52923 个人民公社、68.3 万个生产大队、480.5 万个生产队。② 也就是说全国 7.8 亿农民被组织固定在 480.5 万个生产队中，平均每个生产队 166 人。

实行土地和生产资料集体所有制，集体统一经营，统一劳动，统一分配。农民在生产队参加劳动，每天赚取工分，秋后算账，分得粮食和现金收入。在这种生产关系条件下，农民生产积极性不高。在全国，国家虽然进行大规模的水利建设，平整土地，投入了化肥、农药等生产资料，普及农业科技，但农业生产增长缓慢。1977 年粮食产量 28273 万吨，比 1957 年农业总产量 19505 万吨增长 45%，1977 年农业总产值 1339 亿元，比 1957 年的 537 亿元增长 149.3%③；但 20 年间，农业总人口增加 2 亿多，所以农民收入增长缓慢，1977 年农民人均纯收入为 117.1 元，比 1957 年仅增加了 44.2 元④，平均每年只增加 2.2 元，其中约有 1/3 的农民劳动 1 年后还欠集体的钱。

① 国家统计局国民经济综合统计司编《新中国 55 年统计资料汇编》，北京：中国统计出版社，2005 年 12 月，第 6 页。
② 国家统计局编《中国统计年鉴·1983》，北京：中国统计出版社，1983 年 10 月，第 147 页。
③ 国家统计局编《中国统计年鉴·1983》，北京：中国统计出版社，1983 年 10 月，第 158、149 页。
④ 国家统计局国民经济综合统计司编《新中国 55 年统计资料汇编》，北京：中国统计出版社，2005 年 12 月，第 34 页。

在政治上，国家实行工人阶级领导的、以工农联盟为基础的人民民主专政，农民阶级也是领导力量，但是这个在新民主主义革命中出了大力的、起了主力军作用的阶级却被组织在人民公社的体系里，失去了对土地等生产资料和生产经营的自主权，失去了与城镇居民享受公共服务的同等权利，失去了进入城镇选择非农业产业劳动的权利，在选举市以上人民代表大会代表的选择权也受到限制。那个时期，农村青年如想脱离农村，改变农业户口，只有三条路：一是考上中专以上的学校，二是参军，三是争取到工矿招工的名额。

（三）知识分子阶层

关于知识分子的数量，由于定义笼统，没有专门的统计。20 世纪 50 年代，毛泽东有个说法，是 500 万知识分子。他在中共八大预备会上曾说："我们党也吸收了一部分知识分子，在一千多万党员里头，大中小知识分子大概占一百万。"[①] 直到 1964 年第二次全国人口普查，在 69458 万的总人口中，大学文化程度的有 288 万人，只占 0.4%，高中程度的有 912 万人。[②] 其实，因为当时文化程度普遍低，所以把一部分中专和高中程度的人也称为知识分子，关于知识分子有 500 万的说法是个约数。

到了 1978 年，知识分子队伍就有了很大的增加。据 1978 年统计，仅全民所有制自然科学技术人员就有 434.5 万人（其中工程技术人员 157.1 万人，农业技术人员 29.4 万人）[③]；1978 年，有大学专业教师 20.6 万人，中等学校教师 328.1 万人，小学教师 522.6 万人，医生 310.6 万人。仅科教卫系统就有 1616 万人[④]，另外还有文艺、文化、体育、新闻等领域，总数约有 2500 万人。据 1982 年 7 月全国人口普查，在全国总人口 100391 万人中，大学文化程度的只有 604 万人，占总人口的 0.6%[⑤]，所以上述知识分子总

---

① 毛泽东：《增强党的团结，继承党的传统》（1956 年 8 月 30 日在中国共产党第八次全国代表大会预备会议第一次会议上的讲话），载《毛泽东选集》第 5 卷，北京：人民出版社，1977 年 4 月，第 302 页。

② 路遇、翟振武主编《新中国人口六十年》，北京：中国人口出版社，2009 年 12 月，第 860 ~ 861 页。

③ 国家统计局编《中国统计年鉴·1983》，北京：中国统计出版社，1983 年 10 月，第 525 页。

④ 国家统计局编《中国统计年鉴·2008》，北京：中国统计出版社，2008 年 9 月，第 778 页、第 858 页。

⑤ 国家统计局编《中国统计年鉴·1983》，北京：中国统计出版社，1983 年 10 月，第 115 ~ 116 页。

数中，既包括大学文化程度的人，也包括相当一部分中专和高中文化程度的人。

1957～1977年，正是中国大规模进行工业化、现代化建设的新时期，随着经济的发展，需要科学技术，需要教育、卫生、文化等各项事业的发展，需要知识的支撑，需要大量的知识分子为国家的经济社会发展服务。早在1956年，国家就制定了《1956～1967年科学技术发展远景规划纲要》。1956年，国家还提出了"百家争鸣，百花齐放"的方针。国家投入了大量的人力、物力和财力，创建了中国科学院，在全国各地创建了自然科学和社会科学的研究机构，新建、扩建了许多高等院校，在各地建立了医院和医疗卫生机构……使知识分子队伍迅速扩大。

在国家经济社会建设大发展、知识分子队伍迅速扩大的过程中，有一个凸现的问题，就是党和政府如何正确使用和对待知识分子，知识分子如何正确对待自己，更好地为社会服务，也就是双方如何正确处理好政府和知识分子的关系问题。毛泽东在《关于正确处理人民内部矛盾的问题》一文中，专门有一节讲知识分子问题，他说："我国人民内部的矛盾，在知识分子中间也表现出来了。过去为旧社会服务的几百万知识分子，现在转到为新社会服务，这里就存在着他们如何适应新社会需要和我们如何帮助他们适应新社会需要的问题。这也是人民内部的一个矛盾。"① 这篇著名的具有创新意义的论文是1957年讲的。随后就展开了全国的共产党整风运动，但不久就转为全国的反右派运动，前后划了55万名右派分子，定性为反党反社会主义的敌我矛盾。55万人在全国总人口中不到1%，但这55万人中，大多数是大中小知识分子。由此产生的消极影响是很大的。

从1966年开始的十年动乱，对知识分子的冲击就更为严重。"城门失火，殃及池鱼"，"文化大革命"本来是一场严重的政治斗争，但是运动一开始就是以批判《海瑞罢官》、揪出吴晗等学者开场的。打倒走资本主义道路的当权派，同时也打倒反动学术权威，直到把知识分子打成"臭老九"（指地主、富农、反革命、坏分子、右派分子、叛徒、特务、走资派、知识分子）。在这期间，各级各类大中小知识分子中的大多数受到打击，大学一度停办，许多科研院所被解散，社会流行"知识越多越反动""读书无用论"，造成了极其恶劣的影响。所幸，在多数大学和科研院所、文教事业单位里，职工的铁饭碗没有砸，工资还继续发放，有不少教师、专业技术人

---

① 《毛泽东选集》第5卷，北京：人民出版社，1977年4月，第384页。

员和研究人员，在那样困难的条件下，仍坚持本行业的业务和专业研究，他们为改革开放后各项业务恢复重建和复兴作了准备。

五　改革开放以来中国社会阶级阶层结构

1978 年，中国实行改革开放，开始由计划经济体制向社会主义市场经济体制转变，经济体制改革不断深化，所有制结构已经由单一的公有制转变为公有制为主体、多种经济成分共同发展的混合所有制，产业结构也发生了深刻的变化，国民经济持续稳定快速发展。随着经济发展和经济结构的变动，中国的社会结构也发生了深刻的变化，城乡结构、职业结构改变了，原来由工人阶级、农民阶级、知识分子阶层组成的社会阶层结构也发生了深刻的变动。农民阶级分化，规模缩小；原来的工人阶级分化了，但规模有了很大的扩展，知识分子阶层的变化最大，社会地位普遍提高，队伍也越来越大，还产生了一些新的社会阶层，整个社会阶层结构呈现向多元化方向发展，社会分化和社会流动的机制变化了，社会流动渠道增加，流动速度加快，整个社会充满活力，正在向与社会主义市场经济体制相适应的现代社会阶层结构的方向演变。

1999 年，中国社会科学院社会学研究所组建"当代中国社会结构变迁研究"课题组。课题组于 2002 年初出版了《当代中国社会阶层研究报告》一书，该书以职业分类为基础，以组织资源、经济资源、文化资源的占有状况为标准，把全国社会成员划分成十个阶层：国家与社会管理者阶层、经理人员阶层、私营企业主阶层、专业技术人员阶层、办事人员阶层、个体工商户阶层、商业服务业员工阶层、产业工人阶层、农业劳动者阶层和城乡无业、失业、半失业者阶层。课题组 1999 年做的抽样调查数据分析的结果显示，每个阶层成员规模（在全部就业人员中的比例）依次的状况是：2.1%、1.5%、0.6%、5.1%、4.8%、4.2%、12%、22.6%、44%、3.1%。[①] 10 年过去了，研究报告公开发表也近 8 年。近期，我们又对 10 年来中国社会阶层结构变化做了研究，也对发表的研究成果做了回顾与反思。

首先，我们以职业分类为基础，以对组织资源、经济资源、文化资源占有状况为划分原则，总体上是符合现实的。由此划分出了当代中国社会

---

① 陆学艺主编《当代中国社会阶层研究报告》，北京：社会科学文献出版社，2002 年 1 月，第 44 页。

的十大阶层，基本可以涵盖全体社会人员。有些读者建议增加宗教人员阶层、离退休人员阶层等，笔者认为，对划分标准作具体解释就可以。如宗教寺院实际也是个大单位，其成员也是可以分层的。

其次，十年来的实践表明，研究报告中关于十个社会阶层排列的位序现在还是成立的，只是各个阶层的规模人数发生了变化。

当然，自1999年以来，中国在工业化、城市化、市场化、国际化和现代化的推动下，特别是加入WTO以后，经济发展走上了快车道，在基数已经比较大的背景下，GDP平均以10%以上的速度递增。即便在2008年遭遇国际金融危机的情况下仍达到9%，2009年超过8%。这10年，中国的综合国力有了很大提高，人民生活普遍改善，国际影响越来越大，已经成为世界第三大经济体，成为最大的外汇储备国。正是在经济发展的强力推动下，中国的社会结构、社会阶层结构发生了更加深刻的变化。以下是社会各阶层变动的情况。

（一）农业劳动者阶层

2000年，国家提出了促进城镇化健康发展的方针，各地的城镇化建设发展很快，扩建新建了一批大中城市，长期僵化的户籍制度有所松动和调整，特别是党的十六大以后，国家取消了城市对外来农民工、农业人口设限的多种票证制度和收费制度，使农村剩余劳动力进城务工渠道更加宽松，城乡结构有了较大的调整，城镇化的步伐加快了。1999年全国的城镇化率为30.89%。[1] 2000年第五次全国人口普查改变了统计指标，把在城镇居住半年以上的外来人口统计为城镇常住人口，加上原来有城镇户籍的人口，两者合并的人口，成为新的城市化率。由此，2000年的城镇化率上升为36.22%（一年就增5.33个百分点）。自此，中国的城镇化发展很快，到2007年已达44.9%，城镇人口为59379万人。与1978年城镇人口17245万人相比，纯增42134万人，平均每年增加1453万人。[2] 这样一次巨大的社会流动和社会变迁，使中国现有的许多积极的、消极的问题都可以由此得到解释。在这部分城镇人口中，有60%~70%是从农村人口中转移出来的，其中尤以18~45岁的青壮年为主，他们到城市就成了农民工。

城镇常住人口的增加，就是农村常住人口的减少。前面说过，中国的

---

① 国家统计局编《中国统计年鉴·2000》，北京：中国统计出版社，2000年9月，第95页。
② 国家统计局编《中国统计年鉴·2008》，北京：中国统计出版社，2008年9月，第87页。

一个特有现象是：一面在进行大规模工业化建设，一面是中国农民在逐年增加。1952 年中国有农民 50319 万人[①]，到 1978 年增加到 79014 万人，增加 28695 万人，平均每年增加 1104 万人。1978 年改革开放以后，一直到 1995 年还是年年增加，达到 85947 万人，只是增量减少了，平均每年增加 408 万人。1996 年以后，农村常住人口开始逐年减少，到 2007 年，农村常住人口为 72750 万人，平均每年减少 1200 万人。[②]

农村常住人口的减少，也就是从事农业为主的农业劳动力的减少。据统计，2007 年在全部 76990 万就业人员中，从事农业的劳动者为 31444 万人，占 40.8%。[③] 这比 1999 年我们抽样调查的 44% 减少 3.2 个百分点。当然，这两者不是一个统计口径。据我们对一些地区的个案调查，农村里专门从事农业的劳动者已经较少了，多数是兼业农户。所以，农业劳动者阶层实际已经少于 40% 的比重。

世纪之交以来，特别是 2002 年中国共产党十六大以来，国家对农村进行了税费改革。全部免征农业税费，给种粮农民发补贴，进行新农村建设，实行农村九年制义务教育，重新建立农村合作医疗体系，进行农村养老保障体系制度的建设，进行农村电网、公路等基础设施建设。多年来，国家给农业、农村投入了大量的人力、财力和物力，推进农业和农村各项事业的发展，农业连续 6 年获得丰收，农民收入逐年增长，2000 年农民人均纯收入为 2253.4 元，2008 年为 4760.6 元，增长 1.1 倍[④]，是 20 世纪 90 年代以来最好的。但是，因为农村原来的一些体制如户籍、土地、就业、财政等制度还没有改革，城乡二元结构还束缚着农村、农业的发展，"三农"问题还并未解决好，总的情况是农业问题解决的比较好，农村问题、农民问题仍很严重。2008 年中共中央十七届三次会议决定指出："农业基础仍然薄弱，最需要加强；农村发展仍然滞后，最需要扶持；农民增收仍然困难，最需要加快。"[⑤] 农民、农业劳动者阶层还是中国现在最大的弱势群体。

（二）产业工人和商业服务员工阶层

这两个阶层主要是二、三产业中的员工，主要是蓝领雇佣者。随着经

---

① 国家统计局编《中国统计年鉴·1983》，北京：中国统计出版社，1983 年 10 月，第 103 页。
② 国家统计局编《中国统计年鉴·2008》，北京：中国统计出版社，2008 年 9 月，第 87 页。
③ 国家统计局编《中国统计年鉴·2008》，北京：中国统计出版社，2008 年 9 月，第 112 页。
④ 国家统计局编《中国统计年鉴·2009》，北京：中国统计出版社，2009 年 9 月，第 317 页。
⑤ 《中共中央关于推进农村改革发展若干重大问题的决定》，北京：人民出版社，2008 年 10 月，第 6 页。

济的发展，这两个阶层的队伍扩大得很快。1978 年在二产业的职工有 6945 万人，三产业的职工有 4890 万人，合计 11835 万人，占就业人口总数的 29.5%。2007 年二产业职工有 20629 万人，三产业职工有 24917 万人，合计 45546 万人，占就业人口总数的 59.2%，形成了庞大的工业阶层队伍。29 年间增加 33711 万人，平均每年增加 1162.5 万人。①

需要说明的是：第一，因为这是就业结构的统计数据，二、三产业职工中包括二、三产业的管理人员和专业技术人员，所以关于产业工人和产业服务业员工阶层，并没有这么多，比重也就没有这么大，但管理人员和专业技术人员等的数量不会超过 20%。

第二，这个庞大的二、三产业职工队伍中，其组成成员也发生了很大的变化。1978 年时，所有的职工都是城镇公有企业单位的职工，而 2007 年这两个阶层中，既有国有企业单位的成员，也有三资企业雇佣的人员及私营企业和个体工商户雇佣的员工（2005 年有 62% 的产业工人在非公有制单位工作）。还有一个很大的变化是，20 世纪 80 年代以前，二、三产业的职工，绝大多数是非农业户籍的城镇居民。自从有了乡镇企业，就有了离土不离乡的农民工（农民身份的工人）。1992 年后，大量的农民涌进城市，他们是离土又离乡的农民工。据统计，2008 年，全国共有 2.25 亿农民工，其中在本乡镇以内就业，离土不离乡的农民工有 8500 万人，占 37.8%；在本乡镇以外就业，离土又离乡的农民共有 1.4 亿人，占 62.2%。整个 4 亿多从事二、三产业的蓝领员工中，农民工已经占多数，在建筑、矿业、环保、纺织、服装、玩具、餐饮服务等行业中，农民工占大多数或绝大多数。

第三，20 世纪 90 年代中期以后，国家对国有企业进行体制改革，其中一个方面是"减员增效"，使大约 3000 多万名国有企业职工下岗，或转业，或退休；其中有一部分是国家"抓大放小"，即把国有企业中的中小企业转为非公有制（私营、股份制等），员工也相应地转为非公有制员工，继续在原来企业工作的工人，实行劳动合同制，基本改变了原来长期雇用的"铁饭碗"体制。到了后来，有些国有企业还进行"替员增效"，招进大量的农民工（工资待遇比较低），替代原来长期聘用的职工。其中相当一部分有技术的工人流向非公有制企业或流向农村的乡镇企业。

---

① 国家统计局国民经济综合统计司编《新中国 60 年统计资料汇编》，北京：中国统计出版社，2010 年 1 月，第 7 页。

第四，现在大多数国有企事业单位（包括一部分国家机关），实行的是一厂两制、一店两制、一校两制，即对城镇户籍的员工实行一套政策，对农业户口的农民工实行另一套政策，聘用办法、工资待遇、福利等方面都不一样。好处是农民进了城镇，改变了职业，比原来在农村从事农业生产时的环境和收入等都有了改善和提高，农民工的劳动积极性得到很大的发挥。农民工在工作中听话，服从指挥、调遣，经常加班加点。多年来亿万农民工为国家、为社会创造了巨大财富，为中国的社会主义现代化建设做出了巨大的贡献。中国被称为"世界工厂"，世界工厂的工人，主要是农民工，农民工在中国工业化、现代化历史上应该有重要的地位，农民工的功劳应该被载入史册。

农民工体制的另一个表现是，在一个单位里，对农民实行"同工不同酬、同工不同权、同工不同时"的政策（2002 年党的十六大以后有了很大改善），一年、两年，几年不得已而为之尚可以，但长期实行这种不公正、不合理的体制，社会矛盾和问题就会显现、激化。近些年，劳资纠纷、工伤事故、索赔纠纷、社会治安、刑事案件、群体性事件时有发生。有人说，原来城乡二元结构、城乡矛盾在空间上是分开的，主要表现在农村。现在一个单位里实行两种政策，二元结构、城乡矛盾进到城里，进到一个单位里，矛盾和问题怎能不大量增加？特别是农民工已经换代了，农民工的大部分已经变成 80 后、90 后为主体了，他们同第一代农民工不一样，自主性、民主权利意识更强，由此发生的矛盾冲突就更尖锐。国家在 2006 年出台了文件，农民工的生产、生活条件已经大有改善，但并没有从根本上解决问题，需要有进一步改革的方案。

（三）私营企业主阶层

1981 年在广东和安徽各产生了一个私营企业主，以后逐步成长。这个阶层是随着改革开放的大潮，随着计划经济体制向社会主义市场经济体制转变，随着社会主义市场经济体制的建立逐渐成长为一个新的社会阶层的。据国家工商总局统计，2007 年，全国雇工在 8 人以上的私营企业有 551.3 万户，投资人也就是私营企业主有 1396.5 万人，与 1989 年的 20.8 万私营企业主相比增加 1375.7 万人，平均每年增加 76.4 万人，2007 年注册资金 97873 亿元，雇工 5856.6 万人。私营企业主已经是个综合实力很强的社会阶层（1956 年全国实行公私合营时私营工商业者只有 71 万人），占全国就业人口的 1.8%。① 其中大企业主占 0.5%，中等企业主占 22.7%，小企业主占 71.9%。随着经济的持续发展，私营企业主阶层还将继续发展，这是个应运而生的阶层，有以下三个方面的特点。（1）这个私营企业主阶层的成员绝大多数是在改革开放以后新产生的，他们同 1956 年通过公私合营等形式改造的民族资产阶级没有血缘和继承关系，他们是从农民、工人、专业技术人员、公务员、复员军人中，通过自身努力创业、艰苦奋斗涌现出来的。（2）这些私营企业主绝大多数是受过党和政府长期教育的，很多人在工厂、机关、企事业单位里工作过，他们都认为是改革开放造就了自己，是改革开放的既得利益者。（3）私营经济研究会抽样调查显示，在私营企业主中约有 30% 是共产党员②，因为有相当一部分私营企业主原来是集体所有的乡镇企业或国有企业的厂长、经理等，他们原来就是共产党员，也有一部分私营企业主是后来加入中国共产党的。20 世纪 90 年代以来，有近百名私营企业主被选为全国人大代表和全国政协委员，约有 5 万多名私营企业主在县级以上各级人大或政协中担任人大代表和政协委员，有 3 位私营企业主被选为党的十七大代表。党的十六大报告中把私营企业主阶层明确称为随着改革开放的深入和经济文化发展过程出现的一个新的社会阶层，他们是中国特色社会主义事业的建设者。对此，至今还有争议。所以如何正确认识这个新的社会阶层，如何在理论和实践方面确定这个阶层的性质、地位、功能，发挥他们在建设中的作用，是需要研究解决好的一个重要课题。

表 2　中国私营企业发展状况

年份	户数		注册资金		投资者		从业人员		产值	
	万户	增长%	亿元	增长%	万人	增长%	万人	增长%	亿元	增长%
1989	9.06	—	84.47	—	20.80	—	164.00	—	97.00	—
1990	9.81	8.28	95.20	12.70	22.00	5.77	170.00	3.66	122.00	25.77
1991	10.78	9.89	123.20	29.41	24.00	9.10	184.00	8.24	147.00	20.49
1992	13.96	29.50	221.20	75.55	30.31	25.00	231.84	29.09	205.00	39.46
1993	23.79	70.42	680.50	207.64	51.38	71.30	372.62	60.78	422.00	105.85
1994	43.22	81.68	1447.80	112.76	88.93	73.00	648.37	73.73	1140.00	170.14

① 《中国私营经济年鉴（2006.6～2008.6）》，北京：中化工商联合出版社，2009 年 3 月，第 211 页；国家统计局编《中国统计年鉴·2008》，北京：中国统计出版社，2008 年 9 月，第 110 页。
② 《中国私营经济年鉴（2000～2001 年）》，北京：中化工商联合出版社，2003 年 2 月，第 138 页。

续表

年份	户数		注册资金		投资者		从业人员		产值	
	万户	增长%	亿元	增长%	万人	增长%	万人	增长%	亿元	增长%
1995	65.45	51.43	2621.70	81.08	133.96	50.70	955.97	47.57	2295.00	101.32
1996	81.92	25.17	3752.40	43.13	170.45	27.20	1171.13	22.49	3227.00	40.61
1997	96.07	17.27	5140.10	36.98	204.18	19.80	1349.26	15.29	3923.00	21.57
1998	120.10	25.01	7198.00	40.04	236.83	29.20	1709.08	26.67	5853.00	49.20
1999	150.89	25.64	10287.30	42.92	322.38	22.20	2021.55	18.25	7686.00	31.32
2000	176.18	16.76	13307.70	29.36	395.34	22.60	2406.50	18.99	10740.00	39.73
2001	202.85	15.14	18212.20	36.85	460.83	16.60	2714.00	12.80	12317.00	14.68
2002	243.53	20.05	24756.20	35.93	622.80	35.20	3409.00	25.63	15338.00	24.53
2003	300.55	23.40	35304.90	42.61	727.80	16.90	4299.10	26.11	20083.00	30.94
2004	365.07	21.30	47936.00	35.78	948.63	30.30	5017.00	16.70	22950.40	14.28
2005	430.10	17.81	61331.10	27.94	1109.90	17.00	5824.00	16.09	27434.10	19.54
2006	498.07	15.81	76029.00	23.97	1271.70	14.58	6586.30	13.09	31855.10	16.16
2007	551.32	10.68	93873.1	23.47	1396.5	9.81	7253.11	10.12	—	—

数据来源：相关年份的《工商行政管理统计汇编》《中国私营经济年鉴》。

（四） 国家与社会管理者阶层

国家与社会管理者阶层由党政、事业和社会团体机关单位中行使实际管理职权的领导干部组成，包括公务员、国有事业单位和社会团体单位的领导人员。这个社会阶层在社会结构中处于优势地位，他们是体制内核心部门的管理者、领导者，掌握着社会中最主要的组织资源，在社会资源和机会配置中处于优势地位。20 世纪 80 年代以前，很多重要的领导职位是由革命时期的军政干部转过来担任的。20 世纪 90 年代以后，绝大多数已退出了领导岗位，逐渐由 1949 年新中国成立后参加工作、共和国培养出来的干部接替。这个阶层自己并不是生产资料、经济资源的所有者，但他们可以控制、支配一部分生产资料，因而他们的工作条件和经济收入都是较高的，名义工资收入不多，但他们享有各种待遇，收入相对较高。这个阶层在 20 世纪 80 年代中期以前，文化资源占有较少，但自此以后，原有的干部通过进修、培训等形式，提高了文化水平，特别是有大量本科以上学历的青年知识分子进入。现在这个阶层也拥有了较高的文化资源。

国家与社会管理者阶层成员的人数，据 2005 年国家统计局 1% 人口抽样调查资料和 2006 年中国社科院社会学研究所全国综合社会调查资料的推算，这个阶层在全国就业总人数中占 2.3％，比 1999 年增加 0.2 个百分点，近几年又有所增加。从发展趋势上看，这一阶层除拥有的组织资源之外，经济资源、文化资源也在不断提高。多项社会调查资料显示，这个阶层是在改革发展过程中获得成果最多的社会阶层之一，特别是在东部发达地区，这个阶层的成员，工作比较稳定，有升迁机会，名义工资收入并不多，但含金量高，社会福利、社会保障好，所以成为社会上很多人理想的目标。自从 20 世纪 90 年代中后期以后，每年的公务员考试，投考的人数越来越多就可以证明这一点。2009 年国家公务员报名通过审核人数超过 105 万人，各职位平均竞争比例为 78：1。中国历来有学而优则仕的传统，最优秀的人才特别是青年才俊向国家与社会管理者阶层集中，这同一些发达国家的情况是不一样的。

（五）中产阶层正在崛起

同许多现代化国家一样，随着经济高速增长，经济结构由工业化初期阶段进入中期阶段、中后期阶段时，是中产阶层崛起和发展的黄金时期。中国的经济发展目前正处在工业化中期阶段，在东部发达地区和一些大城市、特大城市正在向工业化后期发展。从社会结构分析，中国目前也是中产阶层发展的黄金时期，中国的中产阶层正在崛起。

据笔者研究，在 1978 年改革开放发轫时，中国中产阶层的比重只占全国阶层结构中的 5％，到 1991 年，约为 9.5％，1999 年我们课题组做调查的时候，约为 15％。[1] 调查发现，近 10 年来，中国中产阶层的发展加快了。一是社会主义市场经济的推动，经济持续快速发展；二是国家出台重大政策的调整，1997 年，中共十五大明确宣布："公有制为主体、多种所有制经济共同发展，是我国社会主义初级阶段的一项基本经济制度。""非公有制经济是我国社会主义市场经济的重要组成部分。对个体、私营等非公有制经济要继续鼓励、引导，使之健康发展。"[2] 自此个体工商户、私营企业和股份制企业发展就更快了。1999 年，国家决定当年高校扩大招生名额，在年初扩招 23 万人的基础上，再扩招 33.7 万人，使招生总数达到 153 万人，

① 陆学艺主编《当代中国社会阶层研究报告》，北京：社会科学文献出版社，2002 年 1 月，第 73 页。

② 《中国共产党第十五次全国代表大会文件汇编》，北京：人民出版社，1997 年 9 月，第 21 ~ 23 页。

比 1998 年增加 58%。以后又逐年扩招,2007 年中国各类高校招生人数 611 万人,使在校大学生达到 2700 万人,高校毛入学率达 23%,比 1998 年提高 13.2 个百分点。① 高校是培育中产阶层的摇篮,摇篮多了,中产阶级发展就快了。

世纪之交以来,中国的中产阶层大概以每年增长 1 个百分点的速度发展,2007 年已经占全国就业人口的 22% 左右,主要集中在东部沿海发达地区和大城市,北京、上海的中产阶层已经达到 40% 以上。中国中产阶层的发展还方兴未艾,还在以较快的速度逐年扩大。

前面讲到的几个数据,可以作为例证。

在有产的老中产阶层方面:自 1989 年以来,中国的私营企业主每年增加 75.4 万人;个体工商户 1978 年只有 15 万户,2007 年为 2741.5 万户,平均每年增加 94 万户。② 现有的个体工商户中,因为中国现行的政策,雇工 8 人以上的称为私营企业主,7 人以下称为个体工商户,可以享受减免税的优惠政策,所以有很多业主常常在雇用 7 人时就不增雇了,可以申报个体工商户,叫做"七不上八下"。在上述每年增加的 75.4 万人私营企业主中,大部分或绝大部分是中产阶层,而在新增的 94 万个个体工商户中,约有 20% ~ 30% 也应该是中产阶层。

近 10 年来,农村中的专业户、规模农业经营户、运销经营户等(都是农村中的中产阶层)逐渐多起来。

在新中产阶层方面,随着中国经济持续快速增长,工业化、城市化水平不断提高,整个社会职业结构呈趋高级化动向,初级层次的职业人员逐年减少,中高级职业人员逐渐增多,农业劳动者减少(2007 年农业劳动者比 1978 年减少 29.7 个百分点,比 1999 年减少 9.3 个百分点)。③ 在二、三产业中,蓝领工人减少,白领职业人员增加。例如,1990 年国有企事业单位的专业技术人员为 1648.35 万人,2007 年增加到 2254.51 万人,17 年增加 606.16 万人,平均每年增加 35.66 万人。④ 众所周知,1990 年以后,正是非公有制、民营、私营企业单位大发展时期,有许多国有企事业单位专业技术人员流入了这些单位,加上他们自己培育选拔及新聘用的专业技术

① 国家统计局编《中国统计摘要·2008》,北京:中国统计出版社,2008 年 5 月,第 185 页。
② 《中国私营经济年鉴(2006.6~2008.6)》,北京:中化工商联合出版社,2009 年 3 月,第 213 页。
③ 国家统计局编《中国统计年鉴·2008》,北京:中国统计出版社,2008 年 9 月,第 112 页。
④ 国家统计局编《中国统计摘要·2008》,北京:中国统计出版社,2008 年 5 月,第 821 页。

人员，也是一个很大的数目，可惜有关部门还没有针对这些人员进行专门统计。

据统计，1997年底，我国公务员总数是570.7万人，经过1998年和2007年两次大的机构改革，精简人员，但因为全国各项经济社会事业仍在快速发展，虽然机构减少了，人员还是在增加，2003年国家公务员总数达637万人，平均每年增加11万人。

高等院校自1999年扩招之后，现在每年的本科和专科毕业生在600万人以上，大约70%当年就能找到比较合适的工作，有部分毕业生要过一段时间才能就业。因为过去计划经济体制年代实行统招统分的制度，当年毕业的当年就能就业。现在由于各种原因不能当年就业，为此，社会上议论纷纷。其实这是就业制度还没有接轨产生的社会现象。有人指出，现在是市场经济，一个农村青年，初中毕业到城市打工都能找到工作，为什么大学毕业了反而找不到工作？这还不是问题吗？这个现象过几年将会逐渐消解。每年有几百万个受过高等教育的青年就业，这是中产阶层一个很大的后备军。

据各种调查资料推算，现在我国的中产阶层每年大约增加800万人，在社会阶层结构中的比例是每年增加约1个百分点。预计到2020年将达到35%～40%。我们在《当代中国社会阶层研究报告》中曾经指出，虽然已经形成一个现代化社会阶层结构的雏形，而且正在成长，但当时存在的问题之一是，"该大的阶层（指中产阶层）没有大起来，该小的阶层（指农业劳动者阶层）没有小下去"。近10年过去了，情况有所好转，前述中产阶层在社会阶层结构中的比重由15%上升到22%，增加了7个百分点，但农业劳动者阶层只从44%下降到40%左右，只减少了4个百分点，还不理想。一个主要的原因是当年计划经济体制形成的一些重要的经济社会体制还没有得到应有的改革，如户籍制度、土地制度、就业体制、财政体制、社会保障体制等，这些体制如果不进行根本性的改革，城乡二元经济社会结构就不能破解，农业劳动力就不能顺利转入到二、三产业，农民就不能顺利进入城镇，中国的城市化严重滞后于工业化的局面就不能改变，中国的城市化就不能得到发展，农业劳动者阶层就不能合理、顺畅地减少，中产阶层也就不能合乎规律地成长起来。好在这些问题现已受到决策部门的重视，正在酝酿这些体制的改革。中国发展的前景是乐观的，中国的中产阶层将会有更大规模的发展，将会成为中国未来社会的主体阶层。

当代中国社会结构深刻变动的
经济社会意义[*]

　　社会结构不仅是社会学研究的核心问题之一，同时也是研究社会变迁和社会转型最本质、最重要的工具之一。一方面，对社会结构的分析被认为是理解众多社会现象的出发点。研究社会结构就是要发现社会最基本、最普遍、最稳定的要素，尽可能全面和准确地研究和分析这些要素的相互关系和构成形式，以揭示社会结构的基本方面，从而整体把握社会变迁的基本趋势和一般规律。另一方面，分析和认识社会结构，就是要调整并形成合理的社会结构，形成协调的群体、阶层利益等社会关系，以奠定一个国家或地区政治、经济、社会协调发展、健康运行的结构基础。

　　2005年2月21日，中共中央总书记胡锦涛同志在中共中央政治局第20次集体学习会上指出：构建社会主义和谐社会，"要适应社会主义市场经济发展和社会结构深刻变化的新情况"，"要加强对社会结构发展变化的调查研究，深入认识和分析阶层结构、城乡结构、区域结构、人口结构、就业结构、社会组织结构等方面情况的发展变化和发展趋势，以利于深入认识在发展社会主义市场经济和对外开放的条件下我国社会发展的特点和规律，更好地推进社会建设和管理。"① 可以说，深入认识当代中国社会结构的深刻变动，科学分析社会结构变迁的阶段性特征，及时调整社会结构，促进经济社会协调发展，是现代化进程中的必然要求。

　　自1978年改革开放以来，当代中国社会结构发生了深刻变动，这种变

　*　本文原载《北京工业大学学报》（社会科学版）2009年第5期，第1~5页，作者：陆学艺、宋国恺，发表日期：2009年10月30日。该文为人大复印报刊资料《社会学》2010年第1期所转载。——编者注

　①　《胡锦涛在中共中央政治局进行第二十次集体学习时强调：加强调查和研究着力提高工作本领 把和谐社会建设各项工作落到实处》，《人民日报》2005年2月23日第1版。

动是历史性的，是"数千年来未有之变局"。这不仅影响或改变了数亿中国人的前途和命运，也影响或改变了古老而伟大的中国的未来走向。当代中国社会结构正在向现代化社会结构转型，初步具备了现代化社会结构的基本要素和特征。当然，这种转型远未完成。与此同时，我们要清醒地认识到，当代中国社会结构深刻变化，尽管带来了这样那样的问题，但给我国经济社会发展带来的巨大活力则是主流。正是因为社会结构深刻变动产生的巨大活力，才使得我国改革开放短短30年来，取得了举世瞩目的伟大成就。因此，分析社会结构的深刻变动对于当代中国经济社会发展的影响具有重要的理论和现实意义。

一 社会结构深刻变动对于经济发展的影响

自1978年实行改革开放，中国首先在经济领域展开了一系列的改革，经济体制发生了深刻变革。经济体制的变革推动了社会结构的深刻变动。但并不能据此说明，改革开放30年来，我们所取得的巨大的经济成就是经济体制变革的结果。事实上，社会结构作为一种无形的力量也在发挥作用，推动了经济的发展，特别是经济体制变革经过一段时期以后这种作用更为明显。许多经济学家一直认为，今天中国能够取得如此辉煌的发展成就，是经济政策作用、经济体制改革、经济结构变革的结果。但是，经济学家对于今天发展过程中的诸多问题，如内需不足等，千方百计通过各种经济手段去解决，却没有达到预期的效果，也无法做出明确的解释和说明。这表明现阶段我国经济的发展运行，并不仅仅是经济政策、制度等发挥作用的结果，在经济政策、制度等之外还有其他力量的存在，这就是社会结构变动对于经济发展的作用。那种将经济发展仅仅定位于经济学领域的做法已显得不合时宜。社会结构变动对于经济发展的积极意义通过若干方面已经体现了出来。

家庭结构是社会结构的重要组成部分。1978年改革以来，由于资源和机会的配置方式发生了重要变化，社会成员为了增强自己在市场经济中的竞争力，有效化解风险，在计划经济体制条件下被剥离了的家庭经济功能得以重新恢复。家庭经济功能的恢复事实上在改革30年的进程中发挥了重要的作用。20世纪90年代中后期国有企业改革，大规模的工人下岗失业，给社会稳定带来了不小的震荡，但我们总算是渡过了这个难关，其中家庭发挥了无可替代的作用。如果没有家庭经济功能的恢复及承担这一重任，能在当时平稳度过这个"坎",并成功实现国有企业的改革,几乎是不可想象的。再如改革开放以后,私营企业、个体工商业户如雨后春笋般地大量涌现,推动了中国经济的巨大发展,而且今天的民营企业在国民经济中已占有相当比例。这与改革开放后家庭经济功能的恢复密不可分。因为改革开放初的民营企业就是靠一家一户经营逐渐发展壮大起来的。可见,在社会结构变动中家庭经济功能的恢复对于经济发展具有非常积极的意义。

经济体制变革使得产业结构发生了调整,进而导致就业结构的变化。农民工是改革开放 30 年来出现的最大产物和成果,由于就业结构的变化,2亿左右的农民工,离开土地从农村地区迅速转移到城市,主观上通过务工经商增加收入以改善生活,客观上大大推动了我国经济的巨大发展,农民工的出现甚至改变了人们的生活方式、就业方式和整个社会的面貌。这种大规模的人口转移在世界发展史上是不多见的,西方发达国家对此感到不可思议的同时,又对中国这块充满活力的土地惊羡不已。如果没有数以亿计农民工的艰辛劳动,取得今天如此辉煌的经济发展成就是难以设想的。尤其是现代化城市的发展,更离不开农民工的贡献。最典型的例子莫过于深圳。"在特区 20 年的发展史中,千百万外来工始终是各种新兴经济部门的主力军,他们为深圳创造了城市经济和社会发展所必需的原始资本积累。因此,我们完全可以说,深圳奇迹与致富之'源'是这个地方充满活力的生产力——丰富而廉价的外来工和新兴经济部门为追求财富而奋斗拓进的结果。正因为千百万外来工的辛勤劳作才有深圳今天的繁荣与富裕。"[①]

社会结构变动对于经济发展的积极意义还体现在其他方面,不可例数。总体上,社会结构变动对于经济发展的积极意义是不可否认的。社会结构的变动或者为经济发展在保障稳定的环境、减少成本负担代价等方面发挥了间接的作用,或者在推动经济发展方面发挥了直接的作用。可以肯定地说,在结构性的深刻变化中,社会结构支撑经济社会发展的功能得到了进一步的强化,30 年来巨大的经济发展成就,也有社会结构变动的一份功劳。

当然,也应该承认,当前在经济发展过程中出现的诸多经济矛盾与问题,除了经济政策、制度、经济结构的因素之外,社会结构变化不到位、不够彻底、与经济结构不相适应也是重要原因之一。

---

① 陆学艺:《"三农"新论——当前中国农业、农村、农民问题研究》,北京:社会科学文献出版社,2005 年 5 月,第 262 页。

二　社会结构深刻变动对于社会进步的影响

社会结构的深刻变动不仅促进了经济发展，同时也推动了社会进步。党的十六届六中全会指出，中国社会空前的变革，给我国发展带来了巨大活力，这种活力不仅表现在经济发展领域，同时也表现在社会领域。众所周知，社会阶层结构是社会结构的核心结构，也是整个社会结构的整体反映。有些研究，甚至将"社会阶层结构"就视为"社会结构"，可见社会阶层结构的重要位置及重要程度。改革开放 30 年来，社会领域最大的变化就是原来计划经济体制条件下"两个阶级、一个阶层"的社会阶层结构发生了深刻变化，已分化为"十大阶层"。与此同时，始终被视为现代民主、富裕、发达社会的社会阶层结构的显著特征的"中产阶层"正在进一步壮大形成。根据目前国内已有的研究，当前中国中产阶层规模达到 20% 左右。当然这个比例与西方发达国家中产阶层规模、与我国 13 亿人口庞大基数相比较还很小，但也应当看到，我国中产阶层在以每年 800 万左右的速度增长。这将是一个不小的增长数字。同时，我们知道，传统的农业社会农民是社会发展的主体力量，工业化初期产业工人是社会发展的主体力量，而在工业化中后期，中产阶层将成为社会发展的主体力量。中产阶层的存在很大程度上决定了现代社会结构众多的重要特征，同时一个可持续发展、稳定的现代社会也需要一个庞大的社会中产阶层。因此，可以说，社会结构深刻变化对于社会进步的积极意义是：中国正在形成一个中产阶层，并且进一步发育壮大；中产阶层对于社会发展的积极意义正在显现，中国社会未来发展走向掌握在中产阶层的手中。

正如前文所说，有研究者将社会阶层结构本身就视为社会结构，并且认为，当前中国社会的阶层结构呈现倒"丁"字型，认为以农民为主体的社会下层是下面一条比较长的"横杠"，而其他各阶层形成一个大体上是"立柱"的形状，竖在这个"横杠"上面，所以，总体形状是一个倒过来的"丁"字型的结构。并且认为，倒"丁"字型的社会结构由于其下层群体过大，下层与其他群体之间属于一种两极式的（或直角式的）连接方式，因而导致社会群体之间以至整个社会处于一种"结构紧张"的状态。[①] 根据当

① 李强：《从社会学角度看"构建社会主义和谐社会"》，《社会科学战线》2005 年第 6 期，第 241~250 页。

前中国社会现实发展状况，"结构紧张"的判断是恰当的，但倒"丁"字型社会阶层结构很难解释中国日益壮大的中产阶层的客观事实。不过，这种看法对如何培育中国中间阶层发展的社会环境做出了有益提示。

"断裂"是近年来解释中国社会发展进程中种种不和谐现象及其背后原因的一个很有穿透力的概念。认为 20 世纪 80 年代是一个资源扩散的年代，而 90 年代以来中国社会则呈资源重新积聚的态势。在这种情况下，社会呈现明显分化趋势。在这个分化的社会中，一端是以拥有大量资源为特征的社会强势群体，而另一端是一个具有相当规模的困难群体，中等收入者由于总体性精英垄断了社会资源而很难形成。由此出现了"断裂社会"的现象。① 这个观点对于改革 30 年来前后 15 年中国社会所发生的非常重要的、根本性分野判断是敏锐而准确的。这一判断是建立在中国社会结构深刻变化的基础上的，是建立在资源配置方式和结构变化基础上的。但说已形成了一个"断裂社会"、"社会结构开始定型化"②，尚需进一步观察。因为改革 30 年来中国社会结构已经发生了深刻变化，而且这个变化还在持续，其变化的能量继续释放，对经济社会发展的推动作用继续发挥，对资源、机会的配置方式的变化还在发挥作用，利益博弈仍在继续，因此很难说我们的社会结构已处于定型化过程，也很难说明中国社会已是一个"断裂社会"。不过这种观点给我们非常重要的启示就是，当前调整社会结构已经到了一个非常关键的阶段，否则，中国社会发展的趋势就验证了这种预言，这不是我们改革发展的目标。

当然，对上述观点的不同看法，并不是说当前我国社会没有什么大的问题，而飘飘然陶醉其中。事实上严酷的现实是当前我国还存在诸多的社会矛盾和问题，老百姓对当前社会发展不是没有意见，而是很有意见。那种认为"中国民众对当前的不平等更多的是接受而不是不满，而最为不满的那些人，也并不集中于中国最底层的群体"③ 的观点需要重新被评估。因为近年来不时爆发的群体性事件，很难说明中国民众对于社会不平等视而不见。贵州瓮安事件、甘肃陇南事件、吉林通化事件等无法解释"民众只是接受不满"，也很难说清民众对不平等的不满"并不集中于中国最底层的群体"。

① 孙立平：《失衡》，北京：社会科学文献出版社，2004，第 1~26 页。
② 孙立平：《利益关系形成与社会结构变迁》，《社会》2008 年第 3 期，第 7~4 页。
③ 怀默霆：《中国民众如何看待当前的社会不平等》，《社会学研究》2009 年第 1 期，第 96~120 页。

因此，我们的研究认为，中国社会结构深刻变化对于社会进步的积极意义最重要地集中在现代社会阶层结构正在形成，中产阶层正在发育壮大。阶层关系以及中产阶层的力量影响资源、机会的配置方式，并影响整个社会结构的变动，从而促进经济结构和社会结构的进一步调整改革，推动经济发展和社会进步。

当然，社会结构变动对于社会进步的积极意义并不局限在现代社会阶层结构的形成方面，社会结构变动的积极意义还体现在对中国传统文化的重新彰显方面。改革开放30年来，中国经济社会发展取得了举世瞩目的伟大成就，与数以亿计的农民工的贡献是分不开的。但以亿计的农民工从农村转移到城市，我们的政府几乎无所作为，几乎没有给这个庞大的群体提供用工信息，也没有给他们提供车费、住宿费、伙食费，也没有帮他们找工作，甚至在追讨工资上还不力，但这个庞大群体绝大多数找到了工作，既增加了家庭的非农收入，也为经济发展作出了巨大贡献，这依靠的是什么？就是中国传统文化，就是依靠家族、老乡、亲戚朋友的传、帮、带的结果。中国传统文化在整合社会方面显示了新的生命力。

三　社会结构深刻变动对于政治体制改革的影响

自1978年中国展开的改革，不仅是经济体制的改革，也是社会体制、政治体制等领域的改革。当代中国社会结构深刻变动产生的影响，不仅渗透于经济领域、社会领域，也渗透于民主政治发展领域的各个层面，并显示出推动政治体制改革的积极意义。

中国的改革首先自经济领域展开，经济体制的深刻变革，体现在从公有制到多种所有制并存、从按劳分配到多种分配方式并存等众多方面，这极大地调动了广大人民的劳动生产积极性，整个社会的利益迅速发生分化，多种形式的非公有制经济得到快速发展，整个社会阶层结构也发生了重要变化，并产生一个新的阶层——私营企业主阶层。国家最高立法机构先后于1982年和1986年为新产生的社会阶层两次修改宪法，最终确定了新的社会阶层的政治身份——"中国特色社会主义事业的建设者"，赋予新社会阶层平等的政治地位。正如前文所说，私营企业主阶层自1995年以来，迎来了每年以80万人的新增速度蓬勃发展的春天。从这个意义上讲，社会结构变动促进了政治体制改革。如果没有政治体制改革，没有民主政治推进，为新产生的社会阶层赋予政治身份而两次修改宪法几乎是不可想象的事情。

那种认为中国没有政治体制改革的舆论，也无法解释为什么在一个他们认为的"高度集权的专制社会"中，会允许私营企业主这样的阶层出现，也会允许公民在市场经济中自由发展的悖论。

社会阶层结构变动推动了协商民主的发展。党的十七大报告指出，"人民民主是社会主义的生命"。"社会主义愈发展，民主也愈发展"。改革 30 年来，中国社会结构深刻变动，利益格局深刻调整，就业方式、渠道多元化，导致社会进一步剧烈分化，并形成新的社会阶层结构，不同阶层或群体的社会成员在多元化的经济社会变革中，产生了多元化的政治价值诉求。在我国现阶段，不仅产生了一大批包括个体户、私营企业主、民营企业家、外资合资企业的管理者、社会中介组织成员以及自由职业者等新的社会阶层，而且传统意义上的工人阶级、农民阶层以及知识分子队伍也发生了许多新的变化和分化。社会阶层结构多元化，其利益诉求多元化，带来了政治诉求的多元化，客观上必然要求社会成员在众多方面进行建设性的协商对话。而协商民主恰恰是适应社会阶层结构变动而发展的一种民主形式，也是当前我国政治体制改革的重要成果和内容。"把选举民主与协商民主结合起来，完善了公民有序参与的政治参与"是中国政治体制改革的重要实践内容之一。[①]

政治体制改革包括的内容众多，深化行政管理体制改革、建设服务型政府体制改革是其中之一。随着社会结构变动，尤其是城乡结构、区域结构、收入分配结构等的变化，人民群众对资源、机会的配置还不满意，对社会公平和基本民生问题提出了更新更高的要求，社会建设和社会发展的任务更加艰巨。因此，转变政府职能、建设服务型政府的任务更加迫切地提到了当前我国政治体制改革的重要地位上来。建设服务型政府就是要求政府真正把政府的职能转变到经济调节、市场监管、社会管理、公共服务上来，把社会建设摆在更加重要的地位，提供有效公共服务，促进社会公平正义，建设人民满意的政府。

总之，当代中国社会结构深刻变化对于政治体制改革产生了积极而重要的影响，以上几个方面仅仅是其中一部分，当然还表现在其他方面。那种认为中国只有经济体制改革、没有政治体制改革的看法，是没有看到中国真正政治体制改革成果的一种误解：或者紧盯西方民主模式并作为中国

---

① 李君如：《怎样看待当前中国政治体制改革和民主政治发展的走势》，《前线》2008 年第 4 期，第 10～13 页。

政治体制改革的判断标准，认为中国远离西方民主模式；或者是将政治体制改革与经济体制改革进行生硬对照，认为政治体制改革没有发生类似于经济体制那样的革命性变革。中国社会结构深刻变动推动政治体制改革有力地回应了这样的看法。设想如果没有政治体制领域的改革，能够取得目前如此巨大的经济社会发展成就几乎是不可能的。

当然也要承认，中国的民主政治还刚刚起步，中国的政治体制改革必然有待于进一步深化。相信社会结构变动必将继续推动政治体制改革的深化，并将产生极其深远的意义。

四 结论

改革开放以来，当代中国社会结构深刻变化对我国经济发展、社会进步、政治体制改革都产生了重要影响。分析以上三个方面的影响，就是要充分利用社会结构深刻变动带来的巨大活力和释放的巨大能量，推动我们的经济发展、社会进步和政治体制改革的深化。因为1840年鸦片战争后，中国封建社会的社会结构开始发生变化，但总体上仍然是个农业国家的传统社会结构。中国的社会结构真正再次发生历史性的大变迁是在1978年改革开放以后，这种历史性的变动为中国经济社会发展带来了千载难逢的发展机遇。分析和认识其产生的积极意义，就是要求我们抓住发展机遇，推动经济社会全面发展。当然，更为重要的是要求我们深切认识到，现阶段我国社会结构尽管发生了深刻的变动，但其变动还不到位，还不够彻底，处于工业化初期阶段的社会结构与处于工业化中期阶段的经济结构还不相协调，社会结构的变动与经济结构的变革还不相契合，导致产生了这样那样的社会矛盾和问题，影响了经济发展、社会进步和政治体制改革的深化。因此，准确把握现阶段我国社会结构变动的现状以及存在的问题，就是要及时调整社会结构，实现社会结构的整体性变动，与经济结构的变革相适应，从而有利于解决当前发展中所遇到的诸多社会矛盾和问题，促进社会稳定和谐。

当代中国社会结构研究[*]

　　当人类社会进入 21 世纪，中国站在新的历史起点上。经过 30 年改革开放的伟大实践，中国经济建设取得巨大成就，已进入工业化中期阶段，与此同时，社会结构发生了深刻变化，现代社会结构已初步形成。但是，总体来看，由于经济社会发展不协调，社会结构还处于工业化初期阶段，由此引发诸多社会矛盾与问题，这成为当前中国进入新的发展阶段的重要特征。对于当前中国新的发展阶段的形势与特征，需要用新的视角认识和分析。工业化、现代化的一般经验表明，在工业化的中期阶段，往往随着社会矛盾与问题的显生，其主要原因是社会结构调整滞后于经济增长，经济社会发展不协调。因此，及时调整社会结构，协调经济社会发展，解决社会矛盾与问题，成为一个国家或地区在进入现代化社会关键时期的重大举措。对此，本研究报告将探讨当代中国社会结构的变化，分析进入发展关键时期的社会结构现状、研究社会结构存在的问题和变化趋势，据此提出调整社会结构、促进经济社会协调发展的思路与对策。

一　中国进入社会建设为重点的新阶段

　　一个国家或地区在发展的不同阶段，其发展任务、发展模式呈现出阶段性特征。在发展初期阶段，由于生产力水平低、劳动产品少，解决温饱问题和满足人们基本物质生活的需求，成为社会发展的主要任务。因此，这一阶段主要以经济发展为主导，经济发展优先于社会发展，因此，经济

---

　　* 本文源自《当代中国社会结构》（陆学艺主编，北京：社会科学文献出版社，2010 年 1 月），第 3～50 页，执笔人：陆学艺、宋国恺、胡建国。该文系该书的总报告，现标题系本书编者根据报告内容所拟定。——编者注

社会发展不协调作为这一发展阶段的特征有其一定的合理性。但是，在进入发展中期阶段，生产力落后状况得到显著改善，温饱问题和基本物质生活需求得到初步解决之后，人们对物质生活以外的精神文化需求和全面发展的需求越来越迫切。同时，经济发展本身也对科技、教育、社会环境提出了更高的要求，于是，经济社会发展不协调的矛盾变得突出起来。因此，在继续搞好经济建设的同时，注重社会建设、协调经济社会发展，成为这一新的发展阶段的主要任务。以往现代化的经验和教训表明，在进入工业化发展的中期阶段，处理好经济社会协调发展，及时跟进社会建设，调整好社会结构往往成为一个国家或地区实现现代化的关键。

中国革命与建设分阶段推进，是中国共产党的基本经验。在新民主主义革命时期，毛泽东指出："当着革命的形势已经改变的时候，革命的策略，革命的领导方式，也必须跟着改变。"① 在进入社会主义建设时期之后，对于社会主义建设不同阶段的认识，我们党提出社会主义初级阶段这一重要国情判断。社会主义初级阶段是摆脱贫穷落后、基本实现社会主义现代化和中华民族伟大复兴的阶段，这至少需要上百年的时间。但是，这一阶段不是静态的，而是动态的，是从贫穷落后不断迈向现代化的进程。随着现代化的不断推进，社会主义初级阶段也会呈现出从发展初期到中期，再到现代化基本实现的若干个不同发展时期。而在不同的发展时期，经济社会发展形势也会随着阶段性变化而表现出新的情况。"如果人们不去注意事物发展过程中的阶段性，人们就不能适当地处理事物的矛盾。"②

自 1978 年以来，中国经济建设取得了巨大的成就。多项经济指标表明当前中国已经进入工业化的中期阶段。在进入新的发展阶段之后，中国经济社会发展出现了诸多重大的变化，出现了诸多新的社会矛盾问题。从社会学理论的视角来看这些矛盾问题，正是现代化进程中经济结构与社会结构不契合、经济社会不协调发展而导致矛盾的突出表现。

（一）突出的经济发展成就与尖锐的社会矛盾问题

1. 突出的经济发展成就

改革开放 30 年来，中国国内生产总值以世界经济发展史上少有的 9.8%

---

① 毛泽东：《论反对日本帝国主义的策略》，载《毛泽东选集》第 1 卷，北京：人民出版社，1991 年 6 月第 2 版，第 152 页。

② 毛泽东：《矛盾论》，载《毛泽东选集》第 1 卷，北京：人民出版社，1991 年 6 月第 2 版，第 314 页。

的年均增长率快速增长，综合国力迈上了新台阶，成为世界第三大经济体。城镇居民人均可支配收入由 1978 年的 343 元增加到 2007 年的 13786 元，农村居民人均纯收入由 134 元增加到 4140 元①，分别增加了 39.2 倍和 29.9 倍，人民生活总体达到了小康水平。中国自 2006 年跃居世界第一大外汇储备国以来，外汇储备以月均两位数的速率增长，到 2009 年 6 月底中国国家外汇储备余额已达 21316 亿多美元，占全球外汇储备总额的 1/4 强，成为美国的最大债权国，这让 30 年前还处于短缺经济条件下的中国人和很多美国那样的发达国家的人几乎不可想象。如此举世瞩目的发展成就，也大大超出了改革开放之初设计者们的想象，中国发生的变化用"翻天覆地"形容一点也不为过。

2008 年，美国基辛格博士访问 1972 年签署中美《上海公报》的故地上海时，这位见证了中国改革开放 30 年历程的 85 岁的资深外交家不无感慨地说："难以想象 30 多年后这座城市能取得如此令人赞叹的发展成就。这样的成就来自上海人民的专注、想象力和辛勤劳动。"② 而上海正是中国改革开放、经历翻天覆地巨变的一个缩影。

2. 尖锐的社会矛盾问题

在经济建设成就之大超乎人们预想的同时，社会问题之多也出乎了人们的意料。1978 年改革开放发轫之初，社会普遍的认识是：中国面临的诸多矛盾与困难，主要原因是贫穷与落后，搞好了经济建设，这些问题也就迎刃而解了。因此，重提"人民群众日益增长的物质文化需要同落后的社会生产之间的矛盾"是社会主要矛盾，确定"以经济建设为中心"③，得到社会的广泛认同，极大地调动了广大人民群众的积极性，使中国迈进社会主义现代化建设的新历程。然而，在经济建设取得巨大成就，显著解决"人民群众日益增长的物质文化需要同落后的社会生产之间的矛盾"的同时，社会领域中的矛盾问题不是少了，反而多了。进入 21 世纪以来，关于住房、教育、医疗、养老等民生问题日益突出；贫富差距、城乡差距、区域差距持续扩大；劳资关系等社会利益群体矛盾日益显化；土地征用、房屋拆迁、企业改制等引发社会不稳定的问题凸显；一些地方杀人、绑架等严重暴力犯罪增多，抢劫、抢夺、盗窃等刑事犯罪案件上升，社会治安出

---

① 国家统计局编《中国统计年鉴·2008》，北京：中国统计出版社，2008 年 9 月，第 317 页。

② 沈轶伦：《韩正会见基辛格博士：就当前世纪经济及趋势深入探讨》，《解放日报》2008 年 11 月 22 日。

③ 《中国共产党第十六次全国代表大会文件汇编》，北京：人民出版社，2002 年 11 月，第 18、20 页。

现不少新情况，特别是群体性事件，据相关统计，1993～2005 年间，群体性事件上升了近 10 倍。[①] 2008 年以来，以贵州省瓮安事件、湖北省石首事件、吉林省通钢事件为代表的群体性事件呈现出蔓延的趋势，使得经济社会稳定问题日益突出。

经济建设成就之大超乎人们预想，社会矛盾问题之多出乎人们意料，这"两个想不到"是在中国进入发展的关键时期——工业化中期阶段之后开始集中显现出来的。这一方面表明当前中国发展进入一个新的阶段，呈现出一系列新的阶段性特征；另一方面表明当前中国已经进入矛盾多发期，这样那样的社会矛盾问题逐步凸显出来，并且这些社会矛盾问题涉及面广、整体关联性强、各种利益关系错综复杂，解决起来难度很大。面对新阶段、新形势，要用新的视角认识这些新的变化，采用新的方法解决这些新矛盾和新问题，这是推进现代化建设的必然要求。

（二） 中国进入社会建设为重点的新阶段

1. 从社会建设的高度去认识发展中的社会矛盾问题

当前中国进入新阶段后面临的各种社会矛盾问题，不能仍停留在仅仅依靠发展经济的办法去解决，必须同时从社会建设的高度去认识，用社会建设的手段去解决，只有这样才能解决当前的社会矛盾问题，更好地继续推动经济发展和社会进步。党的十六大以来，关于从社会建设的高度去认识解决发展中的社会矛盾问题经历了逐步深化的过程。

2002 年，党的十六大报告指出："我们正处于并将长期处于社会主义初级阶段，现在达到的小康还是低水平的、不全面的、发展很不平衡的小康。"明确宣布："我们要在本世纪头二十年，集中力量，全面建设惠及十几亿人口的更高水平的小康社会，使……社会更加和谐。"[②]

2003 年，党的十六届三中全会提出："坚持以人为本，树立全面、协调、可持续的发展观"，要"统筹城乡发展、统筹区域发展、统筹经济社会发展、统筹人与自然和谐发展，统筹国内发展和对外开放"，促进经济和社会全面发展。[③]

---

① 于建嵘：《转型期中国的社会冲突》，《凤凰周刊》2005 年第 7 期。

② 《中国共产党第十六次全国代表大会文件汇编》，北京：人民出版社，2002 年 11 月，第 17～18 页。

③ 《中共中央关于完善社会主义市场经济体制若干问题的决定》，北京：人民出版社，2003 年 10 月，第 13、12 页。

2004 年，党的十六届四中全会作出了加强党的执政能力建设的决定，其中之一是加强执政党构建社会主义和谐社会的能力建设，要求加强社会建设和管理，推进社会管理体制创新。第一次提出了"构建社会主义和谐社会"和"社会建设"的概念。①

2005 年 2 月 19 日，中共中央举办的省部级主要领导干部提高构建社会主义和谐社会能力专题研讨班上，胡锦涛同志明确提出："随着我国经济社会的不断发展，中国特色社会主义事业的总体布局，更加明确地由社会主义经济建设、政治建设、文化建设三位一体发展为社会主义经济建设、政治建设、文化建设、社会建设四位一体。"② 社会建设成为总体发展的重要一环。2005 年 2 月 21 日，在中共中央政治局第二十次集体学习会上，胡锦涛同志要求全面分析和把握社会建设和管理的发展趋势，更好地推进社会建设和管理。同时要求加强对我国历史上关于社会建设理论的研究，按照去伪存真、去粗取精的要求，努力做到古为今用。要注意研究国外社会建设理论，借鉴其积极成果。③

2006 年 10 月，党的十六届六中全会通过了《中共中央关于构建社会主义和谐社会若干重大问题的决定》，这是我们党第一个关于社会建设的重要文件，要求"推动社会建设与经济建设、政治建设、文化建设协调发展"。④

总体来看，进入 21 世纪以来，党和政府在坚持以经济建设为中心的同时，日益强调要将社会建设摆在更加突出的位置，这标志着中国正在经历第二次转型，迈入了社会建设为重点的新阶段。

2. 国外社会建设经验的启示

当前中国所处的发展阶段特征，在世界各现代化国家的发展历程中也曾有过。美国在 19 世纪末 20 世纪初是具有关键意义的转折时期，这个时期由于当时的"进步运动"而被称为"进步时代"。19 世纪末期，美国完成了农业资本主义向工业资本主义的转型，进入垄断资本主义时代。这种转

---

① 《中共中央关于加强党的执政能力建设的决定》，北京：人民出版社，2004 年 9 月，第 8、25 页。
② 《深刻认识构建社会主义和谐社会的重大意义 扎扎实实做好工作 大力促进社会和谐团结》，《人民日报》2005 年 2 月 20 日第 1 版。
③ 《加强调查和研究 着力提高工作本领 把和谐社会建设各项工作落到实处》，《人民日报》2005 年 2 月 23 日第 1 版。
④ 《中共中央关于构建社会主义和谐社会若干重大问题的决定》，北京：人民出版社，2006 年 10 月，第 5 页。

型和深刻变化改变了美国的经济结构，国民生产总值在 1870~1900 年期间以年均 4% 的速度增长，1900 年时人均生产总值已经超过 1000 美元，制造业的总产值超过了农业总产值，美国经济实力空前增强。① 但是，美国社会同时也面临着空前的危机，政治腐败猖獗、市场秩序混乱、劳资冲突激烈、贫富差距大、社会道德沦丧等社会问题和矛盾显化。1890~1910年间，许多城市爆发了种族骚乱、劳工抗议运动，这些与都市贫困、犯罪率上升和此起彼伏的劳工罢工结合在一起，对社会稳定和安全构成了巨大的威胁。面对这种势态，美国除了进行政治、经济等改革之外，加强了对社会领域的建设，提倡社会公正，将弥漫在整个社会中的种种怨气、焦虑、愤怒、不安全感，甚至希望都集中到改革的旗帜下，转化为改革的动力，积极推动社会体制改革和社会建设。实践表明，美国政府的这些举措是正确的，有效地控制了社会矛盾的蔓延，社会领域的问题得到相当程度的改善，从而保证了社会的稳定，这为美国经济社会发展奠定了良好的基础。

从 1955 年开始，战后日本经济快速增长，特别是 1960 年之后经济增长更为迅速，超过了预期的发展速度，但是种种社会问题也同时出现。经济结构与社会结构失衡导致民众生活处于不正常状态。有学者评论："以当时日本的经济发展与社会发展的均衡情形来说，生产为第一流，国民所得与消费为第二流，住宅等生活环境则属第三流。"② 当时日本政府和社会也意识到了这个问题，提出并进行了相当规模的社会建设。然而由于种种原因，社会建设并未得以切实落实。日本最终成为经济大国，但却付出了相当大的代价。例如在生活环境中最重要的住宅问题，至今仍未完全解决好。

"拉美发展道路"同样显示了社会建设的重要性。20 世纪 60 年代，拉美国家经济全面起飞，在短短的 10 多年内，拉美国家依托工业化和城市化的强大动力，实现了经济快速增长，人均 GDP 从 400 多美元到超过 1000 美元，创造了被人们普遍赞誉的"拉美奇迹"。然而，进入 20 世纪 80 年代，这些国家的经济出现了持续衰退，到 20 世纪 90 年代后期，拉美地区经济严重恶化，GDP 增长速度大幅下跌，失业率持续攀升，贫富悬殊，两极分化，

---

① 胡鞍钢、王绍光、周建明：《第二次转型国家制度建设》，北京：清华大学出版社，2003，第 137~139 页。

② 福武直：《日本社会的结构》，王世雄译，台北：东大图书股份有限公司，1994，第 107 页。

各种社会矛盾凸显和激化，社会动荡不安，人们的抗争此起彼伏。而这背后是拉美国家对社会建设认识不够，社会体制改革力度不足，没有形成与经济结构相适应的社会结构，从而引起社会危机连绵不断，以致使人们认为是"难以跳出的拉美陷阱"。

不论是美国成功的经验、日本"成功的代价"，还是拉美国家的前车之鉴，都呈现了社会建设在发展进程中不可忽视和不可替代的作用。进入新世纪，中国开始了社会建设的新阶段，国际社会正反两方面的经验和教训对我们的启示是我们要积极、稳妥地推进社会建设，摆脱当前"经济发展成就突出，社会矛盾问题尖锐"的困境，破解一些长期制约发展又长期解决不了的问题。

二　社会建设的核心任务：调整社会结构

2004 年，党的十六届四中全会在提出构建社会主义和谐社会战略任务的同时，也提出了"社会建设"这一新的重要思想，对正在进行着的社会事业、社会体制、社会秩序、社会组织、社会结构等方面的建设，做了一个明晰的概括，统称为"社会建设"，从而也使中国社会主义建设的总体布局由原来的经济建设、政治建设、文化建设的三位一体，转变为包括社会建设在内的四位一体的新格局。党的十七大将四位一体的新格局写进了新修改后的《中国共产党党章》的总纲里。

关于社会建设的内容，党的十七大报告指出："社会建设与人民幸福安康息息相关。必须在经济发展的基础上，更加注重社会建设，着力保障和改善民生，推进社会体制改革，扩大公共服务，完善社会管理，促进社会公平，努力使全体人民学有所教、劳有所得、病有所医、老有所养、住有所居，推动建设和谐社会。"[①] 从社会学理论视角来看，上述诸项社会建设的内容都可以概括为进行社会结构调整，抓住了社会结构的调整就抓住了社会建设的核心。当前，通过各项工作构建一个与经济结构相适应的现代社会结构，推进经济社会协调发展，是我们面临并需要着力解决好的关键性任务。

---

① 《中国共产党第十七次全国代表大会文件汇编》，北京：人民出版社，2007 年 10 月，第 36 页。

（一）社会结构的基本内涵

党的十六届六中全会通过的《中共中央关于构建社会主义和谐社会若干重大问题的决定》用"社会结构"这一社会学概念指出："我国已进入改革发展的关键时期，经济体制深刻变革，社会结构深刻变动，利益格局深刻调整，思想观念深刻变化。这种空前的社会变革，给我国发展进步带来巨大活力，也必然带来这样那样的矛盾和问题。"[①] 用"社会结构深刻变动"揭示当前的新阶段、新形势十分恰当和贴切。社会结构和经济结构是一个国家和地区的两个最基本的结构。经济结构是一个国家或地区的基本经济形态，是观察认识这个国家或地区经济状况和发展水平的重要维度；社会结构是一个国家或地区的基本社会形态，是观察分析这个国家或地区社会状况、社会发展水平的重要维度。打个比方：经济结构和社会结构是一枚金币的两面，只是我们过去对社会结构这一面还没有来得及精心打造，所以很少提及罢了。

社会结构是社会学研究的核心问题，是对纷繁复杂的社会现象观察的理论概括。社会结构既是对社会静态分析的终点，也是对社会动态分析的起点，所谓社会变迁，就是社会结构的变迁，认清了一个国家或地区的社会结构，也就从本质上把握了这个国家或地区的社会变动的状况和趋向。所以，19世纪法国著名社会学家迪尔凯姆说过：对社会结构的分析，是理解一切社会现象的出发点。

那么，什么是社会结构呢？我们认为，所谓社会结构，是指一个国家或地区的占有一定资源、机会的社会成员的组成方式与关系格局[②]。解释如下。

1. 社会成员

社会成员是社会结构的主体，是资源与机会的载体。社会成员包括个人，还包括集体意义上的群体、组织等社会实体（也包括宏观意义上的政

---

① 《中共中央关于构建社会主义和谐社会若干重大问题的决定》，北京：人民出版社，2006年10月，第3页。

② 关于社会结构，不少社会学教科书定义为是一个国家或地区内部诸要素间的构成方式与状况。我们认为这一概括没有充分反映出构成社会结构的要素与机制，而这正是认识社会结构何以可能不可缺少的分析维度。所以，我们认为社会结构是社会资源在社会成员中的配置，以及社会成员获得社会资源的机会（即公平性）的结果，这对于社会结构状况以及调整更具有重要的理论与实践意义。——作者注

府、市场、社会三大主体）。

2. 资源

资源是社会结构的基本要素。在现代社会，分布于国家、市场、社会这三大主体中的诸要素日益凝聚为资源和机会两大类别。在我们课题组的第一部研究报告中，提出组织资源、经济资源、文化资源是划分当代中国社会阶层结构的最主要的三种资源。① 对于中国社会结构，我们同样认为这三种资源是最主要的决定性资源。例如，人口结构中的文化资源的配置决定着人口素质结构，经济资源的配置往往与人口年龄结构正相关；就业结构中劳动者拥有文化资源，决定着其在就业结构中劳动力的产业分布；收入结构中经济资源配置，决定着收入分配结构；社会资源配置的空间分布，直接决定着城乡结构和区域结构的特征；社会资源在阶层中的配置，直接决定着社会阶层结构的格局等。

3. 机会

机会是指社会成员获取资源的可能性，如获得生存资源的机会、获取接受教育的机会、获得职业的机会、实现向上流动的机会等。这里主要强调资源配置的公平性。机会决定着社会结构的公正、合理、开放。当资源和机会在社会中的配置出现集中与重叠时，可能随着社会结构的失衡与社会冲突的出现。对此，韦伯指出当权力、财富和声望高度相关时，那些被排挤出权力、财富和声望中的人会变得愤怒，而易于选择冲突的方式。② 资源和机会配置不平衡，导致社会结构失衡，这往往也是社会结构张力、冲突出现的时候。

4. 组成方式

组成方式是指占有一定的资源与机会的成员形成的社会结构成分（如社会阶层结构中的不同阶层，收入结构中的不同收入群体，就业结构中的不同职业群体等），这些结构成分的形成受诸多社会机制影响，我们把这些社会机制发挥影响的过程称为社会结构的组成方式。一般来看，社会体制表现为制度、政策与规范的安排，有什么样的社会机制，就有什么样的社会结构。当一定社会机制下的资源配置倾向于社会结构中的某些要素时，社会结构就会出现失衡，如城乡结构中，社会资源过于集中配置给

---

① 参见陆学艺主编《当代中国社会阶层研究报告》，北京：社会科学文献出版社，2002 年 1 月；陆学艺主编《当代中国社会流动》，北京：社会科学文献出版社，2004 年 7 月。

② 乔纳森·H. 特纳：《社会学理论的结构》，杭州：浙江人民出版社，1987 年 8 月，第 171 ~ 172 页。

了城市，必然导致城乡差距过大，城乡结构失衡；在社会阶层结构中，社会资源配置过于集聚某些阶层，必然导致其他阶层的不满与抱怨，甚至引发冲突与革命。

5. 关系格局

关系格局是指占有一定资源、机会的社会成员在社会行动中所形成的稳定的网络。社会结构是一个有机的整体，各社会成员遵循一定秩序的行动，实现资源与机会的配置，所以也可以把社会结构看成社会关系的组合形式。不同的社会行动，实现着资源与机会的不同配置，进而塑造不同的社会结构；反过来，不同的社会结构也会规范不同的社会行动，影响着资源与机会的配置。社会结构中的关系格局从维度上看，有等级关系与水平关系；从属性上讲，有利益关系和非利益关系；从表现形式上看，有冲突关系、博弈关系与合作关系等，这些关系格局都直接或间接受到资源与机会配置状况的影响。

社会结构同经济结构一样，是由多个子结构组成的，除了作为基础要素的人口结构外，还有体现社会整合方式的家庭结构与社会组织结构；体现空间分布形式的城乡结构与区域结构；体现生存活动方式的就业结构、收入分配结构与消费结构；体现社会地位格局的社会阶层结构（见图1）。在这些子结构中，社会阶层结构是核心，直接或间接体现社会子结构各方

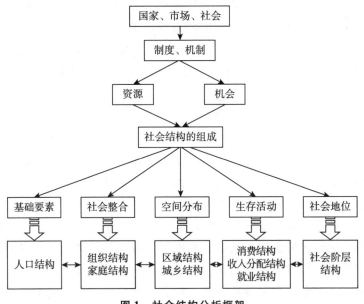

图1　社会结构分析框架

面的状况，各子结构间的变化存在互动关系，某一子结构的变化会影响其他子结构的变化。

正如我们所强调的，社会结构与经济结构是一个国家或地区的基本结构，二者共同构成一个国家或地区的基本结构骨架，是观察和认识一个国家或地区发展情况的最重要的两个基本维度。现代经济结构与社会结构的形成，是一个国家现代化实现的关键。一方面，经济结构中的资源与机会配置的效率实现，是一个国家或地区的经济实现快速增长的重要基础。另一方面，社会结构中的资源与机会配置的公平，能够促进社会成员的积极性，释放出推进经济发展的重要活力，同时促进社会各维度的结构的合理调整，为经济增长提供重要的结构性支撑。

因此，一个国家或地区的现代化实现，不能单纯追求经济增长，还需要注重结构的调整。比如中东一些盛产石油的国家，人均 GDP 达几万美元，但是这些国家虽然资源丰富，资源与机会的配置却不合理，无论是经济结构还是社会结构都不合理，没有形成现代经济结构与社会结构，它们并不是公认的现代化国家。又如拉美地区的一些国家都曾经创造过经济发展奇迹，人均 GDP 达到近万美元，但是现代社会结构没有相应建构起来，由于资源与机会配置出现偏差，导致城乡结构、就业结构、收入分配结构、社会阶层结构等方面存在很大的问题，引发诸多社会矛盾，严重困扰着这些国家的经济发展与现代化实现。正面的例子如德国与日本，由于"二战"前就形成了良好的社会结构，熟练的高级技术工人、知识分子等中产阶层已形成了一定的规模，因此在第二次世界大战结束后很快就摆脱重创，实现了复兴，成为因经济结构与社会结构合理而蓬勃发展的典型。

（二）研究社会结构的意义

社会结构是社会学研究的核心问题，是研究社会变迁和社会转型的重要理论工具。一方面，对社会结构的分析是理解众多社会现象的出发点。对社会结构的研究，就是要发现社会最基本、最普遍、最稳定的要素，尽可能全面和准确地研究分析这些要素的相互关系和构成形式，从而可以整体把握社会变迁的基本趋势和一般规律。另一方面，分析和认识社会结构，必须同国家或地区的实际相结合，摸准弄清社会结构方方面面的状况，就是要调整并形成合理的社会结构、形成协调的利益关系，这是社会和谐稳定的基础，是一个国家和地区经济、社会、文化协调发展和健康运行的重要支撑。

正如胡锦涛同志在中共中央政治局第 20 次集体学习会上指出的：构建社会主义和谐社会，要适应社会主义市场经济发展和社会结构深刻变化的新情况。"要加强对社会结构发展变化的调查研究，深入认识和分析阶层结构、城乡结构、区域结构、人口结构、就业结构、社会组织结构等方面情况的发展变化和发展趋势，以利于深入认识在发展社会主义市场经济和对外开放的条件下我国社会发展的特点和规律，更好地推进社会建设和管理。"[1] 认识当代中国社会结构的深刻变动，科学分析社会结构变迁的阶段性特征，及时调整社会结构，促进经济社会协调发展，是现代化进程中的必然要求。只有这样，才能最大限度地增加和谐因素，不断促进社会和谐，为中国经济社会发展奠定坚实的基础。

三　当代中国社会结构深刻变动

　　改革开放以来，中国社会结构深刻变动，可以说是"几千年来未有之变局"。中国自周秦建立封建社会以后，2500 多年来经历了改朝换代、治乱兴衰，但一直是封建农业社会，以农民和地主为主体的社会阶级结构没有改变。1840 年鸦片战争后，中国封建社会结构开始解体，近代工业开始成长，新兴的工人阶级和资产阶级随之出现。但是，由于列强的侵略和自身的原因，中国近代工业发展缓慢，社会结构变迁迟缓，一直到 1949 年中华人民共和国成立之时，农民占总人口的 89.4%[2]，依然还是以农民为主的农业社会结构。新中国成立后，从 1953 年第一个五年经济发展计划开始，党和政府领导全体人民进行了大规模的工业化建设，动员和投入了大量的人力、物力、财力，也取得了很大的成绩。然而，由于在发展模式选择等方面的不当，社会结构没有得到相应的调整。1978 年，农业在 GDP 中的比重虽已下降到 28.1%，但是从事农业生产的劳动力仍占总就业劳力的 70.5%，农民仍占总人口的 82.1%。[3] 总体上仍然是传统农业社会结构。中国社会结构真正发生历史性的变化是在 1978 年改革开放以后，经济体制和社会体制改革大大加快了由农业社会向工业社会、农村社会向城市社会、传统社会

① 《加强调查和研究 着力提高工作本领 把和谐社会建设各项工作落到实处》，《人民日报》2005 年 2 月 23 日第 1 版。

② 国家统计局编《中国统计年鉴·1983》，北京：中国统计出版社，1983 年 10 月，第 104 页。

③ 国家统计局编《中国统计年鉴·2005》，北京：中国统计出版社，2005 年 10 月，第 52、118、93 页。

向现代社会的转型，由此中国社会结构发生了深刻变动。

（一）社会结构的历史生成与发展过程

作为由诸种复杂关系组成的现代社会结构，有一个由简单到复杂的历史生成过程（见表 1）。一般来说，社会一经产生就有自身的结构，原始社会有原始社会的结构，农业社会有农业社会的结构，现代工业社会有现代工业社会的结构。在传统农业社会，社会结构具有封闭性特点，在自给自足的小农经济中，资源的配置方式除国家之外，主要是自发因素在发挥作用。而在机会的获取方面，由于传统农业社会的封闭性特征，社会流动很少，机会的获取基本依靠先赋因素。职业、阶级、身份的代际传递大体说明了这点。"士之子常为士，农之子常为农，工之子常为工，商之子常为商"[①] 说的就是这个道理。

表 1　农业社会与工业社会的资源配置、机会获取方式比较

社会形态	农业社会	工业社会	
		计划经济体制条件	市场经济体制条件
主要社会成员	农民、地主、组织	农民、工人、国家干部、组织	工人、中产阶级、有产者等
资源	土地、劳动力	土地、劳动力、资金、技术等	土地、资本、人力、技术、管理经验等
机会	很少有实现向上流动的机会	有限的教育、就业、向上流动的机会	接受教育、技术培训、获得就业、实现向上流动的机会等
资源配置方式	自发因素、国家	国家	国家、市场和社会
机会获得方式	先赋性因素为主	先赋性因素为主、后致性因素为辅	后致性因素为主
组成方式	机械组合	半机械、半有机组合	有机组合
关系格局	封闭	半开放、半封闭	开放

在农业社会进入工业社会以后，社会结构呈现出开放性的特征。首先，经济的发展使得资源得到了极大的丰富；其次，资源配置的主体由国家拓展到市场和社会；最后，在机会获取方面，由于社会的开放和社会流动增

[①] 管仲：《管子·小匡》，参见吴文涛、张善良编著《管子》，北京：燕山出版社，1995 年 8 月，第 180~182 页。

加，并且随着工业化和城市化的推进，社会成员通过自己后天的能力，基本上能够获取各种资源的机会，实现向上流动。在市场经济体制条件下的工业社会，这种特征尤其明显。

计划经济条件下的工业社会，相对于农业社会而言，资源和机会本身以及资源配置方式、机会获取方式都有了一定的进步变化，但是相对于市场经济条件下的工业社会，显得僵化。在计划经济体制条件下，资源的配置基本上是通过国家行政指令方式，方式单一；在机会获取方面，先赋性特征比较明显，后天努力受到各种制度或机制的制约。就中国而言，自1978年以来，中国开始了从传统农业社会向现代工业社会的转型，开始了从计划经济体制向市场经济体制的转轨，在这过程中，作为重要的、基础性的社会结构要素首先发生变动。随着经济社会发展、各种社会资源大量增加，获取资源的机会多样化，资源配置中的市场与社会显现，形成国家、市场、社会三大配置资源主体。资源配置主体、资源配置方式以及机会获取方式都有显著变化，使得中国社会结构发生深刻变动。

（二）中国社会结构已经发生深刻变动

当前，中国社会结构的深刻变动主要表现在社会结构的基础结构、社会整合结构、空间分布结构、生存活动结构以及社会地位结构等五个方面。

1. 基础结构：人口结构的变化

人口结构是社会结构的基础结构。1978～2007年，中国人口出生率从18.25‰下降到12.10‰，人口死亡率保持在6.5‰这一较低水平，同期人口自然增长率则相应地从12.00‰下降到5.17‰。[1] 中国人口结构从过去的高出生率、低死亡率、高自然增长率转变为低出生率、低死亡率、低自然增长率，呈现出现代化国家的人口特征。即便如此，改革开放以来，中国每年净增人口大约在680万～700万人，相当于每年增加两个新西兰的人口。随着人民生活水平提高，人口年龄结构中的平均预期寿命显著提高，1982年约67.8岁，2000年为71.4岁。[2] 人口素质显著提高，6岁以上国民平均受教育年限1982年为5.2年，2007年为8.2年，受大专以上教育人口比重从1982年的0.6%提高到2007年的6.6%[3]。尽管中国每年出生的人口规模

---

① 国家统计局编《中国统计年鉴·2008》，北京：中国统计出版社，2008年9月，第87页。

② 国家统计局编《中国统计年鉴·2008》，北京：中国统计出版社，2008年9月，第90页。

③ 国家统计局编《中国统计年鉴·2008》，北京：中国统计出版社，2008年9月，第100～101页。

在逐渐收缩，但劳动就业人口相对规模在扩大，就业人口在总人口中所占的比重由 1978 年的 41.7% 扩大到 2007 年的 58.3%[1]，增加了 16.6 个百分点。30 年来人口结构本身不仅发生了深刻变化，而且也成为其他结构性变化的重要原因。

2. 社会整合结构：家庭结构、社会组织结构的变动

家庭结构。家庭是社会的细胞，随着人口结构的变化，中国家庭结构也发生了重大变化。（1）家庭规模小型化，户均人口规模下降趋势明显，由 1982 年的 4.41 人下降到 2006 年的 3.17 人。[2]（2）家庭类型多样化，由于人们婚恋价值观念日益多元化和城乡人口流动增加，中国家庭类型呈现出多样化的趋势，在城市出现了丁克家庭、空巢家庭和单身家庭，在农村隔代家庭比例上升，漂泊家庭和分离的核心家庭增加。（3）家庭结构模式变化在城镇突出表现为"四二一"模式，即祖辈四人、父辈二人、子辈一人；在农村基本形成以"四二二"模式为主体的格局。（4）家庭关系平等化，主要表现在夫妻之间和家庭成员之间关系趋向平等化。

改革开放以来，中国家庭结构最显著的变化是功能的重塑，这突出表现在家庭的经济功能得到强化。家庭是富有效率的经济生产组织，1978 年改革开放之初，中国在农村率先实行家庭联产承包责任制，恢复了家庭作为农业经济生产组织形式。随后，在城市允许以家庭为单位的个体经营和私营企业的出现，家庭的生产功能迅速地得到恢复，由此极大地激发了人们的生产热情，同时相当程度上解决了劳动力就业问题，推动着经济的发展。

社会组织结构。组织是为实现对社会权力、权利、资源的配置而构建的体系。改革开放以来，随着计划体制的解体和市场体制的建立，中国组织结构的最大变化是随着组织结构的分离和成长，资源与机会的配置发生重大变化，组织功能也随着发生再造。首先，政府职能在转型期，对经济社会的管控在调整，开始由"全能型"政府向公共服务职能回归；其次，随着企业组织的成长并成为市场的主体，原来的国有企业的生产功能被强化，非生产功能被剥离；最后，社会组织开始发育，并发挥着国家与市场之外的社会整合功能。2007 年中国社会组织达到 38.7 万个，其中社会团体

---

[1]　国家统计局编《中国统计年鉴·2008》，北京：中国统计出版社，2008 年 9 月，第 110 页，第 87 页。

[2]　国家统计局编《中国统计年鉴·2007》，北京：中国统计出版社，2007 年 9 月，第 108 页，第 112 页。

21.2 万个，民办非企业单位 17.4 万个，基金会 1340 个，吸纳社会各类人员就业 456.9 万人。① 这些社会组织业务范围涉及科技、教育、文化、卫生、劳动、民政、体育、环境保护、法律服务、社会中介服务、工商服务、农村专业经济等领域，在中国经济社会发展中发挥着不可或缺的积极作用，成为构建社会主义和谐社会的重要力量。

3. 空间分布结构：资源与机会配置的城乡、区域调整

城乡结构和区域结构是社会资源和机会在空间配置的形成的结构状态。

城乡结构。中国城乡结构变动首先表现为城市化（见图 2），即随着工业化的进程，大量农村人口转变为城市人口，传统农村社会逐步转变为城市社会。改革开放以前，中国的城市化进程缓慢，1952 年全国总人口为 57482 万人，其中农村人口 50319 万人，城市化率只有 12.5%；1978 年，全国总人口达到 96259 万人，其中农村人口 79014 万人，城市人口 17245 万人，城市化率也只有 17.9%，26 年间仅提高 5.1 个百分点。1978 年以后，中国的城市化进程开始加快，按城镇常住人口计算，2008 年中国的城市化率达到 45.7%，正在接近一般公认的城市社会 50% 的城市化水平。② 30 年间中国的城市化率提高了近 28 个百分点，平均每年提高 0.93 个百分点。城镇人口增加近 4.4 亿人，平均每年增加约 1453 万人，其中 60% 以上是从农村转移出来的。城乡结构变动其次表现为城乡二元体制的转型，即市场经济的发展打破了城乡资源和机会配置的行政垄断，使计划经济时期形成的城乡二元社会结构发生松动。1978 年开始的农村改革首先冲破了城乡二元产权制度的约束，农村在资源配置上获得了相对的自主权利，由此诱发了城乡体制的一系列变动。此后，农村工业化、城镇化蓬勃发展，乡镇企业在一段时期内异军突起，农民非农就业的政策限制逐渐松动，出现了大规模的农民向非农经济部门和城市转移的高潮。21 世纪以来，国家先后提出统筹城乡发展战略、新农村建设、减免农业税费、推进农村新型合作医疗，农村养老保险、促进公共服务均等化被提上日程并得到逐步落实。在城市，相继出台一系列措施维护农民工的合法权益，一些城市正在进行使农民工逐步融入城市的试验，使之在一定限度内享受市民待遇。虽然解决城乡二元结构问题步履维艰，但毕竟已经迈出了渐进调整的步伐，当前的城乡结

---

① 国家统计局编《中国统计年鉴·2008》，北京：中国统计出版社，2008 年 9 月，第 892 页。

② 国家统计局编《中国统计年鉴·1983》，北京：中国统计出版社，1983 年 10 月，第 103 ~ 104 页；《中国统计年鉴·2009》，北京：中国统计出版社，2008 年 9 月，第 89 页。

构与计划体制时期相比已经有了明显改善。

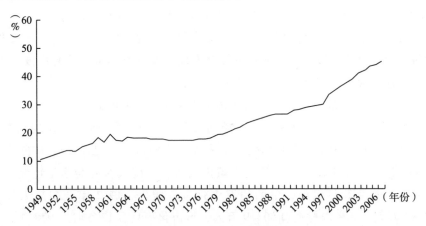

图 2　1949～2006 年中国城市化率

数据来源：国家统计局编《中国统计年鉴·1983》，北京：中国统计出版社，1983，第 103～104 页；国家统计局编《中国统计年鉴·2009》，北京：中国统计出版社，2009，第 89 页。

区域结构。改革开放以来，中国区域之间发展互动的机制从单一走向多元，东部、中部、西部等区域经济社会发展格局逐步形成，不同类型区域的经济社会发展模式和速度差异明显，社会成员之间的生活水平和发展机会落差逐步拉大。总体上看，在发展水平上东部最高、中部次之、西部最低，东部沿海与中西部内陆地区发展差异明显，这极大改变了改革开放之前区域均衡发展的原有战略与格局。2006 年，东部地区以占全国 9.5% 的土地面积和占全国 36.3% 的人口，创造了占全国 55.7% 的国内生产总值；中西部内陆地区则以占全国 90.5% 的土地面积和占全国 63.7% 的人口，仅创造了占全国 44.3% 的国内生产总值。区域结构不平衡是当前中国的基本国情，协调区域发展是当前调整社会结构的重要方面。

4. 生存活动结构：就业、收入分配与消费三大结构变化的市场推动

经济社会活动就是经济社会资源的生产和消耗行为，这也是资源和机会分配与配置的过程。总体来看，生存活动结构主要包括就业结构、收入分配结构与消费结构。

就业结构。就业结构是在资源生产中所形成的社会结构，主要表现为劳动力在产业、行业、岗位等方面的配置。当代中国就业结构中的劳动力配置已经从新中国成立前的自然经济特征、改革开放前的计划经济状态转变到当前的市场经济方式，已经从农业就业人口占绝大多数转变为非农产业就

业人口超过农业就业人口，同时第三产业就业人口超过了第二产业就业人口。1952 年中国就业人口有 2.1 亿人，三次产业的就业结构为 83.5∶7.4∶9.1；1978 年就业人口为 4 亿人，就业结构为 70.5∶17.3∶12.2。1952～1978 年间，就业结构改变不显著，农业从业人员比重仅下降 13%，依然占大多数。1978 年以后，中国农业劳动力开始大规模向非农产业转移，就业结构发生显著改变，2007 年就业结构已经调整为 40.8∶26.8∶32.4，在 7.7 亿总就业人口中，第二、三产业就业人口合计达到 4.6 亿人，占就业人口总量的 59.2%（见图 3）。1978～2007 年间，第二、三产业从业人员平均每年增加 1164 万人，这为中国经济增长提供了充分的劳动力供给。同时，工业化和市场化催生了新兴行业、部门的岗位，这使得就业的职业、岗位越来越多样化、异质化和复杂化。总体来看，中国就业结构已经不再是农业国家的就业结构，达到了工业化国家的就业结构标准。不过也要看到的是，当前中国就业结构与产业结构存在着偏差，2007 年，占 40.8% 的农业劳动力只创造了 GDP 的 11.3%。[①]

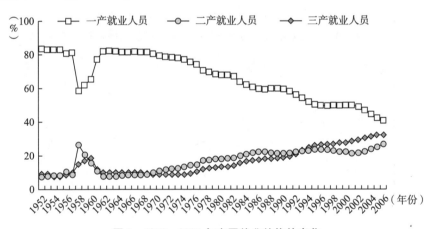

图 3　1952～2006 年中国就业结构的变化

数据来源：国家统计局编《中国统计年鉴·2008》，北京：中国统计出版社，2008，第 112 页。

　　收入分配结构。收入分配事关民生，事关社会公平、公正，甚至国家长治久安。改革开放以来，中国收入分配制度改革不断深化，收入分配体制发生了根本性的变化，收入分配结构也实现巨大调整，打破了平均主义

---

① 国家统计局编《中国统计年鉴·2008》，北京：中国统计出版社，2008 年 9 月，第 112、38 页。

和"大锅饭"制度，形成了按劳分配为主体、多种分配方式并存的分配制度，极大地激发了社会成员的积极性，有力地促进了经济社会的发展。在收入分配制度改革不断深化过程中，收入再分配框架基本建立并不断完善，可以说改革 30 年是城乡居民收入增长最快、得到实惠最多的时期，这是收入分配改革的结果。当前，中国收入分配方面的问题，主要是城乡、区域、阶层之间收入差距过大，贫富分化显生，对社会和谐稳定产生了不利的影响，需要重视和妥善解决。

消费结构。改革 30 年，中国居民消费结构从生存型、温饱型走向小康型、富裕型，推动消费结构变迁的主导力量发生了重要变化，消费的功能更加多样化，消费标识功能在逐渐增强。恩格尔系数是反映消费结构变化的重要指标之一，中国城市居民家庭的恩格尔系数已由 1978 年的 57.5% 下降到 2007 年的 36.3%，达到了富裕水平，农村居民家庭的恩格尔系数由 67.7% 下降到 43.1%，进入小康水平（见图 4）。[1]　虽然这与发达国家 30% 以下的水平仍有距离，但其意义重大，表明在消费结构中，食品等基本生活消费支出比例稳定下降，科教文卫等消费支出比例正在不断提高，消费结构正在不断的升级，越来越呈现出现代社会消费结构的重要特征。

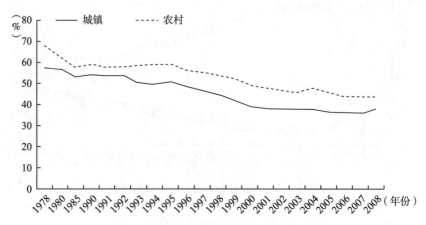

图 4　1978～2008 年中国城乡居民恩格尔系数变化

数据来源：国家统计局编《中国统计年鉴·2009》，北京：中国统计出版社，2009，第 317 页。

改革开放以来，导致就业、收入分配以及消费这三大生存活动结构深刻变化的最主要原因是市场对资源与机会配置的机制引入。在改革开放之

---

①　国家统计局编《中国统计年鉴·2008》，北京：中国统计出版社，2008 年 9 月，第 317 页。

前，经济社会活动中的资源与机会配置完全由国家掌控。在就业结构方面，就业由国家安排，人们没有选择职业的权利与机会；收入分配也由国家在遵循"平等"的导向下一手进行；消费则实施严格的国家供给制。由于国家严格控制资源与机会在就业、收入分配、消费中的配置，使得社会生存活动结构呈现高度的刚性与封闭性，社会成员的个体自主性被基本抑制，社会结构呈现"总体性"特征。1978 年之后，市场开始发育，市场机制被引入就业、收入分配和消费中。在就业方面，人们有了自主就业的权力与机会，与此同时，私营企业的成长以及国有企业改革，就业岗位的供给主体也开始从国家转变为企业组织。在收入分配方面，过去国家制定的平均主义收入分配体制，开始由市场中的企业组织按"按劳分配"的原则进行根本性的调整。在消费结构方面，随着国家供给制的解体和商品的极大丰富，人们的消费能力与机会大大提高。总体而言，正是生存活动结构中的资源与机会配置的市场机制介入，使得当代中国就业结构、收入分配结构以及消费结构发生深刻的变化。

5. 社会地位结构：现代社会阶层结构的初步形成

社会阶层结构是社会结构的核心结构，新中国成立 60 年来，特别是改革开放 30 年来，中国社会结构深刻变动，首要表现为现代社会阶层结构初步形成。

资源和机会在社会阶层中的分配构成了阶层位置的客观基础，阶层成员获取资源和机会的能力（先赋与后致）成为改变其阶层位置的重要因素。新中国成立以来，特别是改革开放以来，中国社会阶层结构发生深刻变化，改革开放之前的"两阶级、一阶层"结构逐渐解体，新的社会阶层逐渐形成，社会阶层结构由简单化到多元化，由封闭转向开放，现代社会阶层结构已基本形成。目前来看，中国社会阶层结构由十大社会阶层组成，他们是国家与社会管理者阶层、私营企业主阶层、经理人员阶层、专业技术人员阶层、办事人员阶层、个体工商户阶层、商业服务业从业人员阶层、产业工人阶层、农业劳动者阶层和无业失业半失业人员阶层（见表 2）。在新的社会阶层结构中，中产阶层的规模比例不断扩大，是当代中国社会阶层结构的突出表现，具体来看，在中产阶层的扩大方面，改革开放以来平均每年增加 103 万个体工商户；1995～2007 年，平均每年增加 93 万个私营企业主；随着高等教育的大发展，目前中国每年毕业大学生超过 600 万人，这也为中产阶层的扩大造就了后备军。此外，还有很多人通过各种渠道进入中产阶层，据课题组测算，2007 年中国的中产阶层占总就业人口的 23%，比 1999 年的 15% 增加 8 个百分点, 现在每年约有 800 万人进入中产阶层。在以中产阶层扩大为标志的现代社会阶层结构不断形成的同时, 近年来, 中国社会阶层结构也存在着利益分化与冲突显化的苗头, 由此对社会稳定造成一定的影响, 对此需要引起重视。

表 2　当代中国社会阶级阶层结构变迁

单位: %

社会阶层 \ 年份	1952	1978	2001	2006
国家与社会管理者	0.5	1.0	2.1	2.3
私营企业主	0.2	—	1.0	1.3
经理人员	0.1	0.2	1.6	2.6
专业技术人员	0.9	3.5	4.6	6.3
办事人员	0.5	1.3	7.2	7.0
个体工商户	4.1	—	7.1	9.5
商业服务业从业人员	3.1	2.2	11.2	10.1
产业工人	6.4	19.8	17.5	14.7
农业劳动者	84.2	67.4	42.9	40.3
无业失业半失业人员	—	4.6	4.8	5.9
合计	100.0	100.0	100.0	100.0

　　注: 虽然不同时期和阶段社会阶层结构不同, 我们还是按照当前中国十个社会阶层结构的统一分类框架, 对不同时期和阶段的社会阶级阶层结构进行了再细分, 目的是便于读者能够更好地对当代社会阶层结构变迁进行整体的回顾与审视, 从而更加清晰地感受到当代中国社会阶层结构变迁的轨迹; 关于社会阶层的位序, 是按 2000 年以来新的社会阶层结构位序进行排序的, 具体参见《当代中国社会结构》一书第九章第一节。

　　数据来源: 1952 年和 1978 年数据根据相关统计文献估算而得, 具体参见陆学艺主编《当代中国社会阶层研究报告》, 北京: 社会科学文献出版社, 2002 年 1 月, 第 44 ~ 47 页; 2001 年数据根据全国抽样调查数据测算; 2006 年数据根据 2005 年国家统计局 1% 人口抽样调查资料与 2006 年中国社会科学院社会学研究所全国综合社会调查数据推算。

　　总体而言, 当代中国社会结构已经发生深刻变化。导致这种深刻变化的因素主要有三方面。(1) 改革开放以来, 经济持续快速增长、教育事业长足发展以及国家组织之外的经济社会组织成长, 使得社会结构中可供配置的经济资源、文化资源以及组织资源总量显著扩大。(2) 社会结构中资源配置机制发生变化, 这首先表现为国家主导的资源配置模式发生改变, 市场与社会获得了配置资源的权力, 资源配置趋于多元化、市场化与社会化。在此基础上, 社会要素之间的资源配置机制也随之发生变化, 如收入分配结构中，工资分配不再仅仅取决于国家，企业组织获得了分配自主权，企业组织按劳分配，按生产要素分配，从分配上改变着过去收入分配结构中的平均主义，再造了收入分配结构。（3）人们获得社会资源的机会不断增多。如在人们获得自主创业和就业的权利与机会方面，最突出的表现为亿万农民得到选择非农就业的权利与机会，大量农村劳动力流向城市非农经济部门就业，有力地推动了中国城乡结构、就业结构、社会阶层结构的转变。总体而言，1978年以来，中国社会结构发生历史性深刻变动，正在向现代社会结构转型，已经初步具备了现代社会结构的基本特征，当然这种转型还远未完成。

四　社会结构变动对中国经济发展的意义

在以往的研究中，人们主要注意到了经济发展对于社会结构变化的意义，如经济发展需要提高城市化率、识字率和受教育水平，这会带来就业结构的变化，导致农民在规模和重要性上的下降，以及中产阶级和城市工人阶级的发展，这种变化又会带来工会、政党组织以及公民团体的发展和变化。[①] 其实，社会结构的变动对于经济发展也有着反作用。在现代社会中，除国家干预与市场调节之外，社会结构转型是影响资源配置与经济发展的另一只看不见的手，它既是经济增长的结果，也是社会变革的推动力量。[②]

因此，经济结构的变化必然引起社会结构的变动，反过来，社会结构中资源与机会配置的公平促进，必然又会导致效率的提高，所以，社会结构的变化也会反作用于经济的发展。在此意义上，经济结构与社会结构的变动互为因果关系。

对于当代中国经济建设的巨大成就，学者们一般认为原因主要有以下几方面：（1）工业化与城市化；（2）消费拉动；（3）出口；（4）投资；（5）劳动力；（6）中国式改革；（7）对外开放。[③] 然而，这些因素大多数是工业化国家的经验。仅仅用一般经验来解释中国在这么短的时间内所取

---

① 亨廷顿：《第三波：20世纪后期民主化浪潮》，刘军宁译，上海：上海三联书店，1998，第4页。

② 李培林：《另一只看不见的手：社会结构转型》，《中国社会科学》1992年第5期。

③ 陈佳贵、黄群慧、张涛：《从高速增长走向和谐发展的中国经济》，《中国工业经济》2007年第7期。

得的巨大发展成就是不够的。我们注意到，当代中国的发展伴随着经济社会的双重转型，对于经济领域之外的社会领域——社会转型下的社会结构深刻变化的结果也是不能忽视的。概而言之，在由传统农业社会向现代工业社会转型过程中，社会结构的快速、深刻、巨大的变动，所释放的活力以及由此初步形成的现代社会结构，成为当代中国经济社会发展的积极因素和重要的结构性支撑。具体来看，社会结构深刻变动对经济发展的意义主要有以下几方面。

（一）家庭经济功能的强化推动着经济发展

家庭是社会的细胞，在"自给自足"的传统农业社会中，家庭几乎具备社会的各种经济功能。尽管现代社会已经将家庭的许多经济功能分离出去，但是，家庭仍然承担着重要的经济活动功能，如消费、储蓄、投资、财产继承、债务等。[①] 家庭经济功能与经济资源的配置密切相关。1949 年新中国成立之后，在农村通过土地改革对土地资源进行了重新分配，亿万农民获得了土地，这大大强化了农村家庭的经济生产功能，对于发展农业生产、恢复国民经济起到了积极作用。但是，随着社会主义改造的完成，土地收归集体所有，农村家庭作为经济生产组织形式基本上被国有和集体经济组织所代替，家庭的生产功能严重受损，农业生产由此进入了发展迟缓的阶段。1978 年以后，随着"家庭联产承包责任制"的实施，以家庭为单位，农民获得了土地生产经营使用权，农民家庭的生产功能的强化，极大释放了农民的生产积极性，由此，中国农业发展进入了快速增长的新的阶段。

在城镇，家庭的经济功能在 1956 年以后被改造。首先是随着个体经济的被改造，生产资料国有化与集体化，以家庭为单位的个体经济失去了存在空间，家庭的生产功能被作为资本主义生产方式受到批判；其次是随着国家供给制的建立，以及经济建设中的"高积累、低消费"的政策安排，城镇家庭的消费功能被抑制在国家严格的制度安排之中，失去自主消费空间。改革开放以来，个体经济首先被政策所允许，城镇家庭又重新获得了对生产资料的拥有与支配，个体经营户雨后春笋般的出现，揭开了城市改革的大幕。同时，随着商品经济的发展，市场的繁荣，消费的国家供给体制开始逐步被打破，家庭的消费功能的自主性回归，极大促进了商品经济

---

① 李培林：《再论"另一只看不见的手"》，《社会学研究》1995 年第 1 期。

的发展。

概括来看，改革开放之后，家庭经济功能变动的重要动因是体制改革对家庭功能的再造，而实现这一过程的中间变量，则是国家的政策安排允许家庭可以拥有生产资料。相比较而言，家庭对生产资料的使用比企业组织成本低而效率要高，这符合经济增长的低成本化与高效率化的规律。与此同时，在家庭资源获得的机会方面，国家遵循的是公平导向，比如在农村，土地经营使用权的重新配置并不按先赋性的因素进行，而是按人口平均分配。再比如对城市家庭从事个体经营活动，政策导向是机会的公平开放。这种政策安排最大化地获得了经济增长的积极效应。

（二）就业结构调整，使劳动力配置合理化

在改革开放之前，中国用工制度由国家高度统一配置，使得就业结构呈现出刚性，劳动力流动受到梗阻。1978 年，就业结构中有 70.5% 的农业劳动者，而产业结构中农业产值仅占 28.1%，二者结构差为 42.4 个百分点。70% 的劳动力仅创造了 28% 的财富，劳动力在产业间的配置严重不合理。改革开放之后，随着经济体制改革，第二产业、第三产业的快速发展对劳动力的需求大大提高，与此同时，农民获得了非农就业的权利与机会，开始大量进入非农经济部门，劳动力在产业间的配置发生了显著的变化。2007 年，就业结构中的农业劳动者下降到 40.8%，而产业结构中农业产值下降到 11.7%，二者结构差为 29.1 个百分点，已经发生显著下降，提高了整个国家的劳动生产率。加快了经济的发展。当然就业结构依然还滞后于产业结构，需要进一步调整。

另外，劳动力的区域配置也发生重大变化。一方面，大量的农村劳动力开始进入城市，这不仅仅加快了城市化步伐，改变了城乡结构，而且人力资源的城乡重新配置推进了城市产业，特别是第三产业的发展。另一方面，劳动力在东中西区域之间的转移，使得经济发展先行的东部地区获得了必要的劳动力，这对于促进经济的整体发展是有重要意义的。

然而，需要强调的是，改革开放以来劳动力配置的合理化提高并非仅仅是"市场作用"的结果，而是社会政策调整在先，为劳动力市场化配置提供了政策性的支撑。没有改革开放之初城乡管理体制的率先改革，城乡户籍体制的松动，农民的流动是不可能的，随后的市场化也是不可能出现的。从这个意义上看，社会政策的先行对于经济发展往往会创造良好的发展环境与条件，这对于我们思考当前中国经济发展是有重要启示的。

（三）　社会组织功能的自主性回归，促进了经济体制改革

改革开放以前，国家对整个社会的控制形成一种总体性的组织结构。[①]这种总体性组织结构同时也是一种社会控制机制，主要是通过三种途径建构起来的。首先，国家对几乎全部重要的资源实行垄断，并把所有这些资源置于高度集中的计划经济体制控制之下；其次，建立单位制组织体系，把几乎所有社会成员高度组织起来，由单位负责他们的生老病死，形成国家办单位、单位办社会的格局，中国公民都成了所谓的"单位人"；最后，国家把各种可能具有社会性、民间性的群众组织或社团组织（如工会与妇联等）全部收编，纳入国家政治体制的结构内，使之成为贯彻国家意图、执行国家使命的官方组织；不适合收编的，则被解散或取缔。在这样的情况下，国家几乎包办经济社会领域的一切事务，而企业与社会组织成为政府组织的附属。

1978 年之后，在中国组织结构的变化中，国家、经济与社会三大组织的功能朝着自主性方向开始回归。一是国家的总体性控制不断收缩，并且朝着规范化、法律化的方向演进，从而逐步改变了以往国家包揽一切的状况。二是企业组织的生产功能得到强化，非生产性功能，如企业办社会被逐步分离出去，这对于市场经济发展的意义是重大的。三是社会生活领域的自主性不断增强，相对独立的社会组织开始发育成长。社会组织是在国家不断从社会领域退出、作为市场主体的经济组织不断剥离其社会职能同时又未能承担应当承担的社会责任的过程中发展起来的，因而它们具有以组织化的形式填补国家和企业组织退出以后在社会生活领域留下的空白。从这些变化来看，各类不同组织功能的自主性回归，强化了专业分化下的资源配置，同时，资源与机会的配置由国家完全掌控，转变为国家、市场、社会的共同配置，大大提高了配置的效率，这对经济增长具有重要的意义。

（四）　城乡结构调整，资源与机会空间配置的聚集效应得到发挥

城市是降低资源配置成本的地区性结构安排，城市规模越大，资源配置成本越低。改革开放以来的城乡结构变化，实质是资源与机会在城乡间

[①]　孙立平：《转型与断裂——改革以来中国社会结构的变迁》，北京：清华大学出版社，2004 年7 月。

的重新配置。虽然今天城市化滞后于工业化，城乡结构依然表现出不合理，但是，改革开放 30 年间，中国城市化的加快，使得城乡间的资源与机会配置的效率提高，有力促进着经济的发展。

首先，城市化率的提高，促进了职业生产的聚集效应。如果说经济的增长为相应的职业群体的出现创造了空间，那么相应的职业群体的成长壮大对于经济发展有着重要的意义。对此，在职业的生产方面，城市化有着重要的意义。正如本课题组在第二部研究报告中所指出的，在当前中国制度条件下，不同人口规模的城市具有职业生产的聚集效应。[①] 只有城市规模达到 200 万人以上，第三产业的职业比重才会上升到 40% 以上，为生产、生活服务的新型服务业才会蓬勃发展起来。

其次，城市化率的提高，促进了产业结构的调整。随着现代社会发展，工业化带动城市化并促进就业结构调整。工业发展不仅要求企业扩大规模，而且还要求企业不断降低交通运输、信息传递、交易等方面的成本，因此，需要人力、物力的相对集中。于是，工业化带动了人口集中，这又促进了对生活服务的需求增加，推进了第三产业发展，这样构成了城市发展的动力。城市化的进一步发展自然会更好地吸引更多的企业，并为企业发展提供更好的基础设施和服务，吸引更多的人才等，从而又促进着产业结构的升级。在当代中国经济增长中，城市化对于产业结构调整的促进意义也同样得到体现。

最后，城市化率的提高，促进了消费主体的成长，消费的扩大又推进了经济的增长。就现代社会而言，消费的主体集中在城市，其中又以中产阶层为主。中国城市化率在改革开放以后加快提高，使得城市中中产阶层的比例不断扩大。目前中产阶层占社会阶层总体的 23% 左右，在城市这个比例更高。从下面一组数据中可以看出城市化提高对于消费增长的意义：自 1990 年城镇居民消费所占比重首次超过农村居民以来，城乡居民之间的消费差距呈现出日益扩大的趋势，2006 年城乡居民消费所占比重扩大到 73.6 : 26.4，近 30% 的城市人口占消费比重的 73.6%（见图 6）。当然反过来看，可以说由中国城乡结构所决定的消费市场不可能支撑起经济增长的需要。因为消费市场的启动不可能建立在农民的低收入水平基础上，城市化比例不高直接决定这样的消费市场的消费能力是极为低下的。在这个意义上，中国的城市化还有待进一步推进，让更多的农民进入城市，这对于

---

① 陆学艺主编《当代中国社会流动》，北京：社会科学文献出版社，2004，第 121～122 页。

扩大内需、推进经济增长有着重要的作用。

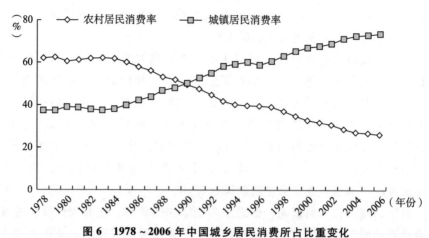

图 6 1978～2006 年中国城乡居民消费所占比重变化

数据来源：相关年份《中国统计年鉴》。

（五）新社会阶层的兴起与发展，使社会主义市场经济的活力充分显现

随着改革开放以来中国由计划经济体制向社会主义市场经济体制的转轨，即过去的"两阶级、一阶层"发生了深刻的变化，新的社会阶层结构逐步形成。在新的社会阶层结构中，掌握和运作经济资源的阶层在不断兴起和壮大，他们主要包括私营企业主阶层、经理人员阶层、个体工商户阶层。改革开放以来的中国经济持续快速增长，与这些掌握和运作经济资源的阶层的壮大是密切相关的，可以说，没有市场经济中的这些新的社会阶层的壮大，中国经济的增长不可能会有今天这么大的成果，他们已经成为推动中国市场经济发展的重要力量。这其中，私营企业主阶层的成长对于经济增长是突出的例子（见表 3）。1981 年中国出现第一个雇工超过 8 人的私营企业主，1989 年有关方面才有私营企业的正式统计数据，当年的私营企业共有 9.06 万户，私营企业主 20.8 万人，注册资金 84.5 亿元，从业人员 164 万人。到 2007 年，私营企业有 551.3 万户，私营企业主 1396.5 万人，从业人员 7253.1 万人。私营企业主在 18 年间平均每年增加 76.4 万人。2007 年，全国的私营企业已占国内总企业的 63.25%，注册资金 93873.1 亿元，当年上缴税金 4771.5 亿元。这些数据表明，私营企业已成为社会主义市场经济的重要组成部分，对于国民经济的发展起了重要的作用。

表 3 1989~2007 年中国私营企业发展状况

年份	户数		注册资金		私营企业主		从业人员		产值	
	万户	增长(%)	亿元	增长(%)	万人	增长(%)	万人	增长(%)	亿元	增长(%)
1989	9.06	—	84.47	—	20.80	—	164.00	—	97.40	—
1990	9.81	8.28	95.20	12.70	22.00	5.77	170.00	3.66	121.76	25.01
1991	10.78	9.89	123.20	29.41	24.00	9.10	184.00	8.24	146.63	20.43
1992	13.96	29.50	221.20	75.55	30.31	25.00	231.84	29.09	205.10	39.88
1993	23.79	70.42	680.50	207.64	51.38	71.30	372.63	60.78	421.70	105.61
1994	43.22	81.68	1447.80	112.76	88.93	73.30	684.37	73.73	1154.00	173.65
1995	65.45	51.43	2621.70	81.08	133.96	50.70	955.97	47.57	2295.20	98.89
1996	81.92	25.17	3752.40	43.13	170.45	27.20	1171.13	22.49	3226.60	40.58
1997	96.07	17.27	5140.10	36.98	204.18	19.80	1349.26	15.29	3922.50	21.57
1998	120.10	25.01	7198.10	40.04	263.83	29.20	1709.08	26.67	5853.30	49.22
1999	150.89	25.64	10287.30	42.92	322.38	22.20	2021.55	18.25	7686.01	31.31
2000	176.18	16.76	13307.70	29.36	395.34	22.60	2406.50	18.99	10739.78	39.73
2001	202.85	15.14	18212.20	36.85	460.83	16.60	2713.90	12.77	12558.27	16.93
2002	243.53	20.05	24756.20	35.93	622.80	35.20	3409.30	25.62	15338.00	22.13
2003	300.60	23.43	35304.90	42.61	772.80	16.90	4299.10	26.11	20083.00	30.94
2004	365.07	21.44	47936.00	35.78	948.63	30.30	5017.30	16.71	22950.40	14.28

续表

年份	户数		注册资金		私营企业主		从业人员		产值	
	万户	增长（%）	亿元	增长（%）	万人	增长（%）	万人	增长（%）	亿元	增长（%）
2005	430.10	17.81	61331.10	27.94	1109.90	17.00	5824.10	16.08	27434.10	19.54
2006	498.10	15.81	76028.50	23.96	1271.70	14.58	6586.30	13.09	31855.10	16.16
2007	551.30	10.68	93873.10	23.47	1396.50	9.81	7253.10	10.12		

数据来源：中华全国工商业联合会、中国民（私）营经济研究会编《中国私营经济年鉴（2006.6～2008.6）》，北京：中华工商业联合出版社，2009 年 3 月，第 6 页；本志荣：《中国私营经济发展研究》，厦门：厦门大学出版社，2004 年 11 月，第 56 页；历年《中国统计年鉴》。

此外，新的社会阶层结构中的农民工阶层的出现，对于中国经济发展也有着重要的意义。在 20 世纪 80 年代初的世界新的一轮产业转移中，正值中国改革开放启动，中国抓住了这个契机，承接了世界产业向发展中国家转移中的劳动力密集型产业，大力发展制造业，吸纳了大量农村劳动力向非农经济部门的转移，这就是农民工。30 年来，中国成了"世界工厂"。"世界工厂"的主体是工人，是农民工阶层。数以亿计的农民工辛勤劳动，艰苦奋斗，创造了难以计数的各种商品，彻底改变了中国短缺经济的状况，并且把商品运销到了世界各地，为国家创造了巨大财富。农民工阶层的伟大功绩，在中国工业化、现代化的历史上应有光辉的记载。

五　社会结构变动滞后：当前诸多社会矛盾问题的重要原因

在经济增长过程中，资源与机会配置的效率优先并不是总能导致公平的实现。也就是说，经济结构的变化并不总会推动社会结构的合理调整。这表明社会结构的合理变化不是一个纯自发的过程，往往还需要国家、市场与社会通过制度、政策、规范来促进资源与机会在社会系统中的合理配置，这种合理配置就是要"效率"与"公平"之间寻求一种协调，从而实现经济与社会的协调发展。

（一）社会结构变动滞后于经济结构变化

一个国家或地区社会要正常稳定运行，在于社会各个方面的各种功能正常发挥，顺畅实现。社会作为一个大的系统包括社会结构、经济结构等组成部分，它们在功能上相互依存、互为基础，为社会整体服务。在这个意义上，社会结构和经济结构的协调发展，才能有效支撑起社会的和谐运行。

改革开放以来，中国社会结构虽然发生深刻的变化，并产生积极的经济发展意义，但是，在"效率优先、兼顾公平"发展导向下，过于追求增长速度，把应该配置到社会领域的资源与机会也配置到经济领域中。经济发展加快了，然而经济社会发展不平衡的问题突出了。与此同时，计划经济体制时期的一些已经不合乎时宜的体制没有从根本上得到改变（如户籍制度），改革开放以来制定的一些政策也没有随着形势发展而及时进行调整（如分配调节政策），严重侵蚀着社会成员获得资源的机会。这样，在社会系统中，一方面是资源配置机制不合理导致社会结构与经济结构脱节，差距扩大；另一方面是相当一部分社会成员获得资源的机会开始出现了梗阻，导致社会结构调整滞后，而且这种滞后已经超出了合理的限度。这说明，中国社会结构 30 年来虽然发生了历史性的深刻变动，但这种变动还不够、还不到位，与经济结构还不适应，有待进一步变动和优化。更需要特别注意的是，社会结构和经济结构的不协调，已经成为引起当前诸多社会矛盾问题频发的结构性原因。

（二）当前社会结构滞后经济结构大约 15 年

对一个国家或地区社会结构与经济结构变动各自所处阶段的对比分析，认识两者契合度，以及这种契合度在多大程度上影响社会稳定和谐、影响群体或阶层的利益关系，国内外的学者都进行了丰富的研究。在美国学者英克尔斯所设计的社会现代化标准指标体系中，既有经济结构指标体系，也有社会结构指标体系。[①] 根据钱纳里等人的研究以及国际经验，对于一个国家或地区，用结构转换来衡量其发展水平是常用的方法。[②] 所谓结构转换就是社会结构指标与经济结构指标的对比及综合分析。国内关于社会现代化的研究和经济现代化的研究也是通过社会结构指标与经济结构指标的对比分析来探索现代化的发展进程的。近年来，国内有关小康社会指标体系和社会和谐指标体系的研究[③]，就是注重社会结构指标与经济结构指标对比分析，探讨小康社会实现程度、经济社会协调程度以及社会和谐程度。这些研究对于判断中国当前社会结构和经济结构所处阶段以及契合程度具有重要的借鉴意义。因此，我们课题组在研究社会结构与经济结构所处阶段时，在以上研究基础上，分别从社会结构和经济结构中选择能够反映二者总体状况的具有代表意义的若干指标，揭示社会结构变动与经济结构变动的契合程度（见表 4 和表 5）。

---

① 孙立平：《社会现代化》，北京：华夏出版社，1998。
② 霍利斯·钱纳里、莫伊思·赛尔昆：《发展的型式：1950～1970》，北京：经济科学出版社，1988。
③ 朱庆芳、吴寒光：《社会指标体系》，北京：中国社会科学出版社，2001；李培林、朱庆芳：《中国小康社会》，北京：社会科学文献出版社，2003；朱庆芳：《社会和谐指标体系综合评价和分析（1978～2006）》，载汝信、陆学艺、李培林主编《2008 年中国社会形势分析与预测》，北京：社会科学文献出版社，2008。

表4　工业化中期阶段主要社会结构指标体系

	工业化初期阶段 一、二、三模式	工业化中期阶段 二、三、一模式 （一产小于20%）	工业化后期阶段 三、二、一模式 （一产小于10%）
库兹涅茨产业结构模式			
钱纳里标准　人均GDP（1982年美元）	728~1456	1456~2912	2912~5460
就业结构（%）(1964)	—	15.6　36.8　47.3	—
恩格尔系数（%）	—	30以下	—
城市化率（%）	—	60以上	—
新阶段的中国经济标准　人均GDP（1998年美元）	1200~2400	2400~4800	4800~9000
产业增加值构成（%）	—	20　40　40	—
就业结构（%）	—	50　22　28	—
人口结构（自然增长率）（‰）	—	—	1以下
主要发达国家工业化完成时期中产阶层规模经验值（%）	—	22.5~65	—

资料来源：钱纳里等：《工业化和经济增长的比较研究》，上海：上海三联书店，1989，第71页；孙立平：《社会现代化》，北京：华夏出版社，1998，第24~25页；史清琪等：《中国产业发展报告》，北京：中国轻工业出版社，2000，第15页；王梦奎、陆百甫、卢中原等：《新阶段的中国经济》，北京：人民出版社，2002，第256~257页；李冬：《新型工业化力量与实证分析》，北京：社会科学文献出版社，2006，第150页；主要发达国家工业化完成时期中产阶层规模经验值参见富永健一《日本的现代化与社会分层》，北京：商务印书馆，2004，第267页；李培林等：《中国社会分层》，北京：社会科学文献出版社，2004，第436、468页。

表 5　2007 年我国工业化阶段社会结构主要指标

	库兹涅茨产业结构（%）模式	工业化初期阶段 一、二、三模式	工业化中期阶段 二、三、一（48.6、40.1、11.3）	工业化后期阶段 三、二、一模式（一产小于 10）
钱纳里标准	人均 GDP（元）	18934	—	—
	就业结构（%）	40.8　26.8　32.4	15.6　36.8　47.6	— — —
	恩格尔系数（%）	城镇为 36.3 农村为 43.1	—	—
	城市化率（%）	44.9	—	—
新阶段的中国经济标准	人均 GDP（元）	18934	—	—
	产业增加值构成（%）	— — —	—	—
	就业结构（%）	— — —	40.8　26.8　32.4	— — —
	人口结构（自然增长率）（‰）	23	5.17	—
	中产阶层规模经验值（%）	—	—	—

注：以上指标体系是对社会结构变动所处阶段总体趋势的大体反映，并非绝对精确的划分和界定。中产阶层规模经验值参见"当代中国社会结构变迁研究"课题组《2000～2005 年：我国职业结构和社会阶层结构变迁》；资料来源：《中国统计年鉴·2008》；《统计研究》2008 年第 2 期，第 43 页。

1. 社会结构与经济结构的偏差

现实发展中的若干重要指标已表明，当前中国的经济结构已进入工业化中期阶段，甚至有些指标表明已经进入了工业化后期阶段。从产业结构的变化情况看，产业结构已经从工业化初期阶段的"一、二、三"模式转变为工业化中期阶段的"二、三、一"模式；从人均收入水平看，人均GDP 或 GNP 美元表明工业化水平总体上处于工业化中期阶段。但是，社会结构指标还没有随着经济结构的转变而实现整体性转型，多数社会结构指标仍然还处在工业化初期阶段。

第一，从产业结构来看，按照库兹涅茨产业结构模式，到工业化中期阶段的产业结构模式将会转变为"二、三、一"模式，并且第一产业比重小于20%。按照该标准，中国在1993年就已经进入工业化中期阶段。

第二，从就业结构来看，根据钱纳里标准，工业化中期阶段的就业结构标准依次应为15.6∶36.8∶47.3，2007年中国的就业结构依次为40.8∶26.8∶32.4，仍然停留在工业化初期阶段。按照国内有关研究，中国工业化中期阶段的就业结构指标为50∶22∶28。按照这个指标，中国就业结构已转化为工业化中期阶段，但人均GDP仍然处于工业化初期阶段[①]。

第三，从消费结构来看，工业化中期阶段反映消费结构最重要指标之一的恩格尔系数应该下降到30%以下，2007年中国城镇恩格尔系数下降为36.3%，农村下降为43.1%，尽管与改革开放初期相比有了很大的下降幅度，但仍然停留在工业化初期阶段。

第四，从城市结构来看，反映城乡结构变化的城市化率在工业化中期阶段应该达到60%以上，2007年中国城市化率为44.9%，比1978年提高了27个百分点，但仍滞留在工业化初期阶段。

第五，从社会阶层结构来看，在工业化中后期阶段，中产阶层规模比例一般在22.5%～65%，根据我们课题组研究，中国当前中产阶层规模约为23%，表明中产阶层规模仍然处于工业化初期阶段。

第六，从人口结构来看，在所涉及的社会结构指标体系中，只有反映人口结构的人口自然增长率已经处于工业化中期和工业化后期阶段之间，但仍然高于工业化后期低于1‰的指标。

总体来看，中国经济结构已经处于工业化中期阶段，而社会结构仍然

---

① 王梦奎、陆百甫、卢中原等：《新阶段的中国经济》，北京：人民出版社，2002，第256～257页。

处于工业化初期阶段，二者存在结构性偏差，而且这种偏差较大。首先，从就业结构来看，第一产业从业人员的比重下降，按改革 30 年来第一产业就业人员比重下降速度年均 1 个百分点来计算，2007 年第一产业中的劳动力，要从 40.8% 下降到工业化中期阶段的 15% 以下的指标，大约需要 25 年。其次，就城市化而言，如果以近 30 年来城市化率每年提高近 1 个百分点的速度计算，城市化率要达到工业化中期阶段 60% 以上的指标，大约需要 15 年多的时间。这还是比较乐观的估算，因为，中国城市化率 2008 年只有 44.9%，不仅水平低，而且还存在城乡二元经济社会结构等问题亟待解决。再次，就消费结构中的恩格尔系数而言，根据 30 年来城镇和农村居民恩格尔系数下降速度分别为 0.82 和 0.71 个百分点计算，下降到工业化中期阶段 30% 以下的指标，分别至少需要 9 年和 16 年左右的时间。最后，就社会阶层结构中的中产阶层规模扩大而言，与发达国家中产阶层规模相比较，中国当前中产阶层规模偏小，如以近期中产阶层以每年提高 1 个百分点计算，中产阶层规模比例要扩大到 40% 的水平，需要 17 年左右。综合上述主要指标并考虑到中国近年经济发展态势等多种因素，中国社会结构滞后经济结构大约 15 年。也就是说到 2025 年左右，目前的社会结构才能进入工业化中期阶段。

2. 社会结构内部的偏差

结构偏差突出的另一个表现是社会结构内部各个结构之间的不协调。社会结构包括人口结构、家庭结构、就业结构、组织结构、城乡结构、区域结构、收入分配结构、消费结构、社会阶层结构等多个子结构，这些结构系统之间也存在结构性偏差问题。

根据现代化一般经验，现代社会结构的形成要经历先后三个转换点：首先是产值结构的转换点，即非农业产值占国内生产总值的比重上升到 85% 以上；其次是城乡结构的转换点，即城市人口占总人口的比重上升到 50% 以上；最后是就业结构的转换点，即非农业从业人员上升到全部从业人口的 70% 以上。[①] 2007 年，中国的农业总产值在 GDP 中只占 11.3%，第一个转换点已经实现；城市常住人口占总人口的比重仅为 44.9%，与 50% 以上的指标相差 5 个百分点，从事非农业的劳动力仅占总就业人口的 59.2%，与 70% 以上的指标至少相差近 11 个百分点，第二个和第三个转换点尚待实

———————

① 汝信、陆学艺、单天伦主编《2001 年中国社会形势分析与预测》，北京：社会科学文献出版社，2001，第 6 页。

现。这种结构性偏差也是造成当前中国"三农"问题久解不决，农民在解决温饱问题以后却难以普遍富裕起来的结构性原因。

又如，根据工业化国家的发展经验，平均每100人就有一个社会组织。现代社会是三分建设、七分管理的格局，现代社会越来越需要并注重于社会管理，而社会组织是工业化、城市化社会中一个重要整合力量，在社会管理中发挥着非常重要的作用。据有关部门统计，截至2007年底，中国共有社会组织38.7万个，相当于每3359个人一个社会组织，与工业化国家相差30多倍。

总体而言，不论是社会结构变动滞后于经济结构的变化出现了结构性偏差，还是结构本身系统之间出现了结构性偏差，这些都表明当前社会结构存在着滞后与不合理的因素。一方面，现阶段中国经济结构已迈入工业化中期阶段，而社会结构还处于工业化初期阶段，这是中国经济社会发展中的最大不协调。另一方面，现阶段中国社会结构本身存在的不合理，表明资源与机会配置存在着不开放、不包容、不协调，使得社会结构存在着结构性紧张并潜藏着社会冲突。以城乡结构为例，当前中国城乡二元结构实质为城乡之间各种资源配置不均衡，机会获得还不平等，以至于造成"城市像欧洲，农村像非洲"的城乡发展差距和"农民工"等一系列结构性的问题。同为一个国家的公民，为什么城市居民享有的资源与机会，农村居民不能享有？因为社会结构还不够开放。农民工进城已经从事了非农业生产，并且在城市工作生活了若干年，为什么其身份还是农民，不能享受同等的国民待遇？因为社会结构还不够包容。同为一个国家，为什么还存在"城乡分治，一国两策"的尴尬格局？表明我们的社会结构还不协调。总之，当前社会结构变动的滞后，以及结构本身还不够开放、不够包容、不够协调的特征，反映资源、机会在社会成员之间的配置还不到位，由此引发人们对经济社会发展还不满意，还有意见。如果不及时调整社会结构，这种不满和意见就会外显为社会冲突。因此，已到了调整社会结构的关键时期。

（三）社会结构滞后的后果

现代化的发展历程表明，一个现代化国家或地区不仅要有现代化的经济结构，还要有现代化的社会结构，同时经济结构与社会结构要协调发展，这样才能带来社会各个群体阶层利益关系的协调，才能带来社会的和谐稳定。

总体来看，当前中国的社会结构已经发生了深刻变化，但滞后于经济结构的变化，资源和机会配置在不同地区、不同社会阶层群体之间并不平等，这是当前中国存在诸多社会矛盾问题的重要原因。"三农"问题久解不决就是一个例证。"三农"问题的实质是个结构问题。2007 年农业产值占GDP 的 11.3%，但在就业总劳动力中占 40.8%，这说明农业劳动生产率很低。而当年城市化率是 44.9%，也就是农村的常住人口占总人口的 55.1%。这么多人只创造了 11.3% 的财富，农民怎能不穷苦！造成这种情况的原因，不是因为我们的农业生产水平不高，而是因为户籍制度、就业、社保等体制障碍资源与机会在农村、农业、农民中的配置，从而导致结构性的偏差。这种结构性偏差不解决，"三农"问题就不可能从根本上得到解决，农村的许多矛盾问题就不好解决。发展是硬道理，稳定是硬任务，公平是硬规律，正确处理改革、发展、稳定三者关系，要求我们在深化改革过程中更加注重社会公平，所谓公平就是要求每个社会成员享有基本均衡配置的资源、平等的机会，没有社会公平，发展成果可能面临危机，稳定局面也可能面临挑战。因而在尊重经济规律的同时，也要尊重社会规律，注重社会公平的规律，通过调整当前社会结构，使得社会结构与经济结构协调发展，是确保我们继续推进改革开放伟大事业的重要举措。

（四）社会结构滞后的主要原因

从世界主要的现代化国家发展进程来看，经济结构的调整，必然带动社会结构的变动，社会结构的变动滞后于前者，但这种滞后是有合理的度的。现阶段中国社会结构远远滞后于经济结构，显然已经超出了适度范围。导致这种情况的原因大体归结为以下三点。

1. 对社会发展的"阶段性"认识不足

正如我们在前文指出的，在一个国家或地区不同的发展阶段，其主要发展任务、发展模式都呈现出不同的阶段性特征，中国 30 年来的发展历程在一定程度上也印证了这一规律。1978 年改革开放初期，由于生产力水平低下，物质生产极其短缺，人民生活十分困难，因此提出"以经济建设为中心"的总路线，并逐步引入市场经济。经过短短 20 年左右的时间，温饱问题得以基本解决，摘掉了经济贫穷的帽子，这是一个了不起的伟大成就。但是，当发展形势出现新的变化的时期，我们的发展策略没有进一步的完善与推进，就必然带来这样那样的问题。在 20 世纪 90 年代后期，中国的工农业产品已由卖方市场转为买方市场，出现内需不足的时候，就应当适时把力量引向农村，引向社会建设，强调经济社会协调发展。但是，相当多的地区和部门仍然单纯地强调经济持续快速发展，结果是经济更加迅速发展，同时贫富差距、城乡差距、区域差距持续扩大，出现了社会不和谐、不稳定的症状。尽管党的十六大以来，尤其是2004年提出了构建和谐社会和社会建设的新任务，中国进入以社会建设为重点的新阶段，但是，因为社会建设投入欠账太多，原来计划经济体制下的一些体制机制没有得到改变，还继续发挥作用，使得社会结构的调整没有及时适应经济结构的调整变动，导致经济社会不相协调，进而导致了诸多社会矛盾问题。

社会发展是有阶段性的，每个阶段都有不同的任务。当前，中国社会结构变动远远滞后于经济结构的变化，是没有适时调整阶段性发展目标和任务，没有适时调整社会政策，调整社会结构的结果。户籍制度、财政制度等改革难点问题长期积累，计划经济条件下和市场经济条件下作为权宜之计的制度机制长期固化，对失地农民、农民工、公共服务产品的提供、环境等社会欠账太多等都是对社会发展"阶段论"认识不足的表现。

2. 中国社会结构转型的特殊性和复杂性

中国社会结构变动滞后，也有其变动的特殊性和复杂性原因，这主要表现在以下几方面。

首先，社会结构转型和经济体制转轨的同时进行。一方面，当代中国正处于从传统的农业社会向现代工业社会转型；另一方面，也处于由计划经济体制向社会主义市场经济体制转轨。这种社会转型和体制转轨的同时进行，相互作用，在其他国家的现代化进程中是很少见的，双重转变既是转型中的活力，也是转变过程中困难重重、社会矛盾多发的原因。

其次，社会结构深刻变动的时空压缩性。西方发达国家实现从传统的农业社会向现代工业社会转型，经历了一二百年时间才完成。而中国从传统的农业社会向现代工业社会转变，是在短短几十年的时间和空间里推进的。发达国家在一二百年里遇到和解决的问题，我们在这二三十年遇到而且都要解决好，其难度是可想而知的。

最后，社会结构深刻变动的全球化背景。全球化对中国经济社会的发展产生了巨大影响，特别是经济的全球化推动了中国经济的巨大发展，进而推动了中国社会结构的变迁。中国在20世纪80年代紧紧抓住全球化在世界各地方兴未艾的大好机遇，恰当地利用国际国内的有利形势，凭借外贸和吸引国外、境外投资和技术推动了改革开放事业。经过30年的改革开放，中国在经济领域上取得了举世瞩目的伟大成就。可以说，中国是全球化的受益者，是向现代化先进国家学习的最好的学生。但是，由于意识形态和体制等方面的原因，"老师们"总不放心，时不时地出些难题，施加各种压力，总想把中国纳入他们的体制里去，这在相当程度上加大了中国发展的难度，这也使得我们在发展过程中难免会顾此失彼，在经济与社会发展过程中出现不协调。

3. 经济体制改革了，社会体制还没有相应进行必要的改革

2006 年，党的十六届六中全会通过的《关于构建社会主义和谐社会若干重大问题的决定》提出了要推进"社会体制改革和创新"，这在党的历史上是首次。社会体制包括城乡体制、地区体制、户口制度、就业、人事和社会保障制度等，当然也包括社会事业体制和社会管理体制。总体看来，所有这些实际也就是社会结构的制度性、体制性安排的表现。这些社会体制是在 20 世纪 50 年代以后，在计划经济体制建立过程中，逐步构建和形成的，在一定意义上讲，这些社会体制是为计划经济体制服务的，二者是互相适应的。改革开放以后，经济体制已经按照社会主义市场经济的方向改革了，已经基本适应了社会主义市场经济体制。社会体制虽然也进行了一些改革，但是总体来讲，社会体制基本还没有按社会主义市场经济体制的原则和要求改变过来。从当前的客观实际来看，二者是不相容的，产生了种种矛盾问题，这些是当前经济社会发展不平衡、不协调的又一原因。例如上述农民工的问题，数以亿计的农民，在社会主义市场经济的原则推动下，走出农业和农村，成为二、三产业的职工，成为工人阶级的重要组成部分，在人数上已经大大超过了城市户籍的正式工人。但因为计划经济时期制定的城乡分治的户口制度没有改革，受到种种不公平、不合理的待遇，他们的农民身份不能得到改变，所以做了十年、二十年了，还是农民工，于是产生了诸多本来不应该发生的矛盾和问题。

六　目前是中国调整社会结构的关键时期

改革开放以来中国社会领域中的资源与机会配置已发生重大变化，现代社会结构已基本形成。但是，与经济发展相比，社会结构存在着调整滞后，因此，进行社会体制改革，加强社会建设，调整社会结构，是目前和未来时期中国面临的重要任务。

（一）中国所处发展阶段需要社会结构调整

一个国家或地区在不同发展阶段面临的发展任务不同，协调经济社会

发展是进入工业化中期普遍面临的任务，也是迈向更高发展水平的关键。在这个发展关键时期，如果政策把握得当，应对得好，就能推动经济社会协调发展，顺利实现工业化和现代化；如果政策把握不当，经济与社会发展脱节，社会差距扩大，社会矛盾加剧，就会出现发展徘徊不前以及社会的动荡和倒退。

当前，中国现代社会结构已初步形成，但还是工业化初期的社会结构，这与已经是工业化中期的经济结构形成了结构偏差，表明经济社会发展客观存在着不协调。如何调整这种结构性偏差、改变经济社会发展的不协调是新的发展时期面临的重大问题与任务。如果说在改革开放初期，主要强调的是经济建设，那么，当进入了发展的新阶段，就要强调经济与社会的协调发展，在以经济建设为中心的同时，将社会建设摆在更加突出的位置，着力解决好经济社会发展不协调、社会建设滞后于经济建设的问题。

值得注意的是，虽然当前社会结构还处于工业化的初期阶段，社会结构还没有定型，还处于变化当中，但是由于进行社会体制改革和新的社会政策迟迟没有启动和到位，社会结构在变化中也表现出固定化的趋势。当前中国社会结构依然存在不少的问题，例如收入差距过大、中产阶层规模过小，如果这些问题随着社会结构的定型而被固定下来，那么将会影响到今后中国经济社会的健康与和谐发展。有学者指出，社会结构正在定型化，社会有"断裂"的危险，这不是危言耸听，如果我们不抓紧这个关键时机，在社会结构定型化之前，进行社会体制改革，大力调整社会结构，使之朝着合理的现代社会结构方向发展，那就有可能出现"断裂"的可能，所以当前调整社会结构的任务具有重要性和紧迫性。

（二）调整社会结构是解决当前经济社会发展难题的重要举措

生产落后不能满足人们日益增长的物质文化需要是改革开放以来中国面临的基本问题。随着经济建设的快速推进，这一问题得到了较好的解决，但是与此同时，我们依然面临着诸多发展难题。对此，党的十五大、十六大、十七大对此分别进行了高度概括总结，涉及经济建设、政治建设、文化建设、社会建设及对外开放等五个方面（见表6）。概括来看，当前经济社会发展难题的特征主要有如下两个方面：第一，诸多问题主要集中在社会领域。从社会结构的视角看，这些难题几乎囊括了本研究报告中我们所涉及的社会结构九个方面，尤其是城乡结构。这充分表明当前中国存在的发展难题主要集中在社会建设领域。第二，当前面临的发展难题中的几个主要问题，一而再，再而三地被提到，如城乡与地区发展不平衡、"三农"问题、收入分配差距扩大问题等，这些问题久解不决，说明这些不是一般的工作问题，而是结构问题、体制问题。说到底，这些问题触及各种资源和机会在社会成员之间如何合理配置，涉及利益格局是否合理，涉及社会公正与否，最终涉及各个社会阶层群体关系是否协调，涉及社会稳定和谐与否。这也进一步印证了我们所强调的，经济的发展和繁荣并不能必然地解决现存的社会矛盾问题，因此，当前进行社会体制改革，创新社会政策，加强社会建设，调整社会结构是解决当前发展难题的重要举措。

表6　中国社会主义初级阶段不同阶段的发展难题

社会主义初级阶段的阶段性特征		党的十五大指出的发展难题	党的十六大指出的发展难题	党的十七大指出的发展难题	社会结构视角
经济建设	经济实力	逐步摆脱贫穷、落后的阶段，由农业国向工业化转变的阶段；由自然经济半自然经济占很大比重，变为商品经济高度发达的阶段	我国生产力和科技、教育还比较落后，实现工业化和现代化还有很长的路要走	生产力水平总体上还不高，自主创新能力还不强，长期形成的结构性矛盾和粗放型增长方式尚未根本改变	
政治建设	民主法制		民主法制建设和思想道德建设等方面还存在一些不容忽视的问题	民主法制建设与扩大人民民主和经济社会发展的要求还不完全适应，政治体制改革需要继续深化	
文化建设	精神文化	由文盲半文盲人口占很大比重，科技教育文化落后，逐步转变为科技教育文化比较发达的历史阶段		人民精神文化需求日趋旺盛，人们思想活动的独立性、选择性、多变性、差异性明显增强对发展社会主义先进文化提出了更高要求	消费结构等
社会建设	人民生活	由贫困人口占很大比重、人民生活水平比较低，逐步转变为全体人民比较富裕的历史阶段	人口总量继续增加，老龄人口比重上升，就业和社会保障压力增大	收入分配差距拉大趋势还未根本扭转，城乡贫困人口和低收入人口还有相当数量，统筹兼顾各方面利益难度加大	人口结构、家庭结构、就业结构、收入分配结构、城乡结构

社会主义初级阶段的阶段性特征		党的十五大指出的发展难题	党的十六大指出的发展难题	党的十七大指出的发展难题	社会结构视角
社会建设	协调发展	逐步转变为非农业人口占多数，包括现代农业和现代服务业的工业化国家；逐步缩小地区经济文化发展不平衡的阶段	生态环境、自然资源和经济社会发展的矛盾日益突出	农业基础薄弱、农村发展滞后的局面尚未改变，缩小城乡差距、区域发展差距和促进经济社会协调发展任务艰巨	城乡结构、区域结构
	社会建设和管理		经济体制和其他方面的管理体制还不完善	社会活力显著增强，同时社会结构、社会组织形式、社会利益格局发生深刻变化，社会建设和管理面临诸多新课题	组织结构、阶层结构
	体制机制	通过改革和探索，建立和完善比较成熟的充满活力的社会主义市场经济体制、社会主义民主政治体制和其他方面体制的历史阶段	城乡二元经济结构还没有改变，地区差距扩大的趋势尚未扭转，贫困人口还为数不少	影响发展的体制机制障碍依然存在，改革攻坚面临深层次矛盾问题	城乡结构、区域结构
对外开放	国际压力	逐步缩小同世界先进水平的差距，在社会主义基础上实现中华民族伟大复兴的历史阶段	我们仍然面临发达国家在经济科技等方面占优势的压力	面临的国际竞争日趋激烈，发达国家在经济科技上占优势的压力长期存在，可以预见和难以预见的风险增多，统筹国内发展和对外开放要求更高	

资料来源：江泽民：《全面建设小康社会，开创中国特色社会主义事业新局面》，北京：人民出版社，2002年11月，第18页；江泽民：《高举邓小平理论伟大旗帜，把建设中国特色社会主义事业全面推向二十一世纪》，载《江泽民文选》（第2卷），北京：人民出版社，2006年8月，第14～15页；胡锦涛：《高举中国特色社会主义伟大旗帜 为夺取全面建设小康社会新胜利而奋斗》，北京：人民出版社，2007年10月，第13～14页。

（三）调整社会结构是应对金融危机的重要途径

2008年由美国次贷危机引发的金融危机席卷全球，中国也不可避免地被波及，无论是宏观层面对中国经济发展速度、发展战略，还是微观层面对就业、消费以及民众心理，都不同程度地造成影响。如何应对这场危机，力保经济健康发展，成为当前中国面临的重要任务。对此，政府出台了一系列政策与措施，其中包括实施积极的财政政策，制定了 4 万亿元的投资计划；通过家电下乡等多种经济手段进一步拉动内需，刺激经济增长；实施积极的就业措施，加大社会保障体系的建设和民生事业投入；等等。

然而，目前中国经济社会发展面临的问题既有经济因素引起的，也有社会因素造成的。因此，仅仅单纯通过经济手段解决当前的经济问题，并不能从根本上解决问题。在这个意义上，我们需要站在更加宏观的视角来看待当前面临的经济形势，在运用经济手段解决当前面临的问题时，还需要改革社会体制，调整社会结构，应对当前的危机。一个简单的道理就是，解决当前自身的经济问题，无非就是刺激消费和拉动内需。然而一个根本的问题是，谁来增加消费和扩大内需？依靠广大的农民？他们对家电等消费品十分需要，是个大市场，可是这个庞大的阶层太穷，手中没钱；依靠中产阶层消费？可是这个阶层规模太小，城市居民中还是有一部分人手中有钱，有消费需求，也有消费渴望，但现存的医疗、教育、住房和社会保障体制不健全，他们只能留着钱防病、防老，为子女上学和购房而储备，有钱也不敢花。虽然银行利息很低，但很多人还是愿意把钱存到银行里，这导致银行存款不断地增长，现在已经超过 50 万亿元了，还在持续增加。为什么会是这样呢？这就是前面讲述过的，主要就是社会体制改革和社会建设没有及时抓好，社会政策不到位，致使城乡结构不合理，城市化率不高，"三农"问题没有解决好，这是由中产阶层还没有成长起来等原因造成的。说到底，就是社会结构滞后于经济结构而产生的后果。因此，调整社会结构是解决当前金融危机的重要环节。

就当前中国应对危机的重大举措来看，缺乏调整社会结构以应对危机的整体认识。目前来看，有意识的调整社会结构并没有被纳入应对危机的措施体系中去。例如，国内消费市场的真正启动，取决于目前的收入分配结构、社会阶层结构以及城乡结构的调整，而不是简单地鼓动人们去消费，没有社会结构的支撑，消费市场是难以真正启动的。对此，不能单纯就市场来应对经济危机，调整社会结构，重构社会结构对于化解危机，实现社会发展的自我修复功能，需要引起高度的重视。危机是冲击也是机会，如何在当前这种形势下，化冲击为发展动力，将被动转化为主动，加强社会建设和调整社会结构，应是当前工作的重要任务。

七　社会结构调整的政策取向

（一）社会结构调整的原则

社会结构是一个国家或地区占有一定资源、机会的社会成员的组成方式及其关系格局，其实质是资源与机会在社会成员中的配置。当资源与机会配置得当时，社会结构也就合理，反之社会结构便会出现偏差。因此社会结构调整的基本原则就是如何最大化地实现资源与机会公正、合理的配置。当前中国社会结构滞后的根本原因，在于资源与机会配置存在着问题。

一方面，国家、市场与社会三大主体在资源和机会的配置中没有很好的协调运行。本来属于市场配置的资源，国家却过分介入其中，如土地资源的配置；本来属于国家配置的资源，市场却泛滥其中，如医疗、教育等公共资源的配置；本来属于社会组织配置的资源，国家却插手其中，如工会等社会组织在劳资关系中就没有发挥应有的作用；等等。这样状况的存在，使得在资源与机会的配置中，国家过强、市场过度、社会过弱，三者缺乏协调；另一方面，在资源的配置上，各种主要资源集中在某些领域与群体的现象已经显现。例如在城乡结构中，计划经济时期资源与机会偏重于向城市配置，改革开放初期这种配置格局得到调整，农业、农村获得了较大发展，城乡差距有所缩小。但自 20 世纪 80 年代中期以来，资源与机会配置逐渐又向城市倾斜，城乡差距反弹而且越来越大。近些年来，政府不断提出要遏制城乡差距扩大的趋势，并采取了一系列措施，但是城乡二元结构格局并没有从根本上得到改变，资源与机会配置向城市倾斜的状况依然延续，城乡差距继续在扩大。

又如在收入分配结构中，近些年来财富过于集中于某些群体使得贫富分化现象在扩大。在 20 世纪 90 年代上半期之前，经济资源、组织资源以及文化资源在阶层之间的配置还是相对分散的，如国家与社会管理者拥有组织资源，但是并不过多拥有文化资源与经济资源；私营企业主拥有经济资源，但是也并不过多占有文化资源和组织资源。然而，现在的情形正在发生改变，文化资源、政治资源、经济资源在某些阶层身上的聚合已经显现。一些阶层在拥有组织资源的同时，也拥有经济资源与文化资源。如果资源配置集中的状况形成定式，往往也就意味着没有得到资源的那些阶层群体丧失获得社会结构资源的机会了。韦伯指出，当权力、财富和声望高度相关时，那些被排挤出权力、财富和声望中的人会变得愤怒，而易于选择冲突的方式。也就是说，在社会结构中，当资源都高度集中于某些群体手中的时候，其他社会成员的不满意识与行动也在滋生和酝酿，因为这不仅限制了其他社会成员的向上流动，同时在资源配置不平衡的情况下，也会导致社会结构失衡，这往往也是社会结构风险与张力出现的时候。因此在当前构建社会主义和谐社会中，如何防范这种资源的过度聚合是相关制度设计与安排必须遵循的原则。

总之，社会结构调整的重要原则是资源与机会配置的再调整。这里指的再调整，不是对现有配置的全盘否定，而是对现有配置机制存在的问题的纠正。在调整中，一个基本的价值取向，不应仅仅追求效率，公正、合理也应是重要的诉求。"效率优先，兼顾公平"在认识上已被校正，但是在实践中如何真正做到效率与公平并举，还需要进一步落实。

（二）社会结构调整的目标

我们在前面曾经指出，经济社会发展不协调表现为社会结构调整滞后于经济结构 15 年左右的时间，这使得经济社会发展不协调是当前中国发展中存在着的最大问题，成为导致诸多经济社会矛盾问题频发的重要根源。加快社会结构的调整，改变社会结构滞后于经济结构的局面，协调经济社会发展，这是当前中国社会结构调整的目标。

由于社会结构调整是项系统性、普遍性的重大任务，因此调整不是一朝一夕所能完成的，需要分阶段、有计划的推进。具体来看，社会结构调整的目标可以进一步分为近期目标和长期目标。

从近期目标来看，我们应争取用 10 年左右的时间，即在 2020 年，初步扭转社会结构显著滞后于经济发展的局面，使得现代社会结构进一步形成，为经济社会发展提供强有力的结构性支撑。这其中，应重点推进城市化，调整城乡结构，使得城市化率提高到 55% 以上，同时做好城乡统筹，改变城乡二元结构；在就业结构中，要进一步加大农村劳动力的转出，使得第一产业从业人员所占比重下降到 30% 以下；在收入分配结构方面，要力争使收入三大差距扩大的趋势得到控制；而在社会阶层结构方面，要使中产阶层的规模比例达到 35% 左右。

从长期目标来看，在 2050 年左右，争取实现现代社会结构的形成。城市化率达到 80%；第一产业从业人员比重下降到 10% 以下；收入分配总体结构中的两极分化被消除，一个普遍富裕的社会形成；在社会阶层结构中中产阶层成为社会的主导阶层。

（三）社会结构调整的重点

现阶段从中国社会结构与经济结构不协调的现实出发，调整社会结构的重点应主要集中在以下几方面。

1. 加快城市化步伐，调整城乡结构

在城乡结构调整方面，要改变不合理的城市化模式，大力推进城市化。改革开放以来，大量农民进城务工经商，城市化进程总体在加快。但是，对于城市化进程中大量进城的农民，国家采取的是被动的策略。最初，对于农民进城采取的是"堵"的办法，严格限制农民进城，认为他们是"盲流"。

后来允许农民进城了，但却是"经济接纳，社会排斥"，农民工同工不同酬，还要收取各种不合理的管理费用。现在，很多进城农民已经成了长期居住在城市的"暂住人"，他们在城市有稳定工作、稳定居所，却不能成为社会意义上的城市居民，他们的子女生在城市，受教育在城市，高考却不能在城市。这种人户分离的管理制度，使他们不能享受城市居民的各种社会福利和劳动权利，生活方式也没有完全城市化，所以他们只能是"准城市人"。

当前，中国城市化率不仅低于世界平均水平，甚至低于一些欠发达国家的水平，而且这种低水平的城市化还包括1亿多农民工，这部分人严格说来还不是一个完全的城市人。所以，大力推进城市化，改变当前这种不合理的城市化模式是迫切的任务。当然，这涉及一系列政策的调整，如城市化政策中的户籍、就业、教育、社会保障等制度方面的调整。但是，赋予进城农民工以城市居民身份，使现代产业工人的经济身份与社会身份相一致，这是历史潮流的趋向，应该遵循社会发展规律办事。

2. 完善收入分配制度，调整收入分配结构

在收入分配结构方面，完善收入分配制度，逐步解决好初次分配和再次分配中的不公平问题。首先，要调整宏观上的收入分配格局，增加劳动收入的比重。从总体来看，在收入分配中，劳动者所占的比重太小，其中，体力劳动者的比重就更小。这是一个结构性的问题。就城乡而言，农业产值在GDP中的比重只有11.3%，农民能够获得的收入比重就更低。在城市，劳动力价格多年不见上涨，人口规模最大的体力劳动阶层，如产业工人、传统服务业从业人员的收入一直在1000元上下徘徊，这种长期的低水平收

入大大限制了他们消费结构的合理升级以及进行自身素质能力提高的再投入。因此，增加劳动的收入，特别是增加体力劳动的收入，是收入分配格局调整的关键；其次，社会保障体制要加快改革，当前社会保障体制不少方面存在着再分配不合理的地方，如发达地区、优势部门、优势阶层、群体的福利和社会保障要大大高于一般群体，特别是弱势部门和阶层。社会保障等二次分配制度不应该成为优势阶层的"福利网"，而要真正成为社会弱势群体的"安全网"。初次分配就要开始关注公平问题，二次分配能够成为市场经济中弱者的安全网，将大大促进收入分配结构的合理化。

就目前收入分配结构调整具体操作而言，我们认为有三点需要引起重视。第一，最低工资标准需要强提高。面对 2008 年以来的金融危机，政府相关部门出台一系列应对政策，其中为了缓解企业压力，暂缓了企业最低工资标准的向上调整。需要注意的是，现在各地的最低工资标准是普遍偏低的。按照国际上通用的方法（社会平均工资法），月最低工资标准一般是月平均工资的 40% ~ 60%，而目前中国所有地区的最低工资的上限仅为平均工资的 43% 左右，平均水平则明显低于 40% 的下限。也就是说，按照社会平均工资法，没有任何一个省份达到了最低工资标准水平。因此，在这样的情况下，维持最低工资标准不变，看似有利于企业，但是这不利消费市场的扩大，反过来，更不利于企业的生产。

第二，行业收入差距要调整，不应仅仅拉高就低，而主要是拉低就高。对于目前行业收入差距，人们普遍认为垄断性行业收入过高，应加限制，这是对的，特别是对垄断部门的高管不合理的过高收入，政府要严加限制。但对一般行业收入差距，不应仅仅限制高收入行业的收入水平，同时更应考虑如何将低收入行业的工资水平提高。中国的竞争力优势不能永远建立在廉价劳动力的基础上，这不利于产业结构的升级、发展模式的转变。

第三，社会保障体系完善，同样不能拉高就低。目前，国家相关部门出台了事业单位养老保险制度改革方案，开始一些省市启动试点。改革的重要内容是事业单位养老保险与企业基本一致。这意味着，长期与机关公务员挂钩、处于较高水平的大部分事业单位人员的退休金不再单纯由国家财政负担，而是按照企业养老金的计发办法来发放。这种拉高就低的政策是不足取的，不利于社会保障体系整体水平的提高。当年国有企业改革时，国家财政在还很困难的条件下，不得不采取低水平的退养政策，这带出一系列矛盾问题，现在正在补救改善。因此，事业单位社会保障体制改革不能重蹈覆辙。

3. 规范劳动力市场，治理劳资关系，调整就业结构

一般来看，在一个国家或地区发展的不同阶段，发展的主要任务与模式会呈现出差异，就业结构、劳资关系也会有所不同。在发展的初期，许多发展中国家或地区为了吸引投资者，通常利用本国或本地区劳动力廉价的优势，相应的在劳工保护方面也会降低对投资者的要求，劳资关系中"资强劳弱"成为这一阶段的普遍特征。但是，随着工业化的发展，劳动法规必然需要相应的调整。一方面，过去"资强劳弱"的劳资关系格局所造成的利益失衡与冲突，不仅有失公平，而且也同时影响到效率，这与新的发展时期效率与公平兼顾的取向相违背；另一方面，随着工业化发展，劳动力密集型企业逐渐被技术密集型企业取代成为趋势，产业结构进一步调整与升级成为必然选择，这要求劳动者具备更高的素质，以适应工业化发展的新需要。

因此，这一时期的劳动法规基本立场由抑制人工成本转向发展高度熟练、掌握较高技能和生产率的劳动者，这种转向能否及时跟进成为一个国家或地区能否成功转变发展模式的关键之一。

当前，中国经济发展已经进入工业化中期阶段，这要求就业结构与劳资关系适时作出调整。一方面，发展效率问题已经通过市场得到了较好的解决，然而公平问题不断突出。反映在劳资关系领域，"资强劳弱"格局下的劳动者权益所受到的侵犯，如工资过低、拖欠工资、劳而不得、多劳而少得，显然有失公平。根据《中国统计年鉴》相关统计，2006 年中国城镇劳动者工资占 GDP 比重仅为 11.5%，比 1995 年的 13.8%还要低。这一水平不仅远远低于发达国家平均水平，就是和发展中国家相比也是低的。另一方面，随着经济进一步发展，发展模式转变，产业结构升级，劳动者素质必然面临着提高以适应这种新的发展的需要，这要求劳动者接受职业继续教育。

而这一转变实现的前提，是劳动者权益得到保护，劳有所得，拥有进行人力资本再投资的能力。

近年来中国对就业结构调整与劳资关系治理不断强化。2006 年国务院出台了《关于解决农民工问题的若干意见》，明确提出农民工问题事关中国经济和社会发展全局，维护农民工权益是需要解决的突出问题；要严格执行劳动合同制度，要依法保障农民工职业安全卫生权益；要适应工业化、城镇化和农村劳动力转移就业的需要，大力开展农民工职业技能培训，大力发展面向农村的职业教育。此后，《劳动合同法》《就业促进法》的相继

实施，劳动法规的全面调整已然启动。当前需要进一步加强这方面的贯彻、落实的力度。目前有观点认为国际金融危机下强化劳资关系治理会进一步加重危机，对此，我们更应要看到中国当前和未来经济发展走向对于就业结构与劳资关系的要求，而不应仅仅看到眼前的困难。

4. 加快中产阶层的培育，促进现代社会阶层结构进一步形成

在我们课题组 2002 年发表的第一个研究报告中指出，当时中国社会阶层结构的最大问题是：该大的还没有完全大起来，该小的阶层还没有完全小下来。7 年过去了，中产阶层有了较大的发展，以每年 1 个百分点在扩大，而农业劳动者阶层 7 年才降低了 3.7 个百分点，2006 年的就业总量中农业劳动力还占 40% 以上。所以，就目前中国社会阶层结构状况而言，社会政策调控的重点应围绕壮大中产阶层，缩小社会中下阶层，同时还要调控整合阶层利益展开。首先，壮大中产阶层。中产阶层是现代社会的主导阶层，具有缓冲社会利益冲突的功能、社会地位公正获得的示范功能，以及现代社会价值观的行为示范功能，对于实现社会良性运行与和谐有重要的作用。目前来看，中国中产阶层正在快速崛起，在一定程度上发挥着对经济发展、社会进步的积极影响。这种积极功能既体现在中产阶层的消费功能对经济的拉动上，也体现在其对社会稳定方面。近年来国家出台了扩大中等收入者比重、提高居民财产性收入、高等教育扩张等对于扩大中产阶层具有积极意义的政策，当然这些政策还需要进一步完善与落实。其次，缩小社会中下阶层。缩小社会中下阶层，主要是农业劳动者阶层和无业失业半失业者阶层的规模要进一步缩小，同时提高这些阶层成员的经济社会地位及待遇。一是要积极增加就业，促进农村劳动力转移，为无业失业半失业人员创造就业机会，尽可能使他们业有所就、劳有所得。二是要继续关注农民工的权益保障，使他们能以各种形式融入城市。此外，要调控社会阶层之间的分化，对于社会上层与底层之间的利益关系进行整体的调控，缓解二者之间利益的冲突。当前的重点要围绕城市化进程的土地征用、住房拆迁和劳资关系的协调展开，避免引发利益冲突。

（四）社会结构调整的具体政策建议

1. 提高公共产品供给的普惠水平

要调整国民收入分配格局，增加对教育、医疗、科技、文化等社会事业投入，大力发展社会事业，解决好经济发展与社会发展很不平衡的局面而实现资源的合理配置。经济繁荣和社会发展是一个现代化国家相辅相成

的两个主要的方面。改革开放初期，中国全力以赴搞经济建设是必要的，但是在实现第一个翻番以后，应该逐步转向经济社会协调发展。然而从实际来看，国民收入分配还是主要投向了经济建设领域。现在到了社会建设的新阶段，应该下决心补课，应该下决心改革，调整国民收入分配格局，大量增加对社会事业的投入，加快社会事业的发展，才能改变经济发展与社会发展不平衡、不协调的困境。

2. 推进社会管理体制的改革，加快户口、就业、社会保障等方面的体制改革

过去我们重视经济体制的改革，重视经济结构的调整，这当然是应该的，也取得了很大的成绩。但我们没有同时重视社会体制的改革，社会结构的调整，以至于形成了当前社会结构与经济结构很不契合、很不适应的状况。

因此，继续深化改革，调整社会结构，使社会结构与经济结构相适应，是解决诸多经济社会矛盾、构建社会主义和谐社会的重要环节。

3. 不断加大社会利益整合机制建设，维护社会稳定有序

由于中国社会结构转型是在政策体制变动、经济体制转轨、利益格局调整的背景下展开的，不同利益群体的分化随之而出现。然而总体上看，社会利益整合机制滞后经济社会发展的需要，这突出表现在城乡之间、区域之间、社会阶层之间的利益矛盾冲突开始出现。需要注意的是，虽然当前中国社会结构还处于深刻变化中，但是结构化、系统化与稳定化的趋势也已开始出现，这使得加大社会利益整合机制建设显得更加重要和迫切。因此，不断加大社会利益整合机制建设，对于维护社会稳定有序显得更加迫切。

4. 积极推进政府职能转变

长期以来，中国政府是"经济建设型政府"，在计划经济体制下，政府直接是经济战场的主力。改革开放以来，特别是确立社会主义市场经济体制以来，政府职能的转变一直都在向前推进，但由于计划经济时期形成的惯性及其所形成旧思维的影响，政府过多干预微观经济的问题仍然没有彻底解决好。在这种情况下，公共服务被忽视和边缘化难以避免。而这些问题不是单纯靠发展经济、靠政府直接从事经济活动所能解决的。对此，党的十七大报告明确提出建设"服务型政府"，这就要进一步理顺政府与市场的关系，政府要真正转向"以社会建设为中心"，将发展经济、提高效率等事更多地交给市场。

5. 进一步发展壮大社会组织

现代社会的健康运行与和谐有序，需要相应的组织结构支撑。改革开放以来，中国的组织结构发生了深刻变化，各类新型经济、社会组织大量涌现。但是不同类型组织的发育发展很不平衡，尤其是社会组织。社会组织的低度发展，既不利于国家组织的机构改革和职能转变，也不利于市场组织的现代化发展。对此，首先要尽快改革社会组织登记注册管理制度、双重管理制度、分级管理制度，逐步摒弃非竞争性原则，消解社会组织发展的"注册困境"。一切不违反国家宪法和相关法律的社会组织，一切旨在促进社会公益和合法的成员共同利益的社会组织，应该准予注册登记。要解决好挂靠制度与被挂靠机构不愿承担管理责任的困境，让社会组织成为独立社团法人，独立承担必要的法律和政治责任。其次，要深化社会管理体制改革，切实地实行政社分开，同时改革与社会组织发展息息相关的公共资源和社会资源的分配制度，消解社会组织发展的"融资困境"。通过政社分开的改革，从体制上解决好国家与社会组织之间的行政化"脐带"关系，使大多数行政化社会组织尽快实现社会化转型，大规模减少国家导向的社会组织数量，增加社会导向的社会组织数量。当然，在壮大社会组织的过程中，还要规范社会组织工作人员行为，建立能够满足社会组织人才需求和稳定人才队伍的相关制度，包括社会组织工作人员待遇规范、职称评定规范、社会保障规范等，消解社会组织发展中的"人力资源困境"。此外，还要强化对社会组织运行过程的管理，帮助社会组织建立社会信任。

社会结构是社会学研究的核心问题[*]

一　本课题的研究及本书的写作背景

《当代中国社会结构》是我们课题组 11 年来的第 3 个研究报告。1999
年 1 月，课题组开始研究中国社会结构变迁的理论与实践，经过 3 年多的调
查研究，2002 年初出版了《当代中国社会阶层研究报告》。又经过 2 年多的
工作，2004 年 6 月，第 36 届世界社会学大会前夕，出版了《当代中国社会
流动》。前一本书把中国 13 亿人划分为 10 个阶层，第二本书是论述中国这
30 年来怎么从"两个阶级一个阶层"逐步演变为 10 个阶层的。

第三个研究报告，原来是研究社会阶层关系的（福特基金会的项目），
但课题组 2004 ~ 2005 年从四川成都、大邑和深圳调查回来，深感进入 21 世
纪以来，中国进入了一个新的发展阶段：一方面，经济发展迅速，成绩突
出；另一方面社会矛盾冲突突出。文件上说，"发展机遇前所未有，面对的
挑战也前所未有。"① 如何来认识看待这种十分矛盾的社会现象，找到解决
这个难题的方略，使中国的经济社会协调发展？课题组经过酝酿，认为这
正是研究社会结构的好时机。于是，集体决定对社会阶层关系做出初步总
结后，把重点转向社会结构的研究。经过课题组 4 年多的努力，得到了同行
学者的支持，终于有了这本书。

---

*　本文源自作者手稿。该文稿系陆学艺于 2010 年 1 月 8 日在社会科学文献出版社举办的"当
　代社会结构变迁研讨会暨《当代中国社会结构》新书发布会"上的讲话稿。原稿无题，现
　标题为本书编者根据发言内容所拟定。——编者注
①　《中共中央关于构建社会主义和谐社会若干重大问题的决定》，北京：人民出版社，2006，
　第 2 页。

二 本书的主题和我们主要的研究发现

（1）在当下新阶段、新形势的条件下，运用社会结构的理论作为观察分析问题的新视角非常有必要。长期以来，在以经济建设为中心的背景下，我们已经习惯用经济理论和方法观察分析形势并用经济手段来解决问题。这在一定阶段是必要的，但在经济发展到一定阶段，社会问题突显的现阶段，就有必要运用社会理论来观察分析问题，并用社会政策来解决矛盾了。

从社会学理论来说，社会结构是社会学研究的核心问题。"社会结构分析是理解一切社会现象的出发点。"① 在当前，把握复杂的形势，提出社会结构这个分析视角很有必要。这个理论，当代西方社会学大家吉登斯都在用。在中国，这个理论是被引进了，但中国的社会结构原来是怎样的？现在是怎样的？在实践中有什么问题？怎么使中国社会结构变化？这方面的著述很少，也没有深刻的论述。

革命有阶段论。毛泽东曾提出，"当着革命的形势已经改变的时候，革命的策略，革命的领导方式，也必须跟着改变"②。改革开放也是分阶段的，不同的改革发展阶段，改革的发展目标和任务不同了，改革的方式方法也不同。

例如若干年来，我们讲要改变经济发展方式，要扩大内需，要解决"三农"问题，要遏制三大差距……已经讲了十多年了，为什么改不了？扩大不了？就因为这不仅是经济问题，而且是社会结构问题、社会问题，必须改革社会体制，调整社会结构，必须创新社会政策才能解决。

（2）社会结构同经济结构一样，是一个国家或地区最重要的基本结构。我们可以从经济结构，例如一二三产业的比例、格局，知道这个国家、地区所处的发展阶段。其实，从社会结构，例如城乡结构、就业结构、中产阶层的比重等，也可知这个国家、地区所处的发展阶段。一个国家或地区要科学发展，经济繁荣，社会和谐，这两个基本结构必须相互协调。经济社会要协调发展，这两个结构首先要协调。

当然，经济发展、经济结构的调整总是在前，所以经济发展要优先。

① 埃米尔·迪尔凯姆：《社会学方法的规则》，胡伟译，北京：华夏出版社，1999，第12页。
② 毛泽东：《论反对日本帝国主义的策略》，载《毛泽东选集》第1卷，北京：人民出版社，1991，第152页。

但经济要持续发展，必须要有社会发展的支撑。社会发展要协调，有一个合理的限度。现在的问题是，经济发展在前，但牺牲了农村、环境、社会建设，孤军深入，形成了一条腿长、一条腿短的局面。从理论上分析，目前中国的经济结构和社会结构存在着结构性偏差，两个基本结构不契合、不协调，这是当今社会产生诸多经济社会矛盾和问题的根本原因。

（3）中国的社会结构30年来已发生了深刻的变化，但仍处于工业化社会的初期阶段。随着经济体制改革和经济的发展，中国的社会结构也发生了深刻的变化。这是从未有过的大变，几千年未有之大变局。我们讲了9个方面的变化，包括人口、家庭、组织、城乡、区域、就业、分配、消费和社会阶层结构。择其要有以下几点。

一是就业结构变了。1978年，二、三产业职工只占总就业人口的29.5%，2007年达到了59.2%，超过了50%的标志数。1978～2007年，29年纯增33711万人，总数已超过4亿人，平均每年增加1162万人[1]，其中60%以上是农民工。

二是城乡结构变了。1978年城市化率为17.9%（只有1.7亿人），2008年城市化率是45.7%（已超过6亿人）。[2] 30年城镇常住人口增加了4.4亿人（其中约2.4亿人是农村户口），平均每年增加1453万人。

三是社会阶层结构变了。1978年是两个阶级一个阶层，现在是十个阶层。其中个体工商户1978年只有15万户，现在已超过3000万户；私营企业主1978年没有，2007年有550万户、1400万人，2008年有600万户、1500万人。[3] 从1989年有统计数开始，到2007年，平均每年增加77万人。中产阶层（包括新老中产阶层）1978年不到10%。知识分子，一般地讲是2500万人。1990年人口普查，大专以上的人有1600万，占1.4%；2007年大专以上的人有8200万，占6.2%。[4] 现在[5]每年有512万大学生、34万研究生毕业，[6] 20万留学生回国。以此推算，中国的中产阶层2007年约占

① 国家统计局编《中国统计年鉴·2009》，北京：中国统计出版社，2009，第114页。

② 国家统计局编《中国统计年鉴·2009》，北京：中国统计出版社，2009，第89页。

③ 国家统计局编《中国统计年鉴·2008》，北京：中国统计出版社，2008，第111、133页；《中国统计年鉴·2009》，北京：中国统计出版社，2009，第132页。

④ 国务院人口普查办公室、国家统计局人口统计司编《中国1990年人口普查资料》（第一册），北京：中国统计出版社，1993，第29～30页；国家统计局编《中国统计摘要·2009》，北京：中国统计出版社，2009，第38～39页。

⑤ 本文中指2008年。——编者注

⑥ 国家统计局编《中国统计摘要·2009》，北京：中国统计出版社，2009，第186页。

22%。每年约以 1 个百分点在增加，约有 800 万人进入这个阶层。

但是，按照国际上钱纳里等学者计算的指标，我们下面这些指标反映的还都是工业化初期阶段的水平。例如，工业化中期阶段，就业结构中一产劳动力应该占 20%，而我们现在是 40.8%；城市化率应该在 60% 以上，而我们只有 45.7%；中产阶层应占 40% 以上，而我们只有 22%。

结论是，中国的经济结构已经达到工业化中期阶段，但社会结构还处于工业化的初期阶段。

（4）当前中国的社会结构约滞后于经济结构 15 年。按照前面的推算，就业结构中，一产 2007 年仍有 40.8% 的劳动力，要减少到 20%，需要 21 年；城乡结构中，城市化率 2008 年只有 45.7%，要达到 60% 以上，每年增长 0.93 个百分点，需要 15.4 年；中产阶层 2007 年为 22%，到达到 40%，按每年 1 个百分点增加，要 18 年。当然在这九个结构中，人口结构已经是三低（低出生率、低死亡率、低增长率），已达到现代国家水平。

所以，如不抓紧进行社会体制改革，不加大社会建设，那么，至少需要 15 年时间才能赶上今天的经济结构。结论是必须改变两个结构不契合、不协调的格局，否则这些社会矛盾就不能从根本上解决。

（5）当前是我国进行社会体制改革、加快社会建设步伐的关键时期。2002 年党的十六大提出社会要更加和谐。2004 年党的十六届四中全会提出构建社会主义和谐社会。2006 年党的十六届六中全会专门就"构建社会主义和谐社会若干重大问题"做了决定，明确要在坚持经济建设为中心的方针下，把建设社会主义和谐社会摆到突出的位置上，加强社会建设。2007 年党的十七大明确把社会建设列入社会主义现代化建设的总体格局，使社会主义现代化建设的总体格局从三位一体转变为四位一体。党的十七大还明确提出要加强改善民生为重点的社会建设，提出社会建设与人民的幸福安康息息相关。

党的十六大以来，我们已经在社会建设和构建社会主义和谐社会方面做了很多工作，而且已经取得了明显的成效。如在农村进行医疗体制的改革，重建了新农合。在农村实现九年义务教育。最近，教育部开了会，拟订了高等教育体制改革的改革方案，中央已经批准，最近会公示。在农村实行了最低生活保障，在农村 10% 的县进行了农村养老保障的试点。但是不足的一面是，对社会建设认识还是不够的，还没有完全从 GDP 挂帅的影响中摆脱出来。这次金融危机一来，有些地方为了保增长，又把社会建设放在了一边。

（6）社会建设的核心是要调整社会结构。社会建设是一个新概念、新理论，还没有取得比较一致的意见。表现之一是，社会学家关于和谐社会、社会建设的论述还比较少，反映了社会学的薄弱（不像20世纪80年代初的经济建设那样深入人心，引起社会的共同关注）。社会建设的理论还有待进一步深入研究。我们认为要调整社会结构，使之同经济结构相协调。抓纲挈领，纲举目张，抓调整社会结构。

（7）调整社会结构的政策建议。一是调整城乡关系，加快城市化步伐。调整社会结构的突破口是大力推进城市化。可喜的是，中央已经真正提出加快城市化步伐，开放中小城市。已有十个城市改暂住证为居住证，一个新的大潮正在开始。工业化推动城市化，城市化推动经济发展。如何把城市化抓好，显然还有一系列的工作要做。建议召开中央城市工作会议，召开社会建设工作会议。二是调整就业结构，促进三产发展。三是调整社会阶层结构，促进中产阶层的新发展。四是解决农民工问题。

我国社会结构的变动及其影响[*]

一 我国进入以社会建设为重点的新阶段

现代化实践表明，一个国家或地区在发展的不同阶段，其发展任务、发展模式呈现出阶段性特征。党的十六大以来，我国对社会建设的重要性有了更高的认识，并将社会建设任务写入执政党的党章等重要文献。2004年中共十六届四中全会第一次提出"构建社会主义和谐社会"和"社会建设"的战略任务。2005年，建设中国特色社会主义事业的总体格局由社会主义经济建设、政治建设、文化建设三位一体发展为经济建设、政治建设、文化建设、社会建设四位一体。社会建设成为总体发展的重要一环。进入新世纪，政府在坚持以经济建设为中心的同时，反复强调要将社会建设摆在更加突出的位置，始终注重社会建设的实践，我国迈入了以社会建设为重点的新阶段。

社会建设的核心任务是调整社会结构。党的十七大报告指出："社会建设与人民幸福安康息息相关。必须在经济发展的基础上，更加注重社会建设，着力保障与改善民生，推进社会体制改革，扩大公共服务，完善社会管理，促进社会公平正义，努力使全体人民学有所教、劳有所得、病有所医、老有所养、住有所居，推动建设和谐社会。"① 从社会学的角度分析，

---

* 本文原载《中国经贸导刊》2010年第4期，发表时间：2010年4月15日，作者：中国社会科学院"当代中国社会结构变迁研究"课题组，执笔人：陆学艺、宋国恺、胡建国、李晓壮。2010年1月15日，该文首次刊发于中国社会科学院内部刊物《要报·领导参阅》2010年第2期。——编者注

① 《中国共产党第十七次全国代表大会文件汇编》，北京：人民出版社，2007年10月，第36页。

社会建设的这些内容，可以归结为调整社会结构。抓住了社会结构的调整，就抓住了社会建设的核心。当前，构建一个与经济结构相适应的现代社会结构，推进经济社会协调发展，是我们面临并要着力解决好的关键性任务。

所谓社会结构，是指一个国家或地区占有一定资源、机会的社会成员的组成方式及其关系格局。社会结构具有复杂性、整体性、层次性、相对稳定性等重要特点。具体而言，社会结构包含着各种重要的子结构，除了作为基础要素的人口结构外，还有体现社会整合方式的家庭结构、社会组织结构，体现空间分布形式的城乡结构、区域结构，体现生存活动方式的就业结构、收入分配结构、消费结构，体现社会地位格局的社会阶层结构等。在这些子结构中，社会阶层结构是核心，直接或间接体现社会子结构各方面的状况，各子结构间的变化存在互动关系，某一子结构的变化会影响其他子结构的变化。调整社会结构也就意味着调整其多项子结构，尤其是社会阶层结构，使其与经济社会发展的进程相契合。

二 当代我国社会结构发生深刻变动

1. 基础结构：人口结构发生巨大变化。人口结构是社会结构的基础结构。1978～2007年，我国人口出生率从18.25‰下降到12.10‰，人口死亡率保持在6.5‰左右，人口自然增长率则从1978年的12.00‰下降到2007年的5.17‰。[①] 在此基础上，我国人口的年龄结构、素质结构和空间分布结构发生了很大变动，突出表现在人口平均预期寿命延长、人口年龄结构进入老龄化阶段、人口文化素质显著提高，人口空间分布由农村向城市、由落后地区向沿海经济发达地区大量迁移、集聚。人口结构的基础性变动影响着家庭结构、就业结构、社会阶层结构等社会结构的深刻变化。

2. 社会整合结构：家庭结构、组织结构不断变动。随着人口结构变化，我国家庭结构、结构模式及其社会整合功能也发生了重大变化。一是家庭规模小型化。户均人口规模下降趋势明显，由1982年的4.41人下降到2008年的3.16人。[②] 二是家庭类型多样化。随着婚恋价值观念日益多元化和城乡人口流动，家庭类型呈现出多样化的趋势，在城市出现了丁克家庭、空

① 国家统计局编《中国统计摘要·2008》，北京：中国统计出版社，2008年5月，第40页。
② 国家统计局编《中国统计年鉴·2009》，北京：中国统计出版社，2009年9月，第92、96页。

巢家庭和单身家庭，在农村隔代家庭比例上升，漂泊家庭和分离的核心家庭增加。三是家庭结构模式变化。在城镇突出表现为"四二一"模式；在农村基本形成以"四二二"模式为主体的格局。四是家庭关系平等化，主要表现在夫妻之间和家庭成员之间关系趋向平等化。

组织结构及其整合功能发生变化。改革开放以来，随着计划体制的解体和市场体制的建立，组织结构的最大变化是，随着组织结构的分离和成长，资源与机会的配置发生重大变化，组织功能也不断再造。首先，政府组织对于经济社会的管控方式和职能在转变，正由"全能型"回归到公共服务职能。其次，随着企业组织的成长并成为市场的主体，国有企业的生产功能被强化，非生产功能被剥离，非公有制企业组织和个体工商户大规模成长。最后，社会组织开始发育，并发挥着国家与市场之外的社会整合功能。如 2008 年全国登记注册的社会组织达到约 41.4 万个，其中社会团体约 23 万个，民办非企业单位约 18.2 万个，基金会 1597 个，吸纳社会各类人员就业 475.8 万余人[1]，它们已经成为构建社会主义和谐社会的重要整合力量。

3. 生存活动结构：就业、收入分配与消费三大结构市场化变动。人们的生存活动结构主要包括就业结构、收入分配结构与消费结构，体现资源、机会的分配与配置过程。就业结构表现为劳动力在产业、行业、岗位等方面的配置。当代我国劳动力配置已经从新中国成立前的自然经济、改革开放前的计划经济状态转变到当前的市场经济方式，从农业就业人口占绝大多数转变为非农产业就业人口超过农业就业人口，同时第三产业就业人口超过了第二产业就业人口。直到 1978 年，全国 4 亿就业人口在三次产业分布的结构仍为 70.5：17.3：12.2。1978 年以后，就业结构发生显著改变。到 2008 年，全部就业人口的三次产业分布格局演变为 39.6：27.2：33.2，非农就业人口占 60.4%。[2] 1978 ~ 2008 年，第二、三产业从业人员平均每年增加 1166.4 万人。

收入分配问题不仅事关民生，而且关系到社会公平公正，更关系到国家长治久安。改革开放以来，我国收入分配制度改革不断深化，收入分配体制和再分配框架发生根本变化，收入分配结构的巨大变动打破了平均主义、"大锅饭"局面，形成了按劳分配为主体、多种分配方式并存的分配制

---

① 国家统计局编《中国统计年鉴·2009》，北京：中国统计出版社，2009 年 9 月，第 937 页。
② 国家统计局编《中国统计年鉴·2009》，北京：中国统计出版社，2009 年 9 月，第 114 页。

度，极大地激发了社会成员以及众多行业部门的活力，调动了积极性，有力地促进了经济社会发展。当前，我国收入分配方面的问题，主要是城乡、区域、阶层之间收入差距过大，贫富发生分化，已对社会和谐稳定产生了不利的影响。

消费不仅从一个方向推动社会分化，同时也是重要的社会整合机制。改革 30 年来，我国居民消费结构已从生存型、温饱型走向小康型、富裕型。城镇居民家庭的恩格尔系数已由 1978 年的 57.5% 下降到 2008 年的 37.9% 达到了富裕水平，同期，农村居民家庭的恩格尔系数由 67.7% 下降到 43.7%，进入小康。[①] 这虽然与发达国家 30% 以下的水平仍有距离，但意义重大，消费结构中科教文卫等消费支出比例正在不断提高，越来越呈现出现代社会消费结构的趋高级化重要特征。另外，推动我国居民消费结构变迁的主导力量发生了重要变化，消费功能更加多样化，尤其重要的是消费的社会标识功能正在逐渐增强。

4. 空间结构：城乡、区域间的资源与机会配置不断调整。我国城乡结构变动首先表现为城市化。随着工业化的进程，大量农村人口转变为城市人口，传统农村社会逐步向城市社会转变。1952 年我国的城市化率只有 12.8%，1978 年城市化率也只有 17.9%，26 年间仅提高 5.1 个百分点。1978 年以后，城市化进程开始加快，按城镇常住人口计算，2008 年城市化率达到 45.7%[②]，正在接近一般公认的城市人口占总人口 50% 的城市化水平。其次，表现为城乡二元体制转型。市场经济的发展打破了城乡资源和机会配置的行政垄断，使计划经济时期形成的城乡二元社会结构松动。1978 年开始的农村改革首先冲破了城乡二元产权制度的约束，农村在资源配置上获得了相对的自主权利，诱发了城乡体制的一系列变动。21 世纪以来，国家先后提出统筹城乡发展战略，相继出台一系列惠农举措，使农村、农民得到相当多的实惠。但是，我国的城乡差距仍然很大。

改革开放以来，我国区域发展明显分化。区域之间互动机制从单一走向多元，东部、中部、西部等区域经济社会发展格局逐步形成，不同类型区域的经济社会发展模式和速度差异明显，社会成员之间的生活水平和发展机会落差逐步扩大。总体上看在发展水平上东部最高、中部次之、西部最低，三大地区之间的发展差距明显。2008 年，东部地区以占全国 9.5% 的

① 国家统计局编《中国统计年鉴·2009》，北京：中国统计出版社，2009 年 9 月，第 317 页。
② 国家统计局编《中国统计年鉴·2009》，北京：中国统计出版社，2009 年 9 月，第 89 页。

土地面积和占全国 36.7% 的人口，创造了占全国 54.3% 的地方生产总值，中西部内陆地区则以占全国 90.5% 的土地面积和占全国 63.3% 的人口，仅创造了占全国 45.7% 的地方生产总值。① 区域结构不平衡是当前我国的基本国情，协调区域发展是当前调整社会结构的重要方面。

5. 地位结构：现代社会阶层结构初步形成。随着历史进程的延革，制度、结构等社会因素的变迁，资源配置和机会获取方式的变动，社会阶层结构产生了深刻变化，成为当代我国社会结构核心变动的表征。

1949~1978 年，我国社会的阶级阶层结构变迁是一个结构简化的过程，通过社会主义公有制和计划经济体制的建立，最终形成了由工人、农民和知识分子组成的"两个阶级一个阶层"的社会阶级阶层结构。1978 年以来，随着经济体制的深刻变革，资源和机会的配置方式发生了重大变化，原来单一的中央集权配置方式转变为国家、市场、社会共同配置的方式，推动了社会结构的深刻变动，催生了诸如私营企业主、农民工等一些新的社会阶层和群体，使社会分化为"十大阶层"的社会阶层结构。在机会获取方面，总体而言，1978 年以来，特别是在改革开放初期，国家制度政策的安排，对人们社会地位的获得和沉浮，发挥着重要乃至决定性的作用，"先赋因素"作用明显。但越到后来，整个社会变得越是开放，"后致努力"逐步成为获得向上流动机会的主要规则。

新中国成立 60 年来，特别是改革开放 30 年来，我国社会结构深刻变动，推动着一个现代社会阶层结构的初步形成。资源和机会在社会阶层的分配构成了阶层位置的客观基础，阶层成员获取资源和机会的能力成为改变其阶层位置的重要因素。改革开放之前的"两阶级一阶层"结构逐渐解体，新的社会阶层逐渐形成，社会阶层结构由简单化到多元化，由封闭转向开放，现代社会阶层结构已基本形成。此外，在这种新的社会阶层结构中，中产阶层的规模比例不断扩大，是当代我国社会阶层结构的突出表现。据测算，2007 年我国的中产阶层占总就业人口的 22%，比 1999 年的 15% 增加 7 个百分点，现在中产阶层的比例每年约增加 1 个百分点，约有 800 万人进入中产阶层。当然，我国社会阶层结构的现代化转型远未完成，社会中下阶层比重仍然很大，中层比重偏小，整个结构呈金字塔形。

① 国家统计局编《中国统计年鉴·2009》，北京：中国统计出版社，2009 年 9 月，第 18~19 页。

三　社会结构变动对我国经济发展的贡献

我国社会结构的变动对于我国经济发展有着重大的贡献。在现代社会中除了国家干预与市场调节之外，社会结构转型是影响资源配置与经济发展的另一只"看不见的手"，它既是经济增长的结果也是社会变革的推动力量。

1. 家庭经济功能的恢复推动着经济发展。1949 年以后，随着社会主义改造的完成，农村土地收归集体所有，农村家庭的生产功能严重受损。1978 年以后，随着家庭联产承包责任制的实施，以家庭为单位，农民获得了土地生产经营使用权，农民家庭的生产功能得到恢复，极大地释放了农民的生产积极性，我国农业发展进入快速增长的新阶段。

在城镇，家庭的经济功能在 1956 年以后基本被改造。一方面随着个体经济被改造，以家庭为单位的个体经济失去了存在空间；另一方面，随着国家供给制的建立，以及经济建设中"高积累低消费"的政策安排，城镇家庭的消费功能被限制在国家严格的制度安排中。改革开放政策重点由农村转向城市以后，个体经济的发展首先得到政策允许，城镇家庭重新获得了对生产资料的拥有与支配，个体经营户雨后春笋般出现，揭开了城市改革的序幕；同时，随着商品经济的发展、市场的繁荣，家庭的消费功能自主回归，极大促进了商品经济的发展。

2. 就业结构调整使劳动力配置合理化。在改革开放之前，我国用工制度由国家高度统一配置，就业结构相当刚性，劳动力流动受阻。改革开放之后，随着经济体制改革，大量的农业劳动者从第一产业向二、三产业的快速转移，农民获得了非农就业的权利与机会，不仅解决了二、三产业急需的大量廉价劳动力，农业劳动者收入更加多元化，而且使我国成为"世界工厂"、在全球化的趋势下产品更具竞争优势。从另一个意义上讲，大量的农村劳动力进入城市，不仅加快了城市化步伐，改变了城乡结构，而且实现了人力资源的城乡优化配置，这对于促进经济的整体发展具有重要意义。

3. 社会组织功能的自主性回归，促进了经济体制改革。改革开放以前，国家对整个社会进行总体性控制，形成一种总体性的组织结构。1978 年以后在我国组织结构的变化中，国家、经济与社会三大组织的功能开始朝着自主性方向回归。一是国家的总体性控制不断收缩，并且朝着规范化、法律化的方向演进，从而逐步改变了以往国家包揽一切的状况。二是企业组织的生产功能得到强化，企业的社会性功能被逐步分离出去，这对于市场经济的发展意义重大。三是社会生活领域的自主性不断增强，相对独立的社会组织开始发育成长。社会组织是在国家不断从社会领域退出、作为市场主体的经济组织不断剥离其社会职能，同时又未能承担应当承担的社会责任的过程中发展起来的，因而它们具有以组织化的形式填补国家和企业组织退出以后在社会生活领域留下的空白的职能。从这些变化来看，各类不同组织功能的自主性回归，强化了专业分化下资源配置机制的多样化。换言之，资源和机会的配置由国家完全掌控，转变为由国家、市场、社会共同配置，从而大大提高了配置的效率，对经济增长和社会发展做出了重要的贡献。

4. 城乡结构调整使得资源、机会的空间聚集效应得以展现。城市是降低资源配置成本的地区性结构安排，城市规模越大，资源配置成本越低。改革开放以来的城乡结构变化，实质是资源、机会在城乡间的重新配置。虽然今天城市化滞后于工业化，城乡结构依然不合理，但是，改革开放 30年间，我国城市化加快，使得城乡间的资源与机会配置的效率提高，有力促进着经济的发展。一是促进了职业生产的聚集效应；二是促进了产业结构的调整；三是促进了消费主体的成长，消费的扩大又推进了经济的增长。

5. 新社会阶层的兴起和发展使得社会主义市场经济的活力倍增。在改革开放以来不断发展的新的社会阶层结构中，掌握和运作经济资源的阶层不断兴起和壮大，他们主要包括私营企业主阶层、经理人员阶层、个体工商户阶层。改革开放以来我国经济的持续快速增长，与这些掌握和运作经济资源的阶层的壮大是密切相关的。2007 年，全国的私营企业已经占国内企业总数的 62.25%，注册资金 93873 亿元，上缴税金 4771.5 亿元[1]，已经成为推动我国市场经济发展的重要力量。此外，新社会阶层结构中的农民工阶层的出现，为国家创造了巨大财富，在我国工业化、现代化、城市化建设过程中做出了重要贡献。

---

① 中华全国工商联合会、中国民（私）营企业经济研究会主编《中国私营经济年鉴（2006.6～2008.6)》，北京：中华工商联合出版社，2009 年 3 月，第 212、222 页。

中国社会结构亟待调整[*]

社会结构滞后于经济结构，是当前诸多社会矛盾问题出现的主要原因。2010 年 1 月 8 日，中国社会科学院社会学研究所在北京发布新书《当代中国社会结构》。书中指出，当前我国的经济结构已进入工业化中期阶段。然而，多数社会结构指标仍然还处在工业化初期阶段。专家们测算，我国的社会结构滞后于经济结构大约 15 年。

《北京科技报》：为什么会关注到中国社会结构的问题？

陆学艺：2004 年秋天，我们课题组成员开始深入四川、广东、北京、福建、浙江、江苏等地的城市和农村进行调研。起初，我们着重调研的是当前各社会阶层之间的利益关系状况，以及存在的问题。但在实际调研中，我们感受到，随着经济的高速发展，一些社会矛盾和问题正在凸显。农村的常住人口占总人口的 55.1%，但他们只创造了 11.3% 的财富[①]，农民怎能不穷苦？造成这种局面的原因不是我们的农业生产水平不高，而是户籍制度、就业制度、社保制度等体制障碍。于是，我们将重点转向了对当代中国社会结构变动的调查研究。

《北京科技报》：社会结构的滞后表现在哪些方面？

陆学艺：目前，我国的经济结构已经进入工业化中期阶段。工业已经成为我国占比最高的产业。然而，我国的社会结构却滞后于经济结构大约 15 年。以衡量富裕程度的恩格尔系数为例，恩格尔系数是食品支出总额占个人消费支出总额的比重，数值越小说明经济越富裕。2007 年，我国城镇

---

[*] 本文原载《北京科技报》2010 年 1 月 18 日第 14 版。该文系该报记者专访陆学艺的访谈稿。——编者注

[①] 国家统计局编《中国统计年鉴·2008》，北京：中国统计出版社，2008 年 9 月，第 87、38 页。

恩格尔系数为 36.3%、农村为 43.1%。① 而在工业化中期阶段，恩格尔系数应该下降到 30% 以下，我国城镇和农村如果要达到这一比例，则分别需要 9 年和 16 年。

再如，当前我国中产阶层规模约为 23%，而发达国家中产阶层规模在 40% 左右，我们需要 17 年左右才能达到这一规模。另外，在城市化率上，我国要达到工业化中期阶段 60% 的水平也需要 16.2 年。

《北京科技报》：这种滞后导致的后果是什么？

陆学艺：社会结构滞后于经济结构，是当前诸多社会矛盾问题出现的主要原因。以城乡结构为例，目前我国城乡之间各种资源配置不均衡、机会不平等，以至于造成"城市像欧洲、农村像非洲"的城市发展差距等一系列问题。同为一个国家的公民，为什么城市居民享有的资源与机会，农民不能享有？那是因为社会结构还不够开放。农民工进城已经从事了非农业生产工作，在城市工作、生活了若干年，为什么他们的身份还是农民，不能享受与都市人同等的待遇？那是因为社会结构还不够包容。"城乡分治"的尴尬格局，表明我们的社会结构还不协调。社会结构的滞后会引发人们对经济社会发展的不满。如果不及时调整社会结构，这种不满就会外显为社会冲突。

《北京科技报》：为何会出现这种滞后？

陆学艺：社会结构的合理变化不是一个纯自发的过程，它不会随着经济结构的变化而调整，往往需要国家、市场、社会，通过制度、政策、规范来促进。我国现在的城乡体制、地区体制、户口制度、社会保障制度等是在 20 世纪 50 年代后，在计划经济体制建立的过程中逐步形成的。如今，我们的经济体制改革了，但社会体制的改革还不够。

《北京科技报》：对调整社会结构，您有什么好的建议？

陆学艺：政府需要调整国民收入分配格局，增加对教育、医疗、科技、文化等社会事业的投入。国家正在推进的"医改"就是一项很好的举措。还要加快户口、就业、社会保障等方面的体制改革，建设"服务型政府"，政府要将发展经济、提高效率等事务更多地交给市场。

此外，我们应该壮大社会组织。在工业化国家，平均每 100 人就有 1 个

---

① 国家统计局编《中国统计年鉴·2008》，北京：中国统计出版社，2008 年 9 月，第 317 页。

社会组织。但截至 2007 年底，我国共有社会组织 38.7 万个①，相当于 3359 个人才有一个社会组织，与工业化国家相差 30 多倍。

社会组织是工业化、城市化社会的一个重要力量，能推动公民权利意识的觉醒。浙江省民间组织管理局曾做过调查，有 1/6 的行业协会曾成功促使地方政府修改或停止某项政策。现今，一些社会群体也开始借助民间社会组织表达自身权力和利益诉求。浙江温州的商会在应对海外反倾销诉讼、实现海外维权方面就扮演了积极的角色。

---

① 参见中国社会保障学会网站公布的《2007 年民政事业发展统计公报》，http://www.caoss.org.cn/sbnr.asp? id=179。

调整社会结构才能真正解决当前的发展难题*

社会结构和经济结构一样，是一个国家最重要、最基本的结构。现代化的实现，不仅取决于经济增长和经济结构的现代化，而且取决于社会建设和社会结构的现代化，更取决于要形成相辅相成、相互协调的现代经济结构和社会结构的体系。改革开放以来，随着经济体制改革和经济快速发展，社会结构已经发生了深刻变动。但是，由于没有适时进行社会体制改革，社会建设的投入也不足，使社会结构相对滞后，出现了经济和社会两大基本结构不契合、不匹配的状况。从理论上分析，这是当前中国诸多经济、社会矛盾和问题的主要根源。

当前中国的经济结构已经达到工业化的中期水平，但是，社会结构还处于工业化的初期阶段，这是当前中国最大的结构性矛盾。据测算，中国现在的社会结构大约滞后于经济结构 15 年。现在的城乡结构、就业结构、消费结构、社会阶层结构等方面都滞后于经济结构。以城乡结构为例，2007 年我国的城市化率为 44.9%①，这是工业化初期阶段的水平，而工业化中期阶段的城市化率应在 60% 以上。如不在近期进行社会体制改革，加快城市化步伐，我国要达到这一指标，以改革开放以来每年提高 0.93 个百分点的速度递增，也需要 16.2 年。

目前，中国经济社会发展面临的问题既有经济因素、经济结构的制约，也有社会因素特别是社会结构滞后的制约。所以，单纯运用经济手段，已经不能完全奏效。在新阶段新形势下，要解决当前的发展难题，就必须进行社会体制改革，加强社会建设，调整社会结构。提出扩大内需已经十多

---

* 本文原载《中国党政干部论坛》2010 年第 2 期，发表日期：2010 年 2 月 6 日。——编者注
① 国家统计局编《中国统计年鉴·2008》，北京：中国统计出版社，2008 年 9 月，第 87 页。

年，为什么总是扩不上去？用社会结构的理论分析，就是因为目前的社会结构和经济结构不匹配。大量的耐用消费品生产出来了，但农民阶层、产业工人阶层仍占70%以上，他们应该有消费需求，但收入水平低，消费力很弱。中产阶层还未发育壮大起来。城市居民中虽然有一部分有购买能力，但因教育、医疗和社会保障体制还不健全，他们有钱也不敢花。所以，扩大内需，经济手段当然还要改善和加强，但也应该创新社会政策，调整城乡结构、就业结构和收入分配结构，使中低收入人群真正富裕起来，同时，也要加强教育、医疗、社会保障体制的改革，使他们无后顾之忧，内需市场才能真正逐步扩大起来。

现阶段调整社会结构主要包括四个方面的内容：（1）加快城市化步伐，调整城乡结构；（2）规范劳动力市场，治理劳资关系，调整就业结构；（3）完善收入分配制度，调整收入分配结构；（4）加快中产阶层的培育，促进现代社会阶层结构的形成。其中，调整城乡结构是突破口。50多年来，设想让农民在农村搞工业化的各种办法都试过了，结果都不灵。各国经验都证明，搞工业化一定要搞城市化，最终要实现城乡一体化。现在是打开城门，改革户籍、就业、社保等体制，把已经入城的农民工逐步变成真正的城市居民的时候了。新中国60年的经验证明，农民的每一次解放都会释放出巨大的能量。改革户籍制度、推进城市化这一政策真能实行，将是中国农民的第三次解放，社会结构调整将因之大大加快，内需不足、城乡差距扩大、治安案件居高不下等久拖不决的发展难题也会在一定意义上得到解决。

没有社会结构改革难以实现现代化[*]

20世纪80年代的时候，很多人认为中国80%的问题都是因为穷，因此等咱们把经济建设搞上去，这些问题也就解决了。可是30年过去了，经济建设搞得比预想的还好，社会问题不但没减少反而增多了。上学难、看病难、住房难、物价飞涨，使得很多收入水平相对较高的人都觉得日子过得紧巴巴的；而农民的拆迁问题、工人的失业问题等矛盾更突出了，整个社会都有一种"弱势感"。这是什么原因？就是因为社会建设没跟上，社会结构的调整和改革没跟上。

一般来说，经济发展了，普通人的生活也会相应得到改善。但我国现在的情况是，经济发展了，许多人还存在一种总体"弱势感"，这说明人民的生活状况并没有随着"国富"而大大改善。当然，在这个过程中确实有一部分人的收入高了，但是有些人的收入来源不干净。由于中国人口总体庞大，所以这部分高收入人群的豪华消费看起来比较显眼，但大多数安分守己的老百姓却处于一种"无奈"的地位。一个现代化的国家应该是人民越来越富裕，生活越来越方便。但是，在我国，大多数承担了改革成本的人还没有充分享受改革的成果。

这样一种"国强民不富"的大环境，加之不公平的社会分配存在，是造成很多人感觉自己成为弱势群体的重要因素。另外，这种"弱势感"的蔓延，也在一定程度上被媒体放大。比如热播的电视剧《蜗居》，网上炒作的"蚁族"等概念就夸大了这种心理状态。实际上，单就居住条件来讲，无论是从纵向还是从横向比较来看，我们的状况都有了很大的改善。

---

* 本文源自《社会科学报》2010年12月23日第1版《年终访谈：遏制弱势心理蔓延》一文，该文系该报记者电话采访4位专家的访谈稿摘编，本文仅收录陆学艺发言的内容，并采用原文中陆学艺发言的小标题为题目。——编者注

不过由于社会保障不健全、经济风险存在等各方面的因素，我国中等收入阶层的生活压力确实比较大，但这种压力主要还是来自经济方面。根据我们的研究结论，现在我国的中等收入阶层占人口的比重大概在 25%，而根据国际经验，任何一个国家的中产阶层人数达不到 40% 以上，这个国家都稳定不了，所以我们必须要小心地培养并壮大我国的中产阶层队伍。

　　与 1978 年以前相比，中国的社会结构已经发生了巨大的变化。但是，由于社会体制改革跟不上，社会建设的投入也不够，现在的社会结构落后于经济结构。首先，从就业结构来看，第一产业从业人员比重下降，按改革开放 30 年来第一产业就业人员比重下降速度年均 1 个百分点来计算，2007 年第一产业就业人员还占总劳力的 40.8%[1]，按现有速度，要达到工业化中期阶段 15% 以下的指标，大约需要 25 年。其次，就城市化而言，以近 30 年来城市化率每年提高近 1 个百分点的速度计算，城市化率要达到工业化中期阶段 60% 以上的指标，大约需要 15 年的时间。中国城市化率 2007 年只有 44.9%[2]，不仅水平低，而且存在城乡二元经济社会结构等问题亟待解决。再次，就消费结构中的恩格尔系数来看，根据 30 年来城镇和农村居民恩格尔系数下降速度分别为 0.82 和 0.71 个百分点计算，下降到工业化中期阶段 30% 以下的指标，分别至少需要 9 年和 16 年的时间。最后，就社会阶层结构中的中产阶层规模扩大而言，与发达国家中产阶层规模比较，中国当前中产阶层规模偏小，如以近期中产阶层每年提高 1 个百分点计算，中产阶层规模比例要扩大到 40% 的水平，约需要 17 年。综合上述主要指标并考虑到中国近年经济发展态势等多种因素，中国社会结构滞后经济结构大约 15 年。因此，我反复强调，在我国的社会结构没有改革以前，是无法实现现代化的。

---

① 国家统计局编《中国统计年鉴·2008》，北京：中国统计出版社，2008 年 9 月，第 112 页。
② 国家统计局编《中国统计年鉴·2008》，北京：中国统计出版社，2008 年 9 月，第 87 页。

经济与社会协调发展

对 2004 年《政府工作报告》的几点意见[*]

《政府工作报告》写得比较全面、具体，语言朴实，反映总结了 2003年的工作成绩，对 2004 年的主要工作做了说明，基本框架是好的。我当过两届人大代表，听过 10 次《政府工作报告》，写好报告是很不容易的。既要面面俱到，各部委都要有几句，又要突出重点，因为听者主要是想听重点部分，关心的是这一年的重点问题。所以我建议，要重点写好几个问题，要有几句、有几段重话，表明中央政府关注的重点，这是全体代表、全国人民、全世界都很关注的。

提几点修改补充意见。

第一，2003 年是全国人民在党中央、国务院领导下，贯彻落实党的十六大精神，全面建设小康社会并取得伟大成就的一年，也是新的党政领导班子，继往开来，统筹安排国内外各项工作，亲民务实，赢得国内外普遍认同的一年。

据我观察，2003 年最重大的成就之一就是，党中央、国务院总结抗击非典突然袭击的经验教训，适时提出并开始实施全面、协调、可持续发展的新的科学发展观。这既是要解决党的十六大提出的已经达到的小康还是低水平的不全面的很不平衡的这一问题，也是总结国内外现代化发展的历史经验和教训而提出来的。

二次大战以后，各发展中国家在实现本国现代化建设时，一般都是先抓经济发展，强调先增长、后分配。实践的结果是，有的连经济也未搞上

---

  * 本文源自作者手稿。手稿写于 2004 年 2 月 13 日，系作者在温家宝同志召开的征求对《政府工作报告》的修改意见座谈会上的发言稿。该文收录于陆学艺《"三农"新论——当前中国农业、农村、农民问题研究》，北京：社会科学文献出版社，2005；陆学艺《陆学艺文集》，上海：上海辞书出版社，2005 年 5 月。——编者注

去，有的经济上去了，但社会并没有相应进步，人民生活并没有普遍改善，反而贫富差距拉大，城乡、地区差别拉大，环境资源破坏，社会问题丛生，社会还不安定。20 世纪 70 年代后期开始，一些学者对此做了总结，认为这是"有增长无发展"，提出经济社会要全面协调发展，并提出了可持续发展的概念。客观地讲，改革开放 25 年来，我们的经济建设取得了历史性的伟大胜利，举世为之瞩目，我们的社会事业也有了很大进步；但比较而言，我们这些年，特别是 20 世纪 90 年代以后，经济社会发展并不平衡，并不协调。一些省市、地区单纯追求 GDP 增长，把经济第一强调到唯一的地步，所以同样出现了工农、城乡、地区之间差距拉大的情况，基尼系数已经超过 0.45，社会问题越来越多了。经济高增长掩盖了许多社会问题。

2004 年中央提出全面、协调、可持续发展的新的科学发展观有很强的针对性，应该说是认识上的一大飞跃，是发展观的转变，提出了要实现经济社会协调，城乡要协调，地区之间要协调，人与自然要协调，后来又提出了国内外工作要协调。但是这个新发展观要取得全党全国人民的认同，要贯彻到今后的具体工作中去，还有很多工作要做。首先要实现这个发展观的重大转变，《政府工作报告》要进一步加以阐明。所以建议，这一段要多写一些。如在第 4 页"集中暴露了我国经济社会发展不协调的问题"后面加写几句，在第 10 页新发展观那里再加重一些。

关于形势分析，总的说来，我们现在的经济形势很好，但社会形势不大好；城市发展很好，农村不大好；东部地区形势很好，中西部不大好；宏观形势较好，微观形势不大好。如到了基层，特别是农村基层，情况不大好，其中主要的问题是经济发展和社会发展不协调。经济结构调整了，社会结构没有相应地调整，城市化严重滞后于工业化；经济发展了，社会事业没有相应地发展；经济体制改革了，社会事业的管理体制改革滞后了；经济管理改变了，社会管理没有跟上来；不少硬件建设上来了，但软件不行，如公路建设成绩很大，但交通事故频繁，一年要死 10 万多人。相较而言，社会事业的发展，大约要落后于经济发展 5～8 年，由此产生了一系列社会问题。

建议把 2004 年国内主要任务那部分的第四部分和第五部分合并起来写。现在第四部分写"实施科教兴国战略，加快科教改革发展"，第五部分写"加快社会事业发展，加强精神文明建设"。其实科教也是社会事业，所以这两部分可合并写，建议改为"加快社会事业的改革发展，加强精神文明建设"。导语中加写一段社会事业发展滞后的严重性，强调经济社会协调发展的必要性。社会事业的发展是向人民群众提供公共产品、公共服务的，这是现代政府的主要职责。要一手抓发展，一手抓改革，还要抓投入，各级政府的财政支出主要应用于社会事业的发展和建设。

第二，关于"三农"问题。报告讲了解决农业、农村、农民问题是我们全部工作的重中之重，这个提法好。在讲到今年①农村工作的六个方面时，比今年中央一号文件讲得更具体了。要增加农民收入的问题，已经讲了多年了。自 1997 年以后，农民收入就是上不去，纯农户、以种粮为主要收入来源的农户，这些年的收入是减少的，同城市居民的收入差距越拉越大。2003 年城镇居民可支配收入增长 9.3%，农民年纯收入增长 4.3%②，收入差距还是呈继续扩大的趋势。解决农民增收问题，解决"三农"问题，不改变目前国民收入分配格局，不改变城乡二元经济社会结构，不改变户籍制度、就业政策，让更多的农村剩余劳力转移到城镇第二、三产业方面去，不改变"城乡分割，一国两策"的格局，是解决不好的。

当然这不是一两年能解决的。但在这个报告中，原来党的十六届三中全会讲到的要"建立有利于逐步改变城乡二元经济结构的体制"、"深化户籍制度改革"③和实行"多予、少取、放活"等重要方针、政策，还应在《政府工作报告》中再加以重申。

近几年学术界正在讨论，中国是不是到了"工业反哺农业，城市反哺农村"阶段的问题。国际上的一些工业化国家，工业化、城市化发展到一定阶段后，就都反哺农业、农村。从二战后的几个国家来看，这个时间一般是 20~30 年。我们自 1952 年实行第一个五年计划起，至今已经 52 年了，改革开放也已 25 年了，是到了工业反哺农业、城市反哺农村的时候了。但我们至今仍未改变"以农补工""以乡养城"的格局。具体表现有以下几种：

（1）现在工农业产品的剪刀差还很大。有专家计算，近几年通过剪刀差，农民每年向国家做出 1000 多亿元的贡献。

（2）通过税收做出贡献。2001 年，农业税、农林特产税、耕地占用税和契税 4 项共 481.7 亿元，乡镇企业各项税收共 2308 亿元，两项合计

① 本文中指 2004 年。
② 国家统计局编《中国统计摘要·2004》，北京：中国统计出版社，2004 年 4 月，第 99 页。
③ 《中共中央关于完善社会主义市场经济体制若干问题的决定》，北京：人民出版社，2003 年 10 月，第 13、19 页。

377

2789.7 亿元。而当年国家财政用于支持农业生产和各项事业的支出为 905.3 亿元，再加上农业基建和农业科技等方面的支出，总共也就 2000 多亿元。收支两项相抵，农村每年的贡献也有近千亿元。

（3）通过征地做贡献。据国土资源部主办的《中国土地》2001 年第 9 期的一篇文章所述："近 20 年内国家向农民征用土地约为 1 亿亩……国家利用垄断一级市场的制度和征地费价剪刀差（土地市场价和征地补偿费之差），总共从农民手里取走土地资产达 2 万亿元以上。"① 平均每年贡献 1000 亿元以上。

（4）农民为国家和城市做出的最大贡献就是现行的农民工制度。20 世纪 80 年代中后期以来，每年都有大量的中青年农民到城镇从事第二、三产业劳动。他们干最重最累的活，而所得很低。据有关方面估算，每个农民工每年平均创造 2.5 万元财富，而所得约为 8000 元，即每个农民工每年平均为国家和城市贡献 1.7 万元。据农业部统计，2002 年全国有 9460 万农民工。这一年，全国的农民工就做了 16082 亿元的贡献。而按现行的体制，农民工除工资以外是没有任何社会保障的。农民工病了，残废了，老了，城市是不管的，于是他们只好回农村。农民工的老人由农村养着，农民工的子弟在农村养育并接受农村义务教育。这种农民工的制度性安排是很不合理的，是城乡不平等交换最重要的一种形式，也是造成城乡失衡、不协调的一个重要原因。

上述几项"以农养工""以乡养城"的制度性安排使 9 亿农民每年向国家、城市贡献约 2 万亿元，那么农村怎能不穷？农民怎能不苦？现在我国已进入工业化中期阶段，是到了应该反哺农业、反哺农村的时候了。至少到了城乡应该等价交换的时期，因此，我们就应该通过改革这种不合理的城乡体制，逐步做到城乡平衡，那样农民收入就能增加一倍。年度工作报告虽然不可能讲到这些细节，但做出适当的提示，应该是可以的。

第三，关于土地问题。从 2000 年以后，各地掀起了新一轮圈地运动。这是改革开放以来第四次圈地高潮。开发区之多，圈地之成片、成风使其来势比哪一次都凶。而且这次被圈占的土地主要是在长江三角洲、珠江三角洲和大中城市郊区。这是中国最好的地区，耕地是最好的，农民本来也是最富的，现在却遇到了问题。我到几个省调查，听了四句印象深刻的话，

① 刘田：《想想农民利益……——关于农民土地财产权的历史思考》，《中国土地》2001 年第 9 期，第 21 页。

可概括这些地区的情况："毁农民的庄稼，拆农民的老房，挖农民的祖坟，强占农民的耕地。"既不给农民相应的补偿，不等价交换，也不做相应安置。被占了地的农民陷入了"种田无地，就业无岗，低保无份，上告无门"的困境。所以这些地区农村的社会矛盾上升，干群关系十分紧张，冲突时有发生。国家要尽快出台征地用地的文件。据国土资源部报告，目前已有2000 多个开发区停止开发，但这都是村办、镇办、县办的，有"大背景"圈的地，实际上他们都只是暂时按兵不动，要不了多久，这些地还是要占。老百姓说，到口的鱼，猫怎么会吐出来。政府要给老百姓撑腰，给他们一个红头文件，给农民以保护承包耕地的权力。这个问题报告中讲了，但说得太轻，要有几句重话。

第四，关于中青年干部。近年来，我到各地去做社会调查，见到了很多中青年干部，其中包括 40 岁左右的县级领导，45 岁左右的地市领导，他们都年轻有为，朝气蓬勃，文化水平高，视野宽阔，有开拓精神，有干劲，有建功立业的雄心壮志。这支干部队伍正在成长，这是我们党后继有人，我们国家兴旺发达的标志。但和他们接触多了，我也看到一些问题。他们的缺点是对我们国家的基本国情还不熟悉，对基层群众（特别是广大农民）的状况了解不深，有的对群众的疾苦关注不够，缺乏应有的感情，对我们党的优良传统不熟悉，缺乏大风大浪的锻炼。现行的体制对他们（特别是对党政一把手）的约束监督机制不健全，所以也出现了一些问题。诸如求功心切，好大喜功，搞形象工程，大拆大建，引起冲突矛盾等。如何带领、培养、训练好这支队伍，是本届政府的一项重要任务。希望在《政府工作报告》中对中青年干部相关的问题讲几句。

此外，我赞成李京文同志刚才讲的，在报告中不要再提"在有条件的地区，要率先实现现代化"那一句。这个提法在理论上说不通，这几年实践的效果也不好。有条件的地区要"率先"，没有条件的地区也在提"率先"，而且层层加码。例如，某省提出要在 2010 年实现现代化，地（市）就提 2008 年，县里就提 2007 年。实际上，各级政府都是只在增加 GDP 上做文章，这同中央提出的"要坚持以人为本，树立全面、协调、可持续的发展观，促进经济社会和人的全面发展"是相违背的，对实现发展观的转变是不利的。另外，关于反腐倡廉那一段写得太弱，希望能加以强调，这是国内外都很关注的重大问题。

最后，中国问题解决的关键在农村，但农村问题依然严重，因此，政府要下大决心，从体制上、从解决二元结构上、从组织安排上、从行政结构上（如地市合并后的"市吃县"的问题）解决。所以，还是建议开一次中央全会进行讨论解决。中国发展到现在，从经济结构、经济体制，特别是社会体制、社会结构来看，不能说建设社会主义现代化已经没有问题了，还是两个前途，大关并没有过。关键是农村、农民问题，这是大问题，也是大学问。

一腿长，一腿短，怎么能走快[*]

日前，当记者向社会学家、中国社会学会会长陆学艺教授征询今年^①"两会"的热点问题时，他说，树立科学的发展观，如何促进经济社会协调发展将是一大热点。

综观各发达国家的发展轨迹，一个国家或地区要实现现代化，主要在两大方面，一是经济要繁荣发展，二是社会要全面进步，陆学艺说。

陆学艺认为，从总体上看，我国现在已经越过了经济发展为主的阶段，进入了经济发展与社会发展并重、经济与社会协调发展的阶段。但是由于认识和体制、结构等方面的因素，直到现在我国的社会发展还没有取得应有的进步，经济发展了，社会发展却滞后了，经济和社会发展并不协调，由此会产生一系列的社会问题，这不仅影响了人民群众生活质量的提高，而且也阻滞了经济更加健康、稳定、快速地发展。具体表现在：第一，经济发展了，但经济结构和包括人口结构、就业结构、城市结构、地区结构、社会阶层结构在内的社会结构还没有相应地调整过来；第二，经济发展了，但教育、科技、文化、医疗卫生、环境保护等社会事业没有相应地发展，社会事业发展严重滞后于经济发展，很不协调；第三，社会管理相对落后，跟不上经济社会事业发展的要求，各类事故频发，造成人、财、物的莫大损失；第四，经济体制改革了，已经基本建立了社会主义市场体制，但是社会事业的管理体制基本上还没有按社会主义市场经济体制的要求改变过来。

陆学艺教授给记者举了大量的实例论证了他的观点。他以交通管理落

---

* 本文原载《中国财经报》2004 年 2 月 24 日第 3 版。该文系该报记者专访陆学艺的访谈摘编。——编者注

① 本文中指 2004 年。——编者注

后带来的恶果举例说，2001年共发生交通事故754919起，死亡105930人，受伤546485人，损失折款30.9亿元。[①]他认为，现在经济社会发展不协调的问题已经凸显，经济发展很快，社会发展缓慢、滞后（至少滞后5～8年）。我们历来是主张两条腿走路的，现在是一条腿长、一条腿短，这是走不快的。经济社会发展不协调，已经直接影响到经济的健康、稳定、快速发展，如城市化滞后于工业化，农村剩余劳动力不能适时地转化为二、三产业的职工和城市居民，农民的收入就提不高，购买力也就上不来，内需就扩大不了，二、三产业的发展就快不起来。经济社会发展不协调，广大人民群众对于教育、科技、文化、医疗的需要得不到满足，公共服务不能普遍惠及广大群众，就会滋长不满，引发诸多的社会问题，引发社会的不稳定。

对于如何促进经济社会协调发展，陆学艺提出了以下四方面的政策建议：第一，要进一步明确把经济和社会协调发展作为国家发展的指导方针；第二，要继续深化改革，抓紧出台户籍制度改革，城乡关系、社会保障体制改革等政策，加快城镇化步伐，以调整社会结构、城乡关系；第三，中央和地方政府都要扩大对社会发展方面的投入，改革目前政府投资过度偏重于经济建设而对社会事业投入偏少的格局；第四，要改革社会事业管理体制。改革的目标是要建立一个同社会主义市场经济体制相适应的、城乡一体化的、按社会主义市场经济规律要求运作的、有利于调动各方面积极性的社会事业管理新体制。

---

① 国家统计局编《中国统计年鉴·2002》，北京：中国统计出版社，2002年9月，第797页。

统筹经济社会发展　实现全面进步[*]

经济和社会，"两腿"都要长

"我们历来是主张两条腿走路的，现在是一条腿长、一条腿短，这是走不快的。"中国社会学会会长、中国社科院社会学所研究员陆学艺在接受本刊记者采访时如是说。他说的"长腿"指的是"经济"，"短腿"指的是"社会"。

……　……

不协调的五大表现

经济的发展不等于社会进步。陆学艺认为，我国经济和社会发展不协调之处具体表现为以下几点。

第一，经济发展了，经济结构调整了，但社会结构没有相应地调整过来。社会结构包括的面比较广，有人口结构、就业结构、城乡结构、地区结构、社会阶层结构等。我国的工业化水平已到中期阶段，但城市化率处在较低的水平，城市化严重滞后于工业化，城乡关系严重失衡，阻碍了第三产业和各项社会事业的发展，也直接影响了国民经济的发展。

第二，经济发展了，但教育、科技、文化、医疗卫生、环境保护等社会事业没有相应地发展，社会事业发展严重滞后于经济发展。仅以教育和卫生事业为例：改革开放 20 多年来，我国基本普及九年制义务教育和基本

---

[*] 本文原载《半月谈》2004 年第 4 期，发表日期：2004 年 2 月 25 日。该文系该刊记者对牛文元、陆学艺和胡鞍钢三位专家访谈的摘编稿，本文仅收录陆学艺的发言摘要。陆学艺发言部分原无标题，本文采用《半月谈》原文标题。——编者注

扫除青壮年文盲的工作很有成绩，但是高中阶段教育、职业技术教育和高等教育发展还不理想。资料显示，2000 年我国人口平均受教育年限不到 8 年，我国仍有 9% 的成人是文盲。

我国的医疗卫生资源配置不合理，城乡之间分布很不平衡。卫生部的资料显示，87% 的农民完全是自费医疗，农村缺医少药的状况十分严重。世界卫生组织在 2000 年的《世界卫生报告》中指出，全世界 191 个国家的卫生系统排名，在"财务负担公平性"方面中国为第 188 名。这同我国经济实力在世界排名第六的地位，实在不相称。

第三，社会管理相对落后，各类事故频发，造成人、财、物的莫大损失。一个国家或地区要实现现代化，不仅要有现代化的各类基础设施建设，还要有现代化的管理。也就是我们通常讲的"硬件"要现代化，"软件"也要现代化。许多城市遍布高楼大厦、豪华宾馆，宽广平坦的马路，各种名目的广场，铺草坪种大树，硬件都相当现代化了，但就是社会管理跟不上，存在着交通拥堵，儿童上学、老年人就医困难，环境脏乱差，空气污染等问题。

第四，社会事业的管理体制落后。我国的各级各类学校、科研院所、文化单位、医疗卫生机构等事业单位大多按照计划经济体制的要求运行，机构庞大，人浮于事，规章制度僵化，运行成本很高，效率低下，服务质量差，人民群众很不满意。

第五，经济增长与就业增长不协调。我国是人口大国，农村人口多，现在又处于社会转型、经济体制转轨的阶段，结构性失业和技术性失业等多种因素导致就业形势十分严峻，这将是今后较长时期里困扰我们的一个重大的社会问题。

如何迈向协调之路

如何实现经济和社会协调发展？关键是从当前最为突出的主要矛盾入手。

第一，从根本上讲，解决经济与社会发展的"长短腿"问题，要靠中央和地方政府加大对社会发展方面的投入，改变目前政府投资偏重于经济建设而对社会事业投入偏少的格局。积极向科技、教育、卫生等社会事业领域倾斜，向生态环境保护倾斜。

第二，国家这只"有形的手"必须发挥作用，从加强税收等方面的"二次调节"，解决地区之间和个人之间的收入差距拉大问题。培育合理的现代社会阶层结构应该成为今后社会制度安排和政策选择的核心。

历史经验表明，在社会中间阶层规模大的社会，社会资源的配置一般都比较合理，分配差距比较小，社会各阶层之间的利益矛盾和冲突一般都不会很大，这样的社会最稳定、最可持续发展。中国正处在经济社会转型之中，社会阶层结构也在不断地变迁。目前还有近60%的农村人口、50%的劳动力以务农为主。与此同时，我国社会中间阶层规模较小。能够被纳入中间阶层的就业人口所占比例仅为18%左右，与西方国家的40%还有不小的距离。

第三，建立合理配置公共资源的制度设置。从近期看，社会政策创新的可操作方向是合理地配置公共资源，而其中最为有效的操作平台，是建立公正配置公共教育资源的制度，制定提高普通社会成员尤其是困难群体的竞争能力和技能水平的培训政策。教育是促进经济增长、矫正各种不公平的起码条件，是保证社会成员发展机会相对公平的最重要的制度设置。

第四，提高社会管理水平。为维护社会稳定，保证经济和社会协调发展，还要注意全面构建现代化的社会管理体系，积极构建"中国社会稳定预警系统"。社会稳定预警系统，就是要科学、定量、实时地诊断、监测并预警社会稳定的总体态势。这个系统之于社会的作用是什么呢？形象地说，就是在没有"起火"之前，通过系列指标的监测，发出警示；而现有的系统像消防队一样，必须等"起火"了才能出场。目前，美国、日本等一些发达国家已经建立了相应系统，监测全球或区域的稳定状况和动乱热点，分别为其战略决策、安全体系、外交政策、经济发展、政策后效评估、危机综合对策等提供全方位服务。作为一个世界大国，中国社会稳定预警系统的研制和运行十分必要。

第五，实施积极的就业政策，减轻就业压力。中国社科院"中国社会形势分析与预测"课题组在2004年"社会蓝皮书"中有一连串让人心感沉重的数字：20世纪90年代中期以来城镇登记失业率逐年上升，1995年为2.9%，1999年为3.2%，2001年为3.6%，2002年为4%，2003年很可能达到4.5%，登记失业人数将超过700万人。国有企业下岗职工继续增加，2003年6月底，下岗职工达464万人，而再就业率则逐年下降，1998年为50%，1999年为42%，2000年为35%，2001年为31%。农村剩余劳动力继续增加，2002年进城镇务工经商农民达9460万人，现在还呈增加的趋势。①

……　……

① 汝信、陆学艺、李培林主编《中国社会形势分析与预测》，北京：社会科学文献出版社，2004年1月，第6页。

树立和落实科学发展观　促进
经济社会协调发展[*]

2003 年 10 月，党的十六届三中全会明确提出了"坚持以人为本，树立全面、协调、可持续的发展观，促进经济社会和人的全面发展"，并且强调要"按照统筹城乡发展、统筹区域发展、统筹经济社会发展、统筹人与自然和谐发展、统筹国内发展和对外开放"的要求①，推进改革和发展。这表明一个新的科学发展观被明确提出来了，这是党的十六届三中全会的一项重大成就，同时也表明我们党对社会主义现代化建设指导思想有了新的发展。今后我们的一切工作都要以这个新的科学发展观为指导方针，指导制定新的经济社会发展战略，推动全面建设小康社会的各项工作。

一　形成和提出科学发展观的理论和历史背景

胡锦涛同志在党的十六届三中全会上说："树立和落实科学发展观，这是二十多年改革开放实践的总结，是战胜'非典'疫情给我们的重要启示，也是推进全面建设小康社会的迫切要求。"② 温家宝同志在中央党校"树立和落实科学发展观"专题研究班上的讲话中说："我们党提出的科学发展

---

*　本文原载《云南民族大学学报》（哲学社会科学版）2004 年第 6 期，发表时间：2004 年 11 月 15 日，原稿写于 2004 年 3 月 19 日。人大复印报刊资料《社会主义经济理论与实践》2005 年第 2 期转载了此文。该文还收录于陆学艺《"三农"新论——当前中国农业、农村、农民问题研究》，北京：社会科学文献出版社，2005 年 5 月；陆学艺《社会建设论》，北京：社会科学文献出版社，2012 年 3 月）。——编者注

①　《中共中央关于完善社会主义市场经济体制若干问题的决定》，北京：人民出版社，2003 年 10 月，第 12～13 页。

②　《树立和落实科学发展观》（胡锦涛同志在中共十六届三中全会第二次全体会议上的讲话），载《胡锦涛文选》第 2 卷，北京：人民出版社，2016 年 9 月，第 104 页。——编者注

观，是根据马克思主义辩证唯物主义和历史唯物主义的基本原理，总结了国内外在发展问题上的经验教训，吸收人类文明进步的新成果，站在历史和时代的高度，进一步明确了新世纪、新阶段我国要发展、为什么发展和怎样发展的重大问题。"①

（一）科学发展观的提出

党的十六大对改革开放以来的实践做了全面的总结，并指出："经过全党和全国各族人民的共同努力，我们胜利实现了现代化建设'三步走'战略的第一步、第二步目标，人民生活总体上达到小康水平。"党的十六大接着指出，"现在达到的小康还是低水平的、不全面的、发展很不平衡的小康"，并且列举了诸如"城乡二元经济结构还没有改变，地区差距扩大的趋势尚未扭转，贫困人口还为数不少……就业和社会保障压力增大；生态环境、自然资源和经济社会发展的矛盾日益突出"② 等各方面的问题。党的十六大的总结实事求是，既充分肯定了改革开放以来我国取得的举世瞩目的伟大成就，同时也指出了存在的问题和发展中遇到的障碍和困难。

党的十六大明确提出了今后的发展目标："我们要在本世纪头二十年，集中力量，全面建设惠及十几亿人口的更高水平的小康社会，使经济更加发展、民主更加健全、科教更加进步、文化更加繁荣、社会更加和谐、人民生活更加殷实。"同时，党的十六大还重点指出："为完成党在新世纪、新阶段的这个奋斗目标，发展要有新思路，改革要有新突破，开放要有新局面，各项工作要有新举措。"③ 新一届党中央领导集体和全国人民正是按照党的十六大决议的精神，实践与解决了上述在发展改革过程中遇到的困难和问题，实实在在地着手解决上述党的十六大指出存在的城乡二元结构问题、"三农"问题、贫富差距和地区差距扩大的问题、经济社会不协调的问题、生态环境继续恶化问题等，着力解决"低水平的、不全面的、很不平衡"的问题，使之达到"更高水平的小康社会"。

---

① 温家宝：《提高认识，统一思想，牢固树立和认真落实科学发展观——在省部级主要领导干部"树立和落实科学发展观"专题研究班结业式上的讲话》，http://www.gov.cn/gong-bao/content/2004/content_62698.htm。

② 《中国共产党第十六次全国代表大会文件汇编》，北京：人民出版社，2002年11月，第17~18页。

③ 《中国共产党第十六次全国代表大会文件汇编》，北京：人民出版社，2002年11月，第18、20页。

其实，早在 20 世纪 90 年代，上述一些问题就已经出现，也曾在党的十四大、十五大被提出来过。大会之后，党和政府投入了很大力量，致力于解决这些问题。但是十多年过去了，这些问题不仅没有得到解决，有的还越来越严重了。例如，这些年城乡差距、地区差距、贫富差距逐渐在扩大（见表 1），这些问题都是涉及社会和谐发展、社会安定、国家长治久安和社会主义性质的大问题。早年我们曾设想，把经济搞上去了，蛋糕做大了，就可以逐步解决这些问题了。然而十多年来，经济发展很快、很好，但这些差距非但没有缩小，反而逐渐扩大了。此外，就业形势、资源环境问题也越来越严重。为什么会事与愿违呢？这不能不使我们反思以往的发展战略、发展模式问题，也就是反思我们的指导思想——发展观问题。

表 1　改革开放以来我国城乡和地区收入差距比较

年份	城乡收入差距		地区差距（城镇）			地区差距（农村）			基尼系数
	乡	城	西	中	东	西	中	东	全国
1980	1	2.5	1	0.93	1.11	1	1.05	1.28	0.22
1990	1	2.2	1	0.92	1.26	1	1.19	1.59	0.32
2000	1	2.9	1	0.94	1.40	1	1.3	1.92	0.45
2002	1	3.1							0.458

资料来源：国家统计局编《中国统计年鉴·2003》，北京：中国统计出版社，2003，第 344 页。

（二）科学发展观的形成，也是对国际经济社会发展经验和教训总结的结果

第二次世界大战以后，大多数发展中国家都实行过"先增长、后分配"的发展战略。实践的结果是，相当一部分国家连经济也没有搞上去，长期陷在贫困混乱的恶性循环中；有不少国家经济搞上去了，但产业结构畸形、城乡关系紧张、贫富差距大、大多数民众没有受益，资源浪费、环境恶化，社会事业落后，社会问题丛生，各种矛盾重重，形成了"有增长、无发展"的尴尬局面。

实践是最能教育人的。20 世纪 60~70 年代，单纯的经济增长在不少发展中国家遭受挫折，使人们认识到单纯的经济增长并不一定能使社会全面进步，也并不一定能消除失业和贫困，于是一些新的发展观就陆续被提出来了。1976 年国际劳工组织提出了"基本需求战略"；20 世纪 80 年代初，可持续发展的概念被提了出来；20 世纪 90 年代初，联合国环境发展大会明

确指出，要实施可持续发展战略。这些新发展观的共同特点就是，改变了原来单纯追求经济增长的目标，而把充分就业、公平分配、注重人的发展、强调提高生活质量、消除贫困、节约资源、保护环境等作为发展的目标，也就是要实现经济社会的全面进步。当然，多数发展中国家尽管提出了新的发展观，社会也接受了，但由于很多政治、社会等方面因素的影响，其发展并不顺利。党的十六届三中全会提出的"以人为本"的科学发展观，也是总结了国际社会关于经济社会发展的经验和教训，吸纳了国际上一些进步学者的研究成果，是适应世界潮流的。

（三）战胜"非典"疫情给我们重要启示，催生了科学发展观的形成和提出

城乡发展不平衡、经济社会发展不协调、地区差距扩大、环境资源问题严重，这些问题在党的十六大上被提出。党的十六大报告第一次提出了要"统筹城乡经济社会发展"，以解决"三农"问题，但当时还没有把这些问题综合起来，提到理论总结的高度，即发展观的层面。

2003 年春天，"非典"突然袭来，虽然疫情主要发生在广东、北京和华北一带，前后也只持续了两个多月，但正常的政治、经济、社会生活被打乱，一些行业几乎一时处于停顿状态，人心惶惶。政府担心"非典"向农村传播，那里缺医少药，没有什么防治体系，一旦传入，后果不堪设想。幸好党中央及时采取果断措施，下达了抗击"非典"的动员令，群抗群防，终于战胜了疫情，扛过了这一劫。世界卫生组织于当年 6 月解除了对中国的禁令。

"非典"的突袭是一次特殊而重大的公共卫生危机事件。我们痛定思痛，教训是深刻的。"非典"反映了公共事业建设和社会管理的严重疏漏，引发了全社会对深层次经济社会发展问题的思考。2003 年 6 月 17 日，温家宝总理在一次座谈会上说："一个民族在危难中可比平时学到更多的知识、学到更多的道理、学到更多的科学。一个民族在灾难中失去的，必将在民族进步中获得补偿。"① 也正是在这个会上，他还提出今后中国的发展要实现城乡之间的协调发展、地区之间的协调发展、经济与社会协调发展、人与自然协调发展。此后，温家宝总理又多次强调要实现这几个方面的协调

---

① 参见胡鞍钢主编《透视 SARS：健康与发展》，北京：清华大学出版社，2003 年 8 月，第 332 页。

发展。他说，现在是"一条腿长，一条腿短"，这样不平衡，会摔跤的。

2003 年 8 月底，胡锦涛同志到江西视察。9 月 3 日，在江西省干部会上他说："牢固树立协调发展、全面发展、可持续发展的科学发展观，积极探索符合实际的发展新路子。"[①] 2003 年 9 月，温家宝同志在一次工作会议上讲，要"树立'以人为本'的政府管理思想"[②]。2003 年 10 月，党的十六届三中全会明确提出了"坚持以人为本，树立全面、协调、可持续的发展观，促进经济社会和人的全面发展"。全会还针对我国经济、社会发展中面临的突出问题，提出了今后要统筹城乡发展、统筹区域发展、统筹经济社会发展、统筹人与自然和谐发展、统筹国内发展和对外开放。至此，一个新的、完整的科学发展观就形成了，成为引导我国社会主义现代化建设的指导思想。

二 科学发展观的基本内涵

所谓"发展观"是关于一个国家或一个地区对发展的本质、内涵、目的和要求的总体看法，是决定这个国家、地区的发展战略、发展道路的指导思想。党中央提出的科学发展观，是从新世纪、新阶段我们党和国家社会主义现代化事业发展大局出发而提出的重大战略思想。科学发展观是指导我国社会主义现代化建设的新的基本观念，也就是全面建设小康社会的指导思想。把以人为本的科学发展观作为指导我们一切工作的指导方针，这不仅是思想理论观念的更新，而且是思维模式的转变，可以说是思想上的一大飞跃，是贯彻实事求是思想路线和与时俱进的表现。正是思维模式的转变导致发展观的转变。可以说，科学发展观的树立和实施标志着一个新时期的开始。

科学发展观是在传统的发展观基础上转化而形成的，有继承的方面，有转变的方面，有改正的方面，也有发展的方面。所以，我们也可以把科学发展观称为新的发展观。关于科学发展观的基本内涵，我认为可以从四个方面来理解。

---

① 《胡锦涛在江西考察工作时强调：继承发扬党的优良革命传统 加快全面建设小康步伐》，《人民日报》2003 年 9 月 3 日第 1 版。

② 参见《中国新一届政府发展观——全面·协调·可持续》，中国新闻网，http://www.chinanews.com.cn/n/2003-09-26/26/351226.html。

（一）以人为本，也就是以民为本

"以人为本"是中国古代的哲学命题，也是西方哲学的重要内容。我国古代就有"民惟邦本，本固邦宁"① "民为贵"② 等民本思想。"以人为本"是科学发展观的核心、本质，就是要把人民利益作为一切工作的出发点和落脚点。以人为本就是要发展社会生产力，满足社会成员的物质文化需要，促进人的全面发展。一切为了人民，一切依靠人民，这是立党为公、执政为民的本质要求。理解以人为本要明确以下三点。

1. 是以人为本，还是以物为本

我们不能为发展经济而发展经济，因为发展经济是为了人民，即为了满足人民群众的物质文化需要。我们若是单纯追求经济增长，忘了人民，就会陷入为了增长而增长的 GDP 崇拜的邪路上去。当前，以经济建设为中心是对的，加快发展速度也是对的，但当提高 GDP 的速度与人的全面发展发生矛盾时，我们就要作出相应的调整。如有些企业为了追求经济利润和经济增长，不顾工人的健康和生产安全，安全事故就增多了。有的国家单纯追求经济高速增长，不顾国情，不能增加就业，这样的做法就值得研究，因为它不符合以人为本的精神。

2. 是以民为本，还是以官为本

以人为本，说到底就是要以民为本。为人民服务是我们共产党、人民政府的宗旨。宪法规定，中华人民共和国的一切权力属于人民。人民，只有人民才是国家的主人，政府的权力来源于人民，政府是由人民授权、为人民服务、受人民监督的法人机构。这些年来，人民政府与人民的关系处理得不够正常，干部与人民的关系不够正常，没有摆正位子，许多事情不是人民做主，而是为人民做主。其具体表现有以下几点。一是干部队伍膨胀。改革初期，我国共有各级干部 1800 多万人，现在超过 4000 多万人，其中公务员 500 多万人，村里的村支部书记、村委会主任等还有 300 万～400 万人。几次精简机构，结果是越精简越庞大，越精简官越多，导致恶性循环。二是干部权力太大。经济权、文化权、垄断权、占有权、处分权。"一日为官、终身受用"，想当官的人越来越多。三是干部缺少监督机制。特别是政

① 《尚书·虞夏书·五子之歌》，载《今古文尚书全译》，贵阳：贵州人民出版社，1990 年 2 月，第 97 页。
② 《孟子·尽心下》，载杨伯峻译注《孟子译注》（下），北京：中华书局，1960 年 1 月，第 328 页。

府对"一把手"的监督还很不够。

3. 以人为本，是要谋全体人民的利益，还是谋少数人的利益

改革开放以来，在 20 世纪整个 80 年代和 90 年代早期以前，经济得到发展，绝大多数人都获得了利益，人民生活得到改善，虽然改善程度不同，但是 20 世纪 90 年代中期以后，一部分人的生活改善得更快了，而一部分人的生活不但没有得到改善，反而绝对地下降了，如农民的收入自 1997 年以后不仅有的增长减缓了，有 62% 的人是停滞的，还有的是减少了；又如 20 世纪 90 年代中期以后，国有企业改制，实行减员增效，约有 3000 万名工人下岗，有几百万人至今没有再就业。人们的收入减少了。虽然这是必要的，是改革的阵痛，是社会改革的成本，但是不能都要这些人来承担。近两年还有约 4000 万被征地的农民以及城市中数百万被拆迁的居民，他们的利益也受到了损害。

邓小平说："社会主义的本质，是解放生产力，发展生产力，消灭剥削，消除两极分化，最终达到共同富裕。"[1] 共同富裕就是以人为本，以全体人民的利益为本。"三个代表"思想最主要的就是要代表中国最大多数人民的根本利益，要维护和实现最广大人民群众的根本利益。所以，当前我们要建设的小康社会是要惠及十几亿人的小康社会。只有这样的小康社会才能得到广大人民的拥护，社会才能长治久安。

（二）全面发展，就是要以经济建设为中心，全面推进经济、政治、社会、文化建设，实现经济和社会的全面进步

我们以往的发展有不全面、不协调的方面，强调发展经济，忽略了社会发展和其他方面。具体地说：

①经济结构调整了，但社会结构没有作出相应调整。例如，当前我国已进入工业化的中期阶段，而城市化还处于初期阶段，2002 年的城市化率为 39.09%，比世界平均水平 48% 低近 10 个百分点，城市化严重滞后于工业化。再如，2002 年我国三次产业占 GDP 总量的比重分别为：一产 14.5%，二产 51.8%，三产 33.7%；而就业结构则为：一产 50%，二产 21.4%，三产 28.6%[2]，产业结构与就业结构很不协调。

---

① 邓小平：《在武昌、深圳、珠海、上海等地的谈话要点》，载《邓小平文选》第 3 卷，北京：人民出版社，1993 年 10 月，第 373 页。
② 国家统计局编《中国统计摘要·2003》，北京：中国统计出版社，2003 年 5 月，第 39、19、44 页。

②经济增长了，社会事业并没有取得相应的发展。这些年来，我国经济发展很快，而教育、科技、医疗卫生、文化、环境保护等各项社会事业的发展却都相对滞后。以教育为例，50多年来，我国普及九年制义务教育和基本扫除青壮年文盲的工作做得不错，使文盲率由新中国成立初期的80%下降到了2002年的8.72%，但是文盲的绝对数仍然高达8500万人，在全球仅次于印度。这些文盲90%分布在农村，其中又有一半分布在西部地区，所以普及教育和扫除文盲的任务仍然很艰巨。而且，我们的高中教育、职业教育和高等教育的发展也很不理想，1998年，我国普通高校在校大学生只有340.9万人，适龄青年的毛入学率只有6.7%，1999年以后，大学连续扩招，2002年普通高校在校大学生达到903.4万人①，毛入学率达到13%，但仍低于16.7%（1996年）的世界平均水平。

③经济管理改革了，社会管理没有相应地跟上来。这些年来，我国城市基础设施建设发展很快，硬件都相当现代化了，但是社会管理相对落后，环境脏、乱、差，交通拥挤、交通事故增多等。以交通为例，1949年我国公路通车里程只有8.07万公里，2002年已经达到176.5万公里。② 但是交通管理水平没有得到相应的提高，各类交通事故频发。2002年，全国共发生77.3万起交通事故，死亡109381人③，比1986年增加了一倍。同时，这两年大城市的交通拥堵问题也很严重。

④经济体制改革了，社会事业体制还没有进行相应的改革。我国社会事业的管理体制可以说基本上还是计划体制。很多事业单位仍按照计划体制的方式运行，效率低、成本高。这不仅不利于社会事业的发展，也不能满足社会发展和人民群众的需要。与经济体制的改革相比，社会领域的体制改革相对落后。

（三）协调发展，即城乡、区域、经济社会、人与自然、生产力与生产关系、经济基础与上层建筑要协调，经济、政治、文化建设各个环节、各个方面相协调

社会主义现代化事业，是一个完整的整体，要在方方面面上齐全并做到使各方面有机结合，有的要平衡均匀、相对称，有的要有长有短、有大

---

① 国家统计局编《中国统计摘要·2003》，北京：中国统计出版社，2003年5月，第175页。
② 国家统计局编《中国统计摘要·1986》，北京：中国统计出版社，1986年8月，第63页；
国家统计局编《中国统计摘要·2003》，北京：中国统计出版社，2003年5月，第140页。
③ 国家统计局编《中国统计年鉴·2003》，北京：中国统计出版社，2003年9月，第830页。

有小，要按比例。

协调是相对于原来的不平衡、不协调而言的，发展不全面就一定不协调，而发展全面了也不一定就协调了。协调要求内容协调、比例协调。以往我们的发展还很不全面，改革开放以后实行的让一部分地区先富起来、让一部分人先富起来的不均衡发展战略，取得了很好效果。但是实行一段之后，现在城乡之间、东西区域之间、阶层之间差距扩大，就引出了一系列社会矛盾。现在的不平衡、不协调已经发展到了相当严重的地步，是应该转向均衡、协调发展上来的时候了。

当前我国很多方面，如一二三产业之间、积累与消费之间、工业与农业之间、经济与社会之间以及农村与城市之间等都存在着比例不协调的问题。根据国际经验，工业与农业增长的速度应该是 1∶3，积累与消费的比例应该是 32∶68，而这几年我国的积累率超过 40%。国际上医生和护士的比例是 1∶2，一个医生，两个护士，我国现在的比例是 1∶0.7①，一个医生，只有不到一个护士。再如，性别比例一般是 100∶105，我国第五次人口普查性别比达到 100∶107，有 100 个女孩，则有 107 个男孩②。

我国现在最大的不平衡是城乡不平衡，城乡发展很不协调。有些城市已经相当现代化了，但很多农村却很落后，发展很不平衡。从 1978～1984 年，到 1985～1996 年，再到 1997 年以来，差距不断扩大。2001 年我国城乡差距是 1∶2.9，2002 年是 1∶3.1，2003 年扩大到 1∶3.2③，再加上城市居民享受的各种福利，城乡差距实际是 1∶6，即城市居民人均收入是农村居民人均收入的 6 倍。目前，我国可以说是世界上城乡差距最大的国家。

（四）可持续发展

发展既要考虑当前发展，又要考虑未来的发展，不能以牺牲后代人的利益为代价。不吃子孙饭，不杀鸡取卵，这是处理好当前利益和长远利益之间关系最重要的方针。

经济建设要与资源环境相协调。我们的建设成就巨大，但对环境、资源造成的压力也很大。我国的人均资源只有世界平均的 1/2。2003 年，我国

---

① 国家统计局编《中国统计年鉴·2003》，北京：中国统计出版社，2003 年 9 月，第805 页。

② 国家统计局编《中国统计年鉴·2003》，北京：中国统计出版社，2003 年 9 月，第 99 页。

③ 国家统计局编《中国统计年鉴·2003》，北京：中国统计出版社，2003 年 9 月，第 344 页；《中华人民共和国 2003 年国民经济和社会发展统计公报》，http://www.stats.gov.cn/tjsj/tjgb/ndtjgb/qgndtjgb/200402/t20040226_30017.html。

的 GDP 是 11.7 万亿元，占世界总量的 4%。我国投资 16 万亿元，生产钢材 2.4 亿吨[①]（还进口了 700 万吨），但消耗了全世界石油的 7.4%、煤的 31%、水泥的 41%、氧化铝 25%。我国 600 个城市中 1/2 是缺水的，几条大江大河都被污染，西部、北部不少河流成了季节河。此外，沙漠化、沙尘暴、空气污染等环境问题也非常严重，曾有段时间流行"中国的月亮没有外国的圆"之说，现在是真的了，因为空气质量三级以上的地区很多，有不少城市已经看不到明亮的月亮和星星了。

当前，我国很多耕地被蚕食。有些领导搞形象工程、作秀工程，以地生财，搞大广场、大马路、大楼房，落得自己升大官，却不管这个地区以后的债务（几亿、几千万的债），也不管百姓的生计（被拆了房、占了地）。

可持续发展不仅是处理好人与自然关系的问题，也是处理好人与社会、企业与人、企业与社会等关系的问题。对于一个企业来说，要办好且长久地办下去，就要讲诚信；靠坑蒙拐骗，企业是办不好、办不大也办不长久的。企业与人、职工与企业的关系也必须处理好。现在不少企业都在用农民工，因为农民工的劳动力便宜，没有社会保障，也不用进行培训，企业用人比用机器还省事。这对企业是最有利了，但能长久吗？这样的工人队伍能支持我国成为制造业大国、强国吗？当前，我国工人队伍的素质与发达国家相比非常低，例如，在发达国家中，高级工占 35% 左右，中级工占 50% 左右，初级工占 15%，而我国高级工只有 4%，中级工 36%，初级工则达到了 60%。这样的工人队伍是不能支持我国成为制造业强国的。

所以，以人为本，全面、协调、可持续的发展观是一个整体，其内涵是全面的。以人为本是中心、是主题、是本质，是说明为什么要发展，是发展的宗旨。而全面、协调、可持续发展是指明发展什么、怎样发展，是回答怎样发展更好的问题。

三　深刻认识、树立和落实科学发展观

党中央反复强调要牢固树立、认真落实科学发展观，并一再指出，这是从新世纪、新阶段党和国家事业发展出发提出的战略思想，是全面建设小康社会的指导方针，也是新世纪、新阶段推进社会主义现代化事业的指

---

① 《中华人民共和国 2003 年国民经济和社会发展统计公报》，http://www.stats.gov.cn/tjsj/tjgb/ndtjgb/qgndtjgb/200402/t20040226_30017.html。

路明灯，所以今后的一切工作都要按照科学发展观的要求落实与展开。

科学发展观和传统发展观的关系，应该说有两个方面，第一是继承的关系，第二是创新和转变的关系，即二者一脉相承，但科学发展观又有了新的内容，有转变、有发展。

第一，科学发展观与传统发展观是一脉相承的关系，可持续发展观是对传统发展观的直接继承。我们的发展目标是要把我国建成社会主义现代化国家，改变一穷二白的面貌，从 20 世纪 50 年代 "第一个五年计划起"就是这个目标。中国的问题还是要靠发展解决，还是要坚持以经济建设为中心。

新中国成立初期的 GDP 总量不到世界 GDP 总量的 1%，经过全国人民半个多世纪坚持不懈的努力奋斗，现在已经占到了 4%，这靠的是发展。中国的发展虽然有曲折，但要建设、要发展的目标是始终如一的。"文化大革命"以后，党的十一届三中全会明确提出，党和国家的工作重点从阶级斗争为纲转变到以经济建设为中心的轨道上来，果断做出改革开放的重大决策，提出了 "三步走"的现代化建设发展战略，同时明确提出 "发展才是硬道理"，强调要用发展的办法解决前进中的问题。解决改革中的问题，解决社会矛盾、社会问题，实现社会主义现代化还是要靠发展，在国际大环境下立于不败之地也要靠发展。

第二，科学发展观对于传统发展观来说是转变、创新，有了新的发展。无论从发展内容还是发展手段及对发展的理解来说，科学发展观都与传统发展观有所不同。

一是因为我们的经济已经发展到了一个新阶段，新的历史阶段决定了历史任务的不同，新阶段对发展提出了新要求。经过 25 年的改革开放，我国经济有了很大发展，综合国力增强了，人民生活水平普遍提高了，实现了 "三步走"战略的第二步，总体上达到了小康水平，进入了全面建设小康社会的新阶段。新阶段提出了更高的要求，新阶段也有新任务，因此我们要依靠新的科学发展观来指导。提出全面、协调、可持续的发展观，是适应这个要求的。

二是从国际社会发展的经验教训来看，一个国家或地区的人均 GDP 达到 1000 美元以后，就进入了一个新的发展阶段：经济方面产业结构调整，企业规模扩大，管理模式变更；社会方面分配格局变化，贫富差距扩大，社会阶层分化。这是一个国家和地区发展的关键时期，也是最容易出现问题的阶段。这一阶段犯罪率上升，资源环境形势严峻，社会问题增多。我们国家搞得好就可以成为一个现代化国家，搞不好就会引起社会冲突、社会动乱，很有可能发生倒退，甚至可能出大乱子。国际上真正实现现代化的发达国家只有20多个，如西欧各国，美国、加拿大以及亚洲的日本、韩国、新加坡等。拉美国家虽然经济发展了，但是社会结构没有调整好，经济社会发展不协调，加上政治体制也没有改革好，经历一场危机，经济就大大倒退了，并出现社会危机，陷入恶性循环。所以，单纯追求经济发展，经济社会发展不协调，是不可能真正实现现代化的。目前，我国正处于这样一个关键的发展阶段。2001～2020年，我国经济还要翻两番，人均GDP达到3000美元，但这只是建设现代化国家的基本条件之一，要实现现代化我们还需要创造其他基本条件。而在这个发展的关键阶段，提出科学发展观对现代化建设是非常重要的。

三是25年来，我国的经济社会发展取得了历史性的伟大胜利，但我们已经实现的小康还是低水平的、不全面的、很不平衡的。25年来的改革和发展虽然成绩显著，但也积累起来不少矛盾和问题，如城乡二元体制还没有根本改变，城乡差距、地区差距、社会阶层之间的收入差距已经拉得很大，而且还在继续扩大。经济社会发展不协调，人口、资源、环境问题严重，也就是几个不平衡、几个不协调的问题。这些问题当中，有的在所难免，但也有的与传统发展观的片面性指导有关。提出新的科学发展观，就是要克服这种片面性，转到全面、协调、可持续发展的正确轨道上来。从这个意义上来说，新的科学发展观的提出，就是一种转变，是与时俱进的创新。所以，对科学发展观和传统发展观的关系，我们要有一个正确的认识，既要看到一脉相承的一面，也要看到转变、创新的一面。

对25年来的发展经验和教训，中央已经总结了大的方面。当前，各级干部要认同科学发展观，并按照这个发展观的要求去做，要结合本单位、本地区、本部门的实际，用新的科学发展观来总结经验，坚持以人为本，分清是非，该做调整的做调整。对25年来的经验教训我们要进行总结：哪些是成功的，要坚持、要发扬；哪些是不成功的，要改正、要转变，这样我们对新发展观的认识才能得到深化。当然，实践科学发展观是一个长远的过程，它将伴随着全面建设小康社会和社会主义现代化建设的全过程。我们解决了上述五个方面的矛盾，还会有新的矛盾出现，就会有新的不协调、不平衡产生，因此我们还要运用科学发展观的理论继续指导解决问题。

四　关于落实科学发展观要注意的几个问题

科学发展观的提出是党中央审时度势的英明决策，也是非常重要且适时的。党的十六届三中全会提出了科学发展观，同时也提出了"五个坚持"和"五个统筹"。这"五个坚持""五个统筹"就是现阶段实施科学发展观的实际步骤，具有很现实的针对性。做到了"五个坚持"，实施了"五个统筹"，就可以使我国的社会主义现代化事业大大地向前跨进一步。因为城乡矛盾、区域矛盾、经济社会矛盾、人与自然的矛盾、对内和对外工作的矛盾是当前影响我国发展的重要矛盾。这五个方面不平衡、不协调的问题解决好了，就能使我国经济社会全面、协调地向前发展。

关于如何实施"五个统筹"，温家宝总理在中央党校的专题研究会上已经进行了系统的阐述，这里我们只讲与如何解决五个不协调、实施"五个统筹"有关的问题。

（一）五个不协调从根本上来说是因为计划经济体制的改革还没有完全到位而遗留下来的问题

统筹就是统一筹划、统一安排，统筹是为了兼顾，为了协调。党的十六届三中全会决议共有 42 条，其中有 4 条讲到"统筹"这个概念。原来的城乡关系是"重城轻乡"，城乡不协调，城市发展快，农村发展慢，形成了"一条腿长、一条腿短"的不协调局面，所以我们要统筹城乡发展，使之全面、协调发展。党的十六大很早就提出了要统筹城乡经济社会发展的问题。两年过去了，虽然党和政府把"三农"工作列为一切工作的重中之重，采取了诸如税费改革、改善农民工的外出打工环境、增加粮食补贴等一系列措施，但城乡关系仍然没有调整过来，还是城市发展快，农村发展慢。城乡居民收入比 2002 年是 1∶3.1，2003 年是 1∶3.2，2004 年，城乡差距还在继续扩大，仍是"一条腿继续长，一条腿继续短"的状况。

问题出在哪里呢？因为城乡关系不协调，经济社会发展不协调，区域发展不协调，人与自然的关系不协调。说到底，这些还是在社会运转中表现出来的问题。这些不协调的根本原因则是体制、机制方面的问题，是计划经济体制的很多东西还没有改革好造成的。所以党的十六届三中全会决议明确提出，要通过"建立有利于逐步改变城乡二元经济结构的体制；形成促进区域经济协调发展的机制……建立促进经济社会可持续发展的机制。"① 也就是说，我们要通过完善社会主义市场经济体制来解决问题。

我国目前正由传统的农业社会向工业化、城市化、现代化社会转变，由计划经济体制向社会主义市场经济体制转变。这两个转变交织在一起，使我国现在仍处在这样一个转变过程当中。可以说，上述几个不协调都是因这种转变还没有完成而表现出来的问题，例如城乡关系，在计划经济体制条件下，通过户籍制度实行"城乡分治、一国两策"，形成了城乡二元社会结构。农民过去被束缚在人民公社三级所有、队为基础的框架里，只能从事集体的农业劳动。当时的经济组织、生产方式、分配方式决定了农民要为国家工业化建设做出牺牲和贡献。农产品被生产出来，农民先要交公粮，完成统购以后，剩下的才能按工分分配。现在虽然人民公社解散了，土地承包到户了，农民有了生产的自主权，农业生产得到发展，农民生活也有了一定的改善，但是人民公社的行政框架却保留了下来。公社改为乡镇、大队改为村民委员会以后，生产队成为村民小组，但是乡、村两级权力还很大，经济上如土地还是集体的，村民委员会是发包方，是土地集体所有权实际的实现者，而且在东部地区，乡、村两级的乡镇企业也是集体的。在政治上、社会上，有些功能比公社时期扩大了，干部人数普遍增加了 3~5 倍，加上以户口制度为特征的城乡分治的格局基本没有改变，国家仍然对农村、农民实行一种政策，对城市、市民实行另一种政策，如在财政、税收、土地、金融、信贷、住房、就业、教育、医疗、社会保障等各方面，我国现在仍然是城乡二元社会结构。

计划经济体制的影响在农村还相当严重，当前的很多问题主要还是计划经济体制遗留下来的问题，是因为对计划经济体制的改革还没有完成而产生的问题。不从体制上改变这种"城乡分治，一国两策"体制格局，我们要统筹城乡经济社会发展是很难奏效的。

（二）实施"五个统筹"，要靠深化改革、完善社会主义市场体制来实现。而且，实施"五个统筹"本身就是完善社会主义市场经济体制的重要内容

从 20 世纪 50 年代初开始，我们学习苏联的做法，逐步建立了社会主义

---

① 《中共中央关于完善社会主义市场经济体制若干问题的决定》，北京：人民出版社，2003 年 10 月，第 13 页。

计划经济体制（当时计划经济被认定为社会主义的本质特征之一）。这个体制名为经济体制，实际上渗透到经济、政治、社会、文化、思想等各个领域。1978 年以来实行的改革开放，从一定意义上来说，就是以市场为导向的经济体制对计划经济体制的改革。1992 年，党的十四大明确提出要建立社会主义市场经济体制，后来又明确提出要实现从计划经济体制向社会主义市场经济体制的转变，确定到 2000 年要建立社会主义市场经济体制的基本框架，并进一步建立完善的社会主义市场经济体制。2003 年，党的十六届三中全会提出关于完善社会主义市场经济体制若干问题的决定，并在这个决定中提出要树立和落实科学发展观。

现在回头来总结，这 25 年中，中国的发展取得了一个又一个的伟大成就。其中，有许多方面的成就都是因为实施了对计划经济体制的改革，都是因为实施了从计划经济体制向社会主义市场经济体制的转变。各地各部门的实践说明，无论哪个地区、哪个部门、哪个单位、哪个企业，以至于哪个个人，谁能率先冲破原来的计划经济体制的束缚，按社会主义市场经济体制的要求去实践，这个地区、这个部门、这个单位、这个企业乃至这个个人就能够先发展起来，先富起来，先好起来。广东、浙江、深圳等经济比较发达的地区是这样；农业产业中的水产、水果生产最早实行市场化改革，这些产品很快就结束了供应短缺的局面，25 年来一直长盛不衰；许多较早走向市场的个体工商户和私营企业主先富起来也是这样。

但是，计划经济体制自上而下实行了几十年，已经渗透到政治、经济、社会、文化、思想等各个方面，可谓盘根错节、根深蒂固，要转变、要改革的难度是很大的。邓小平同志开创的改革开放，建设中国特色社会主义的事业是前无古人的伟大事业，开始是摸着石头过河，一步一个脚印地向前走，结果应该说是很成功的。但是按照他的预想，我们要建成完善的社会主义市场经济体制还有很长的路要走，可以说这项事业还没有完成。因为我们走的是渐进式改革路线，因此先易后难，今后的改革难度会更大。

近年来，有一种议论是值得商榷的：有些经济学家发表文章说，我国的市场化率已经超过了 60%，有的说达到了 69%。我觉得这个估计过于乐观，甚至有误导的嫌疑。即使是在经济领域，这个估计也过高。在商品流通领域，大部分商品，特别是生活日用品等，基本已经市场化了。但是土地、劳动力、人才、资金、技术等领域，市场化程度就不是很高，尤其是社会、政治、文化等领域。前面我们已经说过，基本还没有按照社会主义市场经济体制的要求改过来，有的改了一些，有些还没有破题。至于就业制度、人事制度、户口制度、公务员和事业单位的工资制度，以至于用车制度、招待所制度等，很多都是与社会主义市场经济体制不相适应的。这些不协调也是文件讲到的五个方面不协调的表现，也可以说是生产力和生产关系及经济基础和上层建筑的矛盾。

解决这些矛盾的过程将是一个比较长的历史过程。而如果不解决这些体制性的问题，我们要从根本上解决这些不协调、不平衡，做到城乡、区域、经济社会、人与自然的协调就是很难的。

（三）实施科学发展观，实施统筹兼顾，就必须继续深化改革，改革计划经济体制遗留下来、至今还在阻碍经济社会全面发展的体制和机制

要实现"五个统筹"，一些体制性的障碍必须解决。实践的经验告诉我们，但凡一个问题不是发生或者存在于一时一地，而是比较普遍地存在于各省各地区，且屡治不愈，那就不是靠改进工作、加强领导就能解决的问题，而是一定要通过改革，调整体制，调整政策才能解决的问题。邓小平同志就曾说过，制度比人更重要。他指出："我们过去发生的各种错误，固然与某些领导人的思想、作风有关，但是组织制度、工作制度方面的问题更重要。这些方面的制度好可以使坏人无法任意横行，制度不好可以使好人无法充分做好事，甚至会走向反面。"① 例如，提高农民收入、减轻农民负担等问题，我们已经讲了多年，1997 年后，几乎年年讲，同时每年也出台了一些新的措施，但这些并没有解决根本问题。这是因为我们还没有找到病根，还没有对症下药。

当前，影响经济社会健康发展的主要矛盾有两个：一个是城乡矛盾，一个是经济社会不协调的矛盾（地区矛盾实质上是城乡矛盾的反映）。这两个矛盾的解决，要靠体制性的改革。下面我们来具体讲几个体制性问题。

1. 户口制度

这是阻碍统筹城乡经济社会协调发展的主要障碍。要建立社会主义市场经济体制，就必须实行城乡一体的统一市场。我们长期实行的"城乡分治，一国两策"的体制，实际上是两个市场，两个体制，两个政策，通过户口区隔，把人分为农业户口和非农业户口，把劳动力分为农村劳动力和城镇劳动力。现在的城乡关系，说到底是城市剥夺农村、城市发展要农村

---

① 《邓小平文选》第 2 卷，北京：人民出版社，1994 年 10 月第 2 版，第 333 页。

和农民做贡献和牺牲的体制。不改变户口制度，城乡居民是两种身份，城乡就统筹不起来。

2. 土地制度

土地家庭承包制度是农村基本经济制度的核心，因此我们要稳定和完善这一制度。当前，农村土地制度存在很多问题，特别是近几年，在加速城市化的推动下，在东部沿海地区和大中城市，一些地方政府官员和不法商人以各种名目侵占农民承包的耕地，造成大量农民失地、失业、失去生活来源，使农民的合法权益受到严重侵害。当前我们要完善农村土地承包制度，保障农民对土地的权利，杜绝非法占地或者越权批地现象，保护耕地，保证粮食安全，保持农村经济社会稳定。

3. 就业制度

我国的劳动就业存在着城乡分割、一二三产就业人员结构不合理等问题。当前，我们要建立城乡统一的劳动力市场，取消农民进城就业的限制性规定，促进农村劳动力向城市流动，并向二三产业转移。

4. 财税制度

当前我国财税制度仍然是"重城轻乡"，农民税收负担重，国家对农业、农村投入少。目前，要统筹城乡区域经济社会协调发展，我们就要调整国民收入分配格局，加强对农村基础设施和科教文卫等社会事业的财政投入，进一步完善转移支付制度，加大对中西部和民族地区的财政支持。

对这些重要制度进行改革就可以为实施"五个统筹"创造条件。说到底，要落实和完善社会主义市场经济体制，落实"五个统筹"，我们就要继续进行改革，进一步改革计划经济体制。如前所述，中国对计划经济体制的改革还没有完成，而不改革这些计划经济体制遗留下来的体制障碍，不把经济、社会、政治领域的体制按照社会主义市场经济体制的要求改革、调整过来，我们就不能实现和完善社会主义市场经济体制。所以，要树立和落实科学发展观的重要意义也就在于此。

GDP 造不出"橄榄型"[*]

自从党中央提出"科学发展观"以来,"GDP"这把衡量政绩的尺子受到了纷纷质疑。中国社会科学院著名社会学家陆学艺最近作为演讲嘉宾出席了"广州讲坛",记者借陆教授来穗的机会,对他进行了一次专访。

GDP 不能代替社会结构

记者: 你们的研究报告说,未来 8~10 年,中国的职业高级化水平将有一个飞跃式的提高。这种职业向高级化流动应该有一定的经济基础,但在现实中,这个经济基础似乎又很难与职业高级化程度一一相对应,比如 GDP 达到多少就会有多少高级职业,您怎么看这个问题?

陆学艺: 基本是对应的。我在《当代中国社会流动》那本书的导言部分就提过,2001 年我国有 7 个省已经达到或超过人均 GDP 12500 元[①],这 7 个省的农业人口相对于人均 GDP 低的地区少多了,而中间阶层的规模要大得多。我们的研究发现,北京的社会阶层已基本形成橄榄型结构。其实,职业高级化就是农业人口比例越来越低、工业或第三产业人口比例越来越高的趋势。

当然,一个社会的稳定不能仅看 GDP,不能说 GDP 越高社会就越稳定,应该看社会结构,社会结构越合理,社会越稳定。如日本比美国、欧洲都稳定,就是因为它的中产阶级规模大,它只有一亿二千多万人口,就有一亿人自己主观认为是中产阶层,它的社会能不稳定吗?

---

[*] 本文原载《羊城晚报》2004 年 11 月 4 日第 B4 版。该文系该报专访陆学艺的访谈稿。——编者注

[①] 陆学艺主编《当代中国社会流动》,北京:社会科学文献出版社,2004 年 7 月,第 12 页。

记者：GDP 与社会结构之间是一种什么关系呢？拉美某些国家的人均 GDP 也很高，有的甚至高达 7000～8000 美元，但他们似乎并没有出现橄榄型结构，他们的职业也没有高级化，造成这种"拉美现象"的原因是什么呢？

陆学艺：其实 GDP、橄榄型和职业高级化没有直接的联系。比如中东有些国家人均 GDP 已达到 3 万美元，但财富集中在某几个阶层手中，广大农牧民和基层民众并不富裕，整个社会结构没有变，仍然不是橄榄型结构。

记者：现在社会上有一些人认为 GDP 高了，橄榄型结构也就随之形成了。

陆学艺：并非如此。只有经济社会协调发展、社会结构合理、社会各阶层关系融洽、社会流动畅通、社会公平、社会稳定有序，这样的社会才会出现橄榄型的社会结构。而前面说的那些拉美国家在分配方面不公平，达不到上面讲的这六条，这些国家中有的看起来经济很好，但社会结构没有变：农村人口比例还是那么高，而富裕的人都集中在城里。这样的社会就不是和谐社会，也不会稳定。

中间阶层有点焦虑不是坏事

记者：我们知道，中间阶层，也就是人们常说的橄榄型社会结构的主体的壮大有利于社会稳定。有人提出，由于我们的社会保障机制不完善，我国的中间阶层普遍存在一种不同程度的焦虑：他们常常担心饭碗、生病、养老等问题。因此，我国的中间阶层与北欧发达国家的中间阶层不可同日而语。也就是，我国中间阶层在"质"上是与发达国家有区别的。您如何看待这个问题？

陆学艺：从整个社会来说，一个现代化国家必然是中间阶层占多数才能构成橄榄型的社会结构。当然，由于经济发展水平的限制，中国的中间阶层与发达国家的中间阶层相比还有差距。中国的中间阶层有较多的后顾之忧，是因为我们的社保体制还没完善。或者说，我们虽然有了社会保障制度，但在操作上，政府给的还达不到较高的标准。对这个问题，我们应该相信，随着国家的进步和国家经济的持续增长，社会保障状况会得到进一步改善。

依我看，我们已经有能力使社会保障的现状再改善一些。现在我国的投资部分过大，消费部分太少。如有些地区，在不该花钱的地方花得太多了，不该办或不到时候办的事，办得太多了。我知道有一个市，总人口只有 16 万人左右，但却建了一个接近天安门广场那么大的广场，我看这 16 万人全都站到广场上都站不满。有这个必要吗？当然，这只是个别的例子。但总体来说，我国经济建设的投资部分太大了，在市场经济体制下，经济建设的投资应该主要靠市场，从宏观层面来看，我国现在积累的部分太多，而消费的部分少了。

不过，如果以欧洲为参照系，我不敢苟同。因为欧洲的社会保障太好了，标准太高了，说得难听一点是养了一批懒汉。所以，我们主张低（或中）标准、广覆盖的社会保障，标准太高，也会导致社会没有活力。人还是要有点压力的，一定程度上中间阶层有点焦虑并不是件坏事。

大学生就业难 ≠ 社会流动变缓

记者：恢复高考的初期，很多农民子女通过考大学实现了向上的流动。但现在许多农民子女大学毕业后很难找到工作，整个市场门槛提高后，通过创业获得成功也不易，这是不是意味着社会流动变缓慢了？会不会影响橄榄型社会结构形成的进程？

陆学艺：我不这么看。农民子女大学毕业后找工作难的问题，是多种原因造成的，有实际问题，也有观念问题。大学生总比农民、初中毕业生要好找工作吧？你想想，一个农民、一个文盲都能找到工作，一个大学生反而找不到工作，哪有这个道理！现在所谓大学生找工作难的问题，有教育与工作衔接的问题，有信息不对称的问题，也有思想观念问题，如有些同学非大城市不去，非"金饭碗"不端，这些观念害了他们。我曾说过一句话："大学是培养社会中间阶级的摇篮"，只要你大学毕业，智商、能力、知识水平肯定得到了提高，即使是在短期内没找到工作，最终也会找到工作。总之，大学生就业难并不等于社会流动受到了阻滞。整个社会在往前走，社会流动越来越快，社会也会随之越来越进步。

记者：那么你觉得目前社会流动有没有受到什么阻滞呢？

陆学艺：当然有阻滞，其中最大的阻滞就是户口制度还在阻碍人们的正常流动。

记者：现在，有人提出农民进不了城并不都是户口的问题（如果是户口阻滞的话，那么这么多年以来，户口没有解禁，但还是有很多农民进了城），而是社会保障制度等各个方面的阻滞，您怎么看待这种说法？

陆学艺：我认为目前中国的社会流动还不很畅通，原因有多方面，户籍、就业、人事、社会保障等制度还没有按市场经济的要求改过来，但其中户籍制度的阻滞是最重要的。举个例子，就说北京吧，如果农民工要在北京留下，即使干了好几年，他也无法享受与北京市民同等的待遇。再比如，我们研究所每年有不少硕士生、博士生毕业，但至今还有计划指标限制，每年只有一个外地人进北京的户口指标，所以只能进一个外地籍的学生。还拿农民工来说，为什么要叫农民工？只要戴上农民工这顶帽子，他就受到歧视。如果说户口没用，那你取消户口行不行呢？我看现在的广州市市长就不会愿意，北京市市长更不会愿意。户口制度改革将是一个过程，但一定是早改比晚改好。

城市化不能剥夺农民

记者：现在，一方面城市化需要更多的农民进城，但另一方面现实中农民在起点上的不公平（如他们受到的教育、职业训练的机会远不如城市人那么多），导致了农民在竞争中的弱势地位，在这种情况之下，您认为农民以怎样的方式进城才有利于城市的稳定发展呢？

陆学艺：从以往的历史看，农村人口转变成城市人口有多种渠道。比较富裕的农民把大量的田产卖了，到城里来办企业，这是大户进城；也有的农户卖掉田产到城市里，雇用几个人开个商店，类似今天的个体工商户；再一类就是农村贫雇农，他们进城就是做工人。我国现在的农民，本身没有什么资源，所以只有当农民工这一条路。即使是这样，有本事的农民工奋斗若干年后还是能当上老板的。所以我认为要保护私有财产，不光是保护亿元大户，也要保护农民的一亩三分地。

记者：可我们现在农民的一亩三分地是国家所有的。

陆教授：但农民拥有的土地使用权（经营权），这是值钱的。如果要征用土地，那就应该用钱来买农民的土地使用权，使用权也要实行有价交换。假如土地承包期是 30 年，就得给农民 30 年使用权的钱。我们一定要记住，城市化不能剥夺农民的利益，否则将来会出现很多社会问题和矛盾。

构建社会主义和谐社会应更加
重视调整社会结构[*]

构建社会主义和谐社会是中国共产党总结几十年来建设社会主义现代化事业的经验后而提出的一个新理念、一个新的战略目标。这个目标比全面建设小康社会还要宏大，是要经过长期奋斗才能逐步实现的战略目标。通过改革和调整，形成一个合理的社会结构，是构建社会主义和谐社会的重要基础。我们务必提高调整好社会结构的历史自觉性，尤其是在社会结构调整滞后于经济调整的情况下，更应重视调整好社会结构。

一　当前中国社会结构演变面临的几个问题

一个国家或地区实现现代化，主要表现在两个方面：一是经济要繁荣发展，二是社会要全面进步。这就要求社会结构和经济结构相适应。20 多年来，中国的社会主义现代化事业是在以经济建设为中心的方针下展开的，一心一意谋发展，经济建设取得了巨大的成功。但由于我们对现代化建设还缺少经验，加上我们的社会科学知识的贫乏，对现代化建设的规律性认识不足，所以，在有些地区、有些时段，把经济发展这个第一的任务提到了唯一的位置，而没有把社会体制的改革、社会结构的调整和社会事业的发展放到应有的地位，形成了经济发展这条腿长、社会发展这条腿短的局面。2002 年召开的党的十六大指出："现在达到的小康还是低水平的、不全

---

  *　本文原载《福建行政学院福建经济管理干部学院学报》2006 年第 1 期总第 95 期，发表日期：2006 年 2 月 20 日。《新华文摘》2006 年第 10 期转摘此文。——编者注

面的、发展很不平衡的小康。"① 所谓不全面、不平衡，主要是经济社会发展不平衡，经济社会发展不协调。所以党的十六大提出了要全面建设小康社会的战略目标。党的十六届三中、党的十六届四中全会提出了要落实贯彻科学发展观，构建社会主义和谐社会的任务，要通过继续推进经济发展的同时，加强社会体制的改革和社会政策的创新，进行社会结构的调整和加快社会事业的发展，统筹经济社会的协调发展，为构建社会主义和谐社会打下重要基础。就当前来说，应该将调整社会结构提到议事日程上来，有以下几个问题需要解决。

（一）就业结构的调整

26 年来，中国已经从一个以农业就业为主的农业社会的就业结构，转变为以第二、三产业就业为主的工业社会的就业结构，有了一个质的飞跃，取得了巨大成就。但要调整好就业结构，还有不少需要解决的问题。

第一，就业结构本身还很不合理。就业结构与产业结构同步变化是市场经济发展规律性的表现，随着生产力水平的不断提高，农业在 GDP 中的比重逐步下降，第二、三产业的比重不断上升。与此同时，在农业中就业的劳力也不断向第二、三产业转移。中国的就业结构也有这种趋势，但农业劳力向第二、三产业转移还存在着一些制度性的障碍，转移还不顺畅。2004 年，在中国的 GDP 中，第一产业占 15.2%，第二产业占 52.9%，第三产业占 31.9%。同年，在中国的就业结构中，第一产业占 46.9%，第二产业占 22.5%，第三产业占 30.6%。② 46.9% 的农业劳力，15.2% 的 GDP，有31.7 个百分点的结构差。这是农民贫困的结构性原因。"三农"问题之所以解决不了，有其体制性的原因，也有结构性原因。不调整好结构，"三农"问题也解决不好，农民也富不起来。

第二，社会体制改革滞后。据国家统计局统计，在 2004 年，城镇就业人员总数为 26476 万人③，其中约 1.2 亿人是农民工。据有关部门推算，在制造业、建筑业、服务业这三个行业中，农民工占 63.6%。在同一个企业、

---

① 江泽民：《全面建设小康社会，开创中国特色社会主义事业新局面，在中国共产党第十六次全国代表大会上的报告》，载《中国共产党第十六次全国代表大会文件汇编》，北京：人民出版社，2002 年 11 月，第 17～18 页。

② 国家统计局编《中国统计年鉴·2005》，北京：中国统计出版社，2005 年 9 月，第 52、118 页。

③ 国家统计局编《中国统计年鉴·2005》，北京：中国统计出版社，2005 年 9 月，第120 页。

同一个单位里，有城镇户籍的职工和农民工之间存在着"同工不同酬，同工不同时，同工不同权"的状况，这是引发诸多社会矛盾的重要根源。所以要通过社会体制的改革，从根本上解决好、治理好农民工问题。

第三，总的就业形势相当严峻。中国目前正处于劳动年龄人口增长的高峰期，据有关部门测算，2007～2010年，每年进入劳动年龄的人口都在1800万人以上，除去死亡、退休、16岁以上人就学率提高等因素，每年新增劳力仍在1000万以上。因为现在农业就业的劳力已大大超过农业的需要，所以，这1000万个新增劳力中的绝大多数都要到第二、三产业就业，农业本身富余的劳力还要向第二、三产业转移。但从20世纪90年代中期以来的实践来看，在第二产业中，随着越来越多的先进技术和设备被采用，就业弹性系数在不断下降。20世纪80年代，中国GDP每增长1个百分点，可以为社会增加146万个就业岗位，年均就业弹性系数为0.3。进入20世纪90年代，GDP每增长1个百分点，只能增加72万个就业岗位，年均就业弹性系数下降为0.11。

从就业结构看，今后，农村劳力还会继续向城镇第二、三产业转移。第二产业还会发展，但增加就业岗位空间不大，主要应通过发展第三产业来解决。从中国国情出发，无论是第二产业还是第三产业，在现阶段都要更多发展劳动密集型产业，这是上策。

就业是民生之本。在城市化社会中，待业、失业的人员没有工作，也就没有了收入和经济来源。目前中国的社会保障体系还不健全，覆盖面小，即使有社会保障，水平也低，待业、失业人员多了，肯定对社会稳定不利，影响社会和谐。充分就业是社会稳定的前提，所以要千方百计解决就业问题，这是构建和谐社会的一个重要方面。有关方面已经提出"就业优先"的主张，这是很有见地的。

（二）城乡结构的调整

在农业社会向工业社会转型过程中，城市化与工业化是同步的，有些国家的城市化还超前于工业化。中国在经过三年经济困难时期以后，实行严格限制农民进城的户籍制度，把公民分成农业户口和非农业户口。后来又以这种户籍制度为依据，对在城镇居住的非农业户籍的居民实行一种社会政策，对在农村居住的农业户口的农民实行另一种社会政策，逐渐形成了"城乡分治，一国两策"的格局，形成了城乡二元经济社会结构。改革开放以后，经济体制改革了，经济发展很快，但由于户籍制度等社会体制基本还没有改变，因此城市化发展相当曲折，城乡结构还很不合理。

第一，城市化严重滞后于工业化。中国的经济发展水平已经是工业化的中期阶段，但 2004 年的城市化率只有 41.8%，还是城市化的初级阶段。[①]城市化严重滞后于工业化，阻碍了整个现代化的进程，以现代化服务业为主体的第三产业发展不起来，使许多人不能充分就业，就业结构不合理（2004 年，第三产业的就业人员只占 30.6%），直接影响人民生活消费水平和购买力的提高。1995 年以后，政府一直强调的扩大内需的目标还没有实现。这种不合理的城乡结构实际上已经在阻挠着经济持续稳定、健康、快速地发展。

第二，在城市内部，也存在城乡二元结构的矛盾。2004 年，在 5.4283 亿城镇人口[②]中，约有 1.4 亿人是进城半年以上的农业人口和外地城镇人口，其中约有 1.2 亿人是农民工。地方政府对本城居民实行一种政策，对农民工和外地城镇人口实行另一种政策，一城两制。有学者评论，现在城乡二元结构进到城市里来了，由此引发了很多社会矛盾和社会问题。如多年来，城市的社会治安案件、刑事犯罪率居高不下，所抓捕的犯罪嫌疑人中，约 70% 是外地人（有的城市达 80% 以上）。这是城市里存在城乡二元结构矛盾的表现。

第三，城乡差距越来越大的趋势仍在继续。1978 年，城乡居民的收入差距是 2.57∶1，1985 年缩小为 1.8∶1，1986 年以后，城乡差距开始反弹，1995 年扩大为 2.72∶1，2000 年为 2.79∶1，2001 年为 2.9∶1，2002 年为 3.11∶1，2003 年为 3.23∶1，2004 年为 3.21∶1。[③] 2005 年农业增产，但增幅小于 2004 年，粮食等主要农产品价格下降，农业生产资料价格上涨，估计 2005 年城乡居民收入差距将扩大到 3.25∶1 以上。

党的十六大已经提出要统筹城乡经济社会发展，要扭转城乡差距扩大的趋势。近几年来国家也采取了多项增加农民收入的改革措施，农民收入也确有增加，但城乡差距还是继续扩大。这表明，城乡差距的存在和扩大，是城乡结构不合理造成的。要解决这个问题，就必须调整城乡结构。

第四，教育医疗等社会事业发展中的城乡差距也在扩大。由于中国长期实行"城乡分治，一国两策"，教育、医疗等社会事业的人力、财力、物

① 国家统计局编《中国统计年鉴·2005》，北京：中国统计出版社，2005 年 9 月，第 93 页。
② 国家统计局编《中国统计年鉴·2005》，北京：中国统计出版社，2005 年 9 月，第 93 页。
③ 国家统计局编《中国统计年鉴·2005》，北京：中国统计出版社，2005 年 9 月，第 335 页。

力等资源过分向城市倾斜，这使得城乡居民的受教育机会和享受医疗的条件出现巨大反差。国家颁布了义务教育法，城镇居民的子女享受了义务教育的权利，而农村的义务教育至今还不能普及。前些年中西部地区不少农村小学教师的工资都不能足额按时发放，近几年这种情况虽大有好转，但仍未彻底解决问题。2002 年，在中国 12~14 岁人口中，小学毕业率平均为89.4%，但贵州、海南、甘肃、宁夏、四川、青海、西藏 7 个农村人口占绝大多数的省区，小学毕业率都在 70% 以下。同年，全国的各项教育投资为5800 亿元，用在城市的占 77%，而用在农村的只占 23%。医疗卫生方面的城乡差距也很大，农村缺医少药的状况很严重。"非典"以后，有关部门透露，医疗经费本来就少，但仅有资金的 85% 用在城市，广大农村的卫生经费只占 15%。城乡居民收入的差距这几年已经受到了关注，但农民子女受教育权的缺失以及社会事业发展方面的城乡差距扩大还没有得到应有的重视，而这都预示着未来城乡差距问题将更难解决。

（三）社会阶层结构的调整

不同的社会发展阶段有不同的社会阶层结构。1978 年改革开放以后，实行公有制为主体、多种所有制共同发展的基本经济制度，经济有了极大的发展，推动了社会结构的变化，原来的工人阶级、农民阶级和知识分子阶层都发生了分化，产生了诸如私营企业主、个体工商户、三资企业的科技和管理人员、农民工等新的社会阶层和群体，形成了新的社会阶层结构。据中国社会科学院社会学所课题组研究，当代中国已经形成了由十个社会阶层构成的社会阶层结构，其中包括：①国家与社会管理阶层占 2.1%；②经理人员阶层占 1.6%；③私营企业主阶层占 1%；④专业技术人员阶层占 4.6%；⑤办事人员阶层占 7.2%；⑥个体工商户阶层占 7.1%；⑦商业服务人员阶层占 11.2%；⑧产业工人阶层占 17.5%；⑨农业劳动者阶层占42.9%；⑩城市失业半失业人员阶层占 4.8%。

中国现在已经形成了现代社会阶层结构，但还只是一个雏形，正在继续发育成长，有以下几个方面的特点。①现代社会应有的社会阶层，中国都有了。②中国社会各阶层的位序已经确立，今后不会有大的变化，但各阶层之间的人员是可以流动的。③现代社会的流动机制正在形成，正在逐渐替代传统社会的社会流动机制。在计划经济体制条件下，由于户籍制度等的限制，农民想转为工人，工人想转为干部，几乎是不可能的。这种先赋性的社会流动机制，限制了人们通过后天努力而获得向上流动的积极性，很不公平，也不合理，使得经济社会发展缺乏活力和动力。④社会阶层结构是社会结构中最重要的核心结构，也是整个社会结构的整体反映。上述人口结构、就业结构、城乡结构、区域结构等方面的不合理状态，就影响和决定了中国现阶段的社会阶层结构的不合理，所以说，社会阶层结构也是整个社会结构的表现。从世界的历史经验看，一个现代化国家一定要有一个合理的现代化的社会阶层结构，这个现代化的社会阶层结构的形态，一般都是"中间大，两头小"的橄榄型。

中国现阶段的社会阶层结构，离合理、开放的现代社会阶层结构还有一定距离。就结构形态而言，还只是一个中低层过大、中上层还没有壮大、最上层和低层都比较小的洋葱头型的社会阶层结构形态。当前中国的社会阶层结构不合理的情况，可以概括为两句话，就是：该小的阶层还没有小下去，该大的阶层还没有大起来。

"该大的没有大起来"，是指社会中间阶层还没有大起来。据我们课题组测算，中国的社会中间阶层 1999 年占比为 15% 左右，近几年发展得比较好，平均每年增加约 1 个百分点，2003 年占比已经接近 20%。按这个势头发展，到 2020 年社会中间阶层占比可达 38% 左右。

"该小的没有小下去"，因为户口、就业、城乡体制的限制，农业劳动者阶层还没有小下去，到 2001 年还占 42.9%。近几年农业劳动者阶层还在逐渐减少，预计到 2020 年占比将降到 30% 以下。

要使中国社会阶层结构实现现代化，就要在今后的实践中，继续深化改革，创新和制定恰当的经济社会政策，推进户籍、就业、人事、社会保障等方面体制的改革，调整城乡、区域和就业结构，使该小的农业劳动者阶层规模逐渐缩小，使该大的社会中间阶层的规模逐渐扩大，引导培育形成一个合理的、开放的现代化社会阶层结构。

二　调整和创新社会政策，自觉推进社会结构的调整

国际经验表明，在经济发展的基础上形成合理的社会结构，是国家实现现代化的一个具有本质意义的目标。如果一个国家的社会结构不合理，没有实现现代化意义的结构转型，那么，即使这个国家在经济上达到了现代化要求的标准，那也还不是一个现代化的国家。传统的社会结构与现代化经济是可以并存的，在中东和拉美的一些国家，情况就是这样。只要这

个国家的社会结构没有实现现代化,即使经济再繁荣,一有风吹草动,也有可能倒退回去。

如前所述,改革开放以来,中国的社会结构已经发生了深刻变化。但是,因为这种变化主要是在经济结构调整和经济发展的推动下自然、自发形成的,所以还很不合理,与经济结构的变化还不相适应,与中国社会主义现代化建设的要求还不相适应。目前凸显出来的诸多经济社会问题,追根寻源,很多都是由社会结构不合理所引发的。所以,国家也应当通过社会体制的改革与社会政策的调整和创新,把构建一个合理的社会结构提到应有的重要议事日程上来。

第一,要像抓经济体制改革那样,抓社会体制改革。中国实行计划经济体制数十年,不仅在经济领域实行计划体制,而且还将计划体制渗透到政治、社会、文化等各个领域,成为所谓"普照之光"。1978 年以后,中国进行了经济体制改革,取得了巨大成功。但在社会体制等领域,基本上还没有认真进行体制改革,有的社会体制,诸如户口、就业、人事、社会保障等,只是被触动了,有了一些调整,但改革和调整的阻力很大。有的社会体制的改革,诸如教育、医疗、科研、文化等社会事业的管理体制改革,已经被人提出来了,但迄今尚未破题。所以,现在的社会结构还很不合理,需要通过改革和创新社会政策加以调整。

2003 年"非典"以后,国家总结经验教训,提出了经济社会不协调、城乡发展不协调、区域发展不协调、人与自然发展不协调的问题。实质上,也就是社会结构与经济结构不相适应的问题,是社会结构不合理的表现。党的十六届三中全会提出要实现"五个统筹",政府也采取了不少措施,取得了显著的成绩。例如,在农村进行税费制度改革,进而宣布五年内免除农业税,给种粮农民以直接补贴,在农村重建合作医疗体制,加快社会保障体制改革,等等。但是,经过了两年的实践,城乡差距、区域差距、贫富差距扩大的趋势并没有被扭转。社会上关于教育、医疗等体制的改革的议论颇多。其根本原因在于,现在社会主义市场经济已经在经济领域基本建立起来(当然也还需要完善),而对于为适应计划经济体制而建立起来的政治、社会、文化等方面的各种体制,却还没有按照社会主义市场经济体制的要求进行改革。计划经济体制和社会主义市场经济体制两种体制并存就会产生种种矛盾和问题。

要实现"五个统筹",就要解决这些经济社会问题,就必须像抓经济体制改革那样抓社会体制改革,通过深化改革,逐步建构一个合理的、与经济结构相适应的社会结构。

从几十年的经济社会改革和发展的历程来看，体制改革比机制变革更为重要。现在存在的许多社会问题，从表面上看是运行机制问题，但实质上是社会体制造成的。所以，要解决这些问题，就必须改革社会体制。而要改革社会体制，调整社会结构，固然需要靠社会主义市场经济这只"无形的手"来推动；但由于社会体制改革和社会结构调整涉及方方面面的利益，所以还要靠政府这只"有形的手"发挥引导和调控作用。在一定的阶段和一定的领域，国家要审时度势，采取必要的乃至非常的措施和社会政策，改革社会体制，从而调整社会结构。例如，20 世纪 80 年代初期，国家根据中国人口发展的严峻形势，断然决定实行"一对夫妇只生一个孩子"的社会政策，形成新的生育制度，经过长期的坚持，取得了很好的社会效果。

第二，要下决心改革户籍制度，调整城乡结构。现行的户籍制度，是为了适应计划经济体制的需要而建立起来的。在短缺经济时代，曾经起过一定的作用。随着改革开放的不断深入，随着社会主义市场经济体制的建立和完善，随着经济的发展和城市化进程的加快，这套户籍制度已经成为生产力继续发展和社会全面进步的桎梏。它把公民严格区分为农业户口与非农业户口，禁锢城乡之间的合理流动，成为实行"城乡分治，一国两策"的制度性条件。农民因此成为一种与生俱来的身份，他们在就业、上学、就医、参加社会保障、贷款、迁徙等方面受到种种歧视和限制。这套户籍制度是造成当前中国城市化严重滞后于工业化，城乡差别越拉越大，城乡矛盾、冲突越来越多的制度性原因，已经成了若不加以改革就不能解决诸多社会问题的关键因素。现在，已经有广东、江苏、浙江、湖南等 11 个省份相继出台了改革本地户籍制度的政策，效果都比较好，并未引发一些人曾经担心会出现的大问题。但是，因为户籍制度涉及户口流动、人口迁徙等全国性的问题，所以，户籍制度的改革必须由国家来决定并在全国实行。希望政府和有关部门早下决心，进行户籍制度改革。迟改不如早改，因为这项制度已经不合时宜了。而且，只有改革了户籍制度，城乡结构的合理调整等问题才能得到解决。

第三，改革农民工体制，调整就业结构。户籍制度如能在近期得到改革，恢复农民的国民待遇，使农民获得进入市场经济体制的平等地位，在迁徙、就业、就医、参加社会保障等方面不再受到身份的限制，那么，整个社会的流动就会变得顺畅，经济社会的发展就会变得更加自然和健康，城乡二元结构就会消融为城乡一体，城乡结构、就业结构就会逐渐与经济发展相协调，上述各种结构性矛盾就会逐步得到解决。这是上策。如果因为各种原因而不能对户籍制度进行改革，也要退而求其次，采行中策，即先改革现行的农民工体制。

现在，进入城镇居住，在第二、三产业各种形式的单位就业的农民工已经有 1.2 亿人，其中绝大部分人已经在某个城市居住、工作三年甚至五年以上，有的已经在城里居住、工作十多年了。但是，由于他们的户籍身份没有变化，所以他们仍然是流动人口。他们的"心"还在流动着，因此产生了种种社会问题。

实际上，他们已经进城了。现在的问题是如何接纳、确认以及安排他们。现行的体制和做法是，在经济上接纳他们以便他们能够为城市第二、三产业的发展做出贡献，但在政治上和社会上排斥他们。这种制度和做法，对农民工非常不利，对农村、对国家也非常不利。近年来，要求解决农民工问题的社会呼声日益高涨。有关方面应该制定出解决这个问题的规划，制定标准，例如，对于具备进城工作三年或五年、有一定技术专长或管理能力、企业等用人单位认定是需要其长期工作或者具有培养前途等条件的农民工，就可以优先解决他们的户籍问题，把他们转为用人单位的正式成员。这些规划可以先在一些城市、一些单位试点，获得经验后再逐步推开。农民工问题涉及这么一个庞大的社会群体，又积累了那么多的社会问题，设想用一个政策、一剂灵丹妙药就能加以解决，也是不现实的。但是，如果在这个问题上久拖不决，甚至认为这就是社会常态，本应如此，那就是错误的了。我们应该采取积极的态度，认真调查研究，分清轻重缓急，创造条件，一步一步地解决这个大问题。另外，就目前的情况来说，逐步解决好农民工问题，也是就业体制改革的一个重要方面，是促使就业结构逐步得到调整、逐步趋向合理的必要选择。

第四，通过改革和调整，形成合理的社会阶层结构。社会主义和谐社会应该是全体人民各尽所能、各得其所又能和谐相处的社会。中国现在还处在由计划经济体制向社会主义市场经济体制转变的过程中。新的社会阶层结构已经初步形成，还在继续变化之中。新的社会阶层关系在经济发展的推动下也正在逐步形成。中国现在的私营企业主阶层、个体工商户阶层、三资企业的经理人员阶层、农民工阶层等都是在 20 世纪 80 年代以后产生的。这些新生的社会阶层在社会主义市场经济条件下正在逐步发展，并确立各自的社会位置。与此同时，这些新生的社会阶层之间以及他们同原有

的社会阶层之间的一种新的社会阶层关系也正在建立和形成。

　　现在，社会主义市场经济体制还在继续完善中，在计划经济体制条件下形成的有些体制还没有进行改革，或改革了还没有完成。在这样的背景下，一方面，已经形成的社会阶层结构还不合理；另一方面，几个主要的社会阶层间的关系既不合理，也不正常。近些年的贫富差距越拉越大，就是这种社会结构和社会阶层关系不合理的表现。党的十六届五中全会通过的《中共中央关于制定国民经济和社会发展第十一个五年规划的建议》指出："我国正处于改革的攻坚阶段，必须以更大决心加快推进改革，使关系经济社会发展全局的重大体制改革取得突破性进展。"[①] 根据构建社会主义和谐社会总体目标的要求，通过对一些重大社会体制的改革，创新社会政策，培育形成一个合理的社会阶层结构，逐步建立协调和谐的社会阶层关系的体制和机制，引导调控各社会阶层在社会主义现代化建设过程中各尽所能、各得其所、各得其利并能和睦相处，这是构建社会主义和谐社会的重要基础。

---

① 《中共中央关于制定国民经济和社会发展第十一个五年规划的建议》，北京：人民出版社，2005 年 10 月，第 20 页。

可持续发展是把握社会进步的基准[*]

2004 年底，大型文献《中国可持续发展总纲》（以下简称《总纲》）的执行总主编牛文元同志受中国科学院院长、《总纲》的总主编路甬祥同志之托找到我，希望我参与这部文献的编著工作，并担任《总纲》第 15 卷《中国社会进步与可持续发展》一书的领衔专家。中国要走可持续发展的道路，这是我们的共识，我充分意识到编撰《总纲》的重要意义。正如路甬祥同志所说：《总纲》的编撰是国家的战略需求，它的研究成果可以直接应用于全面贯彻落实科学发展观，推进和谐社会的构建。为此，我欣然应允了他们的邀请，认真组织队伍，开展了课题研究和第 15 卷的编著工作。

社会进步是个既古老又有鲜明时代内涵的话题。从社会学的视角观察，社会进步是社会变迁的正向运动和变化。社会永远处于不断变化之中，对那些有利于提高人类的物质文明和精神文明程度，促进福祉增加、秩序和谐的发展和变迁，就称为社会进步。社会变迁是指社会整体所发生的一切变化，内容十分广泛。社会学更加关注社会结构的变化，认为社会变迁的本质就是社会结构变迁。所谓社会结构是指社会诸要素之间比较稳定的关系和构成形式。本书探讨的社会进步就是研究 1949 年以来，特别是 1978 年改革开放以来，中国社会结构诸要素在这五十余年中发展变化的过程、取得的成就和存在的问题，重点研究社会结构、社会公平、社会管理、社会保障、社会事业、社会秩序和社会生活方式等方面的进步。社会结构部分探讨了人口结构、就业结构、区域结构、社会阶层结构、城乡结构、利益结构诸内容；社会公平着重回应现实生活中的不公平问题；社会管理内容

---

* 本文源自《中国可持续发展总纲》第 15 卷《中国社会进步与可持续发展》（陆学艺主编，北京：科学出版社，2007 年 2 月），第 4~6 页。原稿写于 2006 年 8 月，系陆学艺为该书撰写的前言，现标题系本书编者根据前言内容所拟定。——编者注

很多，主要包括社会管理体制、社会政策和社会工程；社会保障包括养老、失业、医疗、工伤、生育保险，以及社会福利、优抚安置、社会救助、住房保障等方面；社会事业重点谈了科学技术与教育事业、文化事业、公共健康和卫生事业、体育事业；社会秩序是从反面去理解的，从揭示问题入手，讨论了犯罪、自杀、社会事故和群体性事件等问题；社会生活方式有生活水平和生活质量、婚姻、家庭、男女平等以及社会心理和价值观等内容。也就是说，我们是将以上这些方面理解为"社会"的主要内容，还有一些内容当然也是"社会"应当包括的，但因为整个这一套丛书中有专门的讨论部分，所以我们这本书就省略了。

从整体上说，新中国成立之后，特别是改革开放以来，社会各方面有了非常大的进步，这是世所共睹的客观事实。旧中国是个半殖民地半封建的社会。1949 年新中国成立后，全国各族人民在中国共产党领导下，从1953 年开始，进行了十个五年计划的建设和发展。虽然也有过曲折和徘徊，但是经济是不断发展的，社会是不断进步的。现在的中国，已经由一个农业国转变为工业化的国家，已经由一个农民占 80% 以上的乡村社会转变为初步实现了城市化的社会；由一个传统社会正在向现代化社会转变，目前已进入工业化的中期阶段，正在迈向现代化的辉煌未来，大致再过四五十年，就能够实现现代化社会的宏伟目标。

"可持续发展"是把握"社会进步"的基准，也就是说，这里的社会进步是可持续的，各方面是协调的，是符合理性、符合规律的，不是急功近利、图一时之发展或代价、成本很大的那种所谓的"进步"。据此立论出发，本书大致描述了新中国成立五十余年来，特别是改革开放二十余年来"社会"各个方面的历史进程，既有对发展过程中经验的归纳，也有对发展过程中显现出来的问题的揭示，并针对解决这些问题提出了相应的对策，同时也就体现了社会进步与可持续发展两者之间不可分割的联系。

在接受本项任务之后，我们专门成立了课题组，课题组由北京工业大学人文社会科学学院的部分老师和博士生组成。课题组成员有的多年在国外研修，攻读学位，现在学成归国，正好大显身手；有的是拥有博士学位的中青年学者。总之，作者都是北京工业大学在哲学、社会学和经济学等领域中有较高学术造诣的学术骨干。我们这个课题组多次集体讨论提纲和主要观点，确定提纲后分工写作，初稿写就后又集体讨论，承担人根据大家的意见多次修改、完善，最终形成现在这个文本，因而本书是集体创作的著作，是集体智慧的结晶。

本书具体的写作分工是：前言陆学艺；第一章钱伟量、赵玉洁；第二章李君甫、赵卫华；第三章李君甫、吴宝晶；第四章杜焕来；第五章顾秀林、杨桂宏；第六章胡建国、李晓婷；第七章张荆；第八章常宗耀。

　　全书由笔者和邹农俭教授统稿，最后由笔者定稿，钱伟量教授为完成本书做了大量组织、协调工作。此外，还有下列人员参与了本书写作提纲的讨论、资料的收集、部分初稿的写作和统稿工作：唐军、刘金伟、王丽珂、李晓壮、段兆英、张娉蕊、王洪贤、王艳红等。

　　北京工业大学人文社会科学学院是将这本书作为重大项目来对待的，不少老师在教学任务十分繁重的情况下，挤出时间，加班加点，非常投入地进行研究和写作。科学出版社的李敏同志，自始至终关注本课题的研究，并给予了很大帮助。但由于本书容量大，时间跨度长，头绪多，时间又仓促，书中难免存在错误，恳请读者不吝指正。

统筹经济社会协调发展是构建
和谐社会的当务之要[*]

　　党的十六届六中全会通过的《关于构建社会主义和谐社会若干重大问题的决定》（下称《决定》），是我党历史上第一个关于构建和谐社会的纲领性文件。《决定》全面分析了当前我国经济社会发展的形势，正确评估了影响社会和谐的矛盾和问题，明确提出了构建社会主义和谐社会的指导思想、奋斗目标、主要任务和必须坚持的原则，对推进社会建设、经济建设、政治建设和文化建设做了全面部署，这对于巩固和发展当前我国经济社会建设的大好形势，开创中国特色社会主义现代化事业的新局面具有十分重要的意义。《决定》在第一部分和第二部分明确阐述了为什么要构建社会主义和谐社会和怎样构建社会主义和谐社会等全局性问题以后，第三部分就着重指出："社会要和谐，首先要发展。"要在"大力发展社会生产力，不断为社会和谐创造雄厚的物质基础。同时，更加注重解决发展不平衡问题，更加注重发展社会事业，推动经济社会协调发展"①。这十分符合当前我国经济社会发展的实际，有很强的针对性，统筹经济社会协调发展，是当前构建社会主义和谐社会的关键。

---

　*　本文原载《中国社会科学院学术咨询委员会集刊》（第3辑），北京：社会科学文献出版社，2007年9月，第69~78页。原稿写于2006年12月，首次摘要发表在《中国社会科学院院报》2006年12月28日第7版，题为《统筹经济社会协调发展是构建和谐社会的关键》，并以同一题目收录于周和平《文津演讲录之九》，北京：国家图书馆出版社，2010年10月；陆学艺《社会建设论》，北京：社会科学文献出版社，2012年3月；陆学艺《中国社会结构与社会建设》，北京：中国社会科学出版社，2013年8月。该文还摘要发表于《福建行政学院福建经济管理干部学院学报》2007年第2期，题为《统筹经济社会协调发展　构建和谐社会》；以《解决经济社会发展不协调的主要矛盾》为题摘发表于《科学决策》2007年第11期。——编者注
　①　《中共中央关于构建社会主义和谐社会若干重大问题的决定》，北京：人民出版社，2006年10月，第8页。

一 经济社会协调发展是现代化社会的必然要求

一个国家要实现现代化，主要有两大方面：一是经济要繁荣发达，二是社会要全面进步。这两者相辅相成，互为条件，缺一不可，偏重偏轻也不成，经济社会必须协调发展。就经济社会两者关系来说，第一，经济发展是社会发展的物质基础，只有经济发展了，社会发展才有物质条件，所以必须确定经济要优先发展的原则；第二，经济要持续发展，需要科技、教育、文化等方面的发展做支撑，经济发展不可能单兵独进；第三，经济发展要有和谐、稳定的社会环境，经济发展形成的物质财富要有合理的分配机制，要有健全的社会保障体制；第四，经济发展的根本目的，是满足人民日益增长的物质文化需要，实现人的全面发展。所以，经济社会必须协调发展。

经济社会要协调发展，这是自进入工业时代以来，各国发展的经验和教训的总结，并由此得出的一个规律性认识。考察第二次世界大战结束以来各国发展的实践，同样可以得出这样的结论。有以下几种情态：第一类，经济快速发展，社会体制适时变革，社会事业相应发展，经济社会发展协调，社会有序、稳定，如日本、亚洲四小龙等；第二类，经济发展比较快，社会体制改革迟缓，社会事业发展滞后，社会失序、不安，如印度、泰国等；第三类，经济较快发展，社会体制未变，社会事业发展落后，经济社会发展很不协调，社会无序、不安，遇到国内外环境有大的变化，经济骤降，社会矛盾大爆发，整个国家陷入混乱，拉美一些国家就是这种状况，20世纪70年代的伊朗也是这种状况；第四类，经济下降，居民收入普遍大幅减少，极少数人暴富，社会分裂，社会秩序混乱，社会严重不安，苏联东欧诸国剧变后，是这种情态。

从世界各国发展的轨迹看，能够实现经济社会协调发展的国家并不多见。欧洲的发达国家和美国都是经过了一二百年的实践，不断探索、不断调适才逐步实现社会协调发展的。日本的发展是一个特例。第二次世界大战以后，日本的经济退回到农业社会，经过约十年的艰苦努力，才恢复到战前水平，与此同时，国内进行了民主改革、农村改革和解散财阀等重大改革，为后来的发展奠定了较好的政治和社会基础。在经济高速增长中，日本比较重视社会体制的改革和社会事业的发展，出台了相当多的社会政策，逐步形成了一个与经济结构相适应的社会结构，形成了一个庞大的中产阶级，社会秩序比较好，社会稳定。进入 20 世纪 90 年代以后，日本经济陷入了徘徊、停滞的困境，但社会秩序还比较好，社会保持稳定。这表明，日本已经建立了一个比较合理的社会结构，社会事业发展得比较好，社会保障体系已经建立起来。这是长期实行经济社会协调发展战略的结果。

从一个国家或地区实现现代化的全过程来看，经济发展和社会发展两者的关系，是随着生产力水平的变化而变化的。大体可以分为三个阶段：第一，经济发展为主的阶段，这个阶段生产力水平低，劳动生产率低，物质产品匮乏，只能初步解决人们的温饱问题，满足人们对基本物质生活的需要；第二，经济发展与社会发展并重，也即经济社会协调发展的阶段，这个阶段生产力已经发展到较高水平，温饱问题已经解决，人们对物质生活以外的精神文化需要越来越迫切，经济发展本身对科技、教育、社会环境提出了要求，而经济发展也为社会发展提供了物质条件，于是社会发展加快，经济社会协调发展成为这个阶段的主旋律；第三，社会发展为主的阶段，经济持续高速发展以后，社会发展的内容日益丰富，人的全面发展成为社会的主调，对社会发展提出了越来越高的要求，此时，经济发展将服从、服务于社会发展，实现社会的全面进步。总的来说，在整个现代化过程中，经济发展和社会发展的关系，是随着生产力的不断提高而变化的，呈现阶段性的特点。决策部门要与时俱进地把握好。就经济和社会两者比例关系而言，总的趋势是：社会发展的比重不断增大，社会发展的地位不断提高。

改革开放以来，我国的经济发展取得了巨大的成就，2005 年，我国的GDP 达到 18.31 万亿元人民币，约合 2.235 万亿美元[1]，比 1978 年增长了10 倍，总量已名列世界第四，综合国力增强，人民生活有了极大的提高。与此同时，我国的社会事业也有了很大的进步，教育、科技、文化、医疗卫生、体育等各项社会事业也都取得了很大的成绩。但与经济体制深刻变革、经济结构重大调整、经济发展的巨大变化相比较，我国社会体制的改革，社会结构的调整，社会事业的发展都相对滞后了，经济社会发展并不协调，由此产生了诸多的社会矛盾和社会问题。党的十六届六中全会决定，要坚持以经济建设为中心，把构建社会主义和谐社会摆在更加突出的地位，这是完全正确的。就构建社会主义和谐社会来说，在当前，很重要的是要

---

[1] 国家统计局编《中国统计年鉴·2006》，北京：中国统计出版社，2006 年 9 月，第 57、734 页。

把统筹经济社会协调发展放到应有的突出位置。

二 经济社会发展不协调是当前要解决的
主要矛盾

党的十六大提出了全面建设小康社会的战略目标。从各方面的实践来看，在经济上，到 2020 年 GDP 再翻两番，达到人均 3000 美元，已经是可以预期实现的。2005 年，已经达到人均 1714 美元①，2006 年可望接近 1900 美元。据国家统计局预测，2010 年将达到人均 2500 美元。2011～2020 年，再翻一番，人均就是 5000 美元。照目前经济发展的趋势，这也是可以预期实现的。全面建设小康社会的重点和难点在社会建设方面。党的十六大报告指出："城镇人口的比重较大幅度提高，工农差别、城乡差别和地区差别扩大的趋势逐步扭转。"② 三年多来，党和政府在这方面做了很多工作，城市化率大大提高了，但三大差别扩大的趋势不仅没有遏制，反而更加扩大。这表明经济和社会体制方面的问题还没有解决好，社会各主要阶层的利益关系还没有协调好，由此产生了社会矛盾和社会冲突，影响了经济社会的健康发展，也影响了社会和谐。党的十六届六中全会全面分析了形势，明确指出："目前，我国社会总体上是和谐的。但是，也存在不少影响社会和谐的矛盾和问题，主要是：城乡、区域、经济社会发展很不平衡，人口资源环境压力加大；就业、社会保障、收入分配、教育、医疗、住房、安全生产、社会治安等方面关系群众切身利益的问题比较突出；体制机制尚不完善，民主法制还不健全；一些社会成员诚信缺失，道德失范，一些领导干部的素质、能力和作风与新形势新任务的要求还不适应；一些领域的腐败现象仍然比较严重，敌对势力的渗透破坏活动危及国家安全和社会稳定。"③《决定》指出的这六个方面问题，最主要的是第一条"城乡、区域、经济社会发展很不平衡，人口资源环境压力加大"。而城乡、区域、人口资源环境问题，都可以归结到经济社会发展的范畴。从总体上分析，中国目

---

① 国家统计局编《中国统计年鉴·2006》，北京：中国统计出版社，2006 年 9 月，第 57、734 页。

② 《中国共产党第十六次全国代表大会文件汇编》，北京：人民出版社，2002 年 11 月，第 19 页。

③ 《中共中央关于构建社会主义和谐社会若干重大问题的决定》，北京：人民出版社，2006 年 10 月，第 3～4 页。

前最主要的矛盾和问题，是经济社会发展不平衡，一条腿长、一条腿短，由此派生了诸多的问题，所以统筹经济社会协调发展，是当前我国构建社会主义和谐社会的关键，也是推进中国特色社会主义现代化建设的重要任务。

如前所述，我国在 20 世纪 90 年代初期，实现了经济发展的第一个翻番目标以后，就已经越过了经济发展为主的阶段，进入了经济发展与社会发展并重，经济社会要协调发展的阶段。但是由于认识和体制机制等方面的原因，没有与时俱进地适时调整发展战略和发展重点，在一些地区和一些部门，把以经济建设为中心，经济发展是第一的正确方针，片面强调到了经济发展为唯一的地步，少数人为了搞政绩，搞 GDP 挂帅，为了争经济建设的速度，不惜牺牲农村、农民利益，不惜牺牲环境，不惜牺牲精神文明建设和社会建设。这些年来，经济是高速发展了，取得了出乎意料的巨大成就，但社会发展滞后了，产生了诸多的社会矛盾，社会并没有预想的那样和谐，影响了人民生活质量应有的提高，也影响了经济本身的稳定、健康的可持续发展。

从经济社会要协调发展的要求来观察分析，经济社会发展不平衡、不协调有以下几个方面。

（一）经济发展了，经济结构调整了，但社会结构没有相应地调整过来

社会结构同经济结构一样，是一个国家或地区的最重要的结构。社会结构包括的面比较广，指人口结构、就业结构、城乡结构、地区结构、组织结构、阶级阶层结构等，仅以就业结构、城乡结构和阶级阶层结构来说，2005 年，我国的经济结构中，三次产业的比例是第一产业占 12.6%，第二产业占 47.5%，第三产业占 39.9%，第二、三产业已占到 87.4%，已经是工业化中期阶段的经济结构；但在就业结构中，农业劳动力占 44.8%，第二产业占 23.8%，第三产业占 31.4%，还是工业化初期的就业结构。在城乡结构中，2005 年的城市化率为 43%，农村人口占 57%，也还是工业化初期的结构。① 社会阶层结构是社会结构中最重要的结构，是社会总体结构的集中表现。一个现代化国家，必须有一个社会中间阶层占相当比重的社会

---

① 国家统计局编《中国统计年鉴·2006》，北京：中国统计出版社，2006 年 9 月，第 58、99、126 页。

阶层结构,这个社会才能比较和谐、稳定和健康。据我们调查,2005年的社会阶层结构中,社会中间阶层只有20%～22%,也属于工业化初期的社会结构。总的说来,我国现在的经济结构是工业化中期阶段的结构,而社会结构则是工业化初期阶段的结构,两者很不相称,很不协调。这种结构性的矛盾是产生当前诸多经济、社会矛盾和社会问题的根本原因。

(二)经济发展了,但是教育、科技、文化、医疗、住房、环保、社会保障等社会事业没有相应地发展,社会事业的发展严重地滞后于经济发展,由此产生了种种矛盾

以教育、医疗为例可以说明这个问题。中国历来有重视教育的良好传统。改革开放以来,我们在普及义务教育、扫除青壮年文盲方面,做了很多工作,也取得了很大的成绩。但在高中阶段教育、职业技术教育和高等教育方面,则发展得很不理想,不能适应经济发展的需要(如熟练技工、技师严重短缺),也不能满足广大群众要求自己的子女能接受较好教育的需求。1999年,国家决定扩大大学招生名额,连续七年大幅度地增加大学招生的名额,2005年在校大学生的总额猛增到1562万人[1],使大学生的毛入学率达到21%[2]。我国高等教育从精英教育过渡到了大众化教育的阶段,这方面的成绩应该得到充分肯定,但也带来一些新的问题,如合格的师资缺乏,校舍、场地、教学设施跟不上扩招的需要,经费严重不足,不少大学在负债运行,特别是大学毕业生的就业成了问题。这需要有一个调整、整顿和解决新问题的过程,如此才能走上正常的发展阶段。

医疗卫生方面的问题则更为严重。看病难、看病贵,成为近几年群众关注的社会问题,生病、治病是涉及亿万群众切身利益的问题,所以要求改革、要求改善医疗条件的呼声很高。有批评医疗改革失败的,有批评医疗机构衙门作风的,有批评医生拿红包的,有批评以药补医、药价奇高的。世界卫生组织在2000年的《世界卫生报告》中,对全球191个国家的卫生体系成就和表现进行了评估,中国总体排名为第144名;就卫生筹资的公平性而言,中国排名第188名,倒数第四,这同中国那年的经济实力位居世界第六位的排名很不相称。

看病难、看病贵的背后,确实有医疗体制需要改革,医疗作风需要端

---

[1] 国家统计局编《中国统计年鉴·2006》,北京:中国统计出版社,2006年9月,第800页。
[2] 国家统计局编《中国统计摘要·2006》,北京:中国统计出版社,2006年5月,第189页。

正，药价需要降低，医药应该分开。靠卖药谋利补贴医院开支的做法不对，需要调整，但是追根溯源，最根本的是经济发展了，城市人口大量增加了，人们对医院看病、治病的需要日益提高了，但医院数量却没有相应的增加（如 20 世纪 50 年代，北京新建了海淀医院、朝阳医院、阜外医院、宣武医院、友好医院等十多个大医院。改革开放至今，北京市区人口增加了一倍多，却没有新建几个医院），医护人员没有相应的增加，国家在医疗卫生方面的投入没有相应的增加，医疗体制改革没有到位，是主要原因。这是经济社会发展不协调的典型例证。从 1978 年到 2005 年，全国总人口增加了 35.4%，城市人口 5.6 亿人，增加了 226%，财政收入大幅增加，但医院卫生院的数量反而减少了，病床只增加了 65%；医护人员只增加了 81%（见表 1）。

表 1　1978~2005 年国家财政支出及对医疗卫生事业投入的状况

年份	总人口（万人）	城镇人口（万人）	全国财政总支出（亿元）	城市居民可支配收入（元）	农民人均纯收入（元）	卫生总费用（亿元）	国家对医卫的投入（亿元）	医院卫生院所（个）	病床（万张）	医护人员（万人）
1978	96259	17245	1122	343.3	133.6	143 *		64311	204.2	246.4
1995	121121	35174	6824	4283	1577.7	2258		67460	314.1	425.7
2001	127627	48064	18903	6859.6	2366.4	5026	800.6	64840	320.1	450.8
2004	129988	54283	28487	9421.6	2936.4	7590	1294	60864	326.8	439.3
2005	130756	56212	33930	10493	3255			60397	336.8	446

注：* 为 1980 年数据。

资料来源：国家统计局编《中国统计年鉴·2002》，北京：中国统计出版社，2002，第 784 页；国家统计局编《中国统计年鉴·2006》，北京：中国统计出版社，2006，第 99、281、347、874~875、882 页。

我们下去调查，发现现在统计的城镇人口只包括两部分人：一是有本市户籍的人，二是外地来的务工经商人员，住满半年以上的，称常住人口。如北京市 1500 万人中有 400 多万外地人；深圳 1500 多万人中，有 1200 万是外地人，本市政府按具有本市户籍人口的数量建设医院，配备医护人员，这么多外地人在这里工作、居住，也会生病，看病怎么能不难。据我们了解，在许多国家，医疗是政府的公共产品，很大部分是由公共财政支出的。如看病治疗支出 100 元，英国政府提供 69 元，美国政府提供 39 元，一般发展中国家也在 30 元左右（如印度 31 元，泰国 30 元），而我国政府承担的，只占卫生总费用的 16%~17%。最近卫生部部长高强说："1980 年到 2004 年，我国卫生总费用由 143 亿元增加到 7590 亿元。其中居民个人负担的卫生费用由 21% 增加到 53.6%。"① 看病费用主要由个人负担，看病怎么能不贵。

一个市场经济国家，政府的财政支出有很大部分要用在公益性事业方面，提供公共产品，还有是要用在其他基础性设施的建设方面，竞争性领域的资金投入，则主要应通过市场去解决。而我国由于计划经济体制时期形成的投资体制，至今还是把资金主要用在竞争性行业上。这种不合理的国民收入分配格局至今还没有大的改变，对公益性投资还很少。对医疗卫生方面的投入长期严重不足，医院、卫生院、经费严重不足，医疗卫生费用也只好主要由群众负担。这就是当前看病难、看病贵的主要原因。要解决看病难、看病贵的问题，当然要综合治理，但是改革目前这种不合理的国民收入分配格局和国家的投资结构，则是很重要的方面。

（三）经济发展了，财富大量增加了，公正合理的收入分配制度却没有适时建立，收入分配秩序混乱

我们把经济搞上去了，蛋糕确实做大了，但如何分蛋糕的规则和机制没有制定好，加上有些地区、有些部门主持分蛋糕的人不太公道，偏轻偏重，没有统筹协调好各方面的利益关系，由此产生了不和谐的问题。随着经济体制改革的深入，国家提出了按劳分配为主体、多种分配形式并存的分配制度，这无疑是正确的，但没有及时制定好贯彻落实的具体政策和措施。特别是在 20 世纪 90 年代中期以后，一方面是经济高速增长，成绩很大，形势很好；另一方面，因为各种原因，分配问题没有处理好。统计数据显示：就是在这个时期，城乡、地区、阶层之间的差距急剧地扩大。在相当一个时期，一些地区、一些部门自行其是，自作主张，为本地、本部门谋利。这也是形成城乡之间、地区之间、部门之间、社会阶层之间收入差距过大的重要原因之一（见表 2）。党的十六大报告指出：要遏制工农之间、城乡之间、地区之间差距扩大的趋势。党的十六大以后，党和政府采取了多项政策和措施，推进农村税费改革，减免农业税，给种粮农民直补，加大对农村的各项投入等，已初见成效，但城乡、地区、阶层之间收入差距扩大的趋势仍未得到根本扭转。2006 年，农民人均纯收入增长有望超过

---

① 参见《构建和谐社会卫生事业发展跨入新阶段》，中华人民共和国国家卫生健康委员会，http://www.nhc.gov.cn/wjw/zcjd/201304/fcec86869a4046cdb354213917142035.shtml。——编者注

6%，而城镇居民可支配收入增长将超过 10%，城乡收入差距还是扩大的趋势。2006 年 5 月，中央政治局召开会议，专题研究改革收入分配制度和规范收入分配秩序的问题。胡锦涛同志在会上指出："要在经济发展的基础上，更加注重社会公平，合理调整国民收入分配格局，加大收入分配调节力度，使全体人民都能享受到改革开放和社会主义现代化建设的成果。"党的十六届六中全会做出的决定中，明确提出了："发展为了人民、发展依靠人民、发展成果由人民共享，促进人的全面发展"的方针，还专门就"完善收入分配制度，规范收入分配秩序"做了规定。① 经济发展了，把分配问题搞好，统筹协调好城乡、地区阶层之间的利益关系，真正做到人人共建、人人共享，这是构建社会主义和谐社会的基础。

表 2　1978～2005 年城乡、地区差别状况

年份	城乡收入差距		地区差距			基尼系数
	乡	城	西	中	东	
1978	1	2.57	1	1.05	1.28	0.22
1985	1	1.8	1			
1990	1	2.2			1.84	0.32
1995	1	2.72	1	1.23	2.31	
2000	1	2.79	1	1.26	2.33	0.45
2001	1	2.9	1			
2002	1	3.11	1			0.458
2003	1	3.23	1	1.25	2.38	
2004	1	3.21				
2005	1	3.22	1	1.26	2.87	0.496

资料来源：据历年《中国统计年鉴》整理。

（四）经济发展了，社会管理相对滞后，社会秩序失常，社会治安状况有待进一步改善

一个现代化社会，既要有现代化的经济建设，要有现代化的各类基础设施建设，要有现代化的社会事业发展，也要有现代化的社会管理。也就

① 《中共中央关于构建社会主义和谐社会若干重大问题的决定》，北京：人民出版社，2006 年 10 月，第 6、19 页。

是说"硬件"要现代化,"软件"也要现代化。改革开放二十多年来,在经济发展的基础上,无论是各类基础设施建设,还是各类学校、科研院所、文化场馆等方面的建设,都有了很大的发展,有的还相当现代化。十多年来,我们的许多大中城市建设起来了,高楼大厦、楼堂馆所、大马路、大广场,都相当宏伟壮丽,有的可以同发达国家的大城市相媲美,有的超出了我们的经济水平。但社会管理却相当落后,空气污染、环境脏乱差、饮用水不干净、交通拥堵等问题凸显。公共交通不便,职工上班、儿童上学、老人就医很不方便,社会管理跟不上,影响了人民生活质量的提高,群众对此很有意见。而人民群众最有意见的是社会治安状况也不好。

安居乐业,是中国人民传统的基本要求。这些年来,经济发展了,人民群众收入增加了,也逐渐富裕起来了,老百姓是满意的。但自进入 20 世纪 90 年代以来,刑事犯罪案件、社会治安案件持续增加,人民群众乐业了不能安居。政府这些年增加了警力,采取了诸如"严打""专项严打"等非常措施,但在不少城区,案件总是压不下来。人民群众只能采取自防措施,门上装防盗门,窗户上装防盗栅、防扒刺,有的还在楼顶装上防盗网。这些年生产和安装防盗门、窗的行业很兴旺,就是一个证明。当然,刑事犯罪案件和社会治安案件大量增加的原因,不仅是社会管理不完善的问题,还有更深层次的根源,需要通过调整社会结构和协调社会阶层利益关系,通过综合治理来解决。近几年,国家提出了构建和谐社会、建设社会主义新农村等战略任务,采取了诸如减免农业税、改善农民工的生产生活条件,加快城镇社会保障体系的建设,发放最低生活保障款项等措施,再加上近几年政法、公安部门也做了很多工作,采取了一些新的政策和措施。2005年,刑事犯罪案件和社会治安案件持续多年增加的情况改变了,2005 年刑事犯罪案件下降了 1.5%,全国县以上党政信访部门受理上访上告的件次也比 2004 年下降了 6.5%,2006 年上半年比 2005 年同期下降了 14%,社会治安情况正在好转(见表 3)。

表 3　1978~2005 年社会治安状况

年份	刑事犯罪立案件数(万件)	社会治安立案件数(万件)	群体事件	上访上告(万件次)	交通事故死亡人数(人)
1978	55.7	123.5			7916[①]
1985	54.2	92.1			49624[②]
1990	82.7[③]	102.5[②]		400 多万件[④]	49243

年份	刑事犯罪立案件数（万件）	社会治安立案件数（万件）	群体事件	上访上告（万件次）	交通事故死亡人数（人）
1995	162.1003	328.98	1 万多起⑤		71494
2000	363.7307	443.74		850⑥	93853
2001	445.7579	571.39			105930
2002	433.6712	623.24			109381
2003	439.3893	599.56	6 万多起	1272.3	104372
2004	471.8122	664.77		1373.3	107077
2005	464.8401	737.76			98738

注：①1982 年数据；②1987 年数据；③1988 年数据；④1992 年数据；⑤1994 年数据；⑥1998 年数据。

资料来源：国家统计局编《中国统计年鉴·1991》，北京：中国统计出版社，1991，第 792 页；国家统计局编《中国统计年鉴·1996》，北京：中国统计出版社，1996，第 739 页；国家统计局编《中国统计年鉴·1997》，北京：中国统计出版社，1997，第 752 页；国家统计局编《中国统计年鉴·2001》，北京：中国统计出版社，2001，第 756～757 页；国家统计局编《中国统计年鉴·2002》，北京：中国统计出版社，2002，第 796～797 页；国家统计局编《中国统计年鉴·2003》，北京：中国统计出版社，2003，第 829～830 页；国家统计局编《中国统计年鉴·2004》，北京：中国统计出版社，2004，第 881～882 页；国家统计局编《中国统计年鉴·2005》，北京：中国统计出版社，2005，第 783～784 页；国家统计局编《中国统计年鉴·2006》，北京：中国统计出版社，2006，第 894～895 页。

（五）社会体制还没有随着经济发展、经济体制改革进行必要的、相应的改革

《决定》指出："必须坚持改革开放，坚持社会主义市场经济的改革方向，适应社会发展要求，推进经济体制、政治体制、文化体制、社会体制改革和创新。"党的十一届三中全会以来我们党第一次提出社会体制改革和创新。社会体制改革，是新的提法，包括的内容是多方面的，应该包括哪些内容，要在实践中逐步明确。但有一点是肯定的，就是目前我国的社会事业的体制，必然是社会体制的重要组成部分，一定要加以改革和创新。我国的经济体制，经过改革，已经基本建立了社会主义市场经济体制，而社会事业的管理体制还没有按社会主义市场经济体制的要求改变过来。

我国的各级各类学校、科研院所、文化单位、医疗卫生机构等事业单位很多都是在 20 世纪 50 年代以后陆续建立起来的，那时实行的是计划经济体制，多数实行的是国有制，少数是集体所有制。旧中国留下来的各种事业单位，也都按照公有制模式改造过来了。整个事业单位，都是按照计划

经济体制的要求运行的。行政化的体制，僵化的规章制度，基本上是和原来的国有企业雷同的，运行成本很高，效率不佳，服务质量差，群众很不满意。改革开放以来，党的工作重心向经济建设转移，实行计划经济体制向社会主义市场经济体制转轨，通过一系列改革，经济系统的组织和企业已经逐步转变为按社会主义市场经济体制的规则运行，取得了非常好的效果。而教育、科研、医疗卫生、文化、体育等事业单位，虽然也进行了多次改革，取得了一定的进展，但总体来说，整个事业单位的体制改革还没有取得根本性的进展，还没有按社会主义市场经济体制的要求改变过来，同目前经济发展的水平，同人民群众对公共服务的需要，同社会要全面进步的要求还很不相称。近几年，"看病难、看病贵""上学难、上学贵"的呼声日高，反映了群众希望医疗、教育等事业单位加快改革的要求，这也是经济与社会发展还没有协调发展的重要表现。社会事业单位改革的难度很大。有很多科研、教育、医疗、文化单位，就像国有大企业一样，长期按行政、计划经济体制的规则运作，已经形成了路径依赖，问题复杂，积重难返。特别是由于我们国家在前一阶段，把主要精力放到了经济发展、经济体制改革方面，没有同时重视社会事业的发展和改革，错过了在经济体制改革大潮之下，同时改革社会事业单位体制的大好机会，形成了目前社会主义市场经济体制的经济和基本上还是计划经济体制的社会事业的矛盾。这个问题是必须通过发展和改革来解决的。党的十六届六中全会通过的《决定》，专门提出了要推进"社会体制改革和创新"，要"深化教育改革""深化医疗卫生体制改革""推进文化体制改革"。① 按照《决定》的要求去做，这些问题是能够解决好的。

三　落实科学发展观，继续深化改革，着力推进社会体制改革，促进经济社会协调发展

要统筹经济社会协调发展，在 2003 年党的十六届三中全会就明确提出来了。三年多来，党和政府实施了多项政策措施，做了很多工作，已经取得了明显成效。但是，经济社会发展不平衡、不协调的问题仍未从根本上得到解决，这是因为我们在解决了温饱问题，越过了经济发展为主的阶段

---

① 《中共中央关于构建社会主义和谐社会若干重大问题的决定》，北京：人民出版社，2006 年 10 月，第 7、12～14 页。

之后，没有适时地转向经济社会协调发展阶段。在经济发展取得很大成就的同时，没有及时发展各项社会事业，在经济结构已经调整的条件下，没有适时调整社会结构，在经济体制已经实现了向社会主义市场经济体制转变的同时，没有适时地对社会体制，社会事业管理体制，进行相应的改革，以致出现了上述社会结构同经济结构不协调，社会事业发展滞后，社会管理、社会事业管理体制落后等问题。经济社会发展不平衡、不协调的矛盾凸现了。这次十六届六中全会，专门研究了构建社会主义和谐社会的若干重大问题，做出决定，为了把中国特色社会主义伟大事业推向前进，"必须坚持以经济建设为中心，把构建社会主义和谐社会摆在更加突出的地位"。这是我国已进入改革发展的关键时期，做出的重大战略部署。《决定》专门提出，要"更加注重解决发展不平衡问题，更加注重发展社会事业，推动经济社会协调发展"①，对此，我们要全面正确地加以认识，认真贯彻。

（一）要贯彻落实以科学发展观统领经济社会发展全局的方针，在当前，应该把和谐社会建设放到更加突出的位置

经济社会协调发展，是工业化、现代化国家和地区的基本前提与基本特征，是国内国外正反两方面的实践证明了的。这次十六届六中全会的《决定》对此做了全面、深刻的阐述。"社会要和谐，首先要发展"，发展既包括经济发展，也包括社会发展。仅有经济发展是不够的，还一定要有社会发展，经济社会要协调发展。前面说过，现在社会发展滞后了，形成了现在经济社会发展不平衡的局面，引出了一系列经济社会问题。今后要按《决定》的要求，更加注重解决发展不平衡问题，更加注重发展社会事业，更加注重社会结构的调整，更加注重社会体制改革。在当前，我们特别要在这四个"更加注重"上下功夫。因为我们在四个方面的欠账太多了、太不平衡了，要全面、协调、可持续发展，就必须把在社会建设方面的欠账还了，才能改变一条腿短、一条腿长的状况，才能平衡、协调地发展。为此，我们要在理论上有认识，思想上要有个转变，不能再搞经济发展孤军独进。有关决策部门，不能再只把 GDP 作为考核干部的指标，而要制订考核干部全部业绩的综合指标。既考核经济发展的业绩，也考核社会发展、经济社会协调发展的业绩，坚持若干年，把经济社会协调发展这件事办好。

---

① 《中共中央关于构建社会主义和谐社会若干重大问题的决定》，北京：人民出版社，2006 年 10 月，第 3、8 页。

（二）要加快户口、就业、社会保障等社会体制的改革，调整社会结构，使之与经济结构相协调，这是构建和谐社会的基础

党的十六届六中全会通过的《决定》，提出了"社会体制改革和创新"的任务和原则。社会体制包含的方面比较宽，应该包括：城乡体制、地区体制、户口制度、就业、人事和社会保障等体制，当然也包括社会事业的体制，总体说来，这些社会体制是在 20 世纪 50 年代以来，在计划经济体制的建立过程中，逐步形成和构建起来的。改革开放以后，经济体制已经按照社会主义市场经济的方向，基本建成了社会主义市场经济体制，社会体制虽然也进行了一系列的改革，但从总体上说还没有按社会主义市场经济体制的要求改变过来。这两种体制是不能完全相容的，社会主义市场经济体制与基本上还是计划经济体制的社会体制之间的矛盾，是当前经济社会发展不平衡、不协调的原因。

举例来说，"三农"问题之所以总解决不好，实际上是这两种体制矛盾的表现。2004 年全国的 GDP 中，农业占 13.1%，而在就业的总劳力中，农业劳力占 46.9%，在城乡结构中，农村人口占全国总人口的 58.2%。① 这就是说，46.9% 的劳力创造了 13.1% 的财富，可见农业劳动生产率之低（实际上农业并不需要这么多劳力）。13.1% 的财富在 58.2% 的农村人口中分配，农村怎能不穷？农民怎能不苦？可见"三农"问题的根本是结构问题，是经济结构同社会结构不协调的表现。而这个不合理的结构正是由目前不合理的城乡体制、户口制度、就业制度、社会保障制度造成的，不改革这些社会体制，农业劳动力和农村人口不减少，"三农"问题就不可能从根本上得到解决。

要改变上述社会事业发展和社会事业管理体制落后的情况，当然要从增加国家、社会对发展社会事业的投入，改革社会事业的管理体制等方面入手，但是从根本上说，也还是一个社会体制的改革问题。如现在的社会事业单位基本上还是一统的国有制，这些单位的人事制度、管理制度等方面基本上还是在计划经济体制下形成的，现在的经济体制已经是社会主义市场经济体制了，这里的社会体制也应该通过改革，使之与社会主义市场经济体制相匹配，如此才能协调起来。而要进行社会体制的改革，难度很大，

---

① 国家统计局编《中国统计年鉴·2006》，北京：中国统计出版社，2006 年 9 月，第 58、99、126 页。

需要从长计议。当年进行经济改革，国家是专门成立了经济体制改革委员会，集中了各方面的力量来进行的。看来，要进行社会体制的改革，从根本上解决经济体制与社会体制不协调的问题，国家要下大的决心，建立各相应的机构，组织各方面力量，专门讨论，分别情况，逐步推进，妥善解决。作为构建社会主义和谐社会的重要环节，这一项改革是一定要进行的。

（三）调整国民收入分配格局，国家和地方政府要大量增加对发展社会事业的投入，改变政府对经济建设偏重，而对社会建设偏轻的状况

一个实行市场经济体制的国家，经济建设中对于厂房、设备等项目，特别是竞争性行业的投入，应该主要靠企业从市场筹集资金，政府的财力应该主要投资于基础性建设和教育、科技、文化、医疗卫生、环境与社会保障等社会发展、公共服务事业。改革开放前，我们是计划经济体制的国家，财力主要投入了经济建设，这在一定阶段是应该的，也取得了很大的成绩。改革开放以后，实行社会主义市场经济体制，情况已经变了，但是这种国民收入的分配格局，仍没有发生根本改变，重工业、轻农业，重城市、轻农村，重经济、轻社会的状况也还没有发生根本改变。2002 年，我国政府对公益性、基础性和竞争领域的投资结构是：15.99：47.76：36.25。与以前相比较，公益性投资的比重已经增加了（1996 年只占 10.49%），但竞争性领域的投资比重仍然太高，超过公益性投资一倍多。这就是为什么各项社会事业发展严重滞后，群众看病难、上学难的问题已经存在多年仍得不到缓解的重要原因之一。因为对医疗、教育的投入不能满足社会的要求，而这又并不是因为政府像以前那样没有钱，而是把资金主要用到竞争性的经济领域里去了。我们的政府现在正在从发展型政府向服务型政府转变。一个服务型政府，是应该把主要的人力、物力、财力用到为人民群众提供教育、医疗、科技、文化和社会保障等公共产品方面的。调整国民收入分配格局，大量增加对社会发展事业的投入，加快社会事业的发展，既是满足人民群众日益增长的对公共产品的需求，也是构建社会主义和谐社会的重要方面。

按照党的十六届六中全会通过的《关于构建社会主义和谐社会若干重大问题的决定》的要求，加快社会体制的改革和创新，大力发展社会事业，调整社会结构，加快社会建设，完善社会管理，解决好经济社会发展不平衡、不协调的问题，应是我们当前要实现的重要任务。

化解矛盾　构建和谐[*]

改革开放以来，我国的经济发展取得了巨大的成就。与此同时，我国的社会事业也有了很大的进步，教育、科技、文化、医疗卫生、体育等各项社会事业也都取得了很大的成绩。但与经济体制深刻变革、经济结构重大调整、经济发展的巨大变化相比较，我国社会结构的调整、社会体制的改革以及社会事业的发展都相对滞后，经济社会发展并不协调，由此产生了诸多的社会矛盾和社会问题。

第一，社会结构没有随着经济发展、经济结构的调整而得到相应调整。社会结构同经济结构一样，是一个国家或地区的重要结构，它包括的范围比较广，指人口结构、就业结构、城乡结构、地区结构、组织结构、阶级阶层结构等。从我国的就业结构、城乡结构和阶级阶层结构来看，我国已经是工业化中期阶段的经济结构，但还是工业化初期的就业结构。我国的城乡结构也还是工业化初期的结构。社会阶层结构是社会结构中最重要的结构，是社会总体结构的集中表现。一个现代化国家，必须有一个社会中间阶层占相当比重的社会阶层结构，如此这个社会才能比较和谐、稳定、健康。据调查，2004 年的社会阶层结构中，社会中间阶层约占 20% ～ 22%，也属于工业化初期的社会结构。总的来说，我国当前的经济结构是工业化中期阶段的结构，而社会结构则是工业化初期阶段的结构，两者不相称、不协调。这种结构性的矛盾是产生当前诸多经济、社会矛盾和社会问题的重要原因。

第二，教育、医疗、文化等社会事业没有得到相应的发展，社会事业的发展严重滞后于经济发展，由此产生了种种矛盾。以教育、医疗为例，改革开放以来，我们在普及义务教育、扫除青壮年文盲方面，做了很多工

　　*　本文原载《求知》月刊 2007 年第 3 期，发表日期：2007 年 3 月 5 日。——编者注

作，取得了很大的成绩。但在高中阶段教育、职业技术教育和高等教育方面，则发展得不理想，不能适应经济发展的需要，也不能满足广大群众要求自己的子女能接受较好教育的需求。1999 年，国家决定扩大大学招生名额，2005 年在校大学生的总额猛增到 1562 万人[①]，使大学生的毛入学率达到 21%。大学教育从精英教育过渡到了大众化教育阶段，这方面的成绩应该得到充分肯定，但也带来一些新的问题，如合格优秀的师资缺乏，校舍、场地、教学设施跟不上扩招的需要，经费严重不足，不少大学在负债运行，特别是大学毕业生的就业成了问题。这需要有一个调整、消化和解决新问题的阶段，这样才能走上正常的发展阶段。

医疗卫生方面的问题则更为严重。看病难、看病贵成为近几年群众最为关注的社会问题。追根溯源，近年来，经济发展迅速、城市人口激增、人们对医院看病治病的需求日益提高，但医院、医护人员以及国家在医疗卫生方面的投入却没有相应地增加，即医疗体制改革没有到位。这是经济社会发展不协调的重要方面。在许多国家，医疗是政府的公共产品，大部分由公共财政支出。如看病治疗支出 100 元，英国政府提供 69 元，美国政府提供 39 元，一般发展中国家也在 30 元左右（如印度 31 元，泰国 30 元），而我国政府承担的，只占卫生总费用的 16%～17%。

第三，伴随经济的迅猛发展、财富的急剧增加，公正合理的收入分配制度却没有适时建立，收入分配秩序混乱。随着经济体制改革的深入，国家提出了按劳分配为主体、多种分配形式并存的分配制度，这无疑是正确的，但具体政策和措施尚有待完善。特别是 20 世纪 90 年代中期以后，一方面由于经济高速增长，另一方面则由于各种原因，分配问题凸显。正是在这一时期，我国城乡、地区之间的差距急剧地扩大。在相当一个时期，一些地区、一些部门自行其是，自作主张，为本地区、本部门谋利。这也是形成城乡之间、地区之间、部门之间收入差距过大的重要原因之一。党的十六大以来，党和政府采取了多项政策和措施，推进农村税费改革，减免农业税，给种粮农民直补，加大对农村的各项投入等，已初见成效，但城乡、地区、阶层之间收入差距扩大的趋势仍未发生根本扭转。经济发展了，把分配问题搞好，统筹协调好城乡、地区之间的利益关系，真正做到人人共建、人人共享，这是构建社会主义和谐社会的基础。

---

① 国家统计局编《中国统计年鉴·2006》，北京：中国统计出版社，2006 年 9 月，第 800 页。

第四，社会管理相对滞后，社会治安状况有待进一步改善。一个现代化社会，既要有现代化的经济建设、各类基础设施建设和现代化的社会事业发展，也要有现代化的社会管理。也就是说，"硬件"要现代化，"软件"也要现代化。改革开放二十多年来，我国在经济发展的基础上，无论是各类基础设施建设，还是各类学校、医院、科研院所、文化场馆等方面的建设，都有了较大的发展，有的还相当现代化。但社会管理却比较落后，交通拥堵、空气污染、饮用水不干净、公共交通不便，社会管理跟不上，影响了人民生活质量的提高。

安居乐业，是我国人民传统的基本要求。自 20 世纪 90 年代以来，刑事犯罪案件、社会治安案件持续增加。当然，社会治安恶化，不仅是社会管理不完善的问题，还有更深层次的原因，需要通过综合治理来解决。近几年，国家提出了建设社会主义新农村、构建和谐社会等战略任务，采取了诸如减免农业税、改善农民工的生产和生活条件、加快城镇社会保障体系的建设和发放最低生活保障款项等措施，再加上近几年政法、公安部门也做了很多工作，采取了一些新举措，刑事犯罪案件、社会治安案件在持续多年增加的情况下已经有所下降，全国县以上党政信访部门受理上访上告的件次也有所下降，情况逐渐好转。

第五，社会体制应随着经济的发展和经济体制的改革而进行必要的、相应的改革。党的十六届六中全会文件中明确指出："必须坚持改革开放。坚持社会主义市场经济的改革方向，适应社会发展要求，推进经济体制、政治体制、文化体制、社会体制改革和创新。"① 这是党的十一届三中全会以来我们党第一次提出社会体制改革和创新。社会体制改革，是新的提法，包括的内容是多方面的，应该包括哪些内容，要在实践中逐步明确。社会事业的体制，是社会体制的重要组成部分，亟待改革和创新。

教育、科研、医疗卫生、文化、体育等事业单位，虽然也进行了多次改革，取得了一定的进展，但总体来说，整个事业单位的体制改革还没有取得根本性的进展，还没有完全按照社会主义市场经济体制的要求得到相应的改变。与目前经济发展的水平、人民群众对公共服务的需要以及社会全面发展进步的要求还不相称。社会事业单位改革的难度较大。这个问题必须通过发展和改革来解决。

---

① 《中共中央关于构建社会主义和谐社会若干重大问题的决定》，北京：人民出版社，2006 年 10 月，第 7 页。

　　经济社会协调发展，是工业化、现代化国家和地区的基本前提、基本特征。这已为国内外正反两方面的实践所证明。仅有经济发展是不够的，还一定要有社会发展，经济社会要协调发展。我们应按照《决定》的要求，更加注重解决发展不平衡问题，更加注重社会结构的调整，更加注重社会体制改革，努力构建社会主义和谐社会。

不必消极看待就业[*]

从总体上看，对于金融危机给 2009 年就业形势带来的影响，我们没有必要反应过激，把事态看得太过严重。

中国经济是一个独立体系，整体运转还是良好的。去年[①]我调研了 8 个省的情况，2008 年江苏 GDP 的增长保持在 15% ~ 16%；昆山一个县级市的财政收入就达到 272 亿元，增长约 30%。在安徽调研时，一位已退的副省长表示，2008 年是国内近十年少有的农业特大丰收年，对于农业大省来说，日子会好过很多。2008 年粮食增产 2710.6 万吨，也就是 542 亿斤[②]，农民收入人均实际增长 8%，历史上少有。这为 2009 年农村社会、农民收入稳定，提供了极大保障。

当时邓小平同志提出要 20 年翻两番，计算下来 GDP 年均增长 7.2% 就可以达到。那么 2009 年 GDP 增长保证在 8% 左右，是可以有效缓解资源环境等发展压力的。如今就业压力主要是消化 GDP 增幅从 11.8% 到 8.0% 下降部分所影响到的近千万人口的就业问题。千万人口失业，在美国、日本等国家都是社会不稳定的极大因素，但在中国，受地域、传统文化、传统家庭观念的影响，我觉得问题不会太大。

千万农民工失业回乡，在 20 世纪 90 年代初曾有过一次，但由于中国农村广阔，千万失业人口回乡便化整为零。同时新一代农民工多为二十几岁，并不熟悉农业生产，也不在家庭中占经济主导地位，与之前的农民工回乡要求土地、有极重的经济压力等情况明显不同。但是，农民工的重要性不可忽视。他们负担了经济危机的代价和模式转变的成本，而这样的制度模

---

[*] 本文原载《中国改革》2009 年第 2 期，发表时间：2009 年 2 月 1 日。该文为陆学艺观点摘编。——编者注

① 本文中指 2008 年。——编者注

② 国家统计局编《中国统计年鉴·2009》，北京：中国统计出版社，2009 年 9 月，第 464 页。

式亟待改革。

从近期来看，国家首先应该鼓励农民自主创业，各级政府应制定优惠政策帮助乡村经济发展，提供就业岗位。

其次，政府应该尽快将社会保障、医疗教育等直接关系到民生、内需的公共服务政策完善起来。4万亿元资金主要投给铁路、机场、通信等大项目，这种加大基础设施建设的考虑从长远发展来看是正确的，但相对来说，社会保障、医疗教育、农村文化科技等更是花小钱办大事的领域。

最后，尽快明确结构调整和产业升级的内容。高端产品、部分制造业当然要加快升级的步伐，某些行业也已经走到必须进行结构调整的路口。但在湖南、安徽等劳动力充裕的地区，发展劳动密集型且无污染等负效应较小的企业也是解决就业的重要途径。中国缺的是掌握技术的高级的熟练工人，政府应该思考如何有效地提高农民工素质，寻求真正的解决之道。

在未来的10～20年里，政府应该尽快解决户籍制度、城乡二元体制，推进真正的城市化。像深圳这样拥有千万人口的城市，义务教育、高等教育、医疗卫生体系还停留在二百万城市人口的标准，绝不是真正的城市化发展。而加快这样的城市化，推进社会公共服务行业的发展和完善，也是未来解决就业问题的一条途径。

可持续发展实验区建设的经验和成就对全国其他地区具有重要的借鉴意义[*]

可持续发展理论，是 20 世纪 60～70 年代在欧美逐步酝酿发展起来的。1987 年，以挪威首相布伦特兰为主席的联合国"世界与环境发展委员会"发表了一份报告——《我们共同的未来》，正式提出可持续发展的概念。此后，这个概念就被从国外引入中国。最初是有关方面翻译出版了布朗等人的《建设一个可持续发展的社会》这本书。从可持续发展的理论思想的介绍、宣传、推广，到后来形成我们国家的发展战略，写进了党和国家的文件，现在已成为家喻户晓、深入人心的理论，成为科学发展观的重要组成部分，在此方面，原来的国家科委即现在的科技部做了很多工作，发挥了重要作用。

20 世纪 80 年代中期，我国的改革开放刚刚起步，经济发展是当时面临的最迫切的任务。如何发展经济？当时没有经验，苏南地区由于搞乡镇企业，异军突起，经济发展很快，成为很多地方争相效仿的典型。在短缺经济的条件下，乡镇企业确实能够带动经济快速发展，但乡镇企业大多规模小、技术含量低、村村点火、户户冒烟，造成资源的浪费，也污染了环境，引发不少社会矛盾和问题。国家科委的同志当时认识到了这个问题，提出经济社会要综合发展，科技要为经济社会发展提供支撑。1986 年邓楠同志亲自带领十多个部委的同志，一起到常州市和无锡市的华庄镇搞试点，随后由科技部牵头，建立了经济社会发展实验区工作委员会，并在各地建了一批经济社会综合发展实验区，这是可持续发展实验区的前身。

---

     * 本文源自《经济与社会协调发展研究——发达地区的经验与教训》（陆学艺主编，北京：知识产权出版社，2009 年 10 月），第 1～6 页。原稿写于 2009 年 8 月，系陆学艺为该书撰写的序言，现标题为本书编者根据序言内容所拟定。——编者注

在科技部、中国可持续发展研究会、实验区工作委员会、中国 21 世纪议程管理中心的领导和指导下，可持续发展实验区由少到多、由浅入深、由低到高，取得了很大的成绩，现在全国已经有 58 个国家级可持续发展实验区，多数省区市建立了省级可持续发展实验区。这对促进全国可持续发展的事业起了很大的作用，促进了经济和社会的协调、物质文明与精神文明的协调、人与自然的协调发展。实践证明，可持续发展实验区的工作，完全符合中共十六届六中全会通过的《中共中央关于构建社会主义和谐社会若干重大问题的决定》的要求，对新农村建设起到了很好的示范带头作用。

总结这些可持续发展实验区建设的经验和成就，对全国其他地区具有很重要的借鉴意义。因为现有的可持续发展实验区多数建立在经济比较发达的地区，由于他们在经济建设方面率先取得了成功，出了很多经验，同时，他们也率先遇到了诸如资源、环境、贫富差距、社区管理等新问题、新矛盾，在解决这些矛盾和问题的过程中，他们结合本地实际，形成了很好的经验，创造了很多解决问题的新办法。通过社会调查，把这些经验和做法总结出来，这对各地区推进经济社会协调发展很有意义。

2006 年正好是国家可持续发展实验区建设 20 周年，科技部领导提出要对这 20 年国家可持续发展实验区建设的成就和经验进行一次总结。由于我在 20 世纪 80 年代就较早地参加了社会发展综合实验区的筹划和建设工作，这些实验区中的多数我都去调研过，情况比较熟悉，科技部通过中国 21 世纪议程管理中心把这项调研总结的任务委托我来承担。我组织北京工业大学社会学研究所和人力资源研究中心的一批年轻同志，去了宁波市的江东区（今鄞州区）、邱隘镇，北京市的怀柔区，广东佛山的容桂镇、南海区等地的实验区进行实地调研，主要任务是总结这些地区在促进经济与社会协调发展方面取得的先进经验。通过对这些可持续发展实验区的调研，我们得出了以下几点认识，总的看法是，办实验区和不办就是不一样，具体的经验和成就如下。

第一，可持续发展的理论和认识深入人心。实验区的干部和不少群众对可持续发展的观念都有非常深刻的认识，注意在经济建设中节约资源、节省耕地，搞循环经济，保护环境，绿化美化环境，使本地的资源和环境可持续利用。

第二，这些实验区本来经济发展都很好，办了实验区之后，经过有关方面的指导，开始重视社会建设，加大了对科技、教育、医疗卫生等领域的投入，使当地的社会事业有了较大的发展，使经济社会发展更加协调。

而经济得到了科技、教育、人才等方面的支撑，发展得更好。我们调查的几个实验区，无一例外地实现了经济发展又快又好，各项经济指标在当地名列前茅，改变了原来认为搞经济建设是挣钱的、搞社会建设是花钱的看法。

第三，办实验区的宗旨，就是要使这些地区经济社会综合发展，科技要为经济社会发展提供支撑。党的十六大以后，明确了要实现统筹城乡发展、统筹地区发展、统筹经济社会发展、统筹人与自然发展，其后又明确了要贯彻落实以人为本、全面协调和可持续发展。据我们调查，这些实验区都较好地贯彻执行了这个宗旨，区内经济持续快速发展，社会事业蓬勃发展，学校、医院办得好，建立了符合当地实际的社会保障体系，确定了最低生活保障线，老年人有生活补贴，生病了有大病统筹，有外来民工的实验区都较好地落实了国务院关于农民工问题的指示，有的还建立了农民工公寓，对农民工进行了各种培训，有多种优惠政策，外来人员逐渐与本地人相互融合，和睦相处。实验区内普遍建立了社区委员会，开展各种社区服务和社会工作，正在逐步实现学有所教、业有所成、劳有所得、病有所医、老有所养、住有所居，推动科学发展、社会和谐的发展目标。

我们的调查前后历时近一年，本书就是在这次调查的基础上编写而成的。

目前，全国上下正在开展学习实践科学发展观活动，这次科学发展观提出的背景已经与改革开放初期很不相同了。经过 30 多年的改革和发展，我国经济建设取得巨大成就，实现了从计划经济向市场经济的转轨，实现了由农业社会向工业社会的转型。从一定意义上说，我国经济发展的问题可以说已经基本过了坎。目前虽然受国际金融危机影响出现了一些问题，但我们党和国家在应对经济问题方面已经有了一套相对成熟的经验，也有了相当的经济实力，相信不久就能转危为安。但是相对经济领域，我国社会建设的步伐落后了，社会领域的改革落后于经济领域的改革，经济与社会发展不协调的问题比较严重。这突出表现在以下几个方面。

第一，社会结构和经济结构不协调。就经济结构而言，我国已经是工业社会中期的经济结构，而我国的社会结构还处于工业社会的初级阶段。我们国家这两个基本结构存在着结构性偏差，不相协调，这是导致诸多经济社会矛盾和问题产生的主要原因。例如，我国的"三农"问题就是这种结构性偏差的表现之一。2007 年我国第二、三产业的份额已经接近 90%，第一产业的份额已经降到 11.3%。但是农业从业人员仍占 40.8%，农村人口仍占 55.1%。^① 不改变这种结构性偏差，"三农"问题就解决不了。此外，我国现代化的阶层结构还没有建立起来，社会阶层中的工人、农业劳动阶层的数量过于庞大，中产阶层数量较小，社会流动机制也不健全。

第二，完善的社会体制还没有建立起来。改革开放以来，我国成功实现了经济体制的改革。但由于各种原因，社会体制改革滞后了。有的已经开始改了，比如社会保障制度、就业制度等；有些改了但还没有成功，比如说教育体制改了、医疗体制改了、住房体制改了，大家都还不满意；有些制度至今还没有实质性的变化，比如说户口制度。从总体上来讲，与社会主义市场经济相适应的社会体制还没有建立起来。

第三，社会事业发展滞后。30 多年来，我们的社会事业有了长足的发展，但严重滞后于经济发展的速度。"上学难"、"看病难"、"住房难"和"养老难"的问题还没有解决，城乡衔接的社会保障体系还没有建立起来，环境污染问题仍然比较严重等，形成了经济社会发展中"一条腿长，一条腿短"的不均衡、不协调的问题，这些都需要我们通过更加关注和加强社会建设来解决。

从社会学的角度来看，经济发展与社会发展不协调，是造成社会矛盾突出、社会问题频发的重要因素。目前，我国的很多社会问题，如贫富差距不断拉大、底层与上层矛盾突出、犯罪率不断上升、群体性事件频发等，都与经济社会发展不协调有关，是当前社会不稳定的根源。

世界历史发展的经验表明，经济发展和财富总量增加并不能自然实现社会和谐。如果我们只顾经济增长而忽视社会发展，不仅会加重经济社会发展不平衡的矛盾，最终经济发展也将难以为继。我们追求的发展，应该是经济社会协调的发展，是人民群众共享成果的发展，是科学有序的发展，是社会和谐的发展。

希望我们从事实际工作和从事研究工作的同志们，切实能够用科学发展观来指导我们的行动，坚持经济与社会协调发展的理念，使我国经济社会发展不协调、不平衡的现状得到改变，为我国全面建设小康社会和基本实现现代化目标打下牢固的基础。

---

① 国家统计局编《中国统计年鉴·2008》，北京：中国统计出版社，2008 年 9 月，第 38、112 页。

我国社会建设比经济建设差了 15 年[*]

记者：即将迎来新中国 60 年华诞，作为研究社会问题的资深专家，您能不能谈谈新中国成立以来我国社会建设所走的路是怎样的？

陆学艺：社会建设是一直在进行着的，但这个词是个新词，以前不叫社会建设，叫社会发展，但这个事情没有断过。最早把我国的建设分为政治、经济、文化三个方面的，是毛泽东同志在 1940 年撰写的《新民主主义论》一书中提出来的。那时的中国，还是半殖民地半封建的农业社会，小农经济是汪洋大海，农民占 90% 以上。在这样的背景下，对未来作构想，勾勒出政治、经济、文化三大领域，是符合我国国情的。

新中国成立以后，我们在规划社会主义建设总体布局时，还常以经济建设、政治建设、文化建设为架构。1982 年，制订第六个五年计划时，增加了社会发展的内容，从此以后的五年计划，都冠名为"国民经济与社会发展计划"。

2002 年，党的十六大报告还是以经济体制改革与建设、政治体制改革与建设、文化体制改革与建设"三位一体"进行布局，但在讲到 2020 年实现全面小康社会的目标时，指出要达到"使经济更加发展、民主更加健全、科教更加进步、文化更加繁荣、社会更加和谐、人民生活更加殷实"。[①] 这里加进了"社会更加和谐"一项，反映了改革开放 20 多年后，我国的经济社会已经发生了深刻的转变，国家总体上从农业社会转变为工业社会，从乡村社会转向城市社会，这种转型对于经济社会建设提出了新的要求。生产力的极大提高，经济结构的深刻变化，要求社会结构变化与之相协调；

---

* 本文原载《人民论坛》2009 年第 19 期，发表日期：2009 年 10 月 8 日，该文系《人民论坛》记者专访陆学艺的访谈稿。——编者注

① 《中国共产党第十六次全国代表大会文件汇编》，北京：人民出版社，2002 年 11 月，第 18 页。

经济高速发展，要求社会事业发展与之相配合；人民物质生活的极大提高，要求社会安定有序。所以，党的十六大提出"社会更加和谐"反映了生产力发展的要求以及我们党对社会主义现代化建设规律的新认识。党的十六届四中全会提出构建社会主义和谐社会与社会建设的新概念后，专门就构建社会主义和谐社会若干重大问题做出了决定，党的十七大则进一步指出要加快推进以改善民生为重点的社会建设。社会主义建设的总体布局由经济建设、政治建设、文化建设"三位一体"扩展为包括社会建设在内的"四位一体"，这个事实本身既反映了当今中国社会已经发生了深刻变化的客观实际，也反映了我们对这种经济社会结构的深刻变化有了新的概括，有了突破性的新的认识。

记者：在现阶段的中国，为什么提出来要更加注重社会建设？

陆学艺：不可否认，改革开放以来，我国的经济建设成就是显著的，城乡居民在衣食住行等各个方面的水平都有了很大提高。但是，20 世纪 90 年代中期以来，科技、教育、卫生等社会事业的发展相对滞后，出现了就业难、上学难、看病难、住房难等问题。党的十七大为此专门做出了"加快推进以改善民生为重点的社会建设"的决策，这一决策非常正确，顺应了广大人民群众改善生活的要求，有利于调整社会结构，有利于经济社会协调发展、促进社会和谐。但社会事业建设方面欠账较多，同客观需求差距较大，要真正做到"学有所教、劳有所得、病有所医、老有所养、住有所居，业有所就"，还有很多工作要做。

就构建社会主义和谐社会与社会建设的关系来看，前者是战略目标，后者是重要手段，即社会主义和谐社会要通过经济建设、社会建设、政治建设、文化建设等方面的建设来实现。革命是分阶段的，改革也有阶段性，不同的阶段，有不同的任务。我国社会建设比经济建设差了 15 年，加快社会建设的步伐非常重要。

记者：社会建设都包括哪些方面？

陆学艺：社会建设是指社会主体根据社会需要，有目的、有计划、有组织进行的改善民生和推进社会进步的社会行为与过程。社会建设的内涵很广，主要有两大方面：一是实体建设，诸如社区建设、社会组织建设、社会事业建设、社会环境建设等；二是制度建设，诸如社会结构的调整与构建、社会流动机制建设、社会利益关系协调机制建设、社会保障体制建设、社会安全体制建设、社会管理体制建设等。社会实体建设提供公共产品和公共服务，社会制度建设则使社会更加有序与和谐。

记者：用社会结构变迁来理解社会发展，其衡量的标准和评价尺度如何把握？

陆学艺：一个国家，最重要、最基本的结构是经济结构和社会结构。这两个结构要协调，相辅相成，互为表里。一个国家、一个地区的经济怎么样，社会怎么样，以前往往从经济结构来说，比如经济发展得怎么样，人均 GDP 多少？一、二、三产业多少？比例怎么样？由此大致可以知道这个地方的发展水平。其实，这些同样也可以从社会阶层结构来判断，比如这个国家、地区的上层阶层、社会中产阶层、社会底层的比例如何，工人阶层、农民阶层有多少，通过对他们状况的分析就可以判断这个国家、地区的基本情况。一般来说，社会中产阶层占到 40% 以上，这个社会才能被称为现代化社会。总体分析，当今中国的经济结构已经是工业化中期阶段的结构，而社会结构还处于工业化初期阶段，离工业化国家应有的"两头小、中间大"的"橄榄型"的社会阶层结构形态差距还很大，存在着经济结构与社会结构的矛盾，这是产生诸多经济社会矛盾问题的结构性根源。对此，要继续深化改革，创新社会政策，构建与经济结构相适应、相协调的社会结构。

记者：新中国成立 60 年，中国社会阶层结构发生了重大的变迁。如何在一个阶层化的社会中保持社会稳定，进而构建社会主义和谐社会？如何培育合理的社会阶层结构？

陆学艺：改革开放 30 年来，随着经济发展，工业化、城市化的推进，我国已经从一个基本封闭的社会转变为基本开放的社会，社会流动渠道多元化，社会流动频率加快，亿万群众通过努力奋斗，实现了向上流动的愿望。这说明整个国家正在形成合理、开放的现代化社会阶层结构，以"后致型"规则为主的现代社会流动机制也正在形成。但是计划经济时期形成的户籍、就业、人事等体制还没有得到根本性的改革，还在限制着社会流动的顺畅进行，致使该扩大的阶层（如中产阶层）大不起来、该缩小的阶层（如农业劳动者阶层）小不下去，阻止了社会结构的正向演化。所以，通过改革和创新，构建社会流动新体制，是一项重要的任务。从我们的分析来看，现在中国的职业正在趋高级化，整个社会在发展，社会是在往上走，这样群众就有了希望，这个社会就充满活力、充满朝气。

目前，中国的社会结构形态还是洋葱头型的，扩大社会中产阶层的规模，是构建和谐社会、保持社会稳定的社会基础。实践证明，一个国家、一个社会形成了橄榄型的社会阶层结构形态，这个国家也就实现了现代化，经济社会事业就能够健康稳定持续地发展。拿中国传统语言讲，这个社会才能够长治久安。

记者：社会建设的主体，主要是政府、社会组织与民众。您认为社会组织建设在社会建设中具有怎样的作用？

陆学艺：党的十六届六中全会的文件指出："健全社会组织，增强服务社会功能。坚持培育发展和管理监督并重，完善培育扶持和依法管理社会组织的政策，发挥各类社会组织提供服务、反映诉求、规范行为的作用。"[①]这里所说的社会组织，是指社会民间组织、社团组织。这类社会组织在工业化国家比较发达，发挥着社会公益服务和社会福利服务的功能，弥补了政府和市场的不足。因为各种原因，我国现在的民间组织、社会团体还比较少，远远不能适应经济社会发展的需要，不能满足广大人民群众的要求，这对促进经济社会协调发展、加强社会管理、推进社会主义和谐社会建设是不利的。但现在的社会建设主要力量还得靠政府，仅仅靠民间力量是不行的。一个国家要形成一个合理、有活力的社会阶层结构，不仅要靠国家经济结构的调整、经济发展的带动，靠"无形的手"的推动使之自然地演变和成长，还要靠国家在恰当的时机采取恰当的社会政策，也就是还要靠"有形的手"加以调控和引导。

记者：目前，中国还存在一般意义上的弱势群体，比如中国农民阶层呈现明显的弱势化趋势。这一局部弱势化给社会发展带来了巨大的挑战，如何解决这一问题？

陆学艺：我一直在研究"三农"问题，"三农"问题说到底是社会结构问题，不搞城市化、不改变社会结构是解决不了的。2007 年的 GDP 中，第一产业创造的价值占 11.3%，当年的农业劳动力占整个劳动力的 40.8%；同年我们的城市化率是 44.9%[②]，55.1% 的人去分这 11.3% 的财富，农民怎么能不穷、怎么能不苦呢？所以"三农"问题的根本是结构问题，而这个结构就是由现行的户口体制、就业体制、社会保障体制等造成的。我说过，户口问题是"紧箍咒"。有人说户口没问题，农民有了钱不是照样进城买房？那为什么有些中小城市把户口放开了让农民进城他都不进呢？因为现在相关的配套政策是荒唐的，比如农民转户口要交宅基地、承包地，而现

---

① 《中共中央关于构建社会主义和谐社会若干重大问题的决定》，北京：人民出版社，2006 年 10 月，第 27 页。

② 国家统计局编《中国统计摘要·2008》，北京：中国统计出版社，2008 年 5 月，第 21、44、38 页。

在法律上规定承包地是物权,那是农民的财产,农民把地交了,上了户口但没有社保,就完全没有生活保障了,真成了无产者,他怎么进来?所以我觉得最重要的是打开城门解决户口问题,让农民进城来,这是非常迫切的事情。但"冰冻三尺,非一日之寒",解冻和消融也需要一个过程。

社会结构滞后于经济结构约15年要补好调整社会结构这一课*

跨入 21 世纪以后，中国社会主义现代化建设进入了一个新阶段：一方面，经济持续高速增长；另一方面，社会矛盾、社会问题凸显。如何正确认识这种矛盾的社会现象，采取恰当的政策和措施，解决好这些矛盾，推进经济社会协调发展，使"社会更加和谐"，是实践和理论工作者面临的新的历史任务。我们有必要运用社会理论和方法来观察分析问题，采用社会政策和措施来解决矛盾。

新阶段的核心是调整社会结构

近年来，我们党相继提出科学发展观、构建社会主义和谐社会，在继续坚持大力发展经济的同时，将社会建设摆在了更加突出的位置，这表明，中国已进入了以社会建设为重点的新阶段。

2004 年 10 月，党的十六届四中全会提出了构建社会主义和谐社会的战略思想。2005 年 1 月 20 日，中共中央政治局第二十次集体学习会上，胡锦涛指出："要加强对社会结构发展变化的调查研究。要深入认识和分析阶层结构、城乡结构、区域结构、人口结构、就业结构、社会组织结构等方面情况的发展变化和发展趋势，以利于深入认识在发展社会主义市场经济和

---

* 本文原载《经济参考报》2010 年 1 月 26 日第 8 版，系该报记者专访陆学艺的访谈稿。该文还收录于《社会建设论》（陆学艺，北京：社会科学文献出版社，2012 年 3 月），第 146 ~ 151 页。收入《社会建设论》时题目改为《要补好调整社会结构这一课》。——编者注

对外开放的条件下我国社会发展的特点和规律，更好地推进社会建设和管理。"① 2006 年 10 月，党的十六届六中全会专门就构建社会主义和谐社会做了研究，会议通过的《中共中央关于构建社会主义和谐社会若干重大问题的决定》指出："我国已进入改革发展的关键时期，经济体制深刻变革，社会结构深刻变动，利益格局深刻调整，思想观念深刻变化。这种空前的社会变革，给我国发展进步带来巨大活力，也必然带来这样那样的矛盾和问题。……构建社会主义和谐社会是一个不断化解社会矛盾的持续过程。"②

　　社会结构历来是社会学研究的核心问题，既是对社会做静态分析的终点，也是对社会进行动态分析的起点。从认识上把握一个国家或地区的社会结构，就可以从根本上认清这个国家或地区社会变迁即社会结构变迁的原因和趋向。所谓社会结构，是一个国家或地区占有一定资源和机会的社会成员的组成方式和关系格局。当前，加强社会建设、改善社会管理的核心就是调整社会结构。

社会结构滞后于经济结构 15 年

　　一般来看，一个国家或地区在进入发展中期阶段后，生产力落后状况得到显著改善，温饱问题及基本物质生活需求得到基本解决之后，人们对物质生活以外的精神文化需求和全面发展的需求越来越迫切。同时，经济发展本身也对科技、教育、社会环境提出了更高的要求，于是，经济社会发展不协调的矛盾变得突出起来。就当前中国来看，我们的经济建设取得了巨大成就，经济结构已经达到工业化的中期水平。但是，由于我们对社会建设的投入不足，社会结构调整滞后，还处于工业化初期阶段，这是当前中国最大的结构性矛盾。

　　据我们测算，中国现在的社会结构大约滞后于经济结构 15 年。主要从以下几方面考察。

　　（1）从就业结构来看

　　根据钱纳里的标准结构，工业化中期阶段三产的就业结构标准依次应

① 《加强调查和研究　着力提高工作本领　把和谐社会建设各项工作落到实处》，《人民日报》2005 年 2 月 23 日第 1 版。

② 《中共中央关于构建社会主义和谐社会若干重大问题的决定》，北京：人民出版社，2006，第 3 ~ 4 页。

为 15.6∶36.8∶47.6，而 2007 年中国的就业结构依次为 40.8∶26.8∶32.4①，仍然停留在工业化初期阶段。

（2）从消费结构来看

工业化中期阶段反映消费结构最重要指标之一的恩格尔系数应该下降到 30% 以下，而 2007 年中国城镇恩格尔系数下降为 36.3%，农村下降为 43.1%②，尽管与改革开放初期相比有了很大的下降幅度，但仍停留在工业化初期阶段。

（3）从城乡结构来看

反映城乡结构变化的城市化率在工业化中期阶段应该达到 60% 以上，而 2007 年中国城市化率为 44.9%，比 1978 年提高了 27 个百分点③，但仍滞留在工业化初期阶段。中国城市化率不仅水平低，而且存在城乡二元经济社会结构等问题亟待解决。

（4）从社会阶层结构来看

在工业化中后期阶段，中产阶层规模比例经验值一般在 22.5% ~ 65.0%，根据我们的研究，中国当前中产阶层规模约为 22%，表明中产阶层规模仍然处于工业化初期阶段。

社会结构严重滞后于经济结构的主要原因，是我们没有适时地抓好社会体制改革和社会建设。进入 20 世纪 90 年代中后期，GDP 翻了两番，解决了短缺经济等问题以后，进入了改革发展的新阶段，由于我们缺乏经验和理论准备不足等，没有及时对计划经济体制时期形成的户籍、就业、人事、社会保障等体制进行必要的改革。以改善民生为重点的社会建设，没有得到应有的加强，投入严重不足。进入 21 世纪以来，投入有所增加，但因欠账太多，社会事业仍很薄弱，上学难、看病难、住房难、养老难等呼声仍不绝于耳，特别是在中西部地区。

推进社会改革、调整社会结构迫在眉睫

纵观世界各国现代化建设的历史可以发现，它们一般都是经济发展、经济结构调整在前，社会发展、社会结构调整在后，但形成与经济结构相

---

① 国家统计局编《中国统计年鉴·2008》，北京：中国统计出版社，2008，第 112 页。

② 国家统计局编《中国统计年鉴·2008》，北京：中国统计出版社，2008，第 317 页。

③ 国家统计局编《中国统计年鉴·2008》，北京：中国统计出版社，2008，第 87 页。

协调、相辅相成的社会结构，则是在经过了长期不断调整、磨合，乃至社会变革后才实现的。与现代经济结构相适应的现代社会结构的形成，是现代国家建成的标志。迄今为止，这样的国家和地区只有 30 多个，主要在欧美，亚洲只有日本和"亚洲四小龙"。

我们党在十七大报告中指出的新世纪新阶段存在的八大矛盾，就是经济结构和社会结构不协调的具体表现，都是"改革攻坚面临的深层次矛盾和问题"。如果长期得不到妥善破解，就会出现前些年有些社会学家说的"社会利益格局定型化""社会结构断裂"的局面，迈不过进入现代化的大坎，乃至陷入拉美化的泥潭。

调整不是一朝一夕所能完成的，需要分阶段、有计划推进。具体来看，社会结构调整的目标可以分为近期目标和长期目标。

从近期目标来看，我们应争取用 10 年左右的时间，即在 2020 年，初步扭转社会结构显著滞后于经济发展的局面：重点推进城市化，调整城乡结构，使城市化率提高到 55% 以上，同时做好城乡统筹，改变城乡二元结构；在就业结构中，要进一步加大农村劳动力的转出，使第一产业从业人员所占比重下降到 30% 以下；在收入分配结构方面，要力争使收入三大差距扩大的趋势得到有效控制；在社会阶层结构方面，要使中产阶层的规模达到 35% 左右。

从长期目标来看，在 2050 年前后，争取形成现代社会结构：城市化率达到 80%；第一产业从业人员比重下降到 10% 以下；收入分配结构中的贫富差距极大缩小，形成一个普遍富裕的社会；在社会阶层结构中，中产阶层成为社会的主导阶层。

具体应从以下几个方面着力。

（1）大力推进城市化建设是调整社会结构的突破口

20 世纪 90 年代中期以来，困扰我们的重大问题有三个：一是内需总是扩大不了；二是城乡差距扩大的趋势总是遏制不住；三是刑事犯罪率、社会治安案件发生率总是降不下来。为什么？总结到一点，就是在新的发展阶段，没有按新形势的要求对社会结构进行必要的调整。

我们在 20 世纪 60 年代初吃了"三年困难"的大亏，从此严格实行城乡隔离的户籍制度，把农民堵在城外。改革开放，经济形势大变，但城门还是关着，于是就出现了上述这些复杂的社会问题。50 年（1960～2010年）来，想让农民在农村搞工业化的办法都使用过了，结果都不灵。

国内外实现现代化的过程表明，工业化的过程是农民逐步转变为二、三产业工人，转为城市市民的过程，搞工业化一定要搞城市化，城市化是工业化的载体，也是现代化的载体。迄今为止，还没有一个现代化国家是靠农业、靠大多数人口是农民且在农村实现的。

现在是到了打开城门让农民进城、大力推进城市化的时候了，通过改革户籍、就业、社保等制度，最终实现城乡一体化。改革户籍制度，打开城门，推进城市化这个大政策真的实行了，那将是中国农民的第三次解放。调动亿万农民的积极性，推动生产力的发展，经济再上一个新的台阶，从而使城乡结构、区域结构、就业结构等社会结构发生大的调整，是可以预期的。

（2）整合阶层利益关系，壮大中产阶层，缩小社会中下阶层规模

要协调社会阶层之间的利益关系，防止阶层分化下的利益失衡。当前应着重加强以下几个方面的政策取向。

一是防止社会上层对下层利益的侵犯，扭转二者之间利益零和的关系；二是从发展和保持社会活力的考虑出发，相关的社会制度与社会政策的制定应充分保护各阶层的合法利益，特别是社会中下阶层的利益；三是社会制度与社会政策应当致力于形成在社会上具有广泛合法性的合理收入分配机制；四是强化社会保障体系，健全的社会保障体系与每个社会成员（特别是社会中下阶层成员）的利益都有着重大的关联；五是强调公共物品配置的普惠，使社会各阶层尤其是那些自身条件没有优势的阶层都能够获得一定的竞争能力与竞争机会。

促进中产阶层的壮大是增强社会稳定重要的途径之一。目前来看，壮大中产阶层的重要政策取向之一是减轻中产阶层的负担，这些政策应包括提高个人收入所得税起征点，加强对教育、医疗、住房等民生领域的调控等。

缩小社会中下阶层，主要是要进一步缩小农业劳动者阶层和无业失业半失业者阶层的规模，这是社会阶层结构朝着合理方向调整的必然要求。对此，要积极增加就业，建立合理的收入分配体制，打破户籍制度，促进农村劳动力转移。

（3）大力缩小收入差距，我国最低工资标准亟待提高

目前，收入差距持续扩大是在市场化和非市场化，尤其是行政化（权力）因素的共同作用下形成的。总体来看，在收入分配中，劳动者所占的比重太低，其中，体力劳动者的比重就更低，这是一个结构性的问题。就城乡而言，农村的常住人口占总人口的 55.1%，这么多的人只能分享

11.3%的财富,农民的收入必然低。在城市,产业工人、传统服务业从业人员的平均收入一直在 1000 元上下徘徊,这种长期的低收入水平大大限制了他们消费结构的合理升级以及进行自身素质能力提高的再投入。

一要提高最低工资标准。现在各地的最低工资标准是普遍偏低的。按照国际上通用的方法(社会平均工资法),月最低工资标准一般是月平均工资的 40%~60%,而目前中国所有地区的月最低工资的上限仅为月平均工资的 43% 左右,平均水平则明显低于 40% 的下限。也就是说,按照社会平均工资法,没有任何一个省份达到了最低工资标准的水平。

二要调整行业收入差距,主要是拉低就高。对于目前行业收入差距,人们普遍认为垄断性行业收入过高,应加以限制,这是对的,特别是对垄断部门的高管的不合理的过高收入,政府要严加限制。但对一般行业收入差距,更应考虑如何将低收入行业的工资水平提高。

三要完善社会保障体系,同样不能拉高就低。目前,改革的重要内容是事业单位的养老保险与企业基本一致。这种拉高就低的政策是不足取的,不利于社会保障体系整体水平的提高。国有企业改革时,国家财政在还很困难的条件下,不得不采取低水平的退养政策,这带来了一系列矛盾和问题,现在正在补救改善。因此,事业单位社会保障体制改革不能重蹈覆辙。

(4)调整公共资源配置格局,大力推进社会管理改革和政社分开

第一,加快推进社会建设,调整公共资源配置格局,提高公共产品供给的普惠水平。在社会建设的新阶段,应该下决心调整公共资源配置格局,从以往较多地倾斜于经济建设相关领域转向倾斜于社会建设相关领域,增加对教育、医疗、科技、文化等社会事业的投入。

第二,推进社会管理体制改革。当前的重点是要加快户口、就业、社会保障、社区建设等方面的体制改革,这是解决诸多经济社会矛盾、构建社会主义和谐社会的重要环节。

第三,积极推进政府职能转变。要彻底改变政府过多干预微观经济的做法,按照党的十七大报告明确提出的建设"服务型政府"的目标,进一步理顺政府与市场的关系,政府要真正转向"以社会建设为重点",将发展经济、提高效率等事务更多地交给市场。

第四,进一步发展壮大社会组织。首先,要尽快改革社会组织登记注册管理制度、双重管理制度、分级管理制度,逐步摒弃非竞争性原则,使社会组织摆脱发展的"注册困境"。一切不违反国家宪法和相关法律的社会组织,一切旨在促进社会公益和合法成员共同利益的社会组织,都应该直

接准予注册登记。其次，要切实实行政社分开，同时改革与社会组织发展息息相关的公共资源和社会资源的分配制度，使社会组织摆脱发展的"融资困境"。通过政社分开的改革，从体制上解决好国家与社会组织之间的行政化"脐带"关系，使大多数行政化社会组织尽快实现社会化转型，大规模减少国家导向的社会组织数量，增加社会导向的社会组织数量。

改变社会结构变动的"滞后"*

　　在我国在经济建设方面取得的成就之大超乎人们预想的同时，社会问题之多也出乎人们的预料。这"两个想不到"是在中国进入发展的关键时期——工业化中期阶段之后开始集中显现出来的。当前中国已经进入矛盾多发期，这样那样的社会矛盾逐步凸显出来，并且问题涉及面广，整体关联性强，各种利益关系错综复杂，解决起来难度很大。从社会学理论的视角来看这些问题，正是现代化进程中经济结构与社会结构不契合、经济与社会不协调发展而导致的矛盾的突出表现。这说明，在新形势下，我们不能仍停留在仅仅依靠发展经济的办法来解决问题，必须同时从社会建设的高度去认识，用社会建设的手段来解决问题，这样才能解决当前的社会矛盾，更好地继续推动经济发展和社会进步。

　　社会结构和经济结构是一个国家和地区两个最基本的结构。经济结构是一个国家或地区的基本经济形态，是观察与认识这个国家或地区经济状况和发展水平的重要维度；社会结构是一个国家或地区的基本社会形态，是观察与分析这个国家或地区社会状况、社会发展水平的重要维度。所谓社会结构，是社会资源在社会成员中的配置，以及社会成员获得社会资源的机会（公平性）的结果，这对于把握社会结构状况以及调整具有更重要的理论与实践意义。

　　现实发展中的若干重要指标已表明，当前中国的经济结构已进入工业化中期阶段，甚至有些指标表明我国已经进入了工业化后期阶段。从产业结构的变化情况来看，产业结构已经从工业化初期阶段的"一、二、三"

---

* 本文源自《社会科学报》2010年1月28日第1版《后危机时代调整社会结构更重要——陆学艺、李培林、孙立平三人谈》一文，该文系该报记者对3位专家发言的摘编，本文仅收录陆学艺的发言摘要，并以陆学艺发言部分的小标题为本文标题。——编者注

模式转变为工业化中期阶段的"二、三、一"模式；从人均收入水平来看，人均 GDP 或 GNP 美元表明我国的工业化水平总体上处于工业化中期阶段。但是，就业结构、城市化率、消费结构、社会阶层结构等社会结构指标还没有随着经济结构的转变而实现整体性转型，多数社会结构指标仍然还处在工业化初期阶段。中国社会结构滞后经济结构大约 15 年。也就是说到 2025 年左右，目前的社会结构才能进入工业化中期阶段。当前社会结构变动的滞后，以及结构本身还不够开放、不够包容、不够协调的特征，反映出资源、机会在社会成员之间的配置还不到位，由此引发人们对经济社会发展还不满意，还有意见。资源和机会配置在不同地区、不同社会阶层和群体之间并不平等，这是当前中国存在诸多社会矛盾问题的重要原因。"三农"问题久解不决就是一个例证。"三农"问题的实质是个结构性问题。2007 年农业产值占 GDP 的 11.3%，但在就业总劳动力中创造的产值占 40.8%，这说明农业劳动生产率很低；而当年城市化率是 44.9%，也就是农村的常住人口占总人口的 55.1%。[①] 这么多人只创造了 11.3% 的财富，农民怎能不穷苦！造成这种情况的原因，不是我们的农业生产水平不高，而是户籍、就业、社保等体制障碍及资源与机会在农村、农业、农民中的配置不平等，从而导致出现了结构性的偏差。这种结构性偏差不解决，"三农"问题就不可能从根本上得到解决，农村的许多矛盾问题就不好解决。

发展是硬道理，稳定是硬任务，公平是硬规律，正确处理改革、发展和稳定三者关系，要求我们在深化改革过程中更加注重社会公平。所谓公平就是要求每个社会成员享有基本均衡配置的资源、平等的机会，没有社会公平，发展成果可能面临危机，稳定局面也可能面临挑战。因而在尊重经济规律的同时，也要尊重社会规律，注重社会公平的规律；通过调整当前社会结构，使社会结构与经济结构协调发展，是确保我们继续推进改革开放伟大事业的重要举措。如果不及时调整社会结构，这种不满和意见就会外显为社会冲突。

近年来，我国已开始重视社会建设，但世界金融危机爆发后，很多地方又把社会结构调整、社会体制改革放在一边。因此，现在已到了调整社会结构的关键时期。

社会结构调整的目标可以进一步分为近期目标和长期目标。从近期目标来看，我们应争取用 10 年左右的时间，即在 2020 年，初步扭转社会结构

---

① 国家统计局编《中国统计年鉴·2008》，北京：中国统计出版社，2008，第 38、112、87 页。

显著滞后于经济发展的局面，使现代社会结构进一步形成，为经济社会发展提供强有力的结构性支撑。这其中，应重点推进城市化，调整城乡结构，使城市化率提高到55%以上，同时做好城乡统筹，改变城乡二元结构；在就业结构中，要进一步加大农村劳动力的转出，使第一产业从业人员所占比重下降到30%以下；在收入分配结构方面，要力争使收入三大差距扩大的趋势得到控制；而在社会阶层结构方面，要使中产阶层的规模比例达到35%左右。从长期目标来看，在2050年左右，争取形成现代社会结构：城市化率达到80%以上；第一产业从业人员比重下降到10%以下；收入分配结构中的贫富差距极大缩小，一个普遍富裕的社会形成；在社会阶层结构中，中产阶层成为社会的主导阶层。

新成长阶段：从经济改革过渡到全面改革[*]

中国将进入新成长阶段

著名社会学家，中国社会科学院荣誉学部委员陆学艺教授表示，新成长阶段的特殊表现就是，一方面经济快速发展，另一方面社会问题、社会矛盾、社会冲突也比我们预想的要严重。

核心任务：调整社会结构

陆学艺教授所带领的课题组经过长期研究，近日推出的最终成果——《当代社会结构研究》从理论角度指出，社会结构和经济结构是一个国家或地区最基本、最重要的结构，经济结构和社会结构不协调是导致当前社会矛盾产生的根源。

陆学艺教授表示，这几年我国的经济结构已走到工业化的中期阶段，而社会结构还只处于工业化的初级阶段。同经济结构的变动相比，社会结构滞后约 5 年时间，两个结构间的矛盾很大。他举例说，我国城市化率从 1978 年的 17.9% 到 2008 年的 45.7%，这个变化是很大的。1978 年，城镇常住人口是 1.7 亿多人，现在已有 6 亿多人，但仍低于世界平均水平。如果我们是工业化中期阶段，农业就业人口应该低于 30.0%，而 2008 年我们的农业劳动力却是 39.6%，还差近 10 个百分点。^①

---

* 本文原载《社会科学报》2010 年 2 月 11 日第 1 版。该文系该报特约记者编写的专家发言摘要，本文仅收录陆学艺的发言摘要，并采用《社会科学报》原文标题。——编者注

① 国家统计局编《中国统计年鉴·2009》，北京：中国统计出版社，2009 年 9 月，第 89、114 页。

从总体来看，各国一般都是经济发展在前，但当经济结构改变后，社会格局就会变化。虽然它有个滞后期，但这个滞后期不能太长。陆学艺表示，长期以来以经济建设为中心，GDP 挂帅，牺牲了农村，牺牲了社会建设，牺牲了环境，造成经济结构和社会结构多方面的不协调。要解决这个矛盾，就应该把经济建设、调整社会结构放在重要位置。建立和谐社会、发展城市化最重要的是使我们实现经济、社会全面进步。推进社会体制改革，如改革城市化体制、户口体制、人事体制等，现在已到了关键阶段。

社会结构滞后于经济结构：怎么看，怎么办[*]

社会结构是一个国家或地区占有一定资源、机会的社会成员的组成方式及其关系格局，其实质是资源与机会在社会成员中的配置。当资源与机会配置得当时，社会结构也就合理，反之社会结构便会出现偏差。我国社会结构严重滞后于经济结构的现实及其可能引发的负面影响，在客观上要求把社会结构调整摆在更加突出的位置。

改革开放以来，我国社会领域中的资源与机会配置已经发生重大变化，现代社会结构已基本形成。但是，与经济发展相比，社会结构调整滞后。综合产业结构、就业结构、消费结构、城市结构、社会阶层结构、人口结构等指标，并考虑到近年经济发展态势等多种因素，我国社会结构滞后于经济结构大约 15 年。进行社会体制改革，加强社会建设，调整社会结构，是目前和未来时期面临的重要任务。

一　我国所处发展阶段需要社会结构调整

一个国家或地区在不同发展阶段面临的发展任务不同，协调经济社会发展是进入工业化中期普遍面临的任务，也是迈向更高发展水平的关键。在这个发展关键时期，如果政策把握得当，应对得好，就能推动经济社会协调发展，顺利实现工业化和现代化；如果政策把握不当，经济与社会发展脱节，社会差距扩大，社会矛盾加剧，就会出现发展徘徊不前以及社会的动荡和倒退。当前，我国现代社会结构已初步形成，但还是工业化初期的社会结构，这与已经是工业化中期的经济结构形成了结构性偏差。如何

---

　　* 本文源自《半月谈·内部版》2010 年第 5 期，发表日期：2010 年 5 月 5 日。——编者注

调整这种结构性偏差，改变经济社会的不协调，是新的发展时期面临的重大问题与任务。如果说在改革开放初期强调的是经济建设，那么，当进入了发展的新阶段，就要强调经济与社会的协调发展，在以经济建设为中心的同时，将社会建设摆在更加突出的位置。

值得注意的是，虽然当前社会结构还处于工业化的初期，社会结构还没有定型，还处于变化当中，但是由于社会体制改革和新的社会政策迟迟没有启动和到位，社会结构在变化中也表现出固定化的趋势。当前我国社会结构依然存在不少的问题，例如收入差距过大、中产阶层规模过小，如果这些问题随着社会结构的定型而被固定下来，那么将会影响到今后我国经济社会的健康与和谐发展。有学者指出，社会结构正在定型化，社会有"断裂"的危险，这不是危言耸听。如果我们不抓紧这个关键时机，在社会结构定型之前进行社会体制改革，大力调整社会结构，使之朝着合理的现代社会结构方向发展，那就有可能出现"断裂"，所以当前调整社会结构的任务具有重要性和紧迫性。

二　调整社会结构是解决当前经济社会发展难题的重要举措

生产落后不能满足人们日益增长的物质文化需要，是改革开放以来着力解决的基本问题。随着经济建设的快速推进，这一问题得到了较好解决。但与此同时，我们依然面临诸多发展难题。对此，党的十五大、十六大、十七大分别进行了高度概括总结，涉及经济建设、政治建设、文化建设、社会建设以及对外开放等方面。概括来看，当前经济社会发展难题的特征主要有：第一，诸多问题主要集中于社会领域。从社会的视角来看，这些难题几乎囊括了社会结构的诸多方面，包括就业结构、收入分配结构、消费结构、城乡结构、区域结构、社会阶层结构，等等，尤其是城乡结构。第二，当前面临的发展难题中的几个主要问题，一而再，再而三地被提到，如城乡与地区发展不平衡、"三农"问题、收入分配差距过大问题等，说明这不是一般的工作问题，而是结构问题、体制问题。说到底，这些问题涉及各种资源和机会在社会成员之间如何合理配置，涉及利益格局是否合理，涉及社会公正与否，最终涉及各个社会阶层群体关系是否协调，涉及社会稳定和谐与否。这也进一步印证了我们所强调的，经济的发展和繁荣并不能必然地解决现存的社会矛盾问题。因此，进行社会体制改革，创新社会

政策，加强社会建设，调整社会结构是解决当前发展难题的重要举措。

三　社会结构调整的目标和重点

社会结构调整的基本原则，就是如何最大化地实现资源与机会公正、合理地配置。当前我国经济社会发展不协调表现为社会结构调整滞后于经济结构，这使得经济社会发展不协调是当前中国发展中存在的最大问题，成为导致诸多经济社会矛盾问题频发的重要根源。

由于社会结构调整是项系统性、普遍性的重大任务，因此调整需要分阶段、有计划地推进。从近期目标来看，我们应争取用 10 年左右的时间，即在 2020 年，初步扭转社会结构显著滞后于经济发展的局面，使现代社会结构进一步形成，为经济社会发展提供强有力的结构支撑。这其中，应重点推进城市化，调整城乡结构，使城市化率提高到 55% 以上，同时做好城乡统筹，改变城乡二元结构；在就业结构中，要进一步加大农村劳动力的转出，使第一产业从业人员比重降到 30% 以下；在收入分配结构方面，要力争使收入三大差距扩大的趋势得到控制；而在社会阶层结构方面，要使中产阶层的规模达到 35% 左右。从长期目标来看，在 2050 年左右，争取实现现代社会结构的形成。城市化率达到 80%，第一产业从业人员比重降到 10% 以下，收入分配结构中的两极分化被消除，一个普遍富裕的社会形成，在社会阶层结构中，中产阶层成为社会的主导阶层。

现阶段调整社会结构的重点，一是加快城市化步伐，调整城乡结构。要改变不合理的城市化模式，大力推进城市化。改革开放以来，大量农民进城务工经商，城市化进程总体在加快。但是，对大量进城的农民，国家采取的是被动的策略。现在很多进城农民已经成了长期居住在城市的"暂住人"，不能享受城市居民的各种社会福利和劳动权利。当前，中国城市化率不仅低于世界平均水平，也低于一些欠发达国家的水平，而且这种低水平的城市化还包括 1 亿多农民工。所以，大力推进城市化，改变当前这种不合理的城市化模式是迫切的任务。当然，这涉及一系列的政策调整，如城市化政策中的户籍、就业、增长率、社会保障等制度方面的调整。但是，赋予进城农民工以城市居民身份，使现代产业工人的经济身份与社会身份一致，这是历史潮流的趋向。

二是完善收入分配制度，调整收入分配结构。逐步解决好初次分配和再次分配中的不公平问题。要调整宏观上的收入分配格局，增加劳动收入的比重。从总体来看，在收入分配中，劳动者的比重太小，其中，体力劳动者的比重就更小。这是一个结构性问题。就城乡而言，农业产值在 GDP 中的比重只有 11.3%，农民能够获得的收入比重就更低。在城市，劳动力价格多年不见上涨，人口规模最大的体力劳动阶层，如产业工人、传统服务业从业人员的月收入一直在 1000 元上下徘徊。具体来说，最低工资标准需要提高。行业收入差距调整，主要是拉低就高，而不应仅仅拉高就低。其次，社会保障体制要加快改革。当前社会保障体制不少方面存在着再分配不合理的地方，如发达地区、优势部门、优势阶层及群体的福利和社会保障要大大高于一般群体，特别是弱势部门和阶层。社会保障等二次分配不应该成为优势阶层的"福利网"，而要真正成为社会弱势群体的"安全网"。

三是规范劳动力市场，治理劳资关系，调整就业结构。当前中国经济发展已经进入工业化中期阶段，这要求就业结构与劳资关系适时作出调整。当前发展效率已通过市场得到了较好的解决，然而公平问题突出。"资强劳弱"格局下劳动者权益受到侵犯，如工资过低、拖欠工资、劳而不得、多劳少得。据《中国统计年鉴》相关统计，2006 年我国城镇劳动者工资占 GDP 仅为 11.5%，比 1995 年的 13.58% 还要低。[①] 近年来我国对于就业结构与劳资关系治理不断强化。2006 年国务院出台了关于解决农民工问题的若干意见，此后，劳动合同法、就业促进法相继实施，劳动法规的全面调整已然启动。当前需要进一步加强这方面的贯彻、落实的力度。

四是加快中产阶层的培育，促进现代社会阶层结构逐步形成。在我们课题组 2002 年发表的第一个研究报告中指出，当时中国社会阶层结构的最大问题是：该大的阶层还没有完全大起来，该小的阶层还没有完全小下去。7 年多来，中产阶层有了较大发展，以每年 1 个百分点的速度在扩大，而农业劳动者阶层才降低了 3.7 个百分点。所以，就目前中国社会阶层结构状况而言，社会政策调控的重点是壮大中产阶层、缩小社会中下阶层，同时还要调控整合阶层利益。要积极增加就业，促进农村劳动力转移。要关注农民工的权益保障，使他们能以各种形式融入城市。要调控社会阶层之间的分化，对于社会上层与底层之间的利益关系进行整体的调控，当前的重点要围绕城市化进程的土地征用、住房拆迁和劳资关系的协调展开，避免引发利益冲突。

---

① 根据《中国统计年鉴·2007》，北京：中国统计出版社，2007 年 9 月，第 152、57 页数据计算。

别让社会结构成为现代化的"瓶颈"*

中国在经济方面已经处于工业化中期阶段，但社会结构和社会发展水平尚处于工业化初期阶段，经济社会发展很不平衡、很不协调，这是产生诸多经济社会矛盾和问题的结构性原因。

改革开放30余年，在经济建设取得巨大成就的同时，中国的社会建设却"落"下了不少课。由此带来的是老百姓上学难、就医难、住房难、城乡差距加大、社会矛盾凸显。而这些问题，对于生活在中国当代社会的普通老百姓来说，体会得痛楚而深切。从世界各国发展经验看，在社会现代化进程中，从农业社会向工业社会转变，首先经历的是经济发展为主的阶段；在工业化中期向工业化后期转变中，关注的是经济社会协调发展；进入后工业社会时期，则是社会发展为主的阶段。现在，中国在经济方面已经处于工业化中期阶段，但社会结构和社会发展水平尚处于工业化初期阶段，经济社会发展很不平衡、很不协调，这是产生诸多经济社会矛盾和问题的结构性原因。

一 社会结构的现代化滞后于经济结构

我们现在存在的问题是"一条腿长，一条腿短"，社会建设这条腿短了就不能平衡，长期下去是要出问题的。社会结构滞后对一般老百姓来说就体现为几大难：上学难、看病难、住房难、养老难。一个现代化的国家不应该这样，而应该让人民越来越富裕，生活越来越方便。社会建设的核心和关键是调整社会结构。中国特色社会主义现代化，最重要的是两条：一

---

* 本文原载《人民论坛》2012年第1期，发表日期：2012年1月1日。该文收录于《社会建设论》（陆学艺著，北京：社会科学文献出版社，2012年3月）。——编者注

个是经济结构要现代化，另一个是社会结构也要现代化。

新中国成立初期，三大产业按照"一二三"的顺序发展，农业比例很高，其次是工业、第三产业。经过 60 多年特别是改革开放 30 余年的发展，经济结构已经深刻变化，成为"二三一"顺序，即工业为主，服务业比重加大，农业只有 10% 左右。中国经济结构已经达到工业化中期阶段，像北京、上海，第三产业已经超过第二产业，处于后工业阶段，离现代化也越来越近。

但是，一个国家不能光是经济结构现代化，社会结构也要现代化。中国的社会结构从 1978 年以来也已经发生了深刻的变动。但是，由于社会体制改革跟不上，社会建设的投入也不够，综合主要指标并考虑到中国近年经济发展态势等诸多因素，中国社会结构滞后经济结构大约 15 年，处于工业化初期阶段。首先，从就业结构来看，现在的第一产业从业人员的比重还很大，2010 年第一产业就业人员还占总劳力的 36.7%[①]，按改革开放以来第一产业就业人员每年下降 1 个百分点来计算，要达到工业化中期阶段的 15% 以下的指标，大约需要 22 年。其次，就城市化而言，2010 年的城市化率为 49.95%[②]，以 30 多年来城市化率每年提高近 1 个百分点的速度计算，城市化率要达到工业化中期阶段 60% 以上的指标，大约需要 10 年的时间。再次，就消费结构中的恩格尔系数而言，根据 30 年来城镇和农村居民恩格尔系数下降速度分别为 0.82 和 0.71 个百分点计算，下降到工业化中期阶段 30% 以下的指标，分别至少需要 9 年和 16 年的时间。最后，就社会阶层结构中的中产阶层规模扩大而言，与发达国家中产阶层规模比较，中国当前中产阶层规模偏小，2010 年，中国中产阶层约为 25% 左右，如以近期中产阶层以每年提高 1 个百分点的速率计算，中产阶层规模比例要扩大到 40% 的水平，需要 15 年左右。

有人会问，改革开放才 34 年，怎么会落后 15 年呢？这是因为 1978 年时，我国的社会结构已经严重落后于经济结构了。如 1978 年的 GDP 中二、三产业已占 71.8%，但 1978 年的城市化率只有 17.9%，农业在 GDP 中的比重只占 28.2%，但在农业中就业劳动力占 76.3%。[③] 1978 年的经济社会已经很不平衡、很不协调了。这些年我们在这方面下的功夫还不够，所以

---

① 国家统计局编《中国统计年鉴·2011》，北京：中国统计出版社，2011 年 9 月，第 112 页。

② 国家统计局编《中国统计年鉴·2011》，北京：中国统计出版社，2011 年 9 月，第 93 页。

③ 国家统计局编《中国统计年鉴·2011》，北京：中国统计出版社，2011 年 9 月，第 45、93、110～111 页。

社会发展就更不平衡了。如果我们不在近期抓紧进行社会体制改革，不调整相应的社会政策，那么要到 2025 年左右中国的社会结构才能进入工业化中期阶段。一个国家要实现现代化，经济当然是基础，经济指标当然是重要的，但仅仅经济发展了还是不够的。经济总量人均达到几千美元，乃至上万美元，社会建设、政治建设上不去，还不是现代化，而且经济也保不住，还有可能倒退。伊朗 20 世纪 70 年代、80 年代的转变就是如此。特别是苏联，战后的苏联经济建设繁荣，20 世纪 70 年代、80 年代也曾经是欧洲第一、世界第二，但它的社会结构没有调整，社会建设没有搞好，不搞社会体制改革，经济社会发展不平衡、不协调，结果一场风波，苏联就垮了。这就是前车之鉴。

二　中产阶层需要不断扩大

上述经济结构和社会结构不相适应的状态对我国的现代化发展带来了巨大挑战，亦是和谐社会政策出台的背景。因此，调整社会结构，特别是要引导、培育并形成一个合理而开放的现代社会阶层结构，是构建社会主义和谐社会的坚实基础。这个社会阶层结构必须是与经济结构相适应的，并有利于经济社会协调发展。从世界上已经实现了现代化的国家的历史经验来看，一个现代化国家一定拥有一个合理的、有活力的、现代化的社会阶层结构的形态，即"中间大、两头小"的橄榄型结构。所谓"两头小"，是指拥有各种社会资源很多、处于最高地位的社会阶层，其规模很小；而拥有社会资源很少、社会地位低下的社会阶层的规模也很小。所谓"中间大"，是指这个社会已经培育形成了一个庞大的社会中间阶层（有的国家也称中产阶级）。这一阶层拥有一定的社会资源，足以使他们获得相当的社会地位和声望，能过上体面的小康乃至更高水平的生活；他们是社会政治稳定的中坚力量，也是经济发展、社会进步、文化共享的骨干群体。一般而言，一个国家形成了这样一种橄榄型社会阶层结构，其现代化社会结构亦便成型，经济社会能持续发展、长治久安。相比较而言，中国现阶段的社会阶层结构，就结构形态而言，还只是一个中下层过大，中上层发育还没有壮大，最上层和最下层都比较小的"洋葱头型"的阶层结构形态，问题可概括为两句话："该小的没有小下去，该大的没有大起来。"所谓"该小的没有小下去"，是指农业劳动者阶层应该较小但还没有小。社会中间阶层应该长大了但还没有大。这就意味着社会阶层结构的不合理、不稳定，这是当前中国首先要解决的结构性问题。如果我们能够深化改革，制定相应的社会政策，引导、调控中国的社会阶层结构形态，使之朝着合理稳定的方向变化，就能逐步达到"中间大、两头小"的橄榄型的结构，形成合理开放的现代社会阶层结构。相对而言，社会阶层结构一旦定型便具有相对静态稳定性，而阶层关系则是常常处于动态演变中，并进而成为重塑社会阶层结构和社会结构的变迁动力。一个国家的社会阶层结构不合理，往往意味着阶层关系问题丛生，各阶层间矛盾和冲突凸显，并会反过来影响社会阶层结构的调整，进而影响社会和谐。从这一意义上看，构建和谐社会的关键是要协调好阶层之间的关系。

三 建设社会现代化，是一个宏大复杂的系统工程

促进中产阶层的壮大对于增强社会的稳定是重要的途径之一。目前来看，壮大中产阶层的重要战略取向是要加强社会建设和加快社会体制的改革，加快民生事业、社会事业的发展，扩大公共服务的规模和水平，这既能解决诸如看病难、上学难、养老难等民生问题，也扩大了从事公共服务的人员和队伍，壮大了中产阶层的规模。缩小社会中下阶层，主要是要进一步缩小农业劳动者阶层和无业失业半失业者阶层的规模，这是社会阶层结构朝着合理方向调整的必然要求。对此，要积极增加就业，建立合理的收入分配体制，打破户籍制度，促进农村劳动力转移。建设社会现代化，就必须实现民生事业、社会事业现代化（包括教育现代化、科技现代化、医疗卫生现代化、社会保障现代化等等）、社会体制现代化、社会管理现代化、社会组织现代化、社会生活现代化、社会观念现代化和社会结构现代化等。可见，建设社会现代化，是一个宏大复杂的系统工程。在我们这样一个泱泱大国，要建设社会现代化，既要统筹协调好社会建设与经济建设、政治建设、文化建设之间的各种关系，也要统筹协调好系统内各子系统的关系，使之更加全面、平衡、协调、可持续发展。对此，我们必须有清醒的认识和足够的准备。

区域社会结构与发展

对北京城市总体规划（2004～2020年）修编的建议[*]

这次总体规划具有非常重要的意义。首先，这次规划的指导思想是为社会主义市场经济体制服务、符合市场经济发展规律的，而以前几次规划是为当时的计划经济体制服务的。这次的指导思想是贯彻落实科学发展观的，要求我们按照经济、社会、人口、资源和环境协调可持续发展的战略进行，因此更符合北京市的实际。其次，这次规划是在北京全面建设小康社会、实现社会主义现代化的背景下做的。我国已经加入世贸组织，因此城市的规划和发展也已经适应社会进步和国际化的趋势。这次规划的思路更加符合北京今后全面发展的需要。最后，这次规划突破了原来摊大饼式的发展模式，并吸收了经济、人口、社会各学科的研究成果，体现了规范的广泛性和科学性。

我们在"城市社会发展问题研究"课题报告中指出，北京市在经济社会发展过程中出现了"五个二元结构"，即城市居民身份的二元结构、城乡发展的二元结构、区域发展的二元结构、贫富分化的二元结构和计划与市场体制并存的二元结构。这些都对北京市今后全面协调的发展不利，因此我们需要逐步解决。课题组根据发展中存在的问题和发展趋势，提出了首都社会发展中长期目标以及促进首都社会更加稳定、协调、和谐的对策与建议。

相对于全国平均水平而言，北京发展得比较快，比较好，目前正处于现代化和城市化的中后期阶段，但其仍然有一些不和谐的方面。例如，现

---

[*] 本文源自作者修改的传真稿。该稿写于2005年1月28日，系作者为出席《北京城市总体规划（2004～2020年）》修编工作会议草拟的发言稿。原稿无标题，现标题为本书编者根据发言稿内容所拟定。——编者注

在有 300 多万农民工在北京工作，一方面他们为北京建设做出了很大贡献，另一方面，由于体制上的原因，他们没有得到北京市民的待遇，因此造成了很多社会问题。虽然这些问题最终都是要靠发展和改革来解决的，但规划部门了解这些社会实际问题，对规划工作也是有帮助的。现在我国房产部门发展，一味追求建高档漂亮的房子并不现实。已建和在建的经济适用房，也只有中产阶级才能买得起。那刚毕业的大学生和刚参加工作的工人，特别是农民工，住到哪里？所以，我们还应该建一些廉价房、廉租房。发达国家发展几百年才建成现在这个样子，而且即使是在发达国家的大城市，也还有平民街区甚至贫民窟。何况我们还是发展中国家，想一步建成现代化的高水平新社区是不现实的，必须要有一个逐步提高和完善的过程。

我们在这次总规修编过程中学到了很多东西。总体来说，这次规划大的原则、指导思想是正确的，最后也编出了一份好的总体规划。不过这份规划还要随着北京市的经济社会发展，不断修正，不断完善。

无锡"十一五"发展过程中要突出
强调优化社会结构[*]

无锡在"十一五"发展过程中，在突出强调优化经济结构的同时，也要突出强调优化社会结构。要全面理解小平同志"发展是硬道理"这句话，不仅仅经济发展是硬道理，社会发展、可持续发展也应该是硬道理。就全国来说，经济发展在2020年翻两番已经指日可待，对经济的冷热调节，我们现在有经验，也有能力。但是在非经济指标方面、社会发展方面则差距较大。无锡未来五年要注意以下几个问题。

一是和谐社会建设问题。党的十六届四中全会提出构建和谐社会，是一个现代化概念，是新理念、新目标，是长远宏伟的选择。经济社会发展到一定阶段，应该特别强调社会建设、社会发展等和谐社会因素。现在不和谐的声音逐渐增强。如刑事犯罪率、群体事件、安全事故、交通事故等，总的发生率超过经济增长速度。如群体性事件以平均每年16%的速度在增长。要加强对社会结构发展变化的研究，包括阶层结构、城乡结构、区域结构、人口结构、就业结构、社会组成结构等，要加强对社会利益关系发展变化的研究，这些方面我们做得还不够。

二是社会结构问题。"三农"问题就是个结构问题。农业创造的GDP只占15.2%，但是农业劳动就业率达到了46.9%，这必然影响到农村和农民的致富。从城乡人均收入结构来看，无锡是1∶2，而全国是1∶3.21[①]，主要问题在于城乡差别太大，关系不和，这些问题要引起足够重视。

三是要协调各个阶层之间的关系。主要有两个关系。一是劳资关系。

* 本文源自《无锡日报》2005年12月19日第A2版刊登的《无锡市经济社会发展战略专家咨询委员会第一次会议专家发言辑要》一文（会议于2005年12月17日召开）。本文仅收录陆学艺的发言摘要，现标题为本书编者根据发言内容所拟定。——编者注

① 国家统计局编《中国统计年鉴·2005》，北京：中国统计出版社，2005，第52、118、335页。

从我国来看，老板阶层是新的，工人阶层是新的，两者之间的关系也是新的。调整这个过程，英国花费 300 年，美国花费 200 年，中国才 24 年。这方面无锡可以深入调查研究，率先创新实践。二是农村基层干部和农民的关系。过去"要钱、要粮"的问题解决了，现在主要是关于土地纠纷的问题比较集中。在这些问题上，无锡都具有很好的现实基础，要加强实践探索，争取在和谐社会建设方面创造经验。

县域现代化是苏南模式的新发展

　　15年来，我几年来一次太仓。每来一次，都会看到不少新的变化，而且变化很大。我昨天看到一些资料，算了一下，大致是这样。太仓市823平方公里的市域面积，接近我国国土面积的万分之一，户籍人口46万人，约占全国的万分之三，常住人口约占全国的万分之七，创造了万分之十九的财富，是全国人均的5.5倍；财政收入是全国的万分之十八，是全国人均的5.3倍；上缴财政收入60亿~80亿元，人均万元以上。太仓原来是小康，现在已经变成了"大康"。从社会事业方面来说，浦书记主题报告里的"五大体系"——社会保障体系、就业保障体系、卫生服务体系、现代教育体系、公共安全体系，都是很好的。如果不能做到这样，我们的"又好又快"就无从谈起。从数据上看，太仓可以说是基本实现了现代化，接近中等发达国家或地区的水平。这证明了两条，一是小平同志讲的，让一部分地区、一部分人先富起来的方针是完全正确的；二是一个地区、一个县是可以率先基本实现现代化的。

　　刚才，武院长讲到，2005年全国2000多个县的县域面积占94%以上、人口占70%以上，但是它的GDP只约占50%，拉动消费只占1/3。所以说，拉动内需谈了十多年一直难以实现，我看主要是我们的县域方方面面近几年来发展得还不太好。我们今天这个会议，一方面是苏南模式新实践的研讨，另一方面也是县域现代化实践的新探索。这几年我们在全国做了不少调查。2005年，太仓在全国百强县中名列第九。像这样的县，全国不超过6%~7%，半数的县经济发展还不够好，有的县的财政收入连工资都发不

＊　本文源自陆学艺、浦荣皋主编《苏南模式与太仓实践》，北京：社会科学文献出版社，2009，第68~70页。该文系陆学艺于2008年12月7日在太仓举行的"苏南模式新实践——中国县域（太仓）现代化道路探索"理论研讨会上的发言稿。——编者注

出。城乡差距、地区差距，主要差在县域。县与县之间，同样的县域面积和人口，同样是四套班子领导，同样是这么多干部，结果大不一样。我们现在总结改革开放的经验和教训时，有一点要指出的是，在充分发挥县一级的作用方面做得还不够。县是最基本、最稳定的一级行政机构。自秦、汉建县 2000 多年以来，历朝历代都是"郡县治，天下安"。过去考进士、考状元，考上之后，先做县官。改革开放之前，我们设有地委、地级市，但地委、行署一级是虚的，是省的派出机构。地市合并之后，地级市这一级做实了，县有些方面就虚了。城乡差距扩大、地区差距扩大，有好多问题跟这个有关系。我调查了好几个地方，比如河北有一个地级市，原来同地委、行署同驻一市。地级市管 40 万人口，地委管周围 22 个县、800 多万人。省里分财力和资源时，分教育经费、卫生经费、交通经费的时候，地级市所在地人均比例稍微高一点，但大笔是分到地委。地委自己没有直属单位，所以就把财力和资源分到各县去了。地市合并之后，经费和资源再分配的时候，省里只分配到地级市，市里各局把这些资源主要留在市本级的建设，分到各县（市）的份额就减少了很多。可以说：地市合并是城乡收入、社会事业、公共服务差距扩大的一个重要原因。这一点，是我们应该很好地探讨的。要倡导把县一级做实，要加强对县的研究。党的十六大、十七大都提到了要"壮大县域经济"，也讲到了将来要扩大县一级的权力。这一点，我们江苏不如浙江，浙江省直接管县的财政，一直没有改变过。鄞州、萧山虽然变成了区，但是区划没有变，财政也没有变。我们以后贯彻党的十七届三中全会精神，首先要把县一级做实，都做到像太仓这样，对我们的整个国家的发展将会有很大的好处，无论是经济还是社会，无论是城镇还是乡村，都会有一个大的变化。像我们百强县这样有实力的县，如果全国能够达到 30%～40%，那我们国家就可以基本实现全面小康了。

　　太仓的成功实践表明，县域现代化新实践的核心是科学发展，动力是深化改革，着力点是思想观念的转变，运作方式是统筹协调。从"太仓特色"可以看到，县域现代化的关键在于由发展农业拓展到大力发展第二、第三产业，再发展城市化，构建和完善社会保障、就业保障、现代教育等关乎社会和谐、安定的体系，推进城乡一体化进程。太仓建设的现代化，不仅仅是经济上的现代化，更是人人共享改革、发展成果的现代化，这也正是我们所要探究的县域现代化道路。我们将把"太仓特色"向全国推广，更希望太仓在今后的现代化建设中为全国县域现代化建设提供新的经验。

关于北京城市功能定位和人口规划*

一 关于北京市功能定位

世界城市

历史文化名城

中华人民共和国首都

二 北京经济社会发展阶段

跨入 21 世纪，北京进入后工业社会。工业化高速发展、城市化高速扩张的阶段已经过去。现在北京有 700 多万名二、三产业职工，600 多万名农民工和外来人员，2008 年常住人口 1795 万人，实际管理人口超过 2000 万人，也有说 2200 万人的。如果今后能不再发展低端产业，不再发展低端房地产业，今后十年左右将不再是人口大扩张的阶段。调控得当，将能较长时期稳定在现有的 1800 万~2000 万人的规模。从近期珠江三角洲、长江三角洲几个城市人口流动的趋势看，2008 年以后，外来人口已基本稳定，有的还略有下降。如深圳的富士康，已宣布将把 30 万工人内迁到中部地区。有些在东部的农民工，也在回流到原籍或原籍附近就业。

三 历史文化名城

人文北京、科技北京、绿色北京的定位很好，深得民心。但这些年来

* 本文源自作者手稿。该文稿系陆学艺于 2010 年 7 月 6 日在北京市社会科学联合会会议上的发言提纲。——编者注

以各种名目拆掉了许许多多的民居，很多胡同从地图上消失了，建起了千楼一式的办公楼、住宅楼，这里的历史文化也就拆没了。

不能让地区、街道和开发商主宰首都的拆和建，该是下决心在二环路内停止拆迁的时候了，少建楼，多栽树。二环路内再建一栋楼，都要经市人大常委会审批。不能有一块空地，就建一片楼。应该多栽树，多种花草。现在中心城区树很少、见不到绿地，这能叫绿色北京吗？如果在天安门广场，栽上 500 棵左右的景观大树和相应的绿地，城市中心的气势就会更磅礴，天安门就会更美、更壮观。多年来，每到国庆，天安门广场都会装饰，受到广大市民和全国人民的青睐，许多人流连忘返，就是这种民意的表达。

北京是全国人民的首都，我们有责任把这座历史文化名城保护好、建设好。一定要越建越好，越建越美，而不能越建越挤，越建越丑！不要匆匆忙忙地拆，也不要匆匆忙忙地建。要留有余地，一代人是建不完，也建不好的。

在现行的财政体制下，有些地区越拆越富，而越富、越有钱就越容易拆。北京已决定四城区合并成两城区，财力状况变化了，但愿这种体制和财力的变化，不要成为新一轮大拆大迁的契机。如果真是这样，就和贯彻落实科学发展观这个并区的初衷不合拍了。

四　关于人口空间布局

多年来，通过拆迁等方式，使数以万计的居民迁出了中心城区，但这些居民多数不把户口迁出去，造成大面积的人户分离等问题。为什么？这一方面是对迁出城区心犹不甘，而更重要的是因为中心城区的医院好、中小学好，不迁户口是为了能继续获得医院和学校的公共服务。但就在这些年里，政府大量投资扩建中心区的好医院、好学校，使之规模更大、设备更先进、设施更好。如协和医院和史家胡同小学，这两所顶尖的医院和学校，扩建迁建以后，规模扩大了一倍以上。而许多新建的居民小区，至今都没有较好的医院和学校。所以，搬出去的居民，有病还是要到中心区来看，有孩子还是要送到中心区学校来学习，造成了中心区交通拥堵，人满为患。政府应在新建的居民区，通过新建、迁建、共建等方式，抓紧建立好的医院、好的学校，供给优良的公共服务，使新区居民安居乐业，才能起到疏解中心区的作用。

对安顺经济社会发展的几点建议[*]

很高兴来到安顺。一是来还愿，二是来补课。

我1988年主持全国百县市调查，第一批点就有镇宁，委托贵州省社科院贵州和谐社会建设研究中心主任史昭乐同志调研并撰写报告，历时两年多出版了。以后，1999年我主持社会阶层调查，镇宁是问卷调查的点，也是史昭乐同志帮我们做的。2000年我主持百村调查，孙兆霞同志（贵州民族学院马列部教授、贵州屯堡研究会副会长）负责九溪屯堡村的调查和报告撰写，历时两年多出版后，推出了屯堡文化，也培养了一批中青年学者。在北京开了几次会，请孙兆霞去介绍过几次。孙兆霞选屯堡是选对了，把这个散落于民间的珍贵宝贝发掘出来了，在国内国际引起了很大反响。

这些年里史昭乐和孙兆霞两名同志都提出要我来贵州一趟，多种原因耽误了。这次来是还愿的，还有个原因是补课。几十年来，我走遍了全国31个省、自治区、直辖市，还包括台湾各地农村都调查过，就剩青海和贵州了。这次有这个机会和颜学丽部长做这个调查，补这一课。

到安顺，一是参加吉昌文书出版首发式，顺便也参观了天龙屯堡，希望能在安顺农村调查。在会上认识了颜部长，一见如故，她满口答应陪我们下去调查，亲自安排选点。同时，她提出要我讲一次课，我就满口答应了。颜部长说让我讲在贵阳讲的就可以。昨天，市委宣传部的同志陪我们看了一天，看了世界第一的鱼龙、海百合，看了亚洲第一的霸陵河大桥，看了关岭产生经验的陶家寨，走访了顶云经验参与者和见证人，一路看了山寨风光和在山顶上的玉米地，令人浮想联翩。

---

* 本文源自陆学艺《"三农"续论：当代中国农业、农村、农民问题研究》，重庆：重庆出版社，2013，第376～382页。该文系陆学艺于2010年8月到贵州省安顺地区进行农村调查时，给安顺地委干部作报告的讲稿。该文还收录于陆学艺《社会建设论》，北京：社会科学文献出版社，2012。——编者注

一 对安顺发展的几点意见

（一）目前安顺处于工业化发展的初期，应该重点发展工业。一个国家、地区要实现现代化，必须先实现工业化、城镇化。工业化是城镇化的发动机，城镇化是工业化的加速器。

（二）发展工业化

1. 要招商引资；

2. 每乡动员，1%的农民工回乡创业，就能产生5000个企业；

3. 要抓好本地的高新技术中央企业；

4. 要培养3000～5000家企业和一批老板。

安顺不适宜发展农业，但是适宜发展工业，应将发展方向转到工业化道路上来。农业亩均难养一个人，工业一亩地可创造几十上百万价值。一平方公里养100人，城市养10000～20000人，要从农业社会转变出来。

二 贵州发展工业的有利条件

（一）发展工业主要不依靠土地。靠山吃山，山地丘陵，相反对有些工业发展较好，如精密机械。日本有不少大企业就来自山里。气候好、景色优美、四季不明、冬天不冷、夏天不热，森林覆盖率33%，气候指数数倍于京沪，是宜于人居的地方。日本、韩国、中国台湾在农业时代不行，但发展工业，加快转变突出。

（二）煤电充足，水资源丰富。年均径流量62亿立方米，从统计表看，人数指标比全国低，人均占有量高于全国平均水平。

（三）交通、通信基础达到工业化中期水平，这是现代化建设的必要条件。

（四）劳动力。农村从业人员137万人，在家务农的有85.2万人，占62.2%；外出劳动力51.8万人，占37.8%。一、二、三产业劳动力分布：第一产业占39.8%，第二、三产业占60.2%，同全国持平，其中54.9%外出务工。训练了一大批熟练工人和经营管理工人，为工业化提供了现成劳动力，技术也不缺。

（五）资金不缺。51.8万农民工创造的财富完成了初步的原始积累，城乡居民储蓄额139亿元。

1. 2008 年贷款差是 277. 9 亿元，减去 204. 6 亿元，为 73. 3 亿元，51. 8 万人年人均存款 1 万元，就是 51. 8 亿元。2009 年存款余额 277. 9 亿元，贷款额 204. 6 亿元，近几年存款额都大于贷款额。

2. 可招商引贷。全国有贷差 13 万亿元，可争取到几十、上百亿元。

（六）现在东部沿海地区工业化相当饱和，土地与劳动力短缺，他们有意寻找转移的目的地，要派人负责接收转移。

（七）国家有西部大开发的发展战略，省委省政府有加快工业化、城镇化发展的新战略，发展的大环境有利，是安顺发展工业化的大好时机。

三 安顺加快发展工业化的几个问题

以上七方面的条件，为安顺工业化提供了良好的机遇，要抓好这些机遇，大力实现工业化，以改变农业地区的贫困面貌。实现从农业向以工业为主的转变，从农业社会向城市社会的转变，实现安顺以工业化、城市化为主的现代化，全面建设小康社会。

据我从一些资料对照看，目前安顺大致相当于 1992 年到 1993 年的长三角地区的水平，多种条件具备了，犹如一艘备足燃料的待命舰船，等待起航，等着领导下达起航的命令。实现工业化、城市化，好在东部沿海一些省份有着正反两方面的发展经验，可以参照执行。

（一）目前正是制定"十二五"规划的契机，可以邀请相关专家集思广益，制订安顺未来 5 年、10 年、20 年工业化、城市化的总体规划。

（二）现在的主要任务，要像当年（1992 年）那样，鼓励各个阶层、各个单位的人，都投入到发展工业化、城市化的大潮中去，创业办厂，以创业带动就业，从小做大，逐步做大做强。

1. 充分重视外出务工人员这笔宝贵资源。安顺目前外出务工农民工有51. 8 万人，可以为他们回家创业创造积极条件。可以动员他们回乡办厂，有的可以担任村支书、村委会主任等职，还有一大批技术、管理类人员。每年有 1% 的农民工回乡创业，就有 4000 ～ 5000 个小企业。

2. 组织好招商引资，国内国外的都可以。2008 年金融风暴后，南方的劳动力密集型企业急需劳动力和土地，要往内地转移。

3. 与本地央企、高新技术企业进行技术合作，支援地方，办一些民用工业、劳动力密集型企业，这是共赢两利的。

4. 也要支持一些机关事业单位干部，有这方面志向和财力的下海，兴办企业。

5. 从农村干部和具有管理经验的人中，支持协助一批人出来创业，或支持刚回来的农民工创业。总之，还是那句老话："无农不稳、无工不富、无商不活。"，安顺已经到了工业富市强市的时候了。从社会学角度来看，安顺社会结构以农民、农民工为主，这是传统农业社会的结构，要做好工业兴市富市战略规划，培养一批企业家、老板，这是发展市场经济的主体，是现代社会的主体阶层。现在全国有 1500 万左右的私营企业主，在社会阶层结构中占 2%，在发达地区占 3% ~ 3.5%，在安顺地区不到 1%，这是经济发展滞后的原因之一。

四　要处理好几个关系

（一）二、三产业与农业的关系。安顺人多地少，农业生产受限，但是有 50 万农民外出务工，所以粮食生产基本能够自给。发展二、三产业，不要牺牲农业，要重视发展农业。

（二）工业化与城镇化的关系。石宗源书记说"工业化是城镇化的发动机，城镇化是工业化的加速器"，这是正确的。城镇化是工业化的载体，工业发展必然会出现人口的聚集。一般来看，工业化在先，城镇化同时也就实现了。只搞工业化不搞城镇化，使城镇化滞后，这会引发一系列问题。省委十届九次会议指出，加快城镇化进程，促进城市协调发展，这是很正确的。安顺由于历史原因，工业化比全省落后，城镇化率多了 1 个百分点（31%）。要着力发展工业化，城镇化就会上去。

（三）工业化与发展旅游业的关系。客观上讲，旅游是第三产业，也是工业化的重要组成部分。安顺的旅游资源得天独厚，而且已有很好的基础，应加大发展。有人说要把安顺的旅游业作为发展中心，这恐怕不行。目前由于固有体制等原因，还要把发展工业作为主导。旅游业需要大发展，但不能作为中心，把力量放到那个方向，这不妥当。

（四）发展劳动力密集型工业与发展高新技术的关系。发展高新技术产业固然好，但是从安顺的实际来看，先搞劳动力密集型工业，从轻工业做起，能够更好地解决就业问题，见效快。发展到一定阶段后，再重点加强高新技术。工业化要遵循从无到有、从小到大、从大到强的规律，不可一步登天。

（五）工业化与环境保护的关系。我们比珠三角与长三角地区落后，他们的经验我们应该学习，他们的教训我们也要吸取，不能以牺牲环境为原则，这个不足取。办企业，凡通不过环保测评的，一律不上。不能走先污染后治理的老路，昆明的滇池、江浙的太湖教训太深刻。我们需要金山银山，更要绿水青山。

（六）发展工业与基础设施建设的关系。交通、通信等基础设施，是发展工业的支撑。现在沿海各地都在大修高速公路、铁路，投入了巨大的资金和人力物力（一公里高铁要耗资上亿到几亿元），珠三角、长三角基本是一小时经济圈，他们发展了，有钱了，也有这个需要。安顺工业化刚起步，可用资金要优先投到创业上，不要跟着搞（产业全部由国家投资或者搭其他"顺风车"），因为我们没有这个实力，现在也没有这个需要。

（七）经济与社会的关系。我前面讲了，经济社会一定要协调发展，发展经济一定要同时发展社会事业，要同时进行社会体制改革。要二者相互促进、相互支撑、相得益彰。工业发展了，安顺共同富裕，同时也更加和谐了，平安顺昌。

五　几点具体建议

（一）建立一个市委市政府直接领导下的，推进工业化城镇化的办事机构，这是实现工业兴市强市的组织保证。

（二）对旅游资源进一步开发、整合。安顺旅游资源得天独厚，要组织力量调研、讨论和制定一个科学的规划。假以时日，定会成为安顺繁荣兴旺的一张名片。

来之前，我也不知道黄果树瀑布就在安顺，更不知道还有个天星桥这么美的景观。天星桥这个名称太不符实了，不像这样一个5A级景点的名字。真是藏在深闺人不知，这么美丽漂亮的"姑娘"，竟然取了一个很土的名字。要下功夫请些专家来，好好包装，进行推广宣传，把它推向全国，推向世界，会比云南石林更吸引人。

（三）发展旅游工业。这几个景观（包括屯堡、关岭大桥）卖的旅游产品太土太少，有待开发。要请一批专家，能工巧匠，独具匠心地设计制作一批与这几个5A景观相关的工艺品和纪念品。可以积极发展旅游品工业，安顺旅游纪念品开发不够，应加大发展旅游品的开发生产。

太仓需要我们，我们更需要太仓[*]

很荣幸接受太仓市委、市政府的聘请，担任太仓市委、市政府的顾问。感谢太仓市委、市政府的同志们对我们的信任！我们将尽我们的力量，为太仓的经济社会发展、科学发展、和谐发展出谋划策，和太仓的同志们一起把太仓的社会主义现代化事业办好，当好参谋，当好顾问。

1992年，在江苏省社科院社会学所原所长吴大声同志的推荐和陪同下，我们第一次到太仓来，准备为中国社科院社会学研究所建一个调查研究基地，为观察了解实际、培养中青年学者。我们同时任办公室主任金世明、研究室主任朱汝鹏同志，可以说是一见如故，他们热情接待了我们。双方很快就建立调研基地达成了协议，秋天正式建点挂牌。时任中国社科院副院长江流同志莅临太仓，主持揭牌成立大会。自此，近20年来，我们社科院社会学研究所同太仓就结成了亲家。我们一起合作调查，共同研究了多项课题，一起开过多次研讨会，出了不少成果。这个调查基地一直办到现在。我们社科院的胡绳院长、刘国光院长、汝信副院长到过太仓。1993年，我们还陪同中国社会学会名誉会长雷洁琼同志到太仓来调研、出席会议。近20年来社会学研究所的约50名研究人员到太仓来调研、学习，得到锻炼提高。还有我的第一批博士生王春光、杨海波，都随我来调研。这次调研中也有两个博士生来了，我的近半数博士生都在太仓受过教育。

太仓的领导同志，金世明、朱汝鹏、王国其、陆会其等同志，曾到北京参加学术会议，到研究所作过报告。

近20年来的交往、合作、调研，我们这些教学研究人员有这样的体会：

---

* 本文源自作者手稿。该文稿系陆学艺于2011年4月9日在受聘为太仓市委、市政府顾问会议上的发言稿。原稿无题，现标题为本书编者根据发言内容所拟定。原稿似未完成。——编者注

我们做顾问，太仓有需要，我们一定尽力，可以把我们的研究心得，把国际国内的前沿，关于社会主义现代化事业建设方面的信息，传达给太仓，知无不言，言无不尽，供太仓的同志参考，为太仓当参谋。

同时，我们到太仓来也是来学习，来了解社会主义现代化建设第一线的经验、问题和信念的。我们的体会是：每次来，每次受到教育，受到鼓舞，受到激励。太仓的工作一直走在全国、全省的前列，我们从太仓学到的很多东西是在北京、在大楼里学不到的。

近20年的实践，我体会，作为研究所合作办调研基地是双赢的，作为学者个人当顾问也是双赢的。太仓需要我们，我们更需要太仓。

自党的十六届三中全会提出科学发展观、党的十六届四中全会提出构建社会主义和谐社会和社会建设的战略思想以来，特别是今年春节中央举办省部级主要领导干部关于社会管理创新研讨班以来，现在全国关于加强社会建设、社会管理的工作正在蓬勃展开，党中央根据国内国际的新形势，审时度势，把加强社会建设作为新的历史阶段的战略重点任务，搞好社会建设和实现这个历史任务，具有十分重要的实践意义和理论意义。

什么是社会建设？怎样进行社会建设？是当前首先要弄清楚的问题。

什么是社会建设？社会建设就是建设社会现代化。党的十七大修改党章，把社会建设列为社会主义现代化事业总体布局"四位一体"中的一大建设，这就是说我们的社会主义现代化事业，既要实现经济现代化，也要实现社会现代化、政治现代化、文化现代化。

国内国外建设现代化的历史和经验表明，现代化事业中的经济现代化很重要，是现代化的基础，但仅仅建设经济现代化是不够的，还必须实现社会、政治、文化的现代化。

30年改革开放的实践结果表明，我们的经济建设取得了巨大成绩，举世瞩目。经济总量已经超过日本，位列世界第二。我们的经济结构已经进入工业社会的中期阶段，有些省市（如北京、上海，包括苏南地区，我们的太仓）的经济结构，已经可说是基本实现现代化了。但就全国来说，社会现代化还只是刚起步，社会结构还处于工业化社会初级阶段。一国、一地区的经济结构、社会结构是两个最重要的基本结构。这两个结构必须平衡协调，目前经济结构是工业化社会的中期阶段，而社会结构还是初级阶段，这两个基本结构不平衡、不协调是产生目前诸多社会问题、社会矛盾、社会冲突的根本原因。

所以，中央提出要加强与推进社会建设和管理，就是要加快建设社会现代化，改变目前经济这条腿长、社会这条腿短的尴尬状态，使经济社会协调发展。

新阶段的任务是，既要继续抓好经济建设，使经济更加现代化，同时要把社会建设放到更加重要的地位；既要补上过去落下的，又要进行新的社会建设，加快社会现代化的步伐。

从社会发展的规律来看，社会建设作为"四位一体"的一大建设，将是一项庞大的系统工程。对它的长期性、艰巨性、复杂性要有足够的认识。未来发展将经历以下三个阶段。

第一阶段，也就是目前正在进行的，以保障和改善民生为重点的民生事业和社会事业的建设。正如"十二五"规划提出的，加快就业、住房、社会保障等民生事业的建设，加快科教文卫体等社会事业建设，解决就业难、上学难、看病难、养老难、住房难等的问题。同时要加强社会管理创新，解决社会管理中的突出问题，使社会更加稳定有序。这有补课性质，这个问题能在"十二五"期间基本解决。

第二阶段，进行社会体制改革，加快破解城乡二元结构，加快新城市建设，实现城乡一体化，拓宽社会流动渠道，发展社会组织，加快中产阶层的发展，调整优化社会阶层结构，构建形成一个与社会主义市场经济体制相适应、与经济结构相协调的社会结构，这个问题能在"十三五"期间实现。

第三阶段，2020 年以后，到 2040 年左右使经济更加发展，达到中等发达国家的水平（人均 GDP 约 1.8 万美元），同时社会建设要实现社会结构更加现代化，社会管理形成有序系统，社会组织有个大发展，逐渐形成市场、政府、社会三足鼎立的社会格局，实现基本现代化。

太仓 30 多年来，经济已经接近步入现代化门槛（人均 GDP1.8 万～2 万美元）了，而且社会建设也取得了很大的成绩，经济社会基本是协调的，社会是和谐的，这在全国是非常特殊的经济社会协调的典型。

我判断，目前正像 20 世纪 80 年代中期创造苏南模式、浙江温州模式一样，需要创造社会建设的模式经验。太仓有条件，经过努力，在建设社会现代化方面，能走在前头，创造出一个太仓经验来。

我们这次正在进行新的合作，有一个课题组正在调研，在调研基础上，同市委的同志一起制定 2011—2015—2020 年的社会建设规划和指标体系，为今后社会建设做好（准备）……

太仓社会建设要搞好顶层设计[*]

市委顾问、中国社会科学院学术委员会委员、中国著名的社会学家陆学艺教授近日对太仓的社会建设和社会管理进行了深入的调研，听取了时任市委书记陆留生的介绍，走访了一些单位和部门，了解了中国社会科学院社会学研究所正在太仓进行的社会建设综合调查团的调查结果。

陆教授对太仓近年来的社会建设和社会管理给予高度评价，认为太仓不但经济发展走在全国的前面，而且经济与社会协调发展的水平也堪称一流。他语重心长地说，经济发达地区的社会建设不一定都是很好的，最近我跑了一些地方就发现有的地方经济发展虽然很快，但社会矛盾依然错综复杂，人民生活不那么安定和谐；而太仓则不然，在太仓我看到了两者协调发展的成果，主要体现在各级领导十分重视社会建设，在发展中出现的"这难那难"，太仓解决得很好，社会和谐团结在太仓已形成了良好的环境优势。如果全国有一半地区都像太仓这样实现经济、社会协调发展，那么我相信，中央领导同志也就可以多睡几个安稳觉了。

陆教授说，社会建设就是建设社会现代化，苏南地区包括太仓提出要率先基本实现现代化，光搞经济现代化还不够，还要搞社会现代化；社会现代化搞不好，经济现代化再好，老百姓还会不满意，各种社会矛盾还会频发，经济发展还是要垮下来。因此，我们提出要把社会建设作为发展的重点，实际上也就是更科学、更全面地推进现代化，社会现代化是整体现代化的一个重要组成部分。

---

* 本文源自中共太仓市委研究室主办的内部资料《决策参考》第 6 期（发表时间：2011 年 5 月 10 日）。该文系该资料编辑就陆学艺关于太仓社会建设顶层设计问题所发表的谈话摘编，并注明"材料已经陆学艺教授审核"。——编者注

陆教授认为，太仓不仅经济建设正处在关键的历史时期，而且社会建设也处在一个不断提升水平和质量的大好时期。太仓现在应该也完全可以搞好对社会建设和社会管理的顶层设计，做到：设定高端目标，把握战略布局，确立系统理念，实施分步突破，使社会建设和经济建设一样，站高立足点，打开新视野，花十年或更多一些时间，把太仓的社会建设和社会管理搞得精彩纷呈，在全国发挥示范作用。

陆教授提出，太仓社会建设的顶层设计，当前首先要搞好两件事：一是确立建设"田园城市"的大目标；二是消灭"三大差距"（城乡差距、地区差距、贫富差距），从根本上实现社会关系的高度融洽，实现"和谐太仓"的大格局。

一 建设"田园城市"

陆教授对太仓的观察研究已长达 20 余年，对太仓的历史、人文、环境、发展了如指掌。他说，社会建设在太仓要做的事当然很多，但其中有一个关键的环节就是要明确自身的主体结构和发展模式。根据陆教授的思考，认为太仓应该明确地、大胆地提出要建立起现代化的"田园城市"这个高端目标。

他说，田园城市在国外有很多范例，但在中国现在还没有，而太仓是能真正建设成为"田园城市"的最有优势的地区之一。

他认为"田园城市"，不是过去那种老的概念，而是现代化的"田园城市"。现代化的"田园城市"是兼具城市、乡村优点的理想城市，是城和乡的结合体，城市生活的一切优点和乡村田野的美丽环境，加上社会各种福利都能结合在一起，因此，"田园城市"是为健康、生活、产业而设计的城市，是人民群众真正享受经济、社会发展成果的城市模式。

陆教授认为，太仓打造"田园城市"就是要在"功能定位上"、"城市形态上"和"发展水平上"深化其内涵，把经济和社会建设的一切成果渗透到这个大目标中去，让自己的城市成为经济最强、环境最优、生活最美、功能最全、幸福指数最高的城市，真正成为自然和美、社会公正、城乡一体的全面现代化城市。

陆教授还说，太仓率先建设"田园城市"条件非常优越。首先，太仓有地理环境优势。太仓地处江海交汇之地，和大上海接壤，背靠苏南广大腹地，不仅可以接受大中城市的辐射，而且自身有 40 余万亩良田作背景，是江南水乡中最有典型意境的一方"宝地"。其次，太仓有现有布局优势。太仓的城市定位是"一市双城三片区"的框架，这个布局正是建设"田园城市"的绝好配置，人们踏进太仓，要市有市，要田有田，要水有水，要空间有空间，不是像有些新兴城市那样，城市和农村有明显的界线，田园和城市基本上不挂钩。再次，太仓有城乡一体化优势。太仓这几年正在大力构建城乡一体化的新格局，太仓正在对全市 800 多平方公里做统一规划，统一治理，太仓有强大的经济基础，完全能把这个地方的城市和乡村建设得更像"园中城""城中园"。在太仓，现在已经能看到城中绿化遍地、草木葱葱，农村别墅成群、基础设施齐全。再过几年、十几年，这里更将成为一个经济繁荣、生态优美、宁静和谐的现代化福地。最后，太仓有人文历史优势。历史上太仓就有"锦绣江南金太仓"之称，有"小康之乡"的赞誉，这里历史悠久、人文荟萃，现代化的田园城市就是要有这些深厚的底蕴。如果太仓再把各种旅游资源充分挖掘出来，把现代服务业做大做强，就将真正成为大上海的"后花园"，大中城市人创业、居住、休闲之地。总之，太仓一定要树立起现代"田园城市"的理念，经过长期的不懈努力，打造出世界一流的、比欧洲式田园城市更有特色的国际性"田园城市"。

二　实现"和谐太仓"

陆教授认为，打造"田园城市"，必须和实现"和谐太仓"相配套，两者要结合、要互补、要共生共长，有了"和谐太仓"才会有真正意义上的"田园城市"。

他说，"和谐太仓"的内容极为广泛，但首先要解决好人与人之间、阶层与阶层之间的隔阂，缩小他们之间的差距。在太仓，这方面的差距肯定是存在的，具体表现在三个方面：一是城乡二元结构和体制的差距；二是新老太仓人之间利益关系的差距；三是干部和群众在经济、社会、政治地位上的差距。什么时候消灭了这三个差距，太仓和谐社会的最终成果也就有保证了。

如何解决"三大差距"？陆教授提出了工作的重点。

第一个差距的最终消灭，要依赖于打破现有的体制障碍，即我们常说的户籍限制。社会建设上的城乡一体化当然要在民生事业、科教文卫体的社会事业、社会保障和住房等方面城乡统一规划、统一推进、统一管理，但如果不从户籍制度上打破二元结构的体制，那么城乡不可能真正实现一体化。现在苏南地区的农民已经大批转移到城镇生活和工作了，但还鲜有大批城市居民到农村去生活和工作，人员的流向还是单向的，这就不能说已经是一体化了。户籍制度限制了农民，人虽进城，但仍不能和城市融合，农民进城的成本仍然比较高。因此，应该拿出一个户籍制度改革的方案，四川成都花了七八年时间拿出来了，我们太仓也要加快步伐拿出个方案来，最终填平城乡二元之间的鸿沟。

第二个差距的最终消灭，取决于"新老太仓人"这个称呼上的"新老"两字的实际上的消亡。不管太仓在缩小新老太仓人社会保障、社会服务、社会管理等方面的差距上做了多少工作，取得了多少成绩，但目前事实上还存在着"新"与"老"的区别，如果"新"与"老"之间还存在着鸿沟，那么社会的公平、正义也就很难实现，社会的治安、稳定、和谐也很难持续，而且社会建设和管理上的差别也会对经济现代化的实现带来困难和矛盾。为此，太仓应下决心探索出一条"消灭"新老太仓人称呼的路径来，让外来的人员，主要是大量的农民工真正能在太仓定居、就业，享受太仓人的各种待遇，没有"农民工"的感觉，像现在大批外乡来这里当公务员的人一样，根本没有什么"新"太仓人的自卑心理，使太仓真正变成一个像上海那样的移民城市。

第三个差距的最终消灭，取决于中产阶层比例的大幅度提高，形成一个"橄榄型"的社会结构。现在在机关当公务员的、在事业单位当干部的、在企业当头头的一些人的收入和普通民众的收入相比还有很大的差距，如果提高普通职工、农民、外来农民工这些人的收益，使更多人进入中产阶层的行列，那么太仓的社会就会更和谐。经济地位在很大程度上决定了社会地位、政治地位，这些人在太仓能和干部一样过比较有尊严的生活，整个太仓就会出现人人有信心、个个有动力去推进现代化新太仓建设的局面。

陆教授最后说，当然，消灭以上三个"差距"需要时间，可能要经过相当长一段时间才能解决，但从现在起，我们如果把"顶层设计"搞好了，有了高层目标作为前进的方向，我们的一切工作就能真正做到理性决策、科学决策、高端决策，避免社会建设中可能出现的零打碎敲、浅尝辄止、半途而废、有始无终的现象。

求解"昆山之谜"[*]

国家修史、地方修志、家族修谱，这是中华民族的优秀历史传统，已经持续数千年，留下了许多珍贵的资料和历史档案，这是一笔巨大的精神文化财富，起到了资政、存史、教化的重要作用。人们常说，"盛世修志"，其实也不尽然。有些盛世修了，有些盛世就没有修。同是盛世，有些地方修了，更多的地方并没有修。有些家族修了家谱，大部分家族至今都没有家谱。但有些地方、有些家族，即使是在战争连绵、兵荒马乱、社会不安、经济困难的情况下，还是坚持修下来了。所以关键是要得其人、要有一定的制度。20世纪80年代初，胡乔木、邓力群主政中国社会科学院，经国务院批准，成立国家地方志领导小组办公室，挂靠在中国社会科学院，主持开展修编全国地方志的工作，并在全国各省（自治区、直辖市）、地（市、区）、县（市、区）先后成立了地方志领导小组和办公室，列入了政府的编制，配备了相应的专业人员。从此，空前规模的地方修志工作在全国普遍开展起来。到20世纪90年代中期，全国31个省区市、200多个地（市）、2000多个县（市、区），就基本完成了第一期地方志的修编工作，陆续出版了4000多部地方志。20世纪90年代后期，部署开展全国第二期地方志的修编工作。这本《昆山市志》（1981~2010），是全国地方志修编第二期的作品，将于2012年出版，应该说是比较早的。

我是全国地方志第三、四、五届领导小组的成员。1992年春，我第一次到昆山做调查研究，是由时任江苏省社科院社会学研究所所长吴大声陪同去的，受到了县委、县政府同志的热情接待，办公室主任张树成同志详

---

* 本文源自作者修改的打印稿。原稿写于2012年11月6日，系作者为《昆山市志》撰写的跋。本文涉及的相关省区市农村经济社会的数据源自作者在调查过程中获得的资料，现标题为本书编者根据跋的内容所拟定。——编者注

细而且生动地向我们介绍了昆山县（今昆山市）工农业发展的情况，还专门介绍了经济技术开发区蓬勃发展的情景，印象特别深刻。从此，我和昆山结下了不解之缘。我做农村社会调查，常常回苏南去，也常到昆山去。有时，张树成等昆山的朋友也到北京我处来。加上常看报刊和内刊上关于昆山的信息，所以我对昆山经济社会发展变化的状况，是比较熟悉的。

昆山在 20 世纪 80 年代初期只是苏州地区的一个农业县，因为毗邻上海，主要靠种菜、养殖卖给上海挣钱，农民生活自足有余，所以乡镇企业办得比较晚，经济发展相对落后，在全地区 8 个县中排在最后，被称为"小八子"。1983 年，苏州地市合并，实行市管县体制，昆山县归苏州市管辖。在苏州市六个县中，经济排名还是靠后的。昆山真正发生大转变始于 1984 年。是年，昆山被国家列为长江三角洲对外开放区之一，昆山县委、县政府抓住这个大发展的历史机遇，一方面，积极发展乡镇企业，努力改变单一农业经济格局，实现经济结构向工业转变；另一方面，大胆创新，在昆山城区左侧划出 3.75 平方公里土地，创办了全国第一个自费建设的经济技术开发区，成了自费办开发区第一个"吃螃蟹"的县市。开始办得很艰难，招商引资很不容易，进区的企业寥寥无几。后来恰逢上海开发浦东，昆山积极呼应，主动对接，使外向型经济迅速发展。1992 年，邓小平"南方谈话"发表，天赐良机，昆山已经准备好的开发区，成了外商抢驻的宝地，各种外企蜂拥而至。也就是在 1992 年 8 月，国务院批准昆山开发区成为国家级开发区。从此，昆山经济技术开发区迅速开发，走出了一条农业县（市）实现工业化的"昆山之路"，而且道路越走越宽广。昆山也由此名扬天下，为全国、全世界所瞩目。谁也没有想到，这个面积不足 1000 平方公里、本地人口不足 80 万人的农业县（市），在 1984 年开始办开发区时，全市的地区生产总值只有 5.76 亿元，其中一产占 33.8%，二产占 45.1%，三产占 21.1%，全部财政收入只有 6419 万元，综合实力在苏州所有县（市）中是排在后面的。仅仅 20 年工夫，到 2005 年，昆山全市地区生产总值 730 亿元，全口径财政收入 116.8 亿元，工业总产值为 333 亿元，城乡居民人均可支配收入 16809 元，农民人均纯收入 9218 元。经过测评，2005 年，昆山率先实现江苏省全面建设小康社会指标，基本达到全面小康社会水平，综合实力跃居全国百强县（市）首位，成为名副其实的华夏第一县（市）。而且，这华夏综合经济实力的第一把交椅一直稳坐到现在。

2012 年 8 月，我到昆山调研，昆山有关领导告诉我，2011 年，昆山地区生产总值 2432 亿元，其中一产占 0.9%，二产占 62.1%，三产占 37.0%，按常住人口计，2011 年人均 GDP 为 15.04 万元，合 2.39 万美元。全口径财政收入 602.2 亿元，本地财政收入 202 亿元，城乡居民可支配收入 35190元，农民人均纯收入 20212 元，外贸进出口 855.3 亿美元，其中出口 533.4亿美元。

以 2011 年昆山的经济指标和 1984 年的指标相比较，地区生产总值：1984 年为 5.76 亿元，2011 年为 2432 亿元，以不变价格计算，27 年增长89.6 倍，平均每年递增 37.45%；全口径财政收入：1984 年为 6419 万元，2011 年为 602.2 亿元，以不变价格计算，27 年增长 199.18 倍，翻了七番半，平均每年递增 66.85%，两年就翻一番还多。这样的经济增长，这样的发展速度，这样的效率，几乎是不可想象的。要不是我 20 多年前就对昆山做过调查，以后又常去昆山，今年 8 月我还乘车走了半个昆山，目睹了昆山翻天覆地的变化，到处是现代化工厂，到处是高楼大厦，曾经的江南水乡已经变为大昆山市了。另外，昆山对国家和省市所做的财税贡献，也是有力的佐证。1981～1993 年，13 年间，昆山给中央、省、市做的财力贡献为7.94 亿元，平均每年 5762 万元。在 1994～2010 年的 17 年间，昆山给中央、省、市做的财力贡献为 804.67 亿元，平均每年 47.33 亿元。这都是昆山人民给国家贡献的真金白银，是虚不了的。

改革开放以来，特别是 1984 年自主创办经济开发区以来，28 年工夫使一个农业县区转变为工业化、现代化的大工业城市，实现了从传统社会向现代社会的大转型，转得如此之快，转得如此之好，跨越了整整一个时代，超越了原来在它之前的许多先进县（市），真是一步登天、独占鳌头。原因何在？

昆山的跨越发展是一个谜。20 世纪 80 年代后期以来，有众多专家学者、编辑记者到过昆山观察采访、调查研究，已经发表、出版过很多论文、著作，也开过多次研讨会、总结会，有几所著名高校、科研院所，组成课题组，长期蹲点昆山，观察、总结昆山经验。也有本地的专家学者根据亲身实践总结，写出了诸如《昆山之路》等著作，在国内外广为传播，扩大了昆山的影响。昆山经济、昆山之路受到了广大读者的欢迎，特别是受到了多地区实际工作部门领导干部的欢迎，得到了党和国家领导人的充分肯定。

昆山的崛起是个奇迹，这个奇迹发生在 20 世纪末期的上海之郊、太湖之滨，此地素有"上有天堂，下有苏杭"的美称。但昆山在天堂里原来只是一个小兄弟，从来没有当过首县。改革开放以来，苏杭这一地区再次乘时而起，从创造苏南模式的乡镇企业起步，大办工业、大造城镇，实现了从农业、农村社会向工业化、城市化社会的转变，创造了快速实现现代化的奇迹。昆山就是在这一大潮中，在 1984 年独具匠心，自主创办经济开发区，从此昆山独树一帜，大大加快了建设的步伐，先是成为苏州市的首县，继而成为江苏省的首县，2005 年又成为全国的首县，这可以说是奇迹中的奇迹。这本《昆山市志》的序言中说："30 年的发展，我们闯过了一个又一个难关，创造了一个又一个奇迹，刷新了一个又一个目标，取得了一个又一个胜利。"人们会问，这个奇迹是如何创造的？这个奇迹何以能在昆山实现？这就是"昆山之谜"。

　　"昆山之谜"，前述已有诸多关于"昆山之路"的总结、论述，已经叙述解释了一部分，但还很不够。第一，以往的论述，包括我上面提到的，说昆山变了，主要是从经济上论证的，论述了昆山农业转工业、内向型经济转外向型经济、低水平经济转高水平经济等方方面面。当然，经济变化是主要的，经济是基础，是起决定作用的。但 30 多年来，昆山的变化是全方位的，昆山的社会、政治、文化乃至环境、生态都随着经济变化发生了深刻的、根本性的变化，正是这些变化保证、推动了经济的持续变化。所以，只从经济上总结是远远不够的，还必须从社会、政治、文化乃至历史等方面，全方位去解剖、分析、概括、总结，方能求解"昆山之谜"。第二，就昆山总结昆山是远远不够的。昆山奇迹是在中国改革开放的大背景、大环境下产生的。昆山不是孤立的，昆山奇迹不是天上掉下来的。没有中国改革开放的大环境，没有社会主义市场经济体制，没有中国加入 WTO、融入全球化市场，没有党中央、省委、市委一系列与时俱进的方针政策的指引和支持，哪会有昆山奇迹的诞生。当然，昆山市委、市政府的领导和百万人民群众是很有智慧的，具有"开放、融合、创新、卓越"的时代精神，善于抓住历史机遇，勇敢创新，攻坚克难，咬定一个目标不动摇、不懈怠，承前启后，薪火相传，不断前进，终于创造出了昆山奇迹，这一代昆山人，功不可没，将会被永远记录在历史上。

　　其实，"昆山之谜"，也就是"中国之谜"。原来的泱泱大国，1840 年一战，从此沉沦，一蹶不振，任人宰割，积贫积弱久矣！1949 年新中国成立，政治、军事曾经辉煌一时，但贫弱面貌终未改变，受人藐视。改革开放，拨乱反正，一剂良药，霍然而起。世纪之交，世界工厂移到东方，中国从此崛起，2010 年成为世界第二经济大国，举世为之瞩目。睡狮醒了，大步走向世界。昏睡 100 余年，何以突然醒来？何以一醒就能马上跃起？何以一跃就跃得这么快、跃得这么高、跃得这么成功？许多人想不明白，提出了"中国之谜"的问题。这是个世界级的大课题，求解好了，对世界、对中国都有极其重要的意义。现在国际国内很多有志之士、专家、学者都在思考、探索、研究"中国之谜"，冀求找到她的"谜底"。有人说过，能解"中国之谜"者，可得诺贝尔奖。

"中国之谜"理应由中国人来解。奇迹是中国人创造的，创造的起因、创造的艰难、创造的实践和过程，中国人最熟悉，求解"中国之谜"理所当然应该由中国人担当。当然，我们也竭诚欢迎国际友人来解，旁观者清嘛！可以从宏观入手，也可以从微观做起。例如，可以先从求解"昆山之谜"开始。昆山奇迹是"中国奇迹"中的一个，是最具典型性的一个。把"昆山之谜"解说清楚了，并继续解剖若干个类似昆山的典型，归纳讨论，并同宏观研究结合起来，也许是求解"中国之谜"的一条路径。

我早就有求解"昆山之谜"的想法。每次到昆山，看到、听到昆山日新月异的大变化、大发展，目睹一个又一个"奇迹"被创造出来，求解"昆山之谜"的想法就萌动一次。很想组织一个课题组，进驻昆山，和当地的干部群众结合起来，同当地的专家、学者合作，共同来解开这个"昆山之谜"。

今年 8 月，我再次来到昆山，座谈昆山经济社会发展状况。会议结束时，主持《昆山市志》编纂工作的张树成同志捧出《昆山市志》的评审稿，提出要我为该志写一个跋，我深知这本市志的价值，当即欣然同意。会后我把这两本厚重的《昆山市志》评审稿带回了北京。回京后，拜读了全志的框架结构和主要篇章和节目，很受教育，很受启发，加深了我对"昆山奇迹"的认识，加深了我对"昆山之路"的理解。

地方志作为地域文化的最佳载体，市志编纂的同志把昆山 30 年来一系列重大的历史事件都如实地记录下来，这对于全面反映昆山经济社会发展的巨大成就、加快构建社会主义和谐社会等，都有着十分重要的意义。

综观全志，上逮千年，循迹跟踪，涉及百科，内容广泛，体例严谨，文风朴实，可说是一部精品良志。本志有如下几个特点。

第一，充分反映时代特点、昆山特色，是《昆山市志》的质量和生命所在。全志上下限时间为 1981 ~ 2010 年，其内容贯穿了一条改革开放的红线，浓墨重彩地记录了昆山在全国率先自费创办经济技术开发区，在苏南地区率先兴办外资企业、发展外向型经济，闯出了一条海内外闻名的"昆山之路"。

第二，体例完备、史料浩瀚翔实、纵贯古今，是《昆山市志》编纂的成功之处。志书做到横分门类、纵述史实、述而不论。从中还可以清晰地窥见昆山是个历史悠久、人文荟萃的地方，不仅记载了 6000 多年的马家浜文化、崧泽文化、良渚文化和 2500 多年的建邑史实，而且顺时序记录了昆山近 30 多年发展变化的辉煌；不仅搜寻了一大批政治、经济、文化、军事的历史名人，而且载入了改革开放以来为昆山经济社会发展做出贡献的有功之人。

第三，既保持修志风貌，又不囿于传统框架，有所突破，有所创新，体现了《昆山市志》编纂者独具匠心的可贵精神。《昆山市志》与前志相比，坚持从实际出发，做到了需增加的增加、需压缩的压缩、需归并的归并、需调整的调整。新志以"史纲"代替"概述"，纵向叙述昆山 2500 多年来在政治、经济、文化等方面的发展轨迹，既为续修《昆山市志》上限做好衔接，又对重大影响事件做出评述，有助于读者把握昆山地情、社情等整体特色，以史之长、补志之短，鉴古今之变、明兴衰之替，还避免了"概述"与志书内容的重复。新志较为翔实地记述了外向型经济的发展，这是志书的时代背景和灵魂所在。新志将党委、人大、政府、政协由原志的"章"均上升为"编"，突出了党的领导和"四套班子"的地位、作用。新志着重记述了昆山撤县设市后历年兴办的实事工程和社会保障体系，充分体现了党委、政府"以民为本、为民造福"的执政理念。新志针对改革开放以来新增 140 多万名外来人员在昆山就业创业的新情况，特增设"新昆山人"一章，真实地反映了昆山"开放、融合、创新、卓越"和包容、和谐的时代精神。

昆山编史人员历经六个春秋，广泛收集资料，去伪存真、去粗取精，数易其稿、笔耕不辍，终于大功告成。借此机会，祝昆山更加兴旺发达，人民更加富裕幸福。